성령론

―신학의 새 패러다임―

황승룡 저

한국장로교출판사

The Doctrine of the Holy Spirit
– New Paradigm of Theology –

by
Hwang Sung Yong

Copyright © 1999 by Hwang Sung Yong

1999

Publishing House
The Presbyterian Church of Korea
Seoul, Korea

머 리 말

　우리는 이제 21세기를 맞이하게 되었습니다. 우리가 맞이할 21세기는 또 다른 한 세기를 맞이한다기보다 새로운 천년을 시작한다는 큰 역사적 의미가 담겨 있습니다. 그런데 우리가 맞이할 21세기는 역사 변동의 가속화와 함께 사회와 인간, 자연과 우주 전체에 대한 총체적 변화, 지구촌의 변혁을 가져올 것이 확실합니다. 따라서 우리가 맞이할 새로운 천년은 평이한 시간(aion), 연대기적 시간(chronos)이 아니라 특별한 결단이 필요한 시간(kairos)임이 틀림없습니다. 이는 21세기를 대비해야만 되는 신학도 마찬가지입니다. 그러므로 신학 역시 새로운 시대를 맞이하기 위해서는 신학의 새 패러다임이 요청되고 있습니다.
　그럼 신학의 새 패러다임은 무엇입니까? 이는 바로 성령론입니다. 본 저서에서는 이를 주장하고 있습니다. 이는 물론 많은 분들의 주장이기도 합니다. 창조와 재창조의 모체로서 모든 생명의 영이신 성령이 메말라 버린 인간의 영혼에, 무신의 세계에, 그리고 피괴되는 생태계의 위험에, 모든 피조세계 전체를 새롭게 하실 분은 바로 성령이십니다. 그러므로 신학의 새 패러다임은 성령론이라는 논지가 이 책이 담고 있는 바입니다.

20여 년 동안 조직신학을 가르쳐 오면서 「조직신학개론」(상·하)을 비롯하여 여러 책을 출판하였습니다만 성령론에 관심이 많아 저(역)서로 「개혁교회와 성령」, 「신학적 성령론」, 「성령론」(Hendrikus Berkhof), 「기독교신학과 성령」(G. S. Hendry) 등 4권을 출판하였습니다. 금번에 출판하게 된 성령론은 지금까지의 모든 것을 정리하여 종합한 것입니다. 그러나 역시 부족하고, 많은 한계를 느꼈습니다.

금번에는 조직신학 중 성령론을 제일 먼저 출판하였습니다. 이는 신학의 새 패러다임이 성령론이어야 한다는 뜻과 성령론의 중요성을 강조하기 위함입니다만, 성령론의 출판과 함께 저에게 큰 바람이 있습니다. 주님이 건강과 시간과 기회를 주시면 조직신학 각권을 집필하고 싶은 바람입니다.

본서는 많은 분들의 도움으로 출판하게 되었습니다. 이미 연구하신 분들의 연구 자료와 저서에서 직·간접적으로 많은 도움을 받았으며, 또 원고를 정리해 주시고 조언해 주신 한미용 선생님, 그리고 출판해 주신 한국장로교출판사의 사장 박노원 목사님과 직원들에게 특히 감사를 드립니다.

끝으로 본서가 미국에서 신학 수업을 받고 있는 둘째 아들 민효에게 신(信)과 성(誠), 그리고 큰 용기(勇氣)를 줄 수 있기를 바랍니다.

1999년 2월 일
호남신학대학교 선지동산에서
황 승 룡

성령론

목 차

머리말 / 3

제1부 신학의 새 패러다임 - 성령　　　　　11

Ⅰ. 신학의 새 패러다임 - 성령·················13
   1. 성령론의 중요성 / 13
   2. 성령론의 방법론 / 16
   3. 신학의 새 패러다임 / 19
   4. 새 세기의 신학 : 성령론 중심의 신학 / 24

Ⅱ. 성령은 어디에 계시는가?·················30
   1. 교회의 직제에 계시는 성령 / 30
   2. 성경에 나타난 성령 / 31
   3. 인간 안에 계시는 성령 / 32
   4. 성령은 어디에 계시는가? / 34

제2부 성경에 나타난 성령　　　　　37

Ⅰ. 구약성경에 나타난 성령·················39
   1. 언어적 고찰 / 39

2. 이스라엘 역사에 나타난 성령 / 51
　　　3. 구약성경에서의 성령 / 56
　　　4. 구약성경에서의 성령의 특징 / 61
　Ⅱ. 신·구약 중간시대 ·· 65
　Ⅲ. 신약성경에 나타난 성령 ·································· 69
　　　1. 용어와 명칭 / 69
　　　2. 공관복음에 나타난 성령 / 71
　　　3. 요한복음에 나타난 성령 / 76
　　　4. 사도행전에 나타난 성령 / 85
　　　5. 바울 서신에 나타난 성령 / 96
　　　6. 나머지 신약성경에 나타난 성령 / 106
　Ⅳ. 성령의 상징 ·· 110
　　　1. 생기 / 110　　　　2. 불 / 112
　　　3. 물 / 114　　　　　4. 바람 / 115
　　　5. 비둘기 / 117　　　6. 기름 / 118
　　　7. 인 / 120　　　　　8. 보증금 / 122
　Ⅴ. 성령 충만 ·· 124
　　　1. 성령 충만의 의미 / 124
　　　2. 성령 충만의 방법 / 125
　Ⅵ. 성령의 은사 ·· 128
　　　1. 은사의 중요성 / 128
　　　2. 은사의 정의 / 129
　　　3. 은사의 종류 / 132
　　　4. 은사의 원리 / 135
　　　5. 은사의 성격 / 136
　　　6. 성령의 은사 : 자연성과 초자연성 / 138
　　　7. 은사를 사모하라 / 144

8. 은사의 표준 / 147
        9. 성령의 은사운동의 현상과 방향 / 149

   Ⅶ. 성령의 열매 ·· 157
        1. 육체의 일 / 158
        2. 열매의 뜻 / 160
        3. 성령의 열매는 어떻게 맺을 수 있는가? / 162
        4. 성령의 열매 / 164

   Ⅷ. 영들의 분별 ·· 171
        1. 사단론 / 172
        2. 귀신론 / 173
        3. 악령의 본성과 활동 / 181

   Ⅸ. 성령에 관한 설명들 ································ 186
        1. 창조의 영이신 성령 / 186
        2. 약속의 성령 / 188
        3. 거듭나게 하시는 성령 / 189
        4. 보혜사 성령 / 190
        5. 생명의 성령 / 192
        6. 진리의 성령 / 194
        7. 자유하게 하시는 성령 / 195
        8. 거룩하게 하시는 성령 / 198
        9. 사랑의 성령 / 200

   Ⅹ. 성령은 누구에게 임재하시는가? ··············· 202

제 3 부 역사에서의 성령   213

   Ⅰ. 고대신학에서의 성령 ······························ 215
        1. 영 - 그리스도론 / 215

　　　　2. 고대신학에서의 성령과 삼위일체 / 224
　　　　3. 아우구스티누스의 성령이해 / 238
　　Ⅱ. 중세신학에서의 성령··241
　　Ⅲ. 필리오퀘의 논쟁···247
　　Ⅳ. 종교개혁시대의 성령··257
　　　　1. 루터 / 258
　　　　2. 칼빈 / 262
　　　　3. 극단적인 개혁자 / 265
　　Ⅴ. 정통주의와 경건주의시대의 성령···································268
　　　　1. 정통주의시대 / 268
　　　　2. 경건주의시대 / 272
　　Ⅵ. 오늘에 이르기까지의 성령··275
　　　　1. 근대신학에서의 성령 / 275
　　　　2. 바르트에서 오늘에 이르기까지 / 278
　　　　3. 오순절운동에서의 성령 / 282

제 4 부　신학에서의 성령　　　　　　　　　　293

　　Ⅰ. 성령은 어떤 분이신가?··295
　　　　1. 성령은 인격적 존재이시다 / 295
　　　　2. 성령은 하나님 자신이시다 / 301
　　Ⅱ. 성령과 제 관계··310
　　　　1. 성령과 그리스도 / 310
　　　　2. 성령과 말씀 / 316
　　　　3. 성령과 교회 / 318
　　　　4. 성령과 구원 / 333

Ⅲ. 성령세례에 관하여 ································338
　1. 성령세례의 교리 / 340
　2. 성령세례를 주장하는 배경 / 343
　3. 제기되는 신학적 문제들 / 346
　4. 성경의 교훈 / 349
Ⅳ. 성령의 특징과 성령운동의 방향 ················354
　1. 성령의 특징 / 354
　2. 성령운동의 방향 / 362

제 5 부 오시옵소서! 창조주 성령이시여　　369

Ⅰ. 인간의 책임 ····································371
　1. 성령을 소멸하지 말아야 한다 / 371
　2. 성령을 근심하게 하지 말아야 한다 / 373
　3. 성령을 좇아 행하여야 한다 / 376
Ⅱ. 오시옵소서! 창조주 성령이시여 ················380

부록 : 성령에 관한 성경적, 개혁주의적 견해 / 385

제1부

신학의 새 패러다임 - 성령

Ⅰ. 신학의 새 패러다임 - 성령 / 13
Ⅱ. 성령은 어디에 계시는가? / 30

I

신학의 새 패러다임 - 성령

1. 성령론의 중요성

하나님의 창조로부터 시작하여 그리스도의 화해를 거쳐 종말의 완성에 이르는 신학의 구원사적 구성에 있어서 성령론은 대단히 중요한 위치를 차지하고 있다. 이는 성령의 사역이 창세기 1장부터 요한 계시록 22장에 이르기까지 전체에 걸쳐서 나타날 뿐만 아니라, 하나님의 창조 사역의 모든 면에 나타나기 때문이다.[1] 그러므로 성령론은 그리스도교의 신앙과 신학에 있어서 절대적인 중요성을 가지고 있다. 이를 좀더 구체적으로 살펴보자.

첫째, 하나님의 본체의 제 삼위되시는 성령이 계시지 아니하면 삼위일체가 성립될 수 없다. 삼위일체가 성립되지 않을 경우, 우리는 하나님의 존재와 활동에 대하여 기독교적으로 말할 수 없을 것이다. 하나님은 과거에 있었던 분으로 인정할 수 있지만 현재적인 분일 수 없을 것

---

1. Carl F. Henry, *Basic Christian Doctrine*(Grand Rapids : Baker House, 1962), p. 165.

이며, 미래에 있을 분으로 인정될 수 있지만 미래로부터 '오는 분'일 수 없을 것이다. 이러한 하나님은 역사적 현실에 대하여 무의미한 분일 것이며, 이러한 하나님을 믿는 신앙은 현실 도피적인, 현실의 모든 것을 숙명으로 생각하여 버리는 신앙이 될 것이다. 그것은 성령 가운데서 다가오는 하나님의 미래에 대한 그의 종말론적 희망과 기다림을 갖지 못할 것이며, 이 희망과 기다림으로 말미암은 창조적 활동성을 잃어버릴 것이다.

둘째, 그리스도의 구원 사건이 일어날 수 없다. 우리를 위한 그리스도의 구원과 화해는 단 한 번, 그러나 모든 세대에 대하여 일어났다. 그리스도 안에 일어난 이 사건은 이제 우리 안에서 구체화되어야 한다. 즉, 지금 여기에서 구체화되어야 하며 우리 안에서 현실화되어야 한다. 이것을 실현시키시는 분은 사람이 아닌 성령이시다. 성령은 우리의 눈을 열어서 그리스도의 사건을 깨닫게 하고 믿음을 불러일으킨다. 그리하여 우리 밖에서 일어난 그리스도의 사건이 모든 시간과 공간 속에서, 모든 인류를 위한 현재적 사건이 되게 한다. 그러므로 성령이 계시지 않는다면 그리스도의 구원 사건은 우리 안에서 현재화될 수 없다.[2] 따라서 부르심, 중생, 회개, 신앙, 칭의, 성화 등 인간구원의 과정도 있을 수 없다.

셋째, 교회의 자기 정체성(identity)을 확립할 수 없다. 교회란 그리스도에 속하여 그리스도를 일깨우고 전적으로 그 자신을 그리스도께 종속시켜 그리스도가 교회에 맡긴 사명과 위탁을 이루는 것이다. 그러므로 예수 그리스도는 교회의 기초요, 힘이요, 희망이며, 능력이다. 그런데 이를 교회에 깨닫게 하시는 이는 성령이시다. 성령은 교회로 하여금 예수 그리스도가 우리의 구주이시며 희망이요 생명이라는 사실을

---

2. Otto Weber, *Foundations of Dogmatics* Ⅱ(Michigan : Wm. B. Eerdmans, 1961), p. 235.

깨닫게 하여 그리스도와 관계를 맺게 하며, 더 나아가 교회로 하여금 교회의 본질과 사명, 교회의 나아갈 방향을 제시하신다. 그러므로 그리스도의 교회는 그 자신, 그리고 성령이 그의 능력과 임무를 장악하는 역사 속에서 깨닫게 된다. 여기에서 교회는 그 자신이 무엇이라는 것뿐 아니라 그 자신이 어디에 속해 있는가를 경험하게 된다. 때문에 교회는 성령의 현존과 능력 안에 존재하며 성장한다. 성령은 그리스도의 교회를 새롭게 인도하여 본래의 목적에 도달하게 한다.[3] 그러므로 교회에 성령이 계시지 아니하면 교회는 그의 본래적 본질과 의미, 사명, 목적 등을 상실하게 된다. 뿐만 아니라 각 지체의 결합인 유기체를 형성하지 못한다.

넷째, 역사의 종말론적 의미를 상실하게 된다. 성령이 함께하지 않는 역사의 종말은 우리의 현재와 상관없는 신화적인 미래가 되게 한다. 성령은 종말론적 의미에서 오늘의 역사를 개방시키고 인간과 세계를 역사화시켜 창조적이며 더 나아가 진취적인 삶을 살도록 한다. 성령은 성취될 약속의 세계를 우리에게 보이심으로 미래에 이루어질 약속된 세계가 현재에 이루어지도록 하신다.

지금까지 고찰한 내용을 살펴볼 때에 성령론은 그리스도교 신앙과 신학에 있어서 필수적인 구성적 요소일 뿐 아니라 그리스도교의 신앙과 신학을 참으로 그리스도교적으로 만드는 요소임을 알 수 있다. 따라서 성령론은 성경과 조직신학의 핵심적 교리이며, 성령의 사역에 관한 진술은 신앙과 신학체계를 결정하는 데 중요한 요인이 된다.[4] 그럼에도 불구하고 기독교 신학은 성령 망각증에 걸려 있다. 따라서 우리가 성령론을 성경적, 역사적, 신학적, 총체적으로 연구하여 그의 현존하심을 깊이 있게 체험함은 대단히 중요하다.

---

3. 황승룡, 「개혁교회와 성령」(서울 : 성광문화사, 1984), p. 217.
4. Carl F. H. Henry, op. cit., p. 166.

2. 성령론의 방법론

성령론의 연구에는 일반적으로 두 가지 방법을 사용해 왔다. 하나는 정경 순서(the cannonical order)와, 다른 하나는 연대기적 순서(the chronological order)이다.[5] 정경 순서라 함은 정경인 성경의 순서를 따르는 것을 의미하는데 그렇게 되면 구약성경에 나타난 성령의 성격과 활동의 국면들을 먼저 고려하게 되고, 그것들을 기초 혹은 뼈대라고 생각하여 그 뼈대 안에서 신약성경의 제시하는 바 자료들을 이해하게 된다. 이 순서를 지지해 주는 강력한 논증들이 있다. 성경이라는 기독교의 정경 속에서 구약을 신약보다 앞에 두면서, 교회는 신앙에 관하여 연구할 때 우리가 창세기에서부터 시작하여 계시록까지 해 나가야 된다고 한다. 게다가 만일 성령에 관한 인간들의 이해가 점진적인 발전을 해 왔다면, 그것을 밝혀 주는 데에 이러한 방법이 과학적인 방법인 듯 싶었다. 이것은 성령에 관한 최근의 많은 저술들이 따르고 있는 방법인데, 인간의 창조와 삶에 있어서의 성령의 보편적 임재와 역사를 보여 주는 구약 속의 어떤 특징들에게서 주로 도움을 받아서 성령의 본성과 활동에 관한 일반 개념에 도달하려고 함으로써 그 저자들은 자신들의 과업에 접근했다. 그리고 나서 그들은 이 틀 안에서 성령은사에 관한 신약 중의 특별한 강조에 상응하는 부분을 발견해 내고자 하였다. 이 방법이 만족스럽지 못한 것은 성령은사에 대한 신약의 증거는 성질상 구원론적이고 종말론적이어서 그것을 우주론적이고 인류학적인 개념의 틀에 맞추려고 할 때 그것이 지닌 독특한 어떤 면을 상실하게 된다는 것이다.

다른 방법은 연대기적 순서인데 이것은 교회의 관심을 끌었던 순서

---

5. George Hendry, *The Holy Spirit in Christian Theology*, 황승룡 역, 「기독교 신학과 성령」(서울 : 기독교문사, 1991), p. 17.

를 의미한다. 교회는 성령의 일반적인 개념으로부터, 즉 하나님과 세상과의 혹은 하나님과 인간과의 관계라는 맥락 속에서 시작되지는 않았다. 반면에 교회는 독특하게 기독교적인 성령체험을 그리스도의 임무와 사역이라는 맥락 속에서 은사로서 이해하려는 노력에서부터 시작되었는데, 성령론이 쌓아 올려진 것은 바로 이러한 기초로부터였다. 하지만 만일 이러한 기초를 우리가 받아들인다면, "구약이 증거하고 있는 바 성령의 활동에 관한 보다 보편적인 측면들이 차지할 자리를 이런 기초에서 어떻게 찾을 수 있겠는가?"라는 문제에 직면한다. 만약 우리가 이 문제들을 연대기적 순서로 접근한다면, 기독교적 성령론의 구조를 이해하는 데에 도움이 될 뿐만 아니라 문제의 더욱 폭넓은 면들에 관해서도 조명을 얻게 될 것이다.

성령에 관한 신약의 증거들은 대략 두 갈래로 나뉘는데, (1) 성령의 사역에 주로 관련된 부분인 공관복음과 사도행전, (2) 성령의 기능과 본성에 보다 더 관련된 부분인 서신들 속의 증거들과 제4복음서 중의 증거들로 나눌 수 있을 것이다. 물론 두 갈래로 뚜렷이 구분되는 것은 아니지만, 우리가 성령의 역사에 관하여 가장 온전하게 베풀어진 가르침을 얻게 되며 구속의 경륜에 있어서의 성령의 위치에 관하여 가장 명확한 역설(力說)을 만나게 되는 제4복음서에서는 이 두 갈래의 관심들이 괄목할 만하게 수렴되고 있다.

성령의 임재하심은 신약에서는 구약의 예언의 성취로 해석되었는데, 그 예언은 이스라엘의 종말론적 소망에 있어서 중추적인 주요한 위치에 성령을 두었던 것이다. 이스라엘 역사의 보다 나중 시기에, 그러니까 성령의 오심이 그 민족의 삶 속에 현존하는 실재로서 이해되어지기를 그치고 미래적 소망의 대상으로 되어 버렸을 때에, 이러한 소망은 영구적이고 보편적이게 될 성령의 출현에 대한 예언 속에서 그 뚜렷한 모습을 드러내게 되었다. 단지 가끔씩, 그리고 잠시만 성령이 머물렀던 과거의 영웅들, 왕들, 그리고 선지자들과는 대조적으로 이새의 줄기에 약속된 가지 위에서 주의 성령이 줄곧 머무를 것이다(사 11 : 2). 또 성령을 영구히 부어 주리라고 하는 것은 이사야서 제2권의 주의 종(the servant of the Lord)을 묘사할 때에 두드러지게 나타나는 특색이다.

"내가 붙드는 나의 종, 내 마음을 기뻐하는 나의 택한 사람을 보라. 내가 나의 신을 그에게 주었은즉 그가 이방에 공의를 베풀리라.…… 그는 쇠하지 아니하며 낙담하지 아니하고 세상에 공의를 세우기에 이르리니 섬들이 이 교훈을 앙망하리라"(사 42 : 1-14).

영감을 받은 메시야적 임금 혹은 주의 종에 대한 기대는 하나님의 온 백성과 궁극에는 모든 육체에게 성령을 부어 줄 것이라는 비전을 갖게 하였다. 하나님께서 자기의 영을 모든 주의 백성 위에 두실 것이라고 (민 11 : 29) 모세를 통하여 표현된 바람은 예언적 종말론에 반복적으로 나타나는 특징이 되었다. 에스겔(36 : 26 - 28)과 마른 뼈의 골짜기에 관한 그의 극적인 환상에 따른다면, 성령에 대한 소망은 이스라엘을 갱신시켜 주는 필수불가결한 바탕이다. 그리고 그것이 절정에 이르는 것은 요엘의 예언서이다.

"그 후에 내가 내 신을 만민에게 부어 주리니 너희 자녀들이 장래일을 말할 것이며, 너희 늙은이는 꿈을 꾸며, 너희 젊은이는 이상을 볼 것이며, 그 때에 내가 또 내 신으로 남종과 여종에게 부어 줄 것이며"(욜 2 : 28 - 29).

신약성경에 의하면, 예언자적 소망의 이 두 가지 측면이 다 성취되는 것은 예수와 그의 교회에서였다.[6] 연대기적 방법이 가지고 있는 약점이라 할 수 있는 보편적, 일반적 성령의 사역은 예수 그리스도에게 임

---

6. Ibid., p. 21.

하신 영속적인 성령의 임재와 오순절의 성령강림을 통하여 보편적 성령의 임재를 볼 수 있다.

3. 신학의 새 패러다임

패러다임의 변화(paradigm change, paradigm shift)란 토마스 쿤(Thomas S. Kuhn)의 「과학적 혁명의 구조」(*The Structure of Scientific Revolution*)에 나오는 용어로 본래는 인문사회과학이나 신학의 영역이 아니라 자연과학의 영역에서 사용된 말이다. 토마스 쿤은 '패러다임'이란 개념이 적어도 22가지의 의미를 갖는 것으로 보았다. 그는 패러다임을 "특정 공동체의 구성원들이 공유하고 있는 신념, 가치, 기술 등의 총체성"을 뜻하는 것으로 본다.[7] 이처럼 자연과학에서 사용하던 개념을 한스 큉(Hans Küng)은 해석, 설명, 이해의 모델로, 토랜스(T. F. Torrance)는 "인식의 틀"로(frames of Knowledge), 반 후이스틴(Van Huyssteen)은 "전거의 틀"(frames of reference)로, 그리고 히베르트(Hiebert)는 "신념 체계"로[8] 이해하면서 이 개념을 인문사회과학과 신학에 적용하였다. 이 같은 패러다임의 개념을 기독교 신학에 적용할 경우 이는 단순히 신학자 개인의 문제가 아니라 공동체적 성격을 띤다. 우리가 역사적으로 교회 역사에서 패러다임의 변화를 살펴볼 때에 다음과 같은 패러다임의 변화를 살펴볼 수 있다. 이는 한스 큉을 통한 패러다임의 변화를 살핀 것이다.

이레네우스, 클레맨스, 그리고 오리게네스, 터툴리안과 키프리안, 아타나시오스와 카파도키아 학자들과 같은 신학자들은 신학적 출발점과

---

7. Thomas S. Kuhn, *The Structure of Scientific Revolution*(Chicago, 1962), p. 175.
8. David J. Bosch, *Transforming Mission*(Orbis Books, 1992), p. 185.

해결의 시도, 그리고 결론들에 있어서는 서로 달랐지만, 돌이켜보면 "한 공동체의 구성원들이 지닌 신념, 가치, 기법 등의 전체적 성향"에 있어서는 일치했다(여기서 공동체는 신학자들의 공동체와 교회의 공동체로 이해된다.). 당시에 그들이 지닌 "신념과 가치들, 그리고 기법의 전체적 성향 또는 전체적 관련성"은 유다 그리스도교적인 원시적 공동체의 묵시문학적 - 종말론적 모형이다.[9]

아우구스티누스의 영향을 받은 안셀름과 아벨라르(Abelard), 토마스와 보나벤투라(Bonaventura), 스코투스와 옥캄(Ockham)은 방법적으로 서로 다른 길을 걸었고, 내용적으로도 부분적으로는 다른, 합치될 수 없는 결론에 이르렀으나 그들은 모두 그들의 시대, 즉 중세기의 기본적인 이해 유형을 반영했다. 그들의 이해 유형은 원시 그리스도교적 - 묵시문학적 이해 유형과 다를 뿐 아니라 그리스 교부들과 초기 라틴 교부들의 이해 유형과도 근본적으로 달랐다.

루터, 츠빙글리, 그리고 칼빈이 서로 신학적 논쟁을 벌였으나, 그들은 모두 신학과 교회의 동일한 이해 유형을 지녔는데, 이것은 동방정교회와 전형적으로 구별되고 중세 로마 가톨릭적 이해 유형과 합치될 수 없는 것이었다.

근대의 시작과 더불어 신학은 새로운 합리주의적 - 경험적 철학과 자연과학의 영향 아래 대립적인 학파들로 분열되었다. 그러나 라이마루스와 세믈러, 바우르, 리츨, 하르낙, 그리고 트뢸취와 마찬가지로 슐라이에르마허도 종교개혁시대와 프로테스탄트 정통주의시대처럼 신학을 할 수는 없었다.[10]

---

9. Hans Küng and David Tracy, *Theologie - Wohin?*, 박재순 역, 「현대신학은 어디로 가고 있는가?」(서울 : 한국신학연구소, 1989), p. 22.
10. 서양에서 '정통' 이라는 말이 '바른 말, 바른 명제'에서 유래되었다는 사실은 굉장히 시사하는 바가 많다. 비교론적 관점에서 볼 때 유독 서양의 사고방식만이 '바른 명

- 그리하여 그리스정교 또는 러시아정교는 고대 교회적-헬레니즘적 유형의 변호자로 되었다 : 핵심어 - 전승(paradosis), 전통(traditio), 그리고 신부들.
- 가톨릭은 중세적(또는 반종교개혁적) 로마 가톨릭 체제와 스콜라주의 옹호자가 되었다 : 핵심어 - 교회, 교황, 교권.
- 프로테스탄트는 성경주의적 루터파 또는 칼빈파 정통주의, 프로테스탄트 근본주의의 대변자가 되었다 : 핵심어 - 하나님의 말씀과 배타성.
- 근대는 계몽주의와 더불어 새로운 신학적 경향이 생겼다 : 핵심어 - 이성과 역사.
- 근대 후기의 신학적 모형은 에큐메니칼 모형이다 : 핵심어 - 일치와 협력.

지금까지 우리는 고대 교회로부터 시작하여 근대 후기에 이르기까지 패러다임의 변화를 살펴보았다. 그러나 우리는 이 같은 패러다임의 변화를 고찰하면서 상당 부분을 수용하면서도 새롭게 보완, 수정, 정정해야 될 부분도 있다. 근대 후기란 관계적, 상대적, 비결정적, 참여적 특징을 가지고 있다. 그러기에 여기에는 획일주의적 신학이 아니라 다양성 속에서 그리스도교의 진리를 참되게 추구하는 신학이어야 하며, 또 권위주의적 신학이 아니라 자유로운 신학으로 행정적인 조치와

제'를 가장 정통적인 것이라고 강조하고 있다고 보여지기 때문이다. 가령 불교, 힌두교, 유교 등의 동양문화권에서는 '바른 명제'(正言, orthodox)보다는 오히려 '바른 행실'(正行, orthopraxis)이 더욱 정통의 권위를 지니는 것으로 여겨져 왔다. 같은 서구권인 유대교나 이슬람의 경우에 있어서도 상대적으로 말해 '정통'의 권위는 역시 보다 '바른 행동'에 무게가 실려져 있었음을 볼 수 있다. 또 같은 기독교 신학 내에서도 비서구적 신학인 남미의 해방신학이 유독 'orthopraxis'를 강조하고 있는 것이 좋은 반증이 될 수 있을 것이다. Clodovis Boff, *Theology and Praxis : Epistemological Foundations*, trans. by Robert Barr(Maryknoll : Orbis, 1987).

제재에 의하여 방해받지 않고 자신의 과제를 양심과 신앙에 따라 자신의 확고한 신념을 공포할 수 있는 신학이 되어야 하고, 전통주의적, 복고주의적 신학이 아니라 비판적 신학으로 자유롭고 참되면서도 과학적 진리추구 자세와 학문적 방법론을 충실히 견지하고 자신의 문제들, 방법들, 결과들에 대하여 비판적 검토 작업을 충실히 수행하는 신학이라야 한다고 본다. 뿐만 아니라 교파주의적 신학이 아니라 에큐메니칼 신학으로서 다른 신학들과 적이 아니라 동반자로, 분리가 아니라 합의를 지향하는 신학이어야 한다.[11]

에큐메니칼시대로 넘어가려면 이제까지 교파적으로 주장된 절대적 정체성을 포기하고 서로 개방적인 새로운 정체성의 발견이 요구된다. 에큐메니칼하게 생각한다는 것은 특수한 사고를 보편적 사고 속에 지양하는 것이며, 더 이상 자신의 일부를 전체로 여기지 않고 자신의 전체를 공동체 속에 끼워 넣는 것이다. 따라서 에큐메니칼하게 생각한다는 것은 신학적 문서들을 교파적 특성에 비추어서가 아니라 그리스도교적 성격에 비추어서 평가하고 공동적 문서로 간주하는 것이다. 더불어 서구 신학의 중심적 모형에서 모든 인류가 동등하게 참여하는 신학이 요청된다. 로마제국에서 그리스도교 세계가 성립된 이래 그리스도교적 교회와 신학은 극히 적은 예외를 제외하고는 유럽에 집중되었다. '로마 가톨릭'이라는 달갑지 않은 표현이 시사하듯이 가톨릭 신학은 원하든, 원하지 않든 로마에 집중되어 있다.

프로테스탄트신학은 서방교회적 유럽의 종교개혁에, 그리고 '유럽적' 근대의 '유럽적' 계몽주의에 고정되었다. 현대에 이르기까지 이러한 고정화는 미국의 프로테스탄트신학도 마찬가지이다.

오늘날 그리스도교의 새로운 중심이 아프리카, 라틴 아메리카, 그리고 아시아에 성립되었으며, 이와 함께 비유럽적인 그리스도교 신학이

---

11. Hans Küng and David Tracy, op. cit., p. 30.

성립되었다. 신학의 전통적 중심지들이 후퇴하고 주변으로 밀려나고 있다.

또 기계를 통한 세계지배 시대로부터 생태학적 세계공동체 시대로의 이행이다. 계몽주의, 세속화, 그리고 근대적 세계의 시대라고 찬양했던 것이 기계를 통한 세계 지배와 자연 수탈이 되고 말았다. 오늘날 우리는 이런 세계상의 한계에 도달했다. 이제 우리는 자연과 함께 더불어 사는 조화로운 세계를 만들어 가야 한다. 하나님이 만드신 창조세계를 보존하는 것은 우리의 중요한 사명이다.

우리는 지금까지 여러 가지 신학 모형을 살펴보았다. 그러나 이것만을 가지고는 신학의 문제를 해결할 수 없다. 그러므로 지금까지 제기되었던 문제점을 해결하기 위하여 성령론을 강조한 신학적 모형을 제기하고자 한다. 우리는 지금까지 교회일치를 위한 에큐메니칼신학을 비롯하여 탈권위주의적, 모든 인류가 참여하는 신학, 자연과 더불어 함께하는 신학들을 주장하였다. 이 같은 신학의 궁극적 성취는 성령을 통하여 성취된다. 성령은 수평적, 우주적, 보편적, 연대적 사고를 하게 할 뿐만 아니라 사랑의 영으로서 이타적 삶을 영유하게 한다. 성령론적 사고 안에서 수행되는 신학은 친구들 간의 대화 안에서 수행되는 사고이다.[12] 사랑을 자유로이 주고받는 가운데 사상이 서로 교환된다. 또 성령론적 사고는 '가슴과 머리와 손'으로 하는 사고요, 상호간에 덕을 입음과 서로 감사하는 마음으로 인도하는 사고이다. 또한 성령론적 사고는 본질에 있어서 교향악적이다. 이 점은 빌립보 감옥에 있었던 바울과 실라(행 16 : 25)가 보여 준다. 따라서 성령론적 사고는 원칙적으로 다음적(多音的)이다. 이 말의 뜻은 공동적 사고(Zusammendenken)이다. 즉, 성령론적 사고는 함께 사고하며 서로를 행하여 사고한다. 성령론적 사고는 자신을 절대의 위치에 놓지 않고 대화를 추구한다.[13] 뿐만 아니라

---

12. R. Boren, "성령론적 사고," 「신학사상」 제31호(1980. 겨울), p. 716.

성령론은 현대신학이 가장 중요한 과제로 제기하는 영성(spirituality)의 문제도 해결한다.

따라서 우리가 맞이한 새 세기의 신학적 패러다임은 성령론이 중심이 되는 패러다임이어야 한다. 핵심적인 용어는 일치와 교제와 참여(성령론 중심)이다. 지금까지 우리는 신학적 패러다임의 변화에 대하여 살펴보았다. 이제 지금까지의 주장을 근거로 하여 보다 더 구체적으로 새 세기의 신학에 대해서 논하고자 한다.

4. 새 세기의 신학 : 성령론 중심의 신학

우리가 맞이할 새 세기는 영의 시대라고 예언한다.[14] 세속화, 기술과학화를 통하여 영적으로 고갈된 인간은 영적으로 충만한 삶을 살기를 갈구한다. 지금까지의 인간이란 인간이 가지고 있는 신체적(physical), 미적(aesthetic), 지적(intellectual) 에너지의 극대화로 인하여 영적으로는 고갈되어 극소화되었던 인간이 영적으로 극대화되는 새 세기를 맞이할 것이라 본다. 그렇다면 이 같은 영의 시대는 어떻게 이루어질 수 있는가? 이것은 성령과의 관계 속에서 이루어진다.

그러나 지금까지의 신학은 성령론을 중요시 여기는 신학이 아니었다. 어떻게 보면 성령을 망각하고 있었다. 신학은 지난 수세기 동안 사도신경의 둘째 조항인 그리스도론에만 집중하여 구원사건으로서의 오순절을 망각하였다. 딜쉬나이더(Dilschneider)는 이 같은 신학의 형태를 비판하고 성령신학을 옹호하고 나섰다.[15] 또한 보렌(R. Bohren) 역시 그의 설교론에서 현대의 "언어상실증은 오직 성령이 옴으로써만 극

---

13. Ibid.
14. 김용호, "문명의 전환과 종교의 새로운 가능성," 「기독교사상」(1993. 4), p. 18.
15. Horst Georg Pöhlmann, *Abriss der Dogmatik*, 1990. S. 289.

복될 수 있다."는 명제로부터 시작한다.[16] 우리가 이런 점을 상기할 때에 바르트가 신학을 다시 쓴다면 그리스도론 중심이 아닌 성령론을 중심으로 하여 쓰겠다는 그의 말은 대단히 중요한 뜻을 함의하고 있다. 그렇다면 보다 더 구체적으로 오늘날 왜 성령 중심의 신학이 필요한가? 이에 관하여서는 다음과 같은 두 가지 점을 들 수 있다.[17]

첫째, 성령에 대한 약속의 측면에서 볼 수 있다. 예수 그리스도는 다른 보혜사를 약속하셨다. 그의 약속이 우리로 하여금 우리에게 약속된 분에 대하여 생각하도록 한다. 성령은 우리에게 약속되었을 뿐만 아니라 이미 임재하여 있다. 그러므로 만약 우리가 약속된 분에 대하여 아무런 사고를 하지 않는다면 우리는 약속하신 분 역시 간과하게 되는 것이다. 우리가 성령을 중요시하지 않을 수 없는 것은 하나님께서 아들 안에서, 아들을 통하여 우리에게 보내시기로 약속된 분이기 때문이다.

둘째로는 오신 성령이 성령을 수여받는 자와 그의 상황을 고려하고 있다는 사실이다. 하이델베르그 문답서에 보면 "그대는 성령에 관하여 무엇을 믿는가?"라는 질문에 이중적인 진술로 답변하고 있다. 즉, 첫째로 성령도 역시 성부 및 성자와 더불어 영원하신 하나님이심을 믿는다고 답변하면서 이러한 삼위일체적인 진술은 곧 인간학적으로 보완한다. "또 다른 한편으로 성령은 나에게 주어졌다는 것을 믿는다."(제53항)고 답변한다. 오늘과 같은 비인간화, 도시화의 세계에 살고 있는 위기의 인간은 이 같은 자기의 독자성 확보에 만족할 것이다. 그러나 성령은 이 같은 개인적 독자성에서 더 나아가 인류 전체에 확대된다. 성령론 중심의 사고는 개인에게 부여되는 것으로 만족할 수 없으며 공동체 모두에게 성령의 임재를 주장한다. 왜냐하면 성령론적 사고는 피조물의 세계 전체를 포괄하는 지평 안에서 사고하기 때문이다.

---

16. R. Bohren, *Predigtlehre*, 1971, S. 65-70.
17. R. Bohren, "성령론적 사고," 「신학사상」 제31호, pp. 696-698.

인간학적 관점에서 볼 때에 다음 세 가지 점이 성령론 중심의 필요성을 말해 준다. 첫째로 한 개인으로서의 인간은 오늘과 같은 상황에 처하여 성령 없이 존속할 수 없다. 성령 없는 그리스도인은 그리스도인이 아니다. 둘째로, 공동체로서 우리는 성령 없이, 성령론적 사고 없이는 병들어 사멸할 수밖에 없다. 이유인즉 자기 중심적 사고 때문이다. 셋째로 인류로서 우리는 오늘날 성령론적 사고를 배우지 아니하면, 그리고 어떤 새로운 능력이 사람의 정신을 변화시키지 않는다면 우리 인류는 미래를 맞이할 수 없다. 이는 교회 역시 마찬가지이다. 교회란 그리스도에게 속하여 그리스도를 일깨우고 전적으로 그 자신을 그리스도에게 종속시켜 그리스도가 교회에 맡긴 사명과 위탁을 이루는 것이다. 그러므로 예수 그리스도는 교회의 기초이고, 힘이요, 희망이며, 능력이다. 그런데 교회에 이를 깨닫게 하시는 이는 성령이시다.

성령은 교회로 하여금 예수 그리스도가 우리의 구주이시며 희망이요 생명이라는 사실을 깨닫게 하여 그리스도와의 관계를 맺게 하므로 그리스도론적 교회 또는 메시야적 교회론(Messianic ecclesiology)에 이르게 한다. 즉, 교회의 본질과 교회의 정체성(identity)을 확립하게 한다. 따라서 예수 그리스도는 성령 안에서, 그리고 성령을 통해서(in and through the Spirit) 교회 안에 현재화하고, 또 그것을 넘어서 창조에서 일하고 있다.[18] 뿐만 아니라 그리스도의 성육신, 그의 사명, 그의 기름부음, 그리고 그의 부활 등은 성령의 역할이었다. 성령은 예수의 신적 주격(the divine subject of the history of Jesus)이었다. 이런 점에서 우리는 예수 그리스도를 성령론적(Pneumatologically)으로 이해해야 한다.[19]

---

18. Jürgen Moltmann, *The Church in the Power of the Spirit*(SCM Press, 1987), p. 36.
19. Ibid.

성령은 이처럼 예수 그리스도의 역사(history) 속에서 주도적 역할을 감당하시고, 예수 그리스도가 우리의 구주이심을 깨닫게 하신다(고전 12 : 3). 더 나아가 성령은 교회로 하여금 능력 있게 그의 위임된 사명과 임무를 감당하도록 하기 위하여, 또한 그리스도의 몸된 교회를 완전하게 하기 위하여 은사(charisma)를 주시어 카리스마적 교회(charistmatic ecclesiology)에 이르게 한다.

죄로부터, 그리고 이 시대의 무신적인 세력(godless power)으로부터 벗어나는 것은 성령의 능력에서 비롯된다.[20] 새로운 삶은 성령 안에서의 삶이다. 그리고 새로운 복종도 성령과 함께함에서 일어난다.[21] 새로운 교제도 그 자체가 성령의 현현 속에서, 새로운 창조의 능력도 성령의 현현 속에서 이루어진다.

그리스도의 교회는 이처럼 그 자신 또 그의 능력과 임무를 성령이 장악하는 역사 속에서 깨닫게 된다. 여기에서 교회는 그 자신이 무엇이라는 것 뿐만 아니라 그 자신이 어디에 속해 있는가를 깨닫게 된다. 그 때문에 교회는 성령의 현존과 능력 안에서 존재하며, 또한 성장한다. 성령은 그리스도의 교회를 새롭게 하며, 인도하여 본래의 목적에 도달하게 한다. 그러므로 교회에 성령이 계시지 않으면 교회는 그의 본질과 의미, 사명, 목적 등을 상실하게 된다. 따라서 성령의 항목(articulus de Spiritu sancto)은 교회의 존폐가 걸려 있는 조항(articulus stantis et cadentis ecclesiae)이다.[22]

이처럼 성령은 인간을 인간답게, 교회를 교회답게, 세계를 세계답게 만드는 능력의 영으로서, 또 창조와 성화와 진리와 사랑의 영으로 수평적 사고를 통하여 공동체성에 이르게 한다.[23] 이런 점에서 성령론은 그

---

20. R. Bultmann, *Theologie des Neuen Testaments*(Tübingen, 1953), pp. 327ff.
21. Ibid., p. 332.
22. Jürgen Moltmann, op. cit., p. 36.
23. Hans-Joachim Kraus, *Systematische Theologie*, 1983, S. 459ff.

리스도론이 가지고 있는 신학적 경직성을 극복할 수 있다. 그러나 여기에서 하나 유의해야 할 점은 성령은 예수 그리스도와 구별된 실체로 존재하는 다른 보혜사이지만, 그러나 동시에 그리스도를 증거하며 그리스도를 현존화시키는 그리스도의 영이다. 따라서 성령과 그리스도와의 관계는 양자택일적 관계가 아니라 상호보완적 관계에 있다는 점이다.

우리는 새로운 천년을 맞이하게 되었다. 여기에는 신학적 새로운 패러다임(paradigm)이 요청되고 있다. 지금까지의 신학이 신론(Theology)에서 그리스도론(Christology)으로 발전되어 왔고, 이제는 성령론(Pneumatology)으로 향하게 되었다. 물론 신학을 이렇게 시대적으로 구분한다는 것 자체가 무리한 일임에도 불구하고 삼위일체 하나님의 일체성 속에서의 주도적 역할을 뜻한다.

이미 앞에서 논한 바대로 성령은 우리로 하여금 다원화된 세계 속에서 수평적 사고를 하게 하므로, 열려진 마음으로 세계를 향하게 하고 또 자아중심 세계 속에서 함께 서로를 향하여 공동체적 사고(Zusammendenken)를 하게 하므로 일치할 수 있는 하나의 공동체를 이룰 뿐만 아니라, 같이 아파하고 같이 즐거움을 나누는 사랑과 연합과 연대의 공동체를 형성하게 한다. 또한 각자에게 주어진 성령의 은사를 통하여 봉사하게 하므로 삶의 의미와 뜻을 발견할 뿐만 아니라 서로가 서로에게 평등한 사고를 하게 함으로, 하나님의 백성의 일체성 속에 거하게 하므로 우리가 추구하는 민주적 체제에 이르게 한다. 뿐만 아니라 우리의 신학의 지평을 자연과 우주까지 확대하게 하므로 피조세계 전체와 더불어 함께하게 한다.[24] 이처럼 성령은 인간을 인간답게, 교회를 교회답게, 세계를 세계

---

24. 몰트만은 그의 성령론에서 총체적이라는 말을 사용하는데 이는 두 가지 견지에서이다. 첫째, 영혼과 실체, 의식과 무의식인 것, 인격과 공동체, 공동체와 사회기관들을 포괄하는 인간의 전체성과 관련된다는 점에서이고, 둘째, 모든 다른 피조물을 포함하여 인간과 땅의 창조공동체의 전체성과 관련하여 말한다. 이 총체적 관점이 인간 안에, 인간과 인간 사이에, 인간과 자연 사이에 존재하는 분열을 극복하고 또 치료하여

답게, 우주를 우주답게 만드는 창조의 능력의 영으로서 계신다. 따라서 새 시대를 맞이한 우리는 초대교회의 그리스도인처럼 "창조주 성령이시여 오시옵소서, 그리고 머물러 주옵소서."(Veni Creator Spiritus, mane sancte Spiritus.)라는 기도를 해야 할 때가 왔다.

온전하게 할 수 있다. cf. Jürgen Moltmann, *The Life of Spirit*(Minneapolis : Fortress Press, 1994), pp. 36 – 37.

II

성령은 어디에 계시는가?

1. 교회의 직제에 계시는 성령

"성령은 어디에 계시는가?"라는 문제는 초대교회에서 이미 제기되었다. 사도 바울은 예수를 주로 고백하고 교회가 성장하는 곳, 바로 거기에 성령이 계심을 강조한다(고전 12:3, 7, 14:1-5). 요한은 육체로 오신 예수 그리스도, 즉 예수와 그의 모든 지상활동이 그 척도가 된다고 주장한다(요일 4:1-6). 기독교의 역사에 있어서 이미 초기에 이 문제와 관련된 어려움이 있었다. 이는 유랑하는 예언자와 거짓 예언자들이 있었기 때문이다. 따라서 참 예언자와 거짓 예언자를 어떻게 구별할 것인가라는 문제가 교회에 대두되었고, 교회는 이를 확실히 하고자 하였다. 2세기 말 이레네우스(Ireneaus)에 의하면 그의 직분에 취임하면서 진리의 영적 은사를 받은 사제는 성령이 어디서 말하고 또 말하지 않음을 판결할 수 있다고 함으로 성령이 사제들에게 먼저 주어짐을 말한다. 또 3세기에는 교회에 전승된 신앙에 의한 성령의 역사를 말한다. 후에 가톨릭교회는 트렌트(Trent)공회에서 다음과 같은 결론을 내린다. "성스러운 서품을 통하여 은혜가 주어진다. 그러므로 사도의 지위를 계승한 주교들은 하나님의 교회를 다스리기 위하여 성령에 의하여 임직되었으며, 만일 성스러운 서품식에 의하여 성령이 주어지는 것이 아니라고 말하는 자가 있다면 그는 저주를 받을 것이니라."[1] 이는 교회직제를 통한 성령의 역사를 뜻한다.

2. 성경에 나타난 성령

개신교는 성령은 어디에 계시며, 또 어디에 계시지 않는가를 판별하기 위해서 성령의 임재를 보증할 만한 것을 찾았으며, 그들은 그것이 성경에 있다고 주장한다. 1530년 루터파의 아우구스부르크(Augusburg)신조에 의하면 성령은 말씀과 성례전을 통하여 주어진다고 한다. 이로써 성령의 작용은 교회 예배와 관련되어진다. 칼빈은 이에 덧붙여 성령의 내적 증거를 말하는데 "예언자들의 입을 통하여 말하였던 영과 똑같은 성령은 이 증거를 통하여 우리 마음속에 파고들어야하며"라고 하므로 성령의 내적 증거(Inner witness of the Holy Spirit)를 말한다.

1562년 제2스위스 신앙고백에 의하면 "복음의 설교와 경건한 기도"라는 은혜의 수단을 통하여 성령이 역사하심을, 또한 "성례전을 받을 때 말씀이나 성례전"이 우리에게 주고자 하는 것을 우리의 영혼 속에 눈에 보이지 않게 주시는 성령의 능력을 강조하였다.[2] 이것이 더욱 체계적으로 발전하여 우르시누스(Ursinus, 1534 – 1583)는 하나님은 그의 영을 통하여 성경기자의 생각을 깨우치고 지배함으로써 아무 이론의 잘못도 없음을, 코케이우스(Cocceius, 1603 – 1669)는 성경기자들은 성

---

1. Eduard Schweitzer, *Heiliger Geist*, 김균진 역, 「성령」(서울 : 대한기독교서회, 1982), p. 9 재인용.
2. 이형기 편, 「신앙고백서」(서울 : 대한기독교서회, 1991), pp. 165, 200.

령의 충만함에 의하여 말하였듯이 성령의 충만함 가운데 성경을 기록하였음을 말했다. 그 후 포에티우스(Voetius, 1589-1676)는 성경 전체는 역사적 신빙성에 있어서 참되며, 오류가 없고 하나님의 영감을 받은 진리로서 전체적으로, 부분적으로 부족함이 없음을, 그리고 성경기자들이 성경의 모든 문장과 개개의 문장들을 자기 자신의 뜻이나 판단에 따르지 않고 성령이 불러 주시는 대로 기록하였음을 주장한다. 구약성경의 경우 히브리어 철자 한 점도 틀림없이 받아 써 기록하도록 하였으므로 참 신앙과 거짓 신앙을 구별할 수 있는 유일한 척도가 성경이라 하였다.[3] 이는 성경만이 모든 것의 유일한 척도와 표준이 됨을, 그리고 성령은 이 성경을 통하여 말씀하심을 주장한 것이다. 이 같은 주장의 배경에는 교회가 모든 것의 표준과 척도가 아님을, 그리고 성령이 교회에 소속된 영이 아님을 말한 것이다. 성경을 통하여 말씀하신 성령의 주장과 또 이 같은 성경관은 개혁파에 더욱 경직된 형태로 나타나지만 루터교에서도 이와 비슷한 주장들을 발견할 수 있다.

3. 인간 안에 계시는 성령

2세기 중엽, 소아시아에서는 몬타누스(Montaneus)가 나타나서 자신이 예수께서 약속하신 성령의 화신임을 자처하였다. 예언자들, 특히 여자 예언자들, 막시밀라(Maximilla)와 프리스킬라(Priscilla)가 그를 추종하였는데, 그들은 열광적인 연설로 임박한 세계 종말과 하늘의 예루살렘이 프리기아 지방의 페푸자(pepuza)라는 마을에 도래하여 이 시대는 끝나게 될 것이라고 말한다.[4] 이들의 생활 표준은 매우 엄격하여 금식

---

3. H. Heppe, *Die Dogmatik der evangelische-reformierten Kirche* (Neukirchen, 1935), S. 18, 24, 33, 23.
4. F. L. Cross and E. A. Livingston, *The Oxford Dictionary of the Christian Church*(London : Oxford Univ. Press, 1974), p. 934.

을 규정하였으며, 대죄는 용서받을 수 없다고 선포하고 재혼 및 박해 때 도망가는 것을 금하였다. 이 세력은 금방 이탈리아, 갈리아(옛 프랑스), 북아프리카 등지로 확산되었다.

3세기에는 매우 엄격한 금욕생활을 하며 모여 사는 이들이 있었다. 그들은 개별적으로 혹은 무리를 지어서 여러 나라로 유랑하면서 신자들을 심방하고 악귀를 내쫓고 형제들을 불러모으며 함께 더불어 살면서 오직 영에게 맡김으로써 복음을 선포하였다. 이와 동시대를 즈음하여 그러한 무리들 중에서 한 새로운 집단이 등장하였다. 이 집단은 자기를 "작은 자들"이라 자칭하였고, 재산에 마음을 두거나 그들의 욕망 속에서 세속적인 것들을 사랑하는 사람들을 멀리하였다. 또한 명예로운 직위를 요구하는 주교들과 집사들이 있는 교회를 멀리하였다. 그들은 스스로 성령을 충만히 받을 수 있었고, 아무도 볼 수 없는 것을 볼 수 있었으며, 천사들만이 들을 수 있는 것을 들을 수도 있었다.[5]

12세기에는 요하힘 폰 피오레(Joachim von Fiore)의 가르침이 전 교회를 움직였는데, 그는 성부의 구약시대, 성자의 신약시대가 지나, 이제 성령의 시대인 수도원시대가 도래하였으며 그리하여 결정적인 전환기가 왔다고 말하였다. 토마스 뮌처(Thomas Müntzer, 1468-1525)는 그의 논문들을 연구하였으며, 츠비카우(Zwickau)에 있는 예언자들을 통하여, 성경보다 내적인 깨달음이 더 중요하고, 칭의에 관한 가르침보다 자기 자신의 십자가 경험이 더 중요하다는 것을 확신하였다. 그는 자신을 통치자, 그리스도의 통치를 예비해야 하는 새로운 요한으로 이해하였고, 폭군들과 불의한 자들이 죽임을 당하게 될 새로운 하나님 나라를 기대하였다. 또한 종교개혁시대에는 뮌스터에서 잔 마티스(Jan Matthys)와 잔 보이켈슨(Jan Beukelesson)이 나타나 그 곳에 하나님 나라를 세우고자 하였다. 일요일 및 휴일이 폐지되었고, 성당 자리에서

---

5. Eduard Schweitzer, op. cit., p. 13.

는 바람직하지 못한 시민을 목베는 연회가 베풀어졌고, 재산 공유와 일부다처제가 채택되었고, 성경을 제외한 모든 문서와 책들이 소각되었다. 발렌틴 바이겔(Valentin Weigel, 1533-1588)의 활동은 이보다 매우 조용하였다. 그는 "내적인 성경이나 말씀" 바깥으로부터가 아닌 안에서부터의 인식으로서 "우리 안에 계신 그리스도"를 존중하였고, "벽으로 둘러싸인 교회"를 배척하였다. 괼리츠 근교에서 1599년 이래 신발 제조공이었던 야콥 뵈메(Jakob Böhme)는 성령을 통한 내적 중생을 강조하였으며, 후에 영어권 내에 강력한 영향을 미쳤다.[6]

보다 근세에 이르러서는 성령의 선물인 환상에서 유래된 몰몬교를 들 수 있다. 1827년 예언자 요셉 스미드(Josef Smith)는 예언자 마로니(Maroni)가 A.D. 421년에 묻어서 감추었던 몰몬의 금판을 발견하였으며, 스미드는 환상 가운데서 미지의 그 글을 번역할 수 있었고 그 안에서 아메리카의 원역사를 발견하였다고 주장하였다. 스미드의 추종자들은 1843년 일부다처제가 성령의 계시라 하여 채택하다가, 1890년에 새로운 계시에 의해 다시 폐지하였다. 몰몬교도 역시 엄격한 생활 규칙이 있는데, 술, 담배는 물론 커피, 차, 고기까지도 끊어야 했다.

우리가 성령에 대하여 질문하는 것은 매우 급박한 일이다. 왜냐하면 우리는 하나님의 현존(the presence of God), 지금 여기에 계시는 하나님의 현재, 바로 이것을 필요로 하기 때문이다. 그럼 이 성령은 어디에 계시는가? 성령은 교직자의 직제나 성경 안에 또는 인간 안에 고정될 수 있는 것인가?

4. 성령은 어디에 계시는가?

성령은 교회의 직제, 성경 안에, 그리고 인간 안에 고정될 수 없다.

---

6. Ibid., p. 14.

성령은 모든 피조물의 삶의 근원적 힘으로서 모든 피조물에 거한다. 성령은 모든 피조물의 생명의 어머니로서 모든 피조물의 생명을 보호, 지탱하며 또 생명을 파괴하려는 모든 위험을 극복하고 하나님의 새 하늘과 새 땅을 앞당겨 오는 메시야적 능력으로 계신다. 이 능력이 우리 인간을 믿음으로 변화시키고, 사랑과 희망에 찬 새로운 삶으로 다시 태어나게 하며, 카리스마적 공동체를 형성한다. 또한 교회는 성직자를 중심으로 한 지배체제가 아니라 성령을 받은 사람들의 공동체(communion)이며 새 창조자 되신 성령의 열매이다.

개신교 신학은 물론 가톨릭 신학까지 성령을 단지 구원의 영으로 파악하며 그 장소는 교회이며, 이 성령은 말씀을 통하여 인간에게 영혼의 영원한 복을 주신다고 생각해 왔다. 구원하는 이 영은 인간의 신체적 삶은 물론 자연적 삶으로부터 분리시켰다. 이 같은 영의 이해는 히브리적 이해는 아니었다.[7] 히브리적 성령 이해는 구원의 영일 뿐만 아니라 창조의 영이다. 즉, 그리스도의 구원의 영과 창조적이며 생동시키는 하나님의 영의 일치이다. 그러므로 마음속에 믿음과 사랑의 사귐 속에서 이루어지는 생동시키는 영의 경험은 자연히 교회의 한계를 넘어서 자연 속에서, 식물 속에서, 동물 속에서, 땅의 생태계 속에서 재발견하도록 한다. 성령의 사귐은 필연적으로 그 자신을 넘어서 모든 피조물들의 보다 더 큰 사귐 속으로 인도한다. 모든 피조물들이 함께, 서로를 위하여, 서로 참여하면서 그 속에 실존하는 창조의 사귐이다.[8] 우리는 이를 하나님의 영의 우주적 차원이라 할 수 있다. 성령의 우주적 차원의 재발견이다.

---

7. Jürgen Moltmann, *The Spirit of Libe*(Minneapolis : Fortress Press, 1992), p. 9.
8. Ibid., p. 10.

성경에 나타난 성령

Ⅰ. 구약성경에 나타난 성령 / 39
Ⅱ. 신·구약 중간시대 / 65
Ⅲ. 신약성경에 나타난 성령 / 69
Ⅳ. 성령의 상징 / 110
Ⅴ. 성령 충만 / 124
Ⅵ. 성령의 은사 / 128
Ⅶ. 성령의 열매 / 157
Ⅷ. 영들의 분별 / 171
Ⅸ. 성령에 관한 설명들 / 186
Ⅹ. 성령은 누구에게 임재하시는가? / 202

I

구약성경에 나타난 성령

1. 언어적 고찰

구약성경에서 성령이란 명칭은 두 번밖에 나타나지 않는다[1](시 51 : 18, 사 63 : 10 - 11). 따라서 구약의 성령론에 관한 연구를 하기 위해서는 성령이란 명칭만으로는 안 된다. 하나님의 영이란 뜻으로 쓰인 '루아흐'(ruach)를 살펴보아야 한다.

루아흐는 크게 바람, 호흡, 영(인간의 영과 하나님의 영)이란 의미로 쓰이는데 구약 히브리어로 378회, 아랍어로 11번이다. 그런데 아랍어 11번은 다니엘에서만 나오는데 '바람'으로 2번, '마음'으로 4번, '영'으로 5번(단 4 : 5, 6, 15, 5 : 11, 14) 쓰였다. 한편, 히브리어로 루아흐가 쓰인 가운데 루아흐가 어떤 뜻으로 쓰이고, 하나님의 신으로 쓰인 경우가 몇 번인가는 학자들에 따라 다르다. 루아흐가 여러 다른 문맥에서 가질 수 있는 의미의 차이가 최소한 33가지가 된다고 밝히기도 한다.[2]

---

1. Alasdair I. C. Heron, *The Holy Spirit*(Philadelphia : The Westminster Press, 1983), p. 3.

BDB에 의하면[3] 히브리어 루아흐는 마소라 본문 전체에서 378회 나타나는데, 그 중 33회가 입김이나 콧김과 같은 단순한 '숨'(breath)으로, 117회가 자연계의 기류현상인 '바람'(wind)으로, 76회가 '생기나 활력과 관련된 정신'(spirit, as breathing quickly in animation, agitation)으로, 25회가 '육체'(즉, bàsàr 속에 살고 있는 생명체의 정신 spirit of the living, breathing being, dwelling in the 'bàsàr' of men and animals)로서 네페쉬(nepes)와 병행구를 이루며 나온다. 3회가 '정서의 자리'(as seat of emotion)로, 9회가 '정신적 활동의 자리 혹은 기관'(or organ of mental acts)으로, 3회가 '인간의 의지'(will)로, 18회가 '도덕적 성품'(moral character)으로, 그리고 94회가 '하나님의 영'(Spirit of God)을 뜻하는 것으로 각각 쓰여져 있다.[4]

이것을 다시 포괄적으로 분류하면, 자연계에서 움직이는 기상학적 현상으로서의 루아흐, 사람 안에서 작용하는 루아흐, 하나님의 루아흐 등으로 나눌 수 있다. 구약성경 안의 루아흐는 자연이나 사람 안에서 작용하는 루아흐나, 하나님이 특수한 목적으로 부리는 루아흐나 모두가 다 동인은 하나님으로 되어 있다. 바람-루아흐도 하나님이 일으키는 것이며, 생명의 상징인 루아흐 역시 하나님이 주는 선물이며, 인간의 육체(bàsàr) 안에 있으면서 정서와 정신활동의 근거가 되는 루아흐

---

2. Stanley M. Horton, *What the Bible says about Holy Spirit?*, 영산연구원 역, 「성경이 말하고 있는 성령」(서울 : 서울서적, 1994), p. 18.
3. BDB : *Hebrew and English Lexicon of the Old Testament by Francis Brown*, S. R. Driver and Charles A. Briggs(Oxford, 1953), pp. 924-926.
4. 루아흐가 하나님의 신이란 의미로 쓰인 횟수가 얼마인지에 대해 학자들마다 의견이 분분하다. R. Albertz & C. Westermann은 이런 용도를 극도로 제한하여 60여 군데로 본다("רנמ") : in E. Jenni, *Theologisches Handwörterbuch zum Alten Testament*, Band Ⅱ[München : Chr. Kaiser Verlag, 1976], p. 743.). 한편 Leon Wood는 약 100번 가량으로 본다(참조. Leon Wood, *The Holy Spirit in the Old Testament*[Grand Rapids : Zondervan, 1976], p. 21.).

역시 하나님께로부터 비롯된다.[5]

1) 자연계의 루아흐(바람)

히브리어 마소라 본문에 378회 출현하는 루아흐 중에서 117회가 기상학적 공기의 움직임인 '바람'과 거기서 비롯된 의미를 가리킨다.

루아흐가 가벼운 산들바람, 서늘한 바람을 지칭하는 경우는 그리 흔하지는 않으나 창세기 3:8, 아가 2:17, 4:6 등에서 그 예를 볼 수 있다. 창세기 3:8의 "날이 서늘할 때"와, 아가 2:17, 4:6의 "날이 기울고"는 히브리어의 원문대로 하면 '낮바람' 혹은 '저녁바람'으로서 서늘한 바람을 뜻한다.

바람을 뜻하는 루아흐는 일반적으로 하나님께서 일으키시는 것으로서 강한 힘을 동반한 강력한 바람을 뜻한다. 창세기 8:1의 "바람으로 땅 위에 불게 하시매 물이 감하였고"에서 보듯이 바닷물을 말리는 바람, 출애굽기 15:10의 "주께서 주의 바람을 일으키시매 바다가 그들을 덮으니 그들이 흉용한 물에 납같이 잠겼나이다."에서 보듯이 바다를 흉용케 하는 바람, 민수기 11:31의 "바람이 여호와에게로서 나와

---

5. BDB는 이상과 같이 루아흐의 뜻을 아홉 가지로 나누었지만 KB(*Lexicon in Veteris Testamenti Libros* edidit Ludwig Koehler und Walter Baumgartner[Leiden, 1958], pp. 877-879.)는 더 세분하여 15종류로 나누었다. 1. 숨(Hauch, Atem), 2. 헛것과 같은 숨(Hauch wie hebel), 3. 바람(Wind), 4. 방위(Seite), 5. 바람과 하나님, 하나님께로부터 오는 바람(Wind und Gott), 6. 사람의 영(Geist des Menschen), 7. 마음, 기질(natürliche Geist des Menschen als Sinn, Gesinnung, geistige Verfassung), 8. 야웨의 영(der Geist Jawäs), 9. 하나님의 영(der Geist Gottes), 10. 거룩한 영(heilige Geist), 11. 하나님의 심부름꾼으로서의 영(Geist als Gott gegenüber selbständige Grösse), 12. 주어진 재능(Geistverleihung), 13. 특별한 종류의 영들(Besonders Arten von Geist), 즉 거짓 영, 하나님이 조종하는 악한 영들, 14. 육체 곧 basar에 대조되는 정신, 15. 기타(Einyelnes und Fragliches).

바다에서부터 메추라기를 몰아 진 곁 …… 지면 위 두 규빗쯤에 내리게 한지라."에서 보듯이 메추라기를 몰아 진 곁에 떨어지게 하는 바람, 열왕기 상 18 : 45의 "구름과 바람이 일어나서 하늘이 캄캄하여지며 큰 비가 내리는지라."에서 보듯이 먹구름을 몰고 와 폭우를 쏟아 놓는 바람, 이사야 40 : 7의 "풀은 마르고 꽃은 시듦은 여호와의 기운이 그 위에 붊이라."에서 보듯이 풀을 말리고 꽃을 시들게 하는 바람 등이다. 이처럼 강한 바람을 뜻한다. 또한 여기의 루아흐는 방위(方位)를 표시하는 단어들과 결합되어 동풍, 서풍, 북풍들의 방향을 나타내기도 한다. 여기서 바람을 뜻하는 루아흐는 어디서 와서 어디로 가는지 수수께끼로 남아 사람의 이해의 범위를 넘어선다. 그럼에도 불구하고 바람은 움직이는 가운데 있고, 힘을 지니며 다른 것을 움직이도록 하는데, 이 루아흐를 자세히 꾸미는 말이 붙어서 방향을 가리키거나 바람이 불 때 일어나는 세찬 힘을 표현한다.[6]

2) 사람 안에서 작용하는 루아흐 (숨)

입이나 코로 들이마시고 내뿜고 하는 '숨'이 루아흐이다. 그래서 여러 경우, 이런 뜻을 지닌 루아흐는 입이나 코와 연결되어 구를 이룬다. 입에서 나오는 숨(입김), 코에서 나오는 숨(콧김)이 다 루아흐이다(욥 15 : 30 – "하나님의 입김", 애 4 : 20 – "우리의 콧김").

입김이나 콧김은 숨을 쉬는 것을 전제하는 것이므로 루아흐는 살아 있는 것의 징표 곧 생명의 상징이다. 그리하여 성경은 우상을 조롱할 때 그 우상들 속에 루아흐가 없음을 지적한다(렘 10 : 14 – "그 속에 생기가 없음이라.", 시 135 : 17 – "귀가 있어도 듣지 못하며 그 입에는 아무 기식도

---

6. 박동현, "야웨 하나님의 영과 그 백성," 「성령과 교회」(서울 : 장로회신학대학교, 1997), p. 5.

없나니.").

　루아흐는 생명체의 육체(bāsār) 안에 있는 생명력으로서 네페쉬(nepes, 영)와 평행구를 이루어 나타난다. 피조물로서의 생명체는 이 루아흐를 받음으로 숨쉬는 생명체가 된다. 이런 종류의 루아흐는 하나님의 선물이며 창조의 결과이다(슥 12 : 1 - "사람 안에 그 루아흐 [한글개역 : 心靈]를 만들어 주신 분", 욥 27 : 3 - "하나님의 루아흐 [한글개역 : 하나님의 기운]가 오히려 내 코에 있느니라.", 사 42 : 5 - "하늘을 창조하여 펴시고 땅과 그 소산을 베푸시며 땅 위의 백성에게 호흡을 주시며 땅에 행하는 자에게 루아흐[한글개역 : 神]를 주시는 하나님" 등에서 이런 예를 볼 수 있다.).

　하나님은 피조물인 생명체에게 루아흐를 주실 뿐만 아니라 그 루아흐를 지키고 보존하신다(욥 10 : 12 - "권고하심으로 내 루아흐[한글개역 : 靈]를 지키셨나이다.", 민 16 : 22, 27 : 16 - "모든 육체의 루호트[한글개역 : 心靈]를 감찰하시는" 하나님에서 이런 관계를 볼 수 있다.).

　바사르(육체) 안에 있는 루아흐는 하나님께서 지어내셨고, 하나님께서 사람에게 주신 것이고, 하나님께서 보살피시는 것이므로 루아흐는 곧 하나님의 루아흐로 파악되기도 한다. 따라서 사람이 죽으면 루아흐는 바사르를 떠나 버린다(시 104 : 29 - 30 - "그 루아흐[한글개역 : 호흡, 난외주 : 神]가 끊어지면 흙으로 돌아가서 당일에 그 도모가 소멸하리로다.", 욥 17 : 1 - "나의 루아흐[한글개역 : 기운]가 쇠하였으며 나의 날이 다하였고 무덤이 나를 위하여 예비되었구나.", 전 12 : 7 - "흙은 여전히 땅으로 돌아가고 루아흐[한글개역 : 神]는 그 주신 하나님께로 돌아가…….", 시 31 : 5 - "내가 나의 루아흐[한글개역 : 靈]를 주의 손에 부탁하나이다.").[7]

　이 외에도 루아흐는 욕구, 슬픔, 분노, 의지 등을 나타내는 정서가 깃들인 자리를 뜻하기도 한다. 루아흐는 여러 종류의 정서를 발생시키는 기관이다. 또 루아흐는 뜻을 행동으로 구체화시키는 의지력, 활기와 용

---

7. 민영진, "구약의 영 이해," 「신학사상」 31(서울 : 한국신학연구소, 1980), p. 626.

기, 도덕적 성품을 뜻하기도 한다.

3) 하나님의 루아흐

(1) 몰아경에 이르게 하는 루아흐

잃어버린 암나귀를 찾아 돌아다니다가 자기에게까지 온 사울의 머리에 기름을 부어서 야웨께서 그를 이스라엘의 지도자 삼으심을 알려 준 사무엘은 사울이 집으로 돌아가는 길에 여러 가지 악기를 앞세우고 예언하며 내려오는 한 무리의 예언자들을 만날 터인데, "그러면 너의 위에 야웨의 '루아흐'가 덮쳐서 네가 그들과 함께 예언하고 다른 사람으로 달라지리라."(삼상 10 : 6)고 말한다. 과연 그 말대로 사울이 예언자 무리를 만났을 때 "그의 위에 야웨의 '루아흐'가 덮쳐서 그가 그들 가운데서 예언하게 되었다"(삼상 10 : 10).

글의 흐름으로 보면 야웨께서 사울을 이스라엘의 임금으로 정하셨음에 이런 경험을 통해 확실해지는 것으로 이해할 수 있다. 여기서, 한편으로 야웨의 '루아흐'가 사울로 하여금 몰아경(황홀경, estasy)에 빠져 별난 행동을 하게 함을 알 수 있다. 이러한 점은 나중에 사울에게서 달아난 다윗이 사무엘에게 가 있는 것을 사울이 알고서 다윗을 잡으러 군졸들을 보냈는데, 이들이 사무엘을 우두머리로 예언자들이 예언하는 것을 보자 그들 위에 하나님의 '루아흐'가 있게 되는 일이 벌어져서 그들도 예언하게 되었고(삼상 19 : 20), 같은 일이 두 번 더 일어난 다음(삼상 19 : 21) 사울이 직접 갔을 때 사울에게도 마찬가지의 일이 일어났다(삼상 19 : 23 - 24)는 구절에서도 볼 수 있다. 그 역시 영의 감화를 받아 입은 옷을 찢어 버리고 쓰러져서 하루 밤낮을 벌거벗은 채 바닥에 누워 있었다. 이는 몰아경, 황홀경 속에서 그가 무엇을 하는지 알지 못한 것이다. 그의 뜻이나 생각과는 전혀 다른 행동을 하게 한 것이다. 같은 내용을 민수기 11 : 25~29에서도 찾아볼 수 있다. 하나님은 구름으로 내려오셔서 모세에게 이미 주었던 영으로 70인 장로에게 임하자 그들은 예언자의 황홀경에 빠져서 헤어나지 못하였다. 그런데 영은 이들과 동행하지 않고 장막에 남아 있던 두 명의 장로에게 잠시 임하셨다. 하나님은 인간이 전혀 예기치 않은 방법으로 만나시기로 한다. 이런 낯설음과 상이성은 모든 인간적인 것과 상반된다.

(2) 창조와 보존의 루아흐

창조의 영으로서의 루아흐는 구약성경에서 광범위하게 나타나지는 않지만 이는 생명을 창조하시며 보존하시는 느샤마(Neshama, 숨을 뜻함)와 함께 사용한다.[8]

루아흐는 태초의 창조 당시 무형의 혼돈에 생명을 가져다 주는 창조적 힘으로 그 때부터 벌써 작용하고 있었다. 창세기 1:2 "땅이 혼돈하고 공허하며 흑암이 깊음 위에 있고 하나님의 신(루아흐 엘로힘)은 수면에 운행하시니라." 창조하는 '말씀'과 나란히 평행구를 이루어 나타나는 데서 창조와 관련된 루아흐의 기능을 볼 수 있다. 시편 33:6 "여호와의 말씀으로 하늘이 지음이 되었으며 그 만상이 그 입기운으로 이루었도다." 때로는 느샤마(Neshama, 기운)와 평행구를 이루며 창조의 기능을 한 것으로 나타난다. 욥기 33:4 "하나님의 신이 나를 지으셨고 전능자의 기운이 나를 살리시느니라." 욥기 34:14~15에 의하면 "그가 만일 자기만 생각하시고 그 신(ruach)과 기운(Neshama)을 거두실진대 모든 혈기 있는 자가 일체로 망하고 사람도 진토로 돌아가리라." 모든 살아 있는 생명체를 노래한 시편 104:27~31 "이것들이 다 주께서 때를 따라 식물 주시기를 바라나이다. 주께서 주신즉 저희가 취하며 주께서 손을 펴신즉 저희가 좋은 것으로 만족하다가 주께서 낯을 숨기신즉 저희가 떨고 주께서 저희 호흡(ruach)을 취하신즉 저희가 죽어 본

---

8. Alassair I. C. Heron, *The Holy Spirit*, p. 10.

흙으로 돌아가나이다. 주의 영(ruach)을 보내어 저희를 창조하사 지면을 새롭게 하시나이다." 피조물 전체가 혼돈되고 질서도 없고 생명도 없었으나 그의 루아흐의 동참으로 말미암아 움직임이 생겼고 질서와 생명이 생겼다. 구별이 없는 혼돈의 깊음 속에서 모든 존재의 가지가지의 형태가 부름과 응답에 의해서 존재로 나타나게 된다. 그러나 그 무시간적 순간에 성령의 강하고도 귀한 사랑, 교류를 위한 불가항력적인 의지 외에는 아무것도 없었다. 생명이 없던 천지에 야웨 신의 입김이 때로는 바람으로, 때로는 공기로, 때로는 입김으로 약동하심에 따라 생명이 생기고 운동이 생기게 되었다. 또한 창조한 모든 것이 보존된다.

여기에 하나 유념해야 될 것이 있다. 하나님의 신의 창조는 단지 일회적으로 끝나는 것이 아니라 계속적으로 이루어진다는 것이다. 이를 계속적 창조(creatio continue)라 한다. 그러나 처음 창조와 계속적 창조 사이에는 본질적 차이가 있는데 전자는 무에서 유를 창조(creatio ex nihilo)한 것이고, 후자는 유에서 유, 기존의 사태에 대하여 새로운 사태로 변하게 하거나 새로운 질서나 생물을 창조한 것을 의미한다. 역사와 자연계는 이러한 계속적 창조의 반복에 의해서 움직이고 있다. 오히려 우리는 그 안에서 숨쉬고 존재한다. 왜냐하면 그것이 우리에게 자신을 주었다가 물러가 버리는 것이 아니라 언제든지 성장케 하고 결실케 한다. 이런 점에서 창조와 섭리와 구속은 동일한 사건의 다른 측면이다.[9]

(3) 인간의 삶의 힘으로서의 루아흐

하나님의 루아흐는 모든 생명, 인간 생명의 근원이다. 생명이 소생한 곳에는 하나님의 호흡, 하나님의 영에 대하여 언급한다. 또 죽음에 관한 곳에는 하나님의 호흡, 루아흐에 대하여 언급한다. 하나님의 루아흐

---

9. J. V. Taylor, *The Go-Between God*, 1972, p. 27.

는 아주 명백하게 생명과 연결되어 있다.

　욥기 34 : 14~15에는 두 가지의 서로 다른 단어가 사용되었다. "그가(하나님) 콧김을 마시고 입김을 들이쉬시면 만물은 일시에 숨을 멎고 사람은 티끌로 돌아가고 말 것입니다." 특히 인간에게 있어서는 '생명의 호흡' 에 대하여, 물론 하나님이 주신 생명력에 대하여 언급되고 있다. 그것은 욥기 27 : 3에도 나온다. "나의 입김이 끊이지 않고 하나님의 숨결이 나의 코에 붙어 있는 한" 호흡이 아직 내 안에 있고 하나님의 영이 내 코 안에 있다……. 물론 양자는 같은 것이다. 하나님의 영은 '내 코' 안에 있다. 그러나 욥이 생명의 유래를 강조하고 우리에게 이 생명을 주신 하나님을 찬양하고자 할 때는 하나님의 '영' 에 대하여 말한다. 인간이 하나님의 영을 그의 생명 안에서 어떻게 체험하는가를 서술하고자 할 때 그는 '생명력', '생명의 호흡' 에 대하여 말한다.

　그리하여 창세기 6 : 3이 인간 안에 있는 하나님의 '영' 에 대하여, 6 : 17이 '생명의 영' 에 대하여 말한다. 또한 창세기 7 : 22은 위에 나온 두 가지 표현을 종합하여, '생명의 영의 입김' 이라고 말한다. 그 반면 2 : 7은 어떻게 하나님이 인간의 코에 '생명의 입김' 을 불어넣으셨는가를 설명하고 있다. 그러한 '생명의 영' 은 동물에게서도 발견되는 것이다(창 6 : 17, 7 : 15). 모든 생명, 순수히 생물학적이고 인간적인 생명력도 하나님의 창조의 영의 결과로 이해된다 ; "하늘을 펼치시고, 땅의 기초를 놓으시고, 영을 만들어 사람들에게 불어넣으신 야웨의 말씀"(슥 12 : 1)으로 이해된다. 그러기에 생명은 결코 인간의 소유가 되지 못하고 하나님의 소유 또는 하나님의 행위, 하나님의 활동으로 머물러 있는 것이다.[10] "여호와께서 가라사대 나의 신이 영원히 사람과 함께하지 아니하리니 이는 그들이 육체가 됨이라. 그러나 그들의 날은 일백이십 년이 되리라 하시니라"(창 6 : 3).

---

10. Eduard Schweitzer, *Heiliger Geist*, p. 32.

모든 생명은 선물이며 우리 자신의 것이 아니다. 구약성경은 이 생명을 주시는 분을 하나님의 루아흐라 한다. 생명은 두 가지 측면에서 고려될 수 있는데 하나는 하나님에게서 유래되었다. 하나님의 의지에 따라 존재하는 것으로서의 생명, 즉 이 근원을 구약성경은 "하나님의 영"이라고 말한다. 다른 하나는 삶의 과정을 통하여 이루어지는 것으로서의 생명 - 이때 구약성경은 이를 생명력이라 한다 - 이다. 이 두 가지가 다 하나님의 영이신 루아흐에 의해서 성취된다.

(4) 말씀을 주는 루아흐

하나님의 루아흐는 사람으로 하여금 경고나 교훈을 강제로 말하도록 시키는 힘으로 작용하였다. 예언적인 신탁들, 특히 발람이 발락으로부터 이스라엘을 저주하라는 부탁을 받았음에도 불구하고 오히려 이스라엘을 축복한 것은 하나님의 루아흐(한글개역 : 하나님의 신)가 그에게 임하여 그렇게 시켰기 때문인 것으로 되어 있다(민 24 : 2). 발람의 신탁내용(민 24 : 3-9)은 축복선포이다. 여기에는 무아지경의 황홀상태에서 옷을 벗어버리고 알몸으로 눕는 흥분된 동작과는 대조가 되는 내용이 있다. 사무엘 하 23 : 2~7의 다윗의 마지막 말 역시 야웨의 루아흐(한글개역 : 여호와의 神)가 다윗을 빙자하여 한 말이다. 아마새가 다윗에게 말할 때 그 말 역시 "루아흐(한글개역 : 성신)가 삼십 인의 두목 아마새에게 감동"(대상 12 : 18)하여서 말하게 한 것이다. 이 밖에도 역대 하 15 : 1, 20 : 14, 24 : 20 등에서 루아흐와 다바르(말씀)의 관련을 볼 수 있다.

고대에는 이런 힘은 주로 예언자들에게 작용하였다. 스가랴 7 : 12 "그 마음을 금강석 같게 하여 율법과 만군의 여호와가 루아흐로(한글개역 : 신으로) 이전 선지자를 빙자하여 전한 말을 듣지 아니하므로 큰 노가 나 만군의 여호와께로서 나왔도다." 느헤미야 9 : 30 "그러나 주께서 여러 해 동안 용서하시고 또 선지자로 말미암아 당신의 루아흐로(한글개혁 : 주의 신으로) 저희를 경계하시되 저희가 듣지 아니하므로 열방

사방의 손에 붙이시고……" 등에서 그 예를 볼 수 있다.

이런 루아흐는 장차 모든 사람들에게도 평등하게 주어질 것으로 약속되어 있다. 요엘 2 : 28~29 "그 후에 내가 루아흐(한글개역 : 신)를 만민(난외주 : 모든 육체)에게 부어 주리니 너희 자녀들이 장래 일을 말할 것이며 너희 늙은이는 꿈을 꾸며 너희 젊은이는 이상을 볼 것이며 그 때에 또 내가 내 루아흐(한글개역 : 신)로 남종과 여종에게 부어 줄 것이며." 장차 오실 기름부음 받은 자(메시야)에게 내린 루아흐는 그 성격이 더 상세히 묘사되어 있다(사 11 : 2). 그분 위에 내릴 야웨의 루아흐는 지혜와 총명의 루아흐, 모략과 재능의 루아흐, 지식과 여호와 경외의 루아흐이다.[11]

(5) 각종 능력과 기술을 주는 루아흐

전술능력, 행정 및 경영상의 수완 등도 하나님의 루아흐와 관련되어 있다. 고대의 이스라엘 사사들은 여호와의 루아흐를 받고 전쟁에 나가서 싸울 때 승리할 수 있었다. "여호와의 루아흐(한글개역 : 여호와의 신)가 그에게 임하셨으므로 그가 이스라엘 사사가 되어 나가서 싸울 때에 여호와께서 메소포타미아 왕 구산 리사다임을 그 손에 붙이시매 옷니엘의 손이 구산 리사다임을 이기니라"(삿 3 : 10, 이 밖에도 6 : 34, 11 : 29, 13 : 25, 14 : 6, 19, 15 : 14 참조). 왕에게로 이런 호전적 활력으로서의 루아흐가 임하여 전쟁을 승리로 이끈 예를 볼 수 있다. 사무엘 상 11 : 6 "사울이 이 말을 들을 때에 하나님의 루아흐(한글개역 : 하나님의 신)에게 크게 감동되매 그 노가 크게 일어나서 한 겨리 소를 취하여 각을 뜨고……."

메시야에게 있을 각종 행정 및 경영상의 능력 역시 하나님의 루아흐로 주어진다(사 11 : 2). 여호와의 종 역시 하나님의 루아흐를 받아 그것

---

11. 민영진, op. cit., pp. 631-632.

으로 다스릴 것이다. 이사야 42 : 1~4 "내가 붙드는 나의 종, 내 마음에 기뻐하는 나의 택한 사람을 보라. 내가 나의 루아흐를 그에게 주었은즉 그가 이방에 공의를 베풀리라.…… 상한 갈대를 꺾지 아니하며 꺼져 가는 등불을 끄지 아니하고 진리로 공의를 베풀 것이며 …… 세상에 공의를 세우기에 이르리니 섬들이 그 교훈을 앙망하리라."

사람들이 가지고 있는 각종 기술과 재능 역시 하나님의 루아흐를 받은 결과로 얻게 되는 것이다. 브살렐과 오홀리압이 보여 준 금은세공, 보석 깎아 물리기, 목각기술, 건축술, 가구제작술, 수예, 직조, 옷 만드는 기술, 각종 향기를 만들어 내는 기술이 모두 하나님의 루아흐를 통해서 충만하게 된 것이다(출 31 : 3, 35 : 31).[12]

언어적 고찰에서 분명해졌듯이 루아흐는 본질적으로 크게 셋으로 나누어진다. 자연계의 대기권 안에서 기압의 변화로 말미암아 일어나는 공기의 움직임인 바람, 사람에게 본래부터 주어진 생명력 및 각종 정서를 나타내는 자리, 그리고 하나님이 부리시는 루아흐 이상 셋이다. 대기권 안에서 흐르는 바람으로서의 루아흐는 거의 느낄 수 없을 만큼 조용하게 움직이는 공기의 흐름으로부터 시작하여 태풍에 이르기까지 그 강도와 그것이 일으키는 결과는 실로 무궁무진하고 다양하다. 루아흐 자체는 보이지는 않으나 그것이 끼치는 영향, 그 운동이 주위에서 동시에 발생시키는 결과로 알려진다. 사람이 날 때부터 타고난 생명의 근원인 루아흐는 또한 정서와 정신활동을 일으키는 기관이요, 생명력 그 자체이다. 하나님의 루아흐는 그 기능면에서 본다면 피조물을 창조하고, 보존하고, 심판하고, 구원한다. 또한 이스라엘 영웅들을 사로잡아 그들에게 비상한 육체적 힘을 주어 민족을 구원케 하고 왕들, 즉 통치자들에게 함께하여 통치자로서의 소명과 기능을 수행하는 능력을 준다. 예언자들이 권능과 공의와 능력을 얻어 하나님의 말씀을 선포하는 것도

---

12. Ibid., p. 633.

루아흐가 함께하였기 때문이다(미 3 : 8). 브살렐의 기술(출 31 : 2)이나 다니엘의 총명도 루아흐가 작용한 결과이다.

"구약성경에서 루아흐 야웨는 분리되거나 구별된 실체(entity)가 아니다. 그것은 하나님의 능력, 즉 하나님의 뜻 안에서 도덕적, 종교적 목적을 성취하는 인격적 활동이다. 하나님의 루아흐는 살아 있는 모든 육신적 생명의 근원(the source)이다. 하나님의 영은 하나님에게서 나오기 때문에 물질세계에 생명을 주는 활동적 본체이다(창 2 : 7). 또한 그것은 사사들이든지, 예언자이든지, 왕이든지 상관없이 카리스마적 지도자를 세우는 종교적 제반 관심사의 근원이다. 루아흐 야웨는 하나님의 역사적인 창조 행위를 말하는 용어로서 그것은 비록 논리적인 분석을 무시한다 할지라도 항상 하나님의 행위이다."[13]

2. 이스라엘 역사에 나타난 성령

우리는 루아흐라는 단어가 주로 역사 초기의 사사기와 사무엘 상, 그리고 포로 전 선지자 이사야와 포로기 선지자인 에스겔에게, 그리고 포로 후 공동체의 기록인 느헤미야와 역대기에 집중적으로 나타나는 것을 볼 수가 있다. 특별히 예레미야, 아모스, 오바댜, 요나, 나훔, 하박국, 스바냐 등의 선지서에 하나님의 신이 한 번도 언급되지 않은 것은 특기할 만하다. 역사의 위기의 순간에 야웨의 신의 활동이 두드러진 것으로 볼 수 있다. 특별히 포로기를 전후로 하나님의 신에 대한 언급이 많아지면서, 하나님의 신에 대한 이해에 전환점이 있는 것으로 추측하게 한다.[14]

---

13. George Elden Ladd, *A Theology of the New Testament*(Grand Rapids, WM. B. Eerdmans, 1979), p. 287.
14. 김지찬, 「구약사의 지평에서 바라본 성령의 사역」 현대성령론평가(서울 : 한국복음

루아흐의 가장 초기 이해에는 자연적인 의미와 초자연적인 의미간에 거의 또는 전혀 구별이 없었다. 바람은 시적으로 야웨의 콧김으로 묘사될 수 있었다(출 15 : 8, 10, 삼하 22 : 16=시 18 : 15, 사 40 : 7). 하나님이 불어넣으신 인간의 루아흐는 처음부터 대략적으로 인간의 네페쉬(영혼)

주의신학회, 1996)에서 구약에서 루아흐가 하나님과 관계된 횟수가 122회라고 주장하면서 이를 근거로 다음과 같은 도표를 만들고 그 도표의 결과를 분석하여 설명한 것이다.

도표 1. 하나님의 신으로 쓰인 루아흐의 구약 각권 배치도

창세기	3	에스겔	22	시편	4
출애굽기	3	호세아	1	욥기	5
레위기	–	요엘	2	잠언	1
민수기	7	아모스	–	룻기	–
신명기	1	오바댜	–	아가	–
여호수아	–	요나	–	전도서	–
사사기	8	미가	2	예레미야 애가	–
사무엘 상	14	나훔	–	에스더	–
사무엘 하	1	하박국	–	다니엘	–
열왕기 상	5	스바냐	–	에스라	–
열왕기 하	4	학개	1	느헤미야	2
이사야	23	스가랴	4	역대 상	2
예레미야	–	말라기	–	역대 하	7

그러나 이런 배치도만으로는 하나님의 신에 대한 구약의 이해를 확실히 알기 어렵다.

도표 2. 성경 본문 그룹별 배치도

분 류	빈도수	특 기 사 항
오경	14회	레위기에는 없음.
역사서	32회	역사 초기, 사사기와 사무엘 상에 집중적으로 나타남.
포로 전 선지서	48회	이사야, 에스겔에 주로 나타남.
포로 후 선지서	7회	요엘, 학개, 스가랴 선지서에 다시 나타남.
느헤미야 – 역대	11회	역대기에 집중적으로 나타남.
욥기 – 시편 – 잠언	10회	

였다(특별히 창 2 : 7). 루아흐는 정확하게 바람에, 또는 예언자나 카리스마적인 지도자의 영감을 받은 행동에서 가장 명확하게 볼 수 있는 신성하고, 신비하며, 생명의 원천을 이루는 능력이었다. 또한 최초에 하나님의 루아흐는 하나님의 영(성령)으로 이해되었고, 도덕적인 견지에서보다는 능력적인 견지에서 이해되었다(삿 14 : 6, 19, 15 : 14-15 참조). 하나님에게서 오는 루아흐는 선을 위한 것일 뿐만 아니라 악을 위한 것일 수도 있었다(삿 9 : 23, 삼상 16 : 14-16, 왕 22 : 19-22). 이 초기 단계의 이해에서 하나님의 루아흐(하나님의 권위하에서)는 동일한 방향으로 힘을 행사하는 초자연적 능력으로 단순하게 생각되었다.

하나의 민족으로서의 이스라엘이 부상하던 때에 나타났던 초기의 지도력은 루아흐, 곧 신비로운 상태의 능력을 특별하게 나타내는 데 있었다. 즉, 사사들이 그러했고, 선견자로서의 명성을 소유했고 분명히 신비한 영감을 받은 일단의 선지자들의 지도자였던 사무엘(삼상 9 : 9, 18 : 19, 19 : 20, 24), 그리고 사울(삼상 11 : 6, 참조. 10 : 11-12, 19 : 24)이 그러했다.[15]

이후 시기에 다양한 발전들이 분명하게 나타난다. 우리는 자연적인 것과 초자연적인 것, 하나님과 인간 사이의 구별을 거리낌없이 말하는 경향을 인식할 수 있다. 이전에 하나님에 대해 말하던 생생한 의인화와 마찬가지로 루아흐는 보다 명확하게 초자연적인 특성들을 나타내며 신적인 특성을 인간적인 특성과 구별한다(특별히 사 31 : 3). 또한 루아흐와 네페쉬 사이의 구별도 나타나기 시작한다. 인간의 루아흐는 하나님과 직접적인 연관을 보유하여 인간 존재의 '보다 높은', 또는 하나님을 지향하는 차원을 나타내는 반면에(예-겔 1 : 1, 5, 시 51 : 12, 겔 11 : 19), 네페쉬는 점점 더 인간의식의 '보다 낮은' 면들, 즉 사람에게 존재하는

---

15. N. Hillyer, ed., *New Bible Dictionary*, 나용화·김의원 역, 「새성경사전」(서울 : 기독교문서교회, 1997), p. 1232.

인격적이지만 단순한 인간적인 생명, 인간의 욕구와 정서와 열정의 소재지를 나타내는 경향이 있다(매우 규칙적으로).

또한 권위의 초점이 신비한 상태의 루아흐의 현시에서보다 제도화된 개념으로 바뀌는 경향도 분명하게 나타난다. 하나님의 영을 소유함은 이제 영속적이며 건넬 수 있는 것으로 여겨진다(민 11 : 17, 신 34 : 9, 왕하 2 : 9, 15). 따라서 아마도 왕에게 기름을 붓는 것은 점점 더 성령으로 기름을 붓는다는 견지에서 고려되었을 것이다(삼상 16 : 13, 그리고 시 89 : 20 - 21의 암시, 사 11 : 2, 61 : 1). 그리고 예언은 점점 더 제사 의식에 결부되는 경향이 있다(사 28 : 7의 암시, 렘 6 : 13, 23 : 11, 시편들 중 어떤 것들은 제의에서 예언적 발언들로 시작하는 것 같다. 하박국과 스가랴는 아마 제의적 예언자들이었을 것이다.). 이 발전은 유대교 - 기독교 전통 내에 은사와 제사간의 긴장의 시작을 특정짓는다(특별히 왕상 22 : 5 - 28, 암 7 : 10 - 17을 보라.).

바벨론 포로 전(前)시기의 가장 두드러진 특징은 고대 선지자들이 자신들의 영감을 하나님의 영에게 돌리기를 이상하게 주저하는 것이다. B.C. 8세기의 선지자들(아모스, 미가, 호세아, 이사야)이나, 7세기의 선지자들(예레미야, 스바냐, 나훔, 하박국)은 성령이 자신들의 메시지를 인증하시는 것으로 언급하지 않는다 - 미가 3 : 8은 예외라고 할 수 있는데 종종 이 이유로 인해 후기의 삽입으로 간주된다. 그들은 자신들의 영감을 묘사하는 데 하나님의 말씀(특별히 암 3 : 8, 렘 20 : 9)과 하나님의 손(사 8 : 11, 렘 15 : 17)에 대해 말하는 것을 택한다. 이 이유에 대해 우리는 설명할 수가 없다. 아마 루아흐가 이스라엘과 다른 근동 종교에서 의식의 혼미한 상태에 있는 자들과 동일시되었거나(호 9 : 7 참조), 선지자들이 제사를 직업적으로 생각하거나 남용하는 것에 대하여 반박하고 있거나(사 28 : 7, 렘 5 : 13, 6 : 13, 14 : 13 이하 등, 미 2 : 11), 또는 하나님의 루아흐의 역사가 주로 종말론적이라는 확신이 이미 나타나고 있었기 때문일 것이다(사 4 : 4).

바벨론 포로시기와 그 이후 시기에 하나님의 영의 역사는 새롭게 두드러지게 되었다. 예언의 영감자로서의 신적 루아흐의 역할이 다시 주장되었다(잠 1 : 23, 참조. 사 59 : 21=영과 말씀이 함께 나옴, 겔 2 : 2, 3 : 1-4, 22-24=영, 말씀, 손이 함께 나옴.). 초기 선지자들의 영감도 자유롭게 하나님의 영에게로 돌려졌다(느 9 : 20, 30, 슥 7 : 12, 사 63 : 11 이하 참조). 예를 들어 시편 51 : 11에서 표현되는 하나님께서 자신의 영을 통해 임재하신다는 의미는 시편 140 : 10, 학개 2 : 5, 스가랴 4 : 6에도 나온다. 그리고 역대 하 20 : 14, 24 : 20은 은사와 제사의식 사이의 간격을 메우려는 열망을 반영한 것이다.

브살렐 등의 예술적인 기술과 장인 기능을 하나님의 영의 활동으로 돌리는 전통(출 28 : 3, 31 : 3, 35 : 31)은 보다 미적이고 윤리적인 자질들과 하나님의 영 사이의 연결을 만들어 냈다. 일부 저자들이 특별하게 영을 하나님의 '성신'(holy Spirit, 시 51 : 13, 사 63 : 10-11)으로, 또는 '선하신 신'(good Spirit, 느 9 : 20, 시 143 : 10)으로 지칭하는 것은 이런 시각을 가진 것이거나, 또는 단순하게 하나님의 영이 거룩하고 선한 것임을 나타내는 것이다.

드물게, 그리고 다른 시기에 나타나는 또 하나의 강조점은 하나님의 영을 창조의 역사와 연관시키는 것이다(창 1 : 2, 욥 26 : 13, 시 33 : 6, 104 : 30). 시편 139 : 7에서 루아흐는 하나님의 우주적인 임재를 나타낸다.

중요한 사항은 예언자 그룹에서 하나님의 루아흐를 종말론적 견지로, 즉 종말의 능력이며, 새 시대의 보증으로 이해하는 경향이 증대하고 있었던 것이라고 할 수 있을 것이다. 하나님의 영은 새로운 창조를 성취하실 것이다(사 32 : 15, 44 : 3-4). 종말론적 구원의 대행자들은 하나님의 성령으로 기름부음을 받을 것이다(사 41 : 1, 61 : 1, 그리고 특별히 후기의 솔로몬의 시편들 17 : 42). 사람들은 하나님의 영에 의해 새롭게 창조되어 하나님과 훨씬 더 활기차고 직접적인 교제를 향유하게 될 것이고(겔 36 : 26-27, 37장, 렘 31 : 31-34 참조), 하나님의 영은 모든 이스라엘에게 아낌없이 분배될 것이다(겔 39 : 29, 욜 2 : 28-29, 슥 12 : 10, 민 11 : 29 참조)라고 한다.[16]

3. 구약성경에서의 성령

1) 성령은 하나님의 창조의 발동자(agent)이시며, 재창조의 발동자이시다.[17] "하나님의 신은 수면에 운행하시니라."(창 1 : 2)고 말씀하며, 시편 기자는 "주의 영을 보내어 저희를 창조하사"(시 104 : 30)라고 노래하고 있다. 하나님의 영은 무에서 존재를, 혼돈에서 질서를, 공허에서 미를 만들어 내신 분이다. 봄, 여름, 가을, 겨울, 조수의 밀물과 썰물, 그리고 태양의 일출과 일몰과 같은 율동을 무엇이 그처럼 끊임없이 지속시켜 주고 있는가? 그것은 하나님의 영이 세계의 질서 가운데 운행하시기 때문이다. 그러므로 우리가 성령의 활동을 보고자 하면, 우리가 살고 있는 이 세계를 바라보면 충분할 것이다.

더 나아가 성령은 하나님의 재창조의 발동자이시다. 인간의 죄와 불복종, 어리석음이 역사를 황폐케 하고 혼돈에 빠뜨렸으나 하나님의 영인 성령은 질서를 여전히 회복시키신다. 이것이 재창조의 능력이다. 이사야 32 : 14~15에 "대저 궁전이 폐한 바 되며 인구 많던 성읍이 적막하며 산과 망대가 영영히 굴혈이 되며 들나귀의 즐겨하는 곳과 양떼의 풀 먹는 곳이 될 것임이어니와 필경은 위에서부터 성신을 우리에게 부어 주시리니……."라고 한다. 성령은 이 세계와 인간 개인적인 생활 등 모든 면에 있어서 하나님의 창조와, 그리고 하나님의 재창조의 능력이

---

16. Ibid., p. 1233.
17. William Barcray, *The Promise of the Spirit*, 서기산 역, 「성령의 약속」(서울 : 기독교문사, 1977), p. 14.

다. 사무엘 상 10 : 6에 "네게는 여호와의 신이 크게 임하리니 너도 그들과 함께 예언을 하고 변하여 새 사람이 되리라."고 말씀한다. 그러므로 인간은 누구나 새로 지음을 받아야 하며, 누구나 그 자신을 하나님의 영이 가지고 있는 재창조의 능력에 내맡길 때 새로 지음을 받을 수 있다.

2) 구약성경의 창조시에 나오는 성령의 능력도 크지만, 인간 개인의 생활에 나타나는 성령의 능력은 더욱 크다. 위대한 지도자들은 성령을 소유한 사람, 성령에 의해 소유되어진 사람, 그리고 그의 안에 성령이 거하시는 사람들이다. 요셉(창 41 : 38), 70인 장로들(민 11 : 16 - 17), 여호수아(민 27 : 18)가 그러하였다. 그리고 '성령받은 사람들이 등장하는 책'이라는 별명을 가질 만한 사사기에는 옷니엘(삿 3 : 19), 기드온(삿 6 : 34), 입다(삿 11 : 29) 등이 성령의 사람이었다. 사울(삼상 11 : 6), 다윗(삼상 16 : 13)도 마찬가지이다. 하나님의 영이 없는 사람은 하나님의 일을 할 수 없으며, 하나님의 영의 인도를 받지 않는 사람은 다른 인간을 인도할 수 없다는 것이 구약성경의 확신이다. 지도력의 문제는 하나님의 영과 깊은 관련이 있다.

3) 하나님의 영은 특별히 예언의 은사와, 그리고 그 직책과 관련이 있다. 한 인간을 선지자로 만들고 또 그에게 메시지를 주시는 분은 성령이시다. 발람으로 하여금 이스라엘이 장차 큰 민족이 될 것임을 예언하게 하신 분은 성령이시다(민 24 : 2). 그것은 사울(삼상 10 : 10), 다윗(삼하 23 : 2), 이사야(61 : 1)에 잘 나타난다. 성령의 메시지는 결코 단색적인 단조한 선포가 아니다. 성령의 소리는 인간을 통해서 언제나 듣는 사람들의 필요와 시대에 따라 다르고 강하게 나타난다. 다시 말해서, 어떤 사건에 대해서도 하나님께로부터 오는 메시지가 있으며, 어떠한 위기에 대해서도 하나님의 말씀은 반드시 있기 마련이다. 성령은 그 메

시지를 전할 인간을 찾으신다.

여호와의 신은 에스겔을 통하여 살아 움직이고 활동하였다. 에스겔 11 : 5 "여호와의 신이 내게 임하여 가라사대 너는 말하기를 여호와의 말씀에 이스라엘 족속아 너희가 이렇게 말하였도다 너희 마음에서 일어나는 것을 내가 다 아노라". 여호와의 신은 에스겔에게 그의 사명과 메시지를 주셨고, 그 메시지와 상황에 대면할 수 있는 용기와 능력을 주셨다. 아무도 성령이 함께하시지 않으면 예언을 할 수 없다는 것이 구약성경의 확신이다. 성령은 예언자들에게 힘과 용기를 주어 그들로 하여금 그 메시지가 위로의 말씀이든 경고의 말씀이든 간에 하나님의 메시지를 사람들에게 전파하게 하신다.

4) 성령의 활동은 특수하며 범상한 일들과 관련된다. 성령의 능력은 경이적이며 또 신비스러운 것이다. 사울이 벌거벗은 몸으로 종일 누워있었던 일(삼상 19 : 24), 오바댜가 엘리야를 만나 한 말(왕상 18 : 2 - 16), 엘리사의 말(왕상 2 : 16), 성령에 의해 이끌림을 당한 에스겔의 경험(겔 8 : 3) 등을 통해 잘 알 수 있다. 구약성경이 가진 일반적인 개념으로 볼 때 성령의 활동은 보통 인간이나 흔한 일상적인 경우에 나타나는 것이 아니라, 특수한 인간이나 특별한 경우에 나타나는 것이 사실이다.

성령은 황홀경의 현상을 일으킨다. 때로는 공동체 전체에(민 11 : 25 - 26), 예언자들에게, 그리고 개인들에게 황홀경(ecstasy)을 가져온다. 하나님의 영은 그들의 의지에 반하여 그들에게 임하여 전혀 예기치 못한 행동을 할 뿐만 아니라 그들의 목적과는 상치되는 행동을 한다(삼상 19 : 20 - 24). 이 경우에 있어 사울은 "옷을 벗고 사무엘 앞에서 예언을 하며 종일 종야에 벌거벗은 몸으로 누웠었더라."(삼상 19 : 24)는 이러한 황홀경의 상태를 극적으로 보여 준다.

5) 성령은 하나님의 우주적인 임재와 현존(現存)을 표상한다. 성령은

환난 속에서 하나님을 잃어버리거나, 죄악 때문에 하나님으로부터 도망칠 수 없게 만들어 준다. 시편 139 : 7에 "내가 주의 신을 떠나 어디로 가며 주의 앞에서 어디로 피하리이까?"라고 한다. 하늘이나 땅 아래 어디든지 하나님의 영이 충만해 있다.

하나님의 영은 하나님의 백성에 대한 그의 심판양식이며, 따라서 이사야는 성령을 "심판하는 영과 소멸하는 영으로"(사 4 : 4) 언약된 백성의 신실한 남은 자들을 구원하시는 날에 예루살렘을 씻으시는 것과 연관시킨다. 이 예언은 세례 요한이 미래에 임할 '성령세례'를 기대하는 신약의 설명에 영향을 미쳤다(마 3 : 11, 눅 3 : 16). 성령의 역사를 통하여 하나님의 공의와 의(義)가 성취의 시대에 이스라엘에서 확립될 것이다(사 32 : 15-17). 개인에 대해서처럼 이스라엘에 대하여, 성령은 하나님께서 인간에게 그의 뜻을 행하도록 가르치시며 인간을 정직한 삶의 길로 나아가도록 인도하시는 매개이다(시 143 : 10). 그의 행위는 특히 하나님께서 이스라엘과 언약을 세우시고 애굽으로부터 나오게 하신 것과 연관되어 있다. 하나님께서는 "그들 중에 성신을 두신 자가 이제 어디 계시뇨? 그 영광의 팔을 모세의 오른손과 함께하게……"(사 63 : 11-12) 하셨다. 여기서 성령은 주의 '팔'과 동일시되며, 그의 백성 가운데 계셔서 그들을 원수들로부터 구하시고 언약의 백성을 삼으신 하나님의 행위를 대변한다. 성령은 지상에 있어서 초월적인 하나님의 활동적인 작용양식으로서 '거룩한' 분이시며, 실제로 하나님 자신의 존재와 동일시된다. 여기서 성령은 인격적으로 사료된다. 즉, 단순한 능력이나 영향이 아니라 가능한 인격적인 관계의 대상으로, 하나님에 대한 이스라엘의 불충성은 그의 영에 대한 반역인 것이다. "그들이 반역하여 주의 성신을 근심케 하였으므로 그가 돌이켜 그들의 대적이 되사 친히 그들을 치셨더니"(사 63 : 10).

또한 출애굽의 방랑길에서 이스라엘을 인도한 하나님의 행위는 하나님 자신의 인격적인 행위와 동일시된다. "여호와의 신이 그들로 골짜기로 내려가는 가축같이 편히 쉬게 하셨도다"(사 63 : 14).

성령은 하나님의 백성의 도덕적 및 영적인 변화에 있어서 역사하시는 하나님의 인격적인 능력으로서 회복되는 공동체의 내적 생활원리가 될 것이다. 하나님께서 그의 영을 부여하시는 것은 하나님과 이스라엘 사이의 언약관계의 갱신을 가져올 것이며, 백성들이 그의 법을 지키고 진실하게 그에게 속할 수 있도록 할 것이다(겔 11 : 19 - 20). 성령을 받는 것은 이스라엘의 회개에 있어서 결정적인 전환점이 될 것이다(겔 18 : 31, 여기서 회복된 공동체의 새로운 인간심령은 하나님의 영이 작용한 결과인 것인데, 36 : 26 - 27이 이 사실을 밝히고 있음.). 하나님의 영을 통하여 인격의 변화가 있을 것이며, 따라서 '육신의 마음'(부드러운 마음)이 이스라엘이 범죄하던 때의 '돌 같은 마음'(굳은 마음)을 대신할 것이다.[18]

6) 성령은 새로운 세계를 기대하고 성취하게 한다. 하나님의 영이 언약의 백성에게 강림하리라는 예언자의 희망은, 그것은 성취의 시대에 임할 축복의 일부, 혹은 오히려 한 국면인 것이다. 구약에서 이처럼 하나님의 백성이 성령에 사로잡히리라는 것은 종말론적 기대의 영역에 속한다. 소망의 대상으로서, 이스라엘의 성령에 사로잡히는 것은 신적인 심판(사 4 : 4), 이상적(理想的)인 통치자(사 11 : 2) 및 무엇보다도 언약의 백성으로서의 이스라엘의 갱신(사 32 : 15, 겔 11 : 19, 36 : 26, 욜 3 : 1), 또한 마지막 날의 회개(슥 12 : 10) 및 회복과 연관되어 있다. 제2 이사야는 성령을 통한 이 갱신을 하나님의 종으로서의 이스라엘의 역할에 연결시키고 있으며, 민족의 재창조에 있어서의 성령의 역사를 마른 땅에 시내가 흘러 변화되는 것에(사 44 : 3) 극적으로 비교하고 있다.

하나님의 날, 황금시대, 앞으로 올 시대, 메시야의 날은 자연히 성령이 쏟아져 내리시는 때가 될 것이다. 하나님의 영이 사람들에게 강림하

---

18. 민영진 편, 「성서백과대사전」 5권(서울 : 성서교재간행사, 1980), p. 857.

실 때 비로소 새로운 세계가 이룩될 것이며, 새로운 날이 시작될 것이다(사 11 : 2, 44 : 3, 겔 39 : 29, 욜 2 : 28).

7) 마지막으로 구약성경에 나오는 성령의 기능에는 다른 것들과는 다른 매우 독특한 또 하나의 기능이 있는데, 그것은 곧 공인의 기능이 성령의 은사이다(출 31 : 1-5). 이것은 성령이 신학의 영역으로부터 일상생활의 영역으로, 교회의 고요함에서부터 공사장의 망치 소리, 톱 소리, 돌을 쪼아내는 정 소리로 변화시키는 섬광과 같은 능력이 있다는 것이다. 이것은 분명히 성령께서 일상적인 삶의 한가운데 계신다는 것을 보여 준다.

4. 구약성경에서의 성령의 특징[19]

1) 성령은 하나님의 영

구약성경에서 "하나님은 영이시다"라는 말은 찾아볼 수 없다.[20] 그렇지만 "야웨의 영", "하나님의 영"이란 표현과 야웨나 하나님을 가리키는 인칭대명접미어가 "영"에 붙어 쓰여서 일단 형식상으로는 야웨 하나님과 영을 구별한다. 그러나 야웨 하나님의 영이 성부 하나님과는 위격이 구별되는 성령이라는 식으로까지 분명히 구별되도록 이해할 수 있는 내용은 구약성경에 아직 나오지 않는다. 그럼에도 불구하고 야웨 하나님의 영은 신약의 성령이시다. 이 야웨 하나님의 영을 "거룩한 영"이라 할 때, '거룩함'은 무엇이 하나님께 속하였고, 하나님으로부터 나

---

19. 박동현, op. cit., pp. 32-34.
20. Werner H. Schmidt, "Geist/Heiliger Geist/Geistgaben I. Altes Testament," *Theologische Realenzyklopädie*. Band XII(Berlin/New York, 1984), S. 171.

옴을 뜻하는 관계성의 개념으로 이해할 수 있다.

2) 스스로 움직이시며, 남이 힘있게 움직이도록 하시는 성령

구약성경은 야웨 하나님의 영이 어떠하다는 식으로는 거의 말하지 않는다. 야웨 하나님의 영이 어떻게 하였다는 식의 동사문장이 대부분이고, 드물게 명사문장으로 야웨 하나님의 영에 대해 말하는 경우에도 그 앞뒤 흐름을 보면 그의 동사문장에 버금가는 성격을 띤다. 이는 구약성경에 야웨 하나님은 어떠하시다라는 식의 표현은 드물고 야웨 하나님께서 어떻게 하셨다라는 문장이 대부분인 점과 맞아떨어진다.

여기서 우리는 역동성이 구약에서 야웨 하나님의 영에 대해 말하는 근본내용임을 알 수 있다. 야웨 하나님의 영은 스스로 움직이시며, 야웨 하나님의 영은 피조세계와 개인과 단체가 움직이도록 하신다(動), 살아나게 하신다(生), 힘있게 하신다(力), 일하게 하신다(事), 야웨 하나님의 영이 곧 신약에서 말하는 성령이라 할 때, 성령은 스스로 움직이시고, 개인과 단체와 피조세계가 움직이게 하신다.

3) 신약공동체의 구원을 겨냥하여 움직이시는 성령

하나님의 백성에 관한 한 성령은 하나님의 백성을 살리기 위해 어떤 특별한 사람들에게 작용하시거나, 하나님의 백성 전체에 작용하신다. 다만 어떤 개인의 쓰임새를 위해서 작용하시지는 않는다. 이는 성령이 공동체를 염두에 두심을 뜻한다. 또한 사도행전 2장의 성령강림사건이 결코 개인적인 사건이 아니라 공동체적인 사건이라는 점과 이어진다.

4) 다양한 방식으로 움직이시는 성령

성령은 여러 가지 방식으로 움직이신다. 야웨 하나님의 영이 일시적으로도, 지속적으로도, 집중적으로도 작용하셨듯이, 오늘 성령도 일시적으로도, 지속적으로도, 집중적으로도 작용하신다. 그런가 하면 그 시대의 지도자들을 움직이시는가 하면, 개인 한 사람 한 사람을 직접 움직이시기도 한다. 따라서 이처럼 다양한 성령의 활동을 어느 한 가지로 제한해서 생각할 수는 없다.

5) 직책을 보증하는 성령

모세로부터 여호수아에게, 사울로부터 다윗에게, 엘리야로부터 엘리사에게 각각 통합적인 지도자의 직책, 왕의 직책, 예언자의 직책이 넘어갈 때 야웨 하나님의 영이 관여한 점을 생각다면, 모든 영적 직책에 성령이 절대적으로 관여해야 함을 잊을 수 없다. 이는 어떤 직책이 저절로 성령이 함께 일하심을 담보하는 것이 아니라, 성령이 함께 움직이셔야 그 직책이 가치 있음을 뜻한다.

6) 성령 활동의 부수현상보다 더 중요한, 계시된 하나님의 말씀

야웨 하나님의 영이 작용할 때 몰아경의 예언행동도 있었지만, 나중에 중요했던 것은 그것은 부수적인 의미만 지니게 되고, 전해진 말씀이 중요하게 여겨졌다면, 오늘 성령이 움직이실 때도 그에 뒤따르는 초자연적인 경험 그 자체에 너무 큰 의미를 부여할 필요는 없다. 그보다는 성령의 움직이심을 통해서 하나님께서 말씀하신 바가 훨씬 더 중요하다.

7) 사람 맘대로 할 수 없는 성령

영을 뜻하는 '루아흐'란 말이 본디 지닌 뜻이 그러하듯이, 야웨 하나님의 영이신 성령은 우리 사람의 이해 범위와 통제 범위를 넘어서 움직이신다. 따라서 성령을 사람 좋을 대로 움직이려 한다면 이는 엄청난 잘못이다.

8) 온누리를 움직이시는 성령

야웨 하나님의 영은 하나님의 백성에게만 작용하는 것이 아니라 하나님께서 지으신 온누리에 작용하신다. 창조의 영으로서, 섭리의 영으로서 작용한다. 자칫 잘못하면 우리가 성령을 체계, 체제 안에 가두기가 쉽다. 우리는 온누리에서 일하시는 성령을 잊지 않도록 해야 한다.

9) 소유개념이 아니라 관계성 개념인 영성

야웨 하나님의 영이 움직이시며 대부분의 경우 하나님의 주도권 아래에서 사람이 개인적으로나 공동체적으로 하나님과 어떤 관계를 맺게 되기에, 영성은 사람이 지닐 수 있는 어떤 품성이라기보다는 관계성을 가리키는 것으로 생각할 수 있다.

II

신·구약 중간시대

　이 시대는 한편으로는 구약시대 마지막 예언자들인 학개, 스가랴, 말라기의 죽음과 함께 성령의 역사가 이스라엘에서 사려졌다고 하는 입장이 있는가 하면, 다른 한편으로는 다양한 영들(루아흐, 프뉴마)에 대한 진술이 등장한다.[1]

　이 때에 영향을 준 중요한 사상은 희랍사상이다. 이스라엘은 B.C. 538년 이후부터 페르시아의 통치를 받았으며, B.C. 332년부터 '희랍'의 통치를 받았다. 희랍의 통치를 받다가 곧 이집트의 통치를 받았으며, 또한 시리아의 통치를 받았다. B.C. 63년부터는 점차 로마의 통치를 받기 시작하였다. 이리하여 이스라엘은 완전히 새로운 세계관에 접하게 되었으며 이것은 종교의 영역에서도 일어났다. 그들이 가져온 문화는 전승된 전통적인 신앙의 진술과 일체하지 않았다. "이제 무엇을 새롭게 표현해야 하며, 무엇을 고수해야 하는가?" 즉, 변경될 수 있고 또 변경될 수밖에 없는 외적인 형식은 무엇이며, 내용 그 자체는 무엇

---

1. H. L. Strack and P. Billerbeck, *Kommentar zum Neuen Testament aus Talmud und Midrash*, Bd. I, p. 127.

인가? 그 당시 제기되는 질문은 바로 이러한 질문이었다.

　희랍어는 예수 당시에 사용되었던 히브리어나 아랍어와는 완전히 다르게 바람과 인간의 오성과 영을 구분한다. 여기에 있어서 '영'이란 자연과학적 의미로 이해되고 있다. 그리하여 다른 것에 의하여 일어나거나 다른 것을 움직이게 하는 일종의 강한 바람이나 숨결을 뜻한다. 희랍의 두 가지 이론이 유대교에게 특별한 영향을 끼치게 되었다. 그 하나는 스토아 철학이었는데, 이 철학은 세계를 질서가 잘 잡혀져 있는 하나의 통일된 전체로 생각하였다. 그 속에 있는 모든 것은 신적인 영을 그 내용으로 가지고 있으며, 이 영은 일종의 고압의 전류와 같이 모든 것을 채운다. 약한 단계에 있어서는 돌멩이와 식물들을, 보다 강한 단계에 있어서는 동물을 채우며, 가장 강한 단계에 있어서는 인간을, 특히 그의 오성을 채운다. 바로 이 영은 우주의 질서 속에서도 작용하며 별들의 운행을 다스린다. 그리고 이 세계가 파괴되지 않도록 유지시킨다.

　그러나 플라톤은 그 당시에 이것과는 완전히 다르게 가르쳤다. 그의 견해에 의하면 인간의 영혼은 신적인 것이며, 이 세상의 육체 속에 마치 무덤에 갇힌 것처럼 갇혀 있다가 인간이 죽을 때에 여기에서 풀려나서 하늘에 있는 그의 고향으로 다시 올라갈 것이다. 여기에서 플라톤은 분명히 '영'에 대하여 말한 것이 아니라 '영혼'에 대하여 말하였다. 그러나 B.C. 1세기에 이 견해는 다시 살아났으며 여기에서부터 하나의 특색 있는 이론이 형성되었다.[2] 영은 인간의 영혼과 같은 본질의 것으로서 인간의 영혼 속에 작용하여 신적 지혜에 이르게 한다는 것이다. 이 같은 희랍 사상이 영향을 주어 하나님의 영과 지혜를 밀접하게 관련시키지만 하나님의 영이 두드러지게 나타나지 않고 신적, 인간적 관계를 말할 때 지혜가 완전히 지배하여 영은 단순히 지혜를 나타내는 수단

---

2. Eduard Schweitzer, op. cit., pp. 50–51.

에 불과하며(지혜서 1 : 6 - 7, 7 : 22 - 25, 9 : 17), 심지어 예언을 성령에 돌리지 않고 지혜에 돌리기까지 한다(지혜서 7 : 27, 묵시문학 전도서 24 : 33). 이 시대의 랍비들에 의하면 루아흐는 하나님의 지혜의 영으로 계시되었고 바로 하나님의 지혜 자체이기도 하다(지혜서 7 : 22).

유대의 신학과 헬라의 철학을 합병하려는 필로의 시도에서 영은 역시 예언의 영이지만, 그의 예언 개념은 황홀 상태를 통한 보다 전형적인 헬라 영감이다. 다른 곳, 그의 창조에 대한 사색에서 영은 계속 하나의 위치를 차지하고 있으나 그 사고의 지배적인 범주는 스토아 철학의 로고스(세상과 사람들 안에 내재하는 신적 이성)이다.

외경 기록들에서 인간의 영에 대한 언급들은 거의 3대 1 정도로 하나님의 영에 대한 언급들보다 더 비중을 두고 있고, 천사와 마귀의 영들에 대한 언급들은 6대 1 정도로 하나님의 영에 대한 언급보다 더 비중을 두고 있다. 영감의 매개로 이야기되는 성령에 대한 구절은 단지 소수에 불과하나 그것도 과거에 속하는 것으로 생각하는 정도이다(예를 들어 에녹 1서 91 : 1, 에스라 4서 14 : 22, 이사야의 순교서 5 : 14).

랍비 유대교에서 하나님의 영은 특별히(거의 독점적으로) 예언의 영이다. 그러나 여기에서도 훨씬 더 강조적으로 그 역할은 과거에 속한 것이다. 랍비들에 의해 학개, 스가랴, 말라기가 마지막 예언자들이고, 그 후에 하나님의 영은 철수되었다는 확신이 매우 강력해졌다(시 74 : 9, 슥 13 : 2 - 6, 마카비 1서 4 : 46, 9 : 27, 바룩 2서 85 : 1 - 3의 보다 초기의 표현들). 가장 두드러진 것은 하나님의 영을 모든 의도와 목적들에 있어 토라(율법)에 종속시키는 방식이다. 성령이 토라를 영감하였다. 물론 이 견해는 초대 기독교로 넘겨졌다(막 12 : 36, 행 1 : 16, 28 : 25, 히 3 : 7, 9 : 8, 10 : 15, 벧후 1 : 21, 딤후 3 : 16 참조). 그러나 랍비들에게 있어 이 의미는 율법이 사실상 하나님의 영의 유일한 음성이며, 하나님의 영이 율법과 별도로는 말하지 않는다는 것이었다. "선지자들이 없는 곳에는 분명히 성령도 없다."[3] 마찬가지로 내세에 대한 랍비의 소망에 있어 토라는 하나님의 영보다 훨씬 더 두드러진 역할을 수행한다. 이 성령의 축소된 역할은 신적 활동을 나타내는 다른 단어들이 더 두드러지는 탈굼에서도 반영되고(Memra, Shekinah), 바벨론의 탈무드에서 '쉐키나'(Shekinah, 영광)는 거의 완전하게 성령에 대한 내용을 제거했다.[4]

신·구약 중간시대는 악령에 대한 관심이 지대하게 나타난다. 마귀와 악령이 인격적인 존재로 이해된 것처럼 성령 또한 인격적인 실체로 이해되었고, 성령이 인간을 지배하고 초자연적인 능력이나 현상을 체험하게 하는 것처럼 악령도 또한 그가 사로잡은 영혼을 황홀경에 빠지게 할 수 있다고 인식한다. 따라서 성령의 역사와 악령의 역사의 구분이 경건한 유대인들에게 중요한 과제로 나타나게 된다.[5]

오직 사해 두루마리에서 성령의 현재 경험에 대한 내용이 두드러지게 나타나는데, 그 대표적 예가 쿰란(Quram)공동체에서 살았던 경건한 에세네파 성향의 유대인들이다. 이들은 종말시대에 택함을 받은 성도로서의 선민사상을 가지고 있었고, 그들만이 타락하지 않은 참이스라엘, 그리고 하나님의 참성전으로 인식하며 생활했다. 따라서 그들은 자신들의 공동체 속에서만 성령이 역사하신다고 보았고, 자신들을 성령으로 거듭난 자들로 이해했다. 쿰란 문헌에서는 영에 대한 이원론적인 성향의 진술이 나타나고 있는데 그 두 영의 싸움, 즉 인간을 차지하려고 싸우는 두 영의 세력에 대한 진술이 자주 등장한다. '빛의 영' 혹은 '인식의 영'은 끊임없이 '어둠의 영'의 세력들과 싸우고 있는데 쿰란공동체에서 역사하는 성령은 바로 '빛의 영'이다. 성령이 이스라엘공동체 안에서 활동하고 있음을 주장한 에세네파의 영향은 초대교회에 큰 영향을 주었고, 초대 그리스도인의 종말론에도 영향을 주었다.

---

3. G. Kiettel and G. Friedrich, ed., *Theological Dictionary of the New Testament*, Vols 6, p. 382.
4. N. Hiller, ed., *New Bible Dictionary*, p. 1233.
5. H. L. Strack and P. Billerbeck, op. cit., p. 501.

신약성경에 나타난 성령

1. 용어와 명칭

신약성경에서 성령을 표현하는 단어로 가장 많이 사용된 용어는 '프뉴마'(pneuma)이다. 신약에서 프뉴마(pneuma)는 동사 '프네오'(πνεω, 불다)에서 나온 중성명사로서 숨결, 호흡, 바람, 영 등의 의미를 지니고 있다.[1] 이 중성명사는 신약에서 총 379회 등장하고 있는데, 그 중에서 하나님의 영, 즉 성령의 의미로는 총 275회 사용되는데 그 중 149회는 중성명사 단독으로, 92회는 형용사 하기온(ἅγιον, 거룩한)과 함께, 1회는 여성명사 하기오쉬네스(ἁγιοσύνης, 성결)와 함께, 18회는 하나님의

---

1. '바람'의 의미로 사용된 본문은 요한복음 3 : 8, 히브리서 1 : 7, 데살로니가 후서 2 : 8이고, '인간의 영'을 의미하고 있는 본문들은 마가복음 2 : 8, 8 : 12, 마태복음 5 : 3, 26 : 41, 누가복음 1 : 47, 로마서 1 : 9, 8 : 16, 고린도 전서 2 : 11, 4 : 21, 고린도 후서 4 : 13, 갈라디아서 6 : 1, 데살로니가 전서 5 : 23, 히브리서 4 : 12 등이다. '악한 영'들을 의미하는 용도로 사용된 본문들은 '더러운 영'(막 1 : 13, 3 : 11), '악한 영'(눅 7 : 21), '일곱 귀신'(눅 11 : 26, 4 : 33, 행 16 : 16) 등인데, 이 밖에도 다양한 본문들이 '프뉴마'를 이러한 맥락에서 사용하고 있다.

영으로, 1회는 아버지의 영으로, 1회는 그의 아들의 영으로, 3회는 그리스도의 영으로, 그리고 1회는 예수의 영으로 사용되고 있다. 그 밖에 다른 곳에서는 프뉴마가 바람, 숨결의 의미로 3회(요 3 : 8, 히 1 : 7, 살후 2 : 8), 인간의 영의 의미로 47회(마 27 : 50, 약 2 : 26, 계 11 : 11, 13 : 15 등), 악한 영의 의미로 38회(막 1 : 23, 26, 3 : 11, 눅 7 : 21 등), 죽은 자의 영과 천사의 의미로 9회(벧전 3 : 18, 4 : 6, 딤전 3 : 16) 사용되고 있다. 신약성경의 기자들 중에서는 누가가 프뉴마라는 낱말을 가장 많이 사용하고 있고(누가복음과 사도행전을 합쳐서 총 106회 사용), 그 다음으로 바울이다(롬 34회, 고전 40회 등).[2]

신약성경에서는 '프뉴마'가 다른 명사나 고유명사 혹은 형용사 등과 결합하여 성령에 대한 다양한 명칭으로 나타나고 있는데, 이러한 명칭이나 용어 사용은 신약성경의 독특한 성령이해를 반영해 주고 있다. 신약성경에서 등장하는 성령의 명칭들은 다음과 같다. 하나님의 성령(마 3 : 16, 12 : 28, 고전 3 : 16, 6 : 11, 고후 3 : 3, 빌 3 : 3), 주의 성령(눅 4 : 18), 아버지의 성령(마 10 : 20), 살아 계신 하나님의 영(고후 3 : 3), 그리스도의 영(롬 8 : 9), 예수의 영(행 16 : 7), 예수 그리스도의 성령(빌 1 : 19), 주의 영(행 5 : 9, 8 : 39), 그 아들의 영(갈 4 : 6), 진리의 영(요 15 : 26, 16 : 13), 믿음의 영(고후 4 : 13), 은혜의 영(히 10 : 29), 성결의 영(롬 1 : 14), 생명의 성령(롬 8 : 2), 영광의 영(벧전 4 : 14), 특히 요한복음에서는 성령을 보혜사, 즉 파라클레토스(ὁ παράκλητος)로 표현하고(요 14 : 16, 16 : 7) 있다.[3]

---

2. 성종현, "현대 서구 성서신학자들의 성령이해와 신약성서의 성령관," 「교수논문집」(서울 : 장로회신학대학교, 1996), p. 86.
3. 황승룡, 「개혁교회와 성령」(서울 : 성광문화사, 1986), p. 24. 성령에 관한 명칭은 신약성경에 39개가 있다고 한다.

2. 공관복음에 나타난 성령

1) 공관복음에 나타난 성령

공관복음에 나타난 성령에 관한 자료는 적다. 누가복음에는 마태복음이나 마가복음보다 성령에 관한 언급이 많은 편이지만 사복음서의 어떤 복음도 본 주제를 풍부하게 다루었다고 볼 수 없다.[4]

(1) 예수의 탄생 이전의 사건들이다. 이러한 자료는 누가복음의 처음 두 장에서 찾아볼 수 있다. 그것은 첫째로 성령의 옛 예언적인 활동이라는 측면에서 사가랴가 성령이 충만한 가운데 예언을 하는 부분(눅 1:67)과, 또 엘리사벳이 마리아에 대한 위대한 찬양을 말하는 부분(눅 1:41)이다. 둘째로 시므온의 경우에 있어서는 경건한 유대인이 성령을 어떻게 보았으며 경험하였는가? 하는 성령의 활동에 관한 완벽한 예증(눅 2:25-27)을 볼 수 있다. 여기에는 성령에 관한 유대교적 신앙이 완전히 요약되어 있다. 즉, 성령은 하나님의 진리를 인간에게 계시하고, 만나게 하신다. 그리고 성령은 인간으로 하여금 그 진리를 보게 될 때 그것이 곧 진리임을 깨달을 수 있게 하시며, 이해할 수 있게 하신다. 역으로 이해하자면 인간은 성령의 도우심이 없이는 하나님의 진리를 발견하거나 인식할 수 없다는 것이다.

(2) 예수 자신의 생활 가운데 성령이 역사하셨다. 성령은 예수의 지상생활 전반에 걸쳐 밀접한 관련을 갖고 있다. 첫째, 성령은 예수께서 시간과 공간의 세계에 탄생하게 하시고 들어오게 하셨다(마 1:18). 둘

---

4. Donald Guthrie, *New Testament Theology*, 이중수 역, 「신학신학」(서울 : 성서유니온, 1987), p. 17.

째, 성령께서는 예수에게 이 세상에 있어서의 그의 직무를 위해 준비를 갖추게 하셨다(마 3 : 16, 눅 1 : 10, 3 : 22). 그가 하나님의 일을 위해 일어난 첫 번째 사건은 성령께서 그에게 강림하신 것이었다. 셋째, 예수께서는 성령의 충만함을 입었는데 이는 영속적인 것이며, 결코 양도할 수 없는 것이었다. 넷째, 성령께서는 예수를 지도하셨으며, 그의 생활과 활동을 지시하셨다(마 4 : 1, 막 1 : 12, 눅 4 : 1). 다섯째, 성령은 예수께 권능을 주셨다. "내가 하나님의 성령을 힘입어 귀신을 쫓아내는 것이면 하나님의 나라가 이미 너희에게 임하였느니라."(마 12 : 28)고 예수는 말씀하셨다. 실로, 예수에게는 하나님의 성령과 하나님의 손가락이 같은 의미였다(시 8 : 3, 출 31 : 18).

(3) 성령께서는 예수를 따르는 무리들의 생활 속에도 자리잡고 계신다. 예수께서 성령의 도우심을 받으셨다면, 그를 따르는 무리들은 더욱더 성령을 의지해야 한다. 세례 요한은 예수께서는 사람들에게 성령으로 세례를 주신다(마 3 : 11, 막 1 : 8, 요 1 : 38)고 하셨다. 그러므로 그리스도인은 성령의 기름부음을 받은, 성령에 잠긴, 성령에 물든, 성령에 굴복당한 사람이 되는 것이다. 성령은 하나님께서 그의 자녀들에게 주시는 모든 은사 중의 핵심이며, 최상의 선물이며, 하나님의 성령을 통해 모든 좋은 은사가 인간에게 주어진다고 할 수 있다. 또 성령은 그리스도인이 어려움에 처했을 때 도움을 주시는 분이시다(마 10 : 20, 막 13 : 11, 눅 12 : 12). 그리고 교회는 성령께서 인간에게 오시는 통로이다. 성령의 충만함을 받은 사람에게는 성령 충만한 세계를 이룩할 책임이 있다. 공관복음의 성령의 역사는 예수 그리스도와 관련된 성령으로 이를 종합적으로 정리하면 다음 네 가지 사항들을 지적할 수 있다.

① 예수의 생애에서 중요한 여러 사건들은 성령의 활동과 특별히 관련되었다. 예컨대, 성육신·세례·시험·축귀·치유 및 설교 사역들이다. 예수의 경우는 독특하기 때문에 신자들의 모범이라고는 볼 수 없다. 그

래도, 그가 성령에 의존한 사실은 그의 제자들도 마찬가지로 성령에 의존할 수 있는 길을 터놓았다.

② 예수는 자신의 죽음과 부활에 따르게 될 성령시대를 위해서 제자들을 가르치고 준비시켰다. 이 측면은 요한복음에서 매우 상세하게 설명되었지만 공관복음서에서도 성령시대의 고무적인 가능성들에 대한 화살표들이 그어져 있다. 예를 들면, 변호를 위한 인도, 구약에 대한 올바른 접근, 적대적인 영적 세력들을 극복하는 힘, 그리고 증거의 능력 등이다.

③ 공관복음서가 제시하는 성령의 사역은 주로 구약을 배경으로 삼았다는 것을 인정해야 한다. 예수 자신이 구약 계시에 부응하여 계속 활동하고 가르쳤다는 것을 부정할 이유가 없다. 예수는 동시에 자신의 인격으로 구약이 예견한 것들을 최대한으로 성취시켰다.

④ 공관복음서에서 성령의 사역을 별로 언급하지 않은 까닭에 대해서는 다음과 같이 답변할 수 있다.[5] 즉, 예수가 이에 대해서 별로 말씀하지 않은 것은 그 가르침이 오순절의 체험이 있어야만 깨달을 수 있기 때문이었다. 이렇게 가정하는 것이 가장 자연스런 해명으로 보인다. 이것은 공관복음서에서 수난의 의미에 대한 언급이 적은 경우와 매한가지이다.

2) 성령 훼방의 죄

우리는 공관복음에 나오는 성령의 다른 면 – 성령을 훼방하는 죄(막 3 : 28 – 29, 마 12 : 31 – 32)에 당면하게 된다. 이를 잘 이해하기 위해서

---

5. V. Taylor, "The Spirit in the NT," *The Doctrine of the Holy Spirit*(ed., N. Snaith, 1937), pp. 53ff. 그는 이 문제를 논의하고 이렇게 제안한다. "성령에 대한 말씀이 예수님의 기록된 말씀 속에서 희귀한 까닭은 본 교리가 압도적이었기 때문이다."

는 몇 가지 설명이 필요하다. 첫째는 성령에 대한 모독과 아들의 모독에 대한 대비이다. 따라서 본 말씀이 예수 안에서 역사하시는 성령을 가리킨다면 양편을 구분짓는 것이 어려운 문제이다. 예수는 여기에서 분명히 자신의 가르침의 사역 때문에 자기를 일반적으로 반대하는 것과 자기 속에서 역사하시는 성령을 의식적으로 왜곡시키는 것을 구별하였다. 여기에는 또 다른 해석이 있기도 하다. 본문에 나온 인자에 대하여 인자를 사람과 같은 것으로 이해하고 있다. 즉, "한 인간(a son of man)에 대해 거역하거나, 믿지 않거나, 불복종하거나, 비방하는 죄는 틀림없이 용서받을 수 있을 것이다. 왜냐하면 인간은 누구나 그릇될 수 있으며, 잘못 알 수도 있기 때문이다. 그러나 하나님의 진리에 대한 확신을 전해 주는 성령께 대해 거역하거나, 믿지 않거나, 비방하며 반항하는 것은 용서받지 못한다."라고 이해한다. 그러나 후자의 주장은 설득력이 약하다.

둘째는, 이 말씀을 잘 이해하기 위해서는 이 말씀이 어떤 상황(context)에서 이루어졌는가를 살펴보아야 한다. 마태복음과 마가복음에 의하면, 예수께서 귀신들린 사람을 고쳐 주고 난 뒤 유대인들이 예수께서 귀신의 왕의 도움을 입어 귀신들을 쫓아냈다고 말했다. 그들은 예수께서 보이신 신적인 행위를 악마적인 것이라고 불렀던 것이다. 바로 그것 때문에 말씀하신 것이다.

셋째, 이 말씀은 유대적인 의미로 이해될 수도 있는 말씀이었다. 다시 말해, 이 말씀은 유대교적인 빛에서 해석한다. 유대인들은 하나님께서 그들의 모든 생활과 역사를 통해서 호소하시며, 말씀하시며, 진리로서 자기를 계시하셔도 너무 오랫동안 그들 자신이 택한 잘못된 길로 행했기 때문에 드디어는 선을 악으로, 악을 선으로 보게 되었다. 그것이 곧 성령께 거역하는 죄이다. 이처럼 진리에 대하여 고의적으로 눈을 감으면 진리를 보아도 그것이 진리인 줄 깨닫는 능력을 잃어버리며, 성령께 거역하는 죄를 범하며 결국 회개가 불가능한 상태로까지 떨어지고 만다.

넷째, 그럼 왜 이 죄는 용서받지 못하는 것인가? 만일 하나님의 뜻을 거역하는 일을 여러 번 반복하게 되면, 회개가 불가능한 상태로까지 떨어지게 된다. 왜냐하면 선은 매력을 잃고 악은 무서워 보이지 않게 되기 때문이다. 하나님께서 문을 닫으신 것이 아니라 인간 자신이 하나님께 대하여 문을 닫는 것, 이것이 바로 성령께 거역하는 죄의 의미이다. 아우구스티누스(st. Augustinus)는 이런 의미에서 하나님의 은혜의 공급을 최후 마지막 순간까지 거절하면서 회개하지 아니한 사람이 이 죄를 범한 것으로 본다. 그러나 이러한 해석은 여러 가지 문제를 해결해 주지만 예수의 말씀을 잘 설명하지 못한 부분이 있다. 보다 더 적합한 해석은 여기의 훼방(blasphemy)은 하나님께 대한 경멸, 내지는 모욕에 대한 단어이다. 그것은 거룩한 삼위일체에 대한 욕설, 비방, 망언, 그릇된 견해이다. 또 이는 단지 입술로부터만 아니라 마음으로부터 나온 죄이다(마 15 : 19). 이 말이 다른 곳에서는 악독으로 나와 있다(엡 4 : 31). 이는 학자들의 견해에 의하면 "빛보다 어두움을 고의적으로 좋아해서 성령의 영향력을 끈질기게 최종적으로 반대하는 자세이다"(by A. H. Plummer). "사함을 받지 못한 죄가 성립되기 위해서는 먼저 선과 악, 죄와 구원에 관한 하나님이 주신 빛이 동시에 비춰져야 한다. 이렇게 명백하게 드러났음에도 불구하고 단호한 결의로 완고한 적대감과 증오로 대하는 자세이다. 이것은 인정되어진 영원히 거룩한 것에 대한 개인적 증오행위이다."[6]

종합적으로 살펴보면 무지의 죄가 아니라 영적인 지식과 빛에 대한 고의적인 거역이다. 이것은 일회적으로 단순하게 행한 행동이 아니라 하나님을 거역하는 데 구체적으로 드러난 인격상의 죄로서 습관적인 태도이다. 또 이 죄는 마음의 죄이다. 즉, 마음에 작정한 계획적인 범죄

---

6. 황승룡, op. cit., p. 89.

이다. 왜 성령 훼방의 죄가 사함을 얻지 못하는가? 사죄에는 언제나 두 대상이 개입되어야 한다. 하나는 사죄자요, 또 하나는 사죄를 요청하는 자이다. 범죄한 자가 완고하게 사함받기를 거절하면 하나님이 더 이상 무엇을 하실 수 있겠는가? 이런 자는 사함을 받을 수가 없다. 그것은 사함을 거절하기 때문이다. 그러므로 이 죄는 영원한 죄이다(막 3 : 29). 이런 자를 위하여 교회는 기도하지 말라고 하였다(요일 5 : 16). 또 히브리서 6 : 4~5을 참고하기 바란다.

3. 요한복음에 나타난 성령

요한복음에 이르게 될 때 우리는 성령에 관한 성경의 교훈 가운데서 절정에 도달하게 된다. 요한복음은 성령에 관한 우리의 모든 생각을 아름답게 채색해 주었으며, 성령에 관한 우리의 신앙을 보다 깊고도 귀한 것으로 만들어 주었다. 요한복음 7 : 39에 "예수께서 아직 영광을 받지 못하신 고로 성령이 아직 저희에게 계시지 아니하시더라."고 하는데, 이 본문은 표면상 성령이 예수 그리스도께서 영광을 받고, 승천하시기까지는 아직 존재하지 않는 것이 된다. 그런데 그것은 요한이 의미하고자 하는 바가 아니다. 요한은 이미 예수께서 세례를 받으실 때 성령이 그의 위에 강림하신 일에 대해 말한 바가 있기 때문이다(요 1 : 32). 요한이 의미하는 바는 단지 예수께서 영광을 받으시고 승천하신 후에 성령께서 예수의 충만하신 능력으로 사람들에게 임하신다는 것을 의미하는 것이며, 예수께서 영광의 자리로 돌아가신 후에 오순절의 사건이 일어나리라는 것을 의미하는 것이다.

1) 중생하게 하신 성령

예수가 니고데모에게 하신 말씀 "진실로 진실로 네게 이르노니 사람이 거듭나지 아니하면 하나님 나라를 볼 수 없느니라.…… 육으로 난 것은 육이요 성령으로 난 것은 영이니"(요 3 : 3 - 6). 이처럼 거듭남은 육이라 하는 자연적인 육적 방법이나 사람의 뜻으로 된 것이 아니라 성령에 의해서 이루어진다. 성령으로 거듭난 자만이 새로운 피조물이며 새로운 삶을 살게 된다. 즉, 그리스도의 생명이 그의 삶으로 이식된다. 우리는 성령으로 말미암아 거듭나서 깨끗하게 되며 성화의 삶을 살게 된다. 성령은 우리를 거듭나게 하심으로 새롭게 하시는 분이시요, 새로운 삶을 살게 하신다. 성령의 새로움이란 부분적 의미를 가지는 것이 아니라 인간 본성의 영적 쇄신(spiritual renovation)이다. 성령은 죄 때문에 죽은 우리를 그리스도의 생명으로 이식시켜 그리스도와 같은 형상으로 화하게 하시며 그리스도의 영광에 이르게 한다. 그러므로 개혁교회에서는 성령의 역사에 있어 거듭남을 가장 중요시 여긴다.[7]

2) 요한복음 14~16장에 나타난 성령

우리는 성령의 가장 위대한 교훈이 수록된 요한복음 14~16장을 살펴보아야 할 것이다. 요한복음에는 성령에 대한 독특한 호칭이 있다. 요한은 첫째, 성령을 파라클레토스(parakletos), 즉 보혜사(paraclete)라고 한다. 파라클레토스는 결코 번역하기 쉬운 말이 아니다. 개역성경은 본문에 있어서 위로자라는 말을 그대로 사용하고 있지만 난외주에서 대변자, 협조자를 의미할 수 있다고 하였다. 개역 표준성경은 상담자라고 하였다. J. B. 필립스는 곁에 서 있는 이라고 번역하였다. C. 킹슬리 윌리암스는 친구라고 번역하였다. 로널드 녹스는 편을 들어 주는 사람이라고 번역하였다. 이처럼 많은 번역은 그 낱말이 얼마나 그 바른

---

7. Hendrikus Berkhof, *The Doctrine of Holy Spirit*, 황승룡 역, 「성령론」(서울 : 성광문화사, 1985), p. 109.

뜻을 찾아 옮기기가 어렵다는 것을 잘 보여 준다.

'파라클레토스'는 '파라칼레인'(parakalein)이라는 말에서 왔다. '파라칼레인'은 곁으로 부른다는 뜻이다. 따라서 '파라클레토스'는 곁으로 부른 사람이라는 뜻이다. 무슨 목적으로 부른 사람인가? 파라칼레인은 어떤 사람을 협력자로서, 상담자로서 부를 때 또는 어떤 큰 일을 위해서 그 사람의 협조를 받기 위해서 어떤 사람을 초청할 때 사용하는 말이다. 즉, 대변인, 변호자가 되는 것이다. 예를 들어 군법회의에서 죄수를 변호해 주는 사람을 죄수의 친구라고 하는데, 그것이 바로 파라클레토스라는 말이 의미하는 것이다.

성령을 파라클레토스라 한 것은 인간으로 하여금 슬픔, 싸움, 이 세상의 무거운 짐을 능히 감당하게 하여 주시는 분으로, 또한 마음이 약한 자에게 용기를 북돋우어 전투에 나가게 하며 겁쟁이에게 용기를 주시는 분으로, 또 생의 어려운 문제에 봉착했을 때 우리에게 현명한 조언과 힘있는 협조를 주시는 분, 우리가 하나님의 심판대 앞에 설 때에 죄수인 우리를 변호해 주신 분이 되신다는 것을 의미하는 말이다.[8]

또 요한복음 14 : 16~17에 의하면 보혜사 성령을 설명하면서 다른 보혜사를 너희에게 보내리라고 말하고 있다. 그럼 다른 이란 무슨 뜻인가? 여기의 다른 이란 영어의 different의 뜻이 아니고 같은 일을 하는 another 보혜사를 말한다. 즉, 같은 종류의 another를 말한다.[9] 이것은 주님 자신과 똑같이 생각하고 사랑하며 행동하는 다른 하나(another)를 보낸다는 것을 뜻한다. 캄펠 몰간(Campell Morgan) 박사는 여기에 "another란 특이한 본성과 성품이다."라고 말했다. 결과적으로 이질적인 것을 의미하지 않고 본질적인 것, 동일하고 동질적인 것

---

8. William Barcray, op. cit., p. 56.
9. Leman Strauss, *The Third Person*, 생명의 말씀사 역, 「성령론」(서울 : 생명의 말씀사, 1967), p. 12.

을 뜻한다는 것이다.[10]

두 번째 칭호는 진리의 영이다(요 14 : 17, 15 : 26, 16 : 13). 진리는 요한복음에서 반복되는 주제이다. 그러므로, 성령이 진리의 화신으로 묘사된 것은 놀랄 일이 못 된다(요 14 : 17, 15 : 26, 16 : 13). 본 복음서의 서두에는 은혜와 진리가 예수 그리스도를 통해서 온다고 제시되었다(1 : 17). 요한복음의 전체 메시지는 오류를 밝히고 진리를 드높인다.

첫째, 성령은 진리의 교사이다. "성령 그가 너희에게 모든 것을 가르치시고"(요 14 : 26). 하나님의 성령은 우리를 전체(whole)의 진리 가운데로 인도하신다. 그리고 모든(all) 진리 가운데로 인도하신다. 오직 성령을 통해서만 진리의 완전한 궤도에 이르고, 성령이 인간의 모든 영역을 조명한다. 둘째, 성령은 예수 그리스도와 하나님의 중개자(intermediary)이시다. 성령은 하나님께로부터 들은 바를 인간들에게 말씀해 주신다(16 : 13). 성령은 그리스도의 것을 가지고 그것을 사람들에게 보여 주신다(16 : 14). 셋째, 성령은 진리의 전개자(unfolder)이다(16 : 12-13). 진리는 언제나 동적이며 확장되는 것이어야 한다는 것을 의미한다. 그러나 진리가 변한다는 것을 의미하는 것은 아니다. 진리는 변하지 않는다. 다만 진리에 대한 우리의 파악이 변하는 것이다. 우리가 성령을 믿는다면 우리는 인간이 만든 도그마에서 오는 편협과 오만과 예속으로부터 해방될 수 있다. 넷째, 성령은 예수 그리스도를 생각나게

---

10. 요한의 보혜사 사상이 종교사적으로 어디에서 기인된 것인가에 대한 학자들의 연구는 다양하다. R. Bultmann은 이것이 영지주의의 천상에서 내려온 구원자상에서 기인된 것이라고 주장하고, O. Betz는 유대교 문헌에서 나타나는 중보자 전승의 영향을 받은 것으로, E. Lohse는 쿰란공동체 사상에서 유래된 것으로, G. Bornkamm은 원시 기독교공동체의 인자기대 사상에서 나온 것으로, J. Roloff는 원시교회의 성령주제와 예수의 재림기대 사상이 서로 결합되어 발전한 것으로, R. Schnackenburg는 당시 교회의 박해와 재판 상황 속에서 형성된 요한공동체의 고유언어로 해석하기도 한다.

하는 분(remembrancer)이시다(14 : 26). 이는 우리 생활의 세 가지 영역에 나타난다. ① 성령은 양심의 강력한 동맹자이시다. 즉, 성령께서는 사람들이 예수님의 말씀을 잊어버릴 듯한 위험에 처하게 되었을 때 그 말씀들을 기억나게 하신다는 것이다. ② 성령은 위로의 깊은 원천이시다. ③ 성령은 도전해 오시는 분이다. 성령은 우리가 무기력해질 때 새로운 수고를 위한 도전이 되신다. 다섯째, 성령은 장래를 위한 안내자이시다. 그가 "장래 일을 너희에게 알리시리라."(16 : 13)고 한다. 이는 어떤 사건에 대한 날짜를 예언한다는 의미가 아니라 성령께서 인간들로 하여금 어떠한 행동의 당연한 결과가 어떤 것임을 알게 하여 주신다는 것이다. 성령은 사람들에게 어떻게 하면 하나님의 뜻을 실현할 수 있으며, 어떻게 하면 재난의 결과를 초래하게 되는가를 보여 주신다.

요한복음에 나타난 또 다른 성령의 특성을 살펴보면,

첫째, 요한복음 15 : 26에 의하면 성령은 "아버지께로서 나온다." 이 의미가 어떤 것이든지 본 진술이 시사하는 것은 성령이 아버지와 동일한 본성을 가졌다는 것이다. 이것은 본 복음서의 다른 곳에서 볼 수 있는 성령의 속성과 부합된다. 한편 성령은 하나님께로부터 나올 뿐만 아니라 아버지와 아들 양편에 의해서 보내어진다(참조. 16 : 7, 14 : 26). 보혜사는 하나님과 일체이시다.

둘째, 성령의 또 다른 한 측면은 인격성이다.[11] 이 점은 성령의 여러 가지 기능에서 뚜렷이 드러난다. 만일 성령을 인격적인 존재로 보지 않으면 그의 기능들은 이해될 수 없다. 더구나 예수님이 다른 보혜사라고 일컬었기 때문에 이 보혜사가 예수님 자신과 같은 인격체임에 틀림없다. 따라서, 헬라어의 '프뉴마'($πνεῦμα$)라는 중성명사는 본 문맥 내에

---

11. 보혜사(Paraclete)를 인격체가 아닌 능력으로만 보려는 학자들이 적잖다. 참조. G. Johnston, *The Spirit-Paraclete in the Gospel of John*. E. Malatesta는 그의 다음 논문에서 이 점을 들어 Johnston을 비판하였다. "The Spirit-Paraclete in the Fourth Gospel," Bib 54, 1973, pp. 539-550.

서는 효력이 상실된다. 뿐만 아니라 요한복음 16 : 13에서 성령을 남성 대명사(ἐκεῖνος)로 뚜렷이 사용한 사실은 성령의 인격성을 강조하는 것으로서 전술한 내용과 완전히 일치된다. 이 보혜사 본문들의 가르침은 아무리 상상력을 동원한다고 하더라도 성령을 비인격적인 세력으로 간주할 수는 없다.

셋째, 성령의 또 다른 속성은 신자들 속에 머무는 그의 내재적인 임재이다(요 14 : 17). 보혜사의 임재는 영원하다(14 : 16). 이 말씀은 성령이 일단 신자들을 소유하면 계속 그들과 함께 머문다는 사실이다. 성령의 내주는 바울 서신에서 많이 다루고 있으나, 이는 예수가 성령의 약속에서 언급한 근본적 가르침이다.

3) 성령의 활동

"그러하나 내가 너희에게 실상을 말하노니 내가 떠나가는 것이 너희에게 유익이라. 내가 떠나가지 아니하면 보혜사가 너희에게 오지 아니할 것이요, 가면 내가 그를 너희에게 보내리니 그가 와서 죄에 대하여, 의에 대하여, 심판에 대하여 세상을 책망하시리라. 죄에 대하여라 함은 저희가 나를 믿지 아니함이요, 의에 대하여라 함은 내가 아버지께로 가니 너희가 다시 나를 보지 못함이요, 심판에 대하여라 함은 이 세상 임금이 심판을 받았음이니라. 아직도 너희에게 이를 것이 많으나 지금은 너희가 감당하지 못하리라"(요 16 : 7 - 12).

이 구절은 매우 어렵다. 왜냐하면 구절이 압축되어 있고 그 핵심이 되는 헬라어 단어가 영어나 일반어에서 여러 가지 의미를 가질 수 있기 때문이다. 본문에 나타난 대로 본다면, 성령의 활동은 흠정역 번역에 의하면 책망하는 것이다. 책망한다는 말은 '엘렉케인'(elegchein)이다.[12] 이 말의 본래의 뜻은 어떤 사람에게 진리를 보여 주어 그로 하여금 그것이 진리임을 알게 하여 그의 잘못을 인정하고 시인하며 진리를 새롭게 받아들임으로 새로운 결과를 가지게 한다는 뜻이다.[13] 이러한 결과는 논쟁이나 힐문, 질문을 통해서 또는 진리를 증명해 줄 증인을 불러 용납하지 않을 수 없도록 하는 것이다. 엘렉케인이라는 헬라어는 매우 비슷한 두 단어로 의미를 표시할 수 있다. 그것은 '깨닫게 함'(to convince)과 '책망함'(to convict)이라는 단어이다. 엘렉케인은 어떤 사람에게 실수를 책망하고, 그리고 그의 잘못을 깨닫게 하는 두 가지 의미를 가지고 있다.[14] 이 말의 핵심은 진리가 어떤 사람에게 분명히 볼 수 있게 제공되어 진리를 도저히 거절할 수 없으며 받아들일 수밖에 없게 한다는 것이다. 그렇다면 성령의 세 가지 기능은 무엇인가 살펴보도록 하자.

(1) 성령은 세상의 죄를 책망한다.

왜냐하면 그들이 그를 믿지 않았기 때문이다. 성령의 기능은 사람으로 하여금 예수 그리스도를 믿지 않음이 죄가 됨을 깨닫게 하여 주시는 것이다. 성령은 예수 그리스도를 무시하고 불복종, 불순종하는 죄를 책망한다. 신약성경을 보면 성령의 활동이 얼마나 큰가를 알 수 있다. 오순절에 베드로의 첫 설교가 있자 사람들은 마음에 찔림을 받아 어떻게 할 것인가를 물었다. 이런 죄의식은 어디에서 오는가? 무엇이 인간의 마음속에 죄의식과 죄책감을 불러일으키는가? 무엇이 인간으로 하여금 죄에 대한 공포감을 갖게 만드는가? 이 모든 것이 성령의 활동에 의해서이다. 보다 더 인간의 모든 것 중에서 가장 큰 죄가 불신앙임을 깨닫게 해 주시는 분은 성령이시다.

---

12. William Barcray, op. cit., p. 73.
13. Ibid., p. 74.
14. Ibid., p. 75.

(2) 의에 대하여 깨닫게 하신다.

왜냐하면 예수님께서 아버지께로 가시기 때문이다. 여기에서 문제가 되는 의는 예수의 의이다. 성령은 인간으로 하여금 예수 그리스도의 절대적인 위대성을 깨닫게 해 주시는 분이시다. 예수님이 십자가에 돌아가셨을 때 백부장이 무릎을 꿇고 이런 말을 하였다. "이 사람은 진실로 하나님의 아들이었도다." 이것은 성령의 활동이다. 무엇이 예수 그리스도의 독특한 말씀을 깨닫게 해 주시는가? 그것은 성령의 활동이다. 예수님의 말씀이나 가르침이 절대적으로 정당하다는 것은 예수 그리스도의 부활과 승천에서 찾아볼 수 있고, 절대적으로 증명해 주고 있다. 부활과 승천이 없을 때에는 실패한 그를 볼 수밖에 없으나 부활과 승천을 통해서 비로소 승리하신 예수 그리스도의 의를 확증해 주고 있다.

(3) 성령은 사람들에게 심판을 알게 한다.

성령은 사람들에게 그들이 원하는 대로 모든 것을 할 수 없다는 것과 또 그 결과를 피할 수 없다는 것을 깨닫게 한다. 성령은 사람들에게 마지막 날에 하나님께서 심판하신다는 것을 깨닫게 하여 주신다. 즉, 인간의 마음속에 거룩한 두려움을 일으키게 한다. 성령의 활동은 인간에게 이 세상의 통치자인 악한 사단은 패망하리라는 것과, 마지막 날에 하나님께서 심판하신다는 것과 그는 심판을 받아야 한다는 것을 깨닫게 하여 주신다. 이것이 성령의 놀라운 활동이다. 성령은 인간으로 하여금 불신앙의 죄를 깨닫게 하시며, 예수 그리스도의 의를 깨닫게 하시며, 마지막 날에 하나님을 만나게 된다는 것을 깨닫게 하신다. 한 인간으로 하여금 행복하게 하는 일의 시작도, 과정도, 그리고 마지막도 모두가 성령의 일이다.

죄를 자각하는 것, 심판을 깨닫게 하는 것, 그리스도를 발견케 하는 것, 구원을 확신하게 하는 것, 이 모든 것은 성령께서 하시는 일임을 알게 된다. 따라서 성령의 능력을 제한해서는 안 될 것이다.

요한복음에 나타난 성령의 기능을 종합적으로 정리하면,

① 우리는 성령의 주된 기능이 그리스도를 영화롭게 하는 것이라고 요약할 수 있다(요 16 : 14). 성령은 본질적으로 자기를 가리고, 자신의 권위로 말하는 일이 없다(16 : 13). 그는 자신의 영광을 구하지 않고 오직 그리스도의 영광만 찾는다. 이것은 하나의 귀중한 시험의 표준이다. 성령을 가졌다고 내세우면서 그리스도 대신에 성령에게만 영광을 돌리는 운동은 모두 성령에 대한 예수님의 가르침에 역행된다.

② 이와 밀접된 성령의 다른 한 기능은 신자들로 하여금 그리스도를 증거하게 하는 것이다(요 15 : 26). 성령은 그리스도를 증거한다. 그리고 신자들은 동일한 성령을 통하여 동일한 그리스도를 증거한다. 성령이 계시지 않았더라면, 그리스도에 대한 증거는 전혀 전파되지 않았을 것이다.

③ 성령은 또한 그리스도를 증거하는 사명을 위해서 뿐만 아니라 앞에서 본 대로 그리스도의 가르침을 기억나게 하고 이해시키는 데에도 필수적이었다. 이 점에서 요한복음 14 : 26은 퍽 중요한 말씀이다. "그가 너희에게 모든 것을 가르치시고 내가 너희에게 말한 모든 것을 생각나게 하시리라." 여기서 "모든 것"과 "내가 너희에게 말한 모든 것" 사이에는 직접적인 연관이 있는 듯하다. 그렇다면, 예수님의 가르침에 대한 권위 있는 전통을 염두에 두었다는 뜻이다. 다시 말해서 무한한 가치를 지닌 이 귀한 말씀의 전통을 그냥 흘려 보낼 수가 없는 것이었다. 그래서 성령이 이 진리의 말씀들을 수호하는 자가 될 것이었다.[15] 이 약속은 적어도 복음서에 관한 한 후속된 정경(正經)의 역사에서 심대한 의의를 지닌다. 말씀의 전통들은 일부 학자들이 제시하듯이 통제 없이 발전된 것이 아니고 성령의 지도 아래 발전되었다. 본 말씀과 마태복음의 마지막 부분 사이에 평행점이 있다는 것은 주목할 만한 가치가 있

---

15. F. Mussner, *The Historical Jesus in the Gospel of St John*(1967), p. 60. 그는 성령이 고작 기억의 한 받침대에 불과하다는 견해를 바르게 경고한다.

다. 마태복음 28 : 20에서 예수는 제자들에게 그가 명령한 모든 것을 다른 제자들에게도 가르치라고 분부하였다. 그런데, 제자들은 만일 성령이 그들에게 주님의 말씀을 기억나게 하는 특별한 도움이 없었더라면 이 사역을 감당할 수 없었을 것이다. 한편, 이 약속은 계속적인 관련성이 있는 반면, 위에서 언급한 특수한 의미에서는 오직 사도들에게만 적용될 수 있었다.

④ 성령의 다른 한 활동은 인도이다. 특히 성령은 진리로 인도(引導)하는 일을 하는데, 이것은 요한복음 14 : 26의 약속과 밀착된 하나의 연속이다. '모든 진리'는 예수의 사역의 의미에 대한 발전적 이해와 그의 죽음 및 부활의 중요성과, 새로 세워진 믿음을 생활에 적용하는 일체의 것을 모두 포용한다. 사실상 모든 진리로 인도한다는 이 약속은 서신들의 권위를 보장해 준다. 성령은 그릇된 발전을 막아 주고 진리의 보존을 확보해 주기 때문이다.

⑤ 성령의 활동은 계시, 곧 미래의 영역에 관한 일들을 알리는 데에서도 찾아볼 수 있다(요 16 : 13).[16] 성령이 선포할 '장래 일(들)'이라는 매우 보편적인 표현은 서신들과 계시록에 나오는 모든 종말론적인 가르침을 충분히 포함한다. 그래서 요한이 계시록에서 자기가 본 것을 책에 기록하라는 명령을 받았을 때 성령 안에 있었다고 진술한 것은 상당한 의의가 있다.

4. 사도행전에 나타난 성령

성경 가운데도 요한복음과 사도행전은 성령에 관한 가장 중요한 진리를 제시해 주고 있는데 요한복음이 성령의 본질적인 면을 계시해 준

---

16. 본 구절에 대한 E. Bammel의 논의 참조 : "Jesus und der Paraklet in Johannes 16," *Christ and Spirit*, pp. 199-217. Bammel은 이 구절 전체를 요한의 구성으로 취급한다.

다면, 사도행전은 성령의 사역에 관한 가장 중요한 가르침을 제시해 주고 있다. 사도행전의 경우 이를 보다 더 구체적으로 살펴보면 성령에 해당하는 프뉴마(pneuma)라는 말을 무려 70회나 사용하고 있다. 이는 성령이라는 용어를 가장 많이 사용한 누가복음이 36회, 고린도 전서가 40회 사용함에 비하여 볼 때에 사도행전에 성령이라는 용어가 얼마나 빈번히 사용되고 있는가를 나타내고 있다.

사도행전은 예수 그리스도의 행적이 성령으로 말미암아 사도들을 통하여 계속되었다는 사실에 관심을 모으며 시작한다. 그러나 사도들이 사도행전의 주체가 아니고 성령이 주체이시다.[17] 사도행전에서는 성령이 다른 보혜사요, 돕는 자요, 교사가 되신다. 사도들과 초대교회 사람들의 생활과 전도의 모든 것은 살아 계신 구주요, 높임 받으신 주로서의 그리스도가 중심을 이루고 있다. 땅 끝까지 복음을 전파하라는 계획은 그리스도의 계획이다(행 1 : 8). 그러나 그것을 할 수 있는 능력은 성령의 능력으로 이루어진다. 따라서 사도행전의 시작부터 끝에 이르는 전 과정은 성령의 역사이다. 이런 점에서 사도행전은 성령에 의해서 처음부터 끝까지 이루어진 역사이기에 성령행전이라 할 수 있다.[18]

성령에 관한 사도행전의 전체 주된 흐름은 성령에 대한 새로운 지각이다. 그것은 최초의 오순절 체험에서 뿐만 아니라 성령의 임재, 교제, 인도하심에 대한 매일매일의 인식으로부터, 그리고 그의 능력의 특별한 나타남 등에서 얻은 자각이었다. 그들이 받은 성령의 능력은 먼 과거에 일어났던 기억 속의 사건이 아니라 늘 새로운 체험이었다.[19]

---

17. J. H. E. Hull, *The Holy Spirit in the Acts of the Apostles*(London : Lutterworth Press, 1967), p. 27.
18. W. T. Conner, *The Faith of the New Testament*(Nashville : Broadman Press, 1940), p. 198.
19. R. Richardson, *Scriptual View of the Office of the Holy Spirit*(St. Louis : Christian Publishing Company, 1832), p. 32.

이제 우리는 사도행전에 나타난 성령의 역사를 사도행전의 순서에 따라 구체적으로 살펴보고자 한다.

1) 아버지의 약속의 영으로서 성령

사도행전 1장은 성령강림에 관한 준비와 이와 관련된 말씀의 기록을 살펴볼 수 있는데, 첫째로 제자들은 예수로부터 약속하신 것을 기다리라는 명령을 받았다.

"사도와 같이 모이사 저희에게 분부하여 가라사대 예루살렘을 떠나지 말고 내게 들은 바 아버지의 약속하신 것을 기다리라"(행 1 : 4).

예수는 제자들에게 예루살렘을 떠나지 말며 그들이 일을 시작하기 전에 아버지의 약속하신 성령을 기다리라고 말씀하였다. 그들은 주님의 복음을 전하기 전에 먼저 성령 강림을 기다려야만 했다. 이는 그리스도의 복음전파는 사람의 능력이나 힘에 의해서 이루어진 것이 아니고 성령에 의해서 이루어지므로 성령의 역사 없이는 불가능함을 보여 준 것이다. 또 예수가 성령을 가리켜 아버지의 약속하신 것이라 함은 약속된 성령을 보내 주시는 분이 바로 아버지이시기에 아버지의 약속하신 것이라 하였다.

둘째로 제자들은 예수로부터 '권능' 의 약속을 받았다.

"요한은 물로 세례를 베풀었으나 너희는 몇 날이 못 되어 성령으로 세례를 받으리라 하였느니라"(행 1 : 5).

여기에서 뜻하는 요한의 물세례란 죄를 씻는다는 상징적 의미의 표식인 반면(마 3 : 6, 11, 막 1 : 4), 성령세례는 내적으로 회개하고 그리스도의 죽으심과 부활에 동참하는 것으로서 하나님의 초월적 역사와 은혜를 통하여 이루어진다. 따라서 여기에는 반드시 권능이 뒤따르는데, 여기에서 뜻하는 권능이란 두나미스(Dunamis)를 뜻하는 것으로(행 1 : 8) 폭발적이고 동적인 하나님의 능력을 뜻한다.

셋째로 제자들은 예수의 말씀에 따라 아버지의 약속하신 성령을 기다렸다. 그러나 단순히 기다린 것만이 아니라 기도와 간구 가운데(행 1 : 14), 교제와 사귐 가운데(행 1 : 14, 2 : 1), 말씀을 상고하는 가운데(행 1 : 16 - 20) 기다렸다. 그들은 모여서 한마음이 되어 기도하고 간구함으로, 말씀을 상고하면서 기다리는 시간을 보냈다. 그들은 이미 그리스도 안에서 서로 연합되었다. 그들은 모두 큰 기쁨으로 충만해 있었고 계속 함께 머물며, 찬양하며 하나님께 감사하였다. 성령은 이미 그들의 삶 속에 역사하고 있었다. 그들은 말씀에 귀를 기울였고 다윗을 통해 말씀하였던 성령은 그들의 관심을 유다에 관한 예언에 돌리었다. 그리하여 그들은 맛디아를 유다 대신으로 뽑았다. 따라서 그들은 모든 준비와 함께 성령의 강림을 기다리고 있었다.

2) 오순절의 성령 강림과 교회를 탄생하게 하신 성령

오순절의 성령 강림 사건은 그리스도의 성육신과 십자가에 죽으심 및 부활 못지않게 구원사적 대사건이다. 따라서 우리가 오순절의 성령 강림 사건을 면밀히 연구함은 대단히 중요하다.[20]

오순절에 성령 강림이 있기 전에 나타난 표적들은 구약의 체험 뿐만 아니라 구약의 약속들에게로 연결된다. 오순절은 구약의 추수 축제였다. 교회에 있어서 그 날은 오랫동안 기다리던 영적 수확이 시작된 날이다. 그러나 성령 강림이 있기 전에 두 가지 표적들이 나타나 구약의 상징적 의미와 연결시켜 주었다. 첫째로 하늘로부터 급하고 강한 바람과 같은 소리가 있었다. 또 불의 혀같이 갈라지는 것이 저희에게 보여 각 사람에게 임하였다. 구약에서 바람은 흔히 성령의 상징이었다. 불 역시 마찬가지이다. 바람은 그 부는 것을 인식할 수 있지만 그 출처를

---

20. 차영배, 「성령론」(서울 : 경향문화사, 1992), p. 8.

알 수 없는 것처럼(요 3 : 8), 성령의 임재 또한 이와 유사하게 언제, 어떻게 임재했는지 파악하기 힘들 것임을 뜻한다. 그러나 본 절에서 성령 강림의 사건을 일차적으로 바람소리, 즉 청각적으로 인식했다는 기록은 매우 세밀한 표현이다. 또 불의 혀(tongues of fire)라는 표현 역시 불이 맹렬하게 타오르는 것을 묘사하는데, 이 성령의 임재가 시각적으로 확인할 수 있을 만큼 명확함을 표현한 것이다. 여기에서 우리가 말할 수 있는 것은 오직 바람이 가지고 있는 강력함과 불이 가지고 있는 정화력과 같은 능력과 임재가 그들에게 임했다고 할 수 있다. 하나님의 활동은 도저히 인간의 말로는 다 표현할 수가 없다.

둘째로 표적은 다른 방언으로 말하기 시작함이다. 이 때에 방언은 12개 이상의 방언이었다.[21] 성령의 충만함을 받은 사람들이 모두 성령의 말하게 하심을 따라 각기 다른 방언들로 말하기 시작했다. 즉, 그들은 자신의 혀로 자신이 말했지만 그 말들은 그들의 마음이나 생각에서 나온 것이 아니라 성령께서 주신 말들이었다. 오순절의 방언은 우리가 흔히 말하는 일반적인 방언과는 구별되는데, 이는 그 당시 세계 각국에서 몰려온 순례객들이 알아들을 수 있는 각각의 다양한 언어로 들려졌다는 점이다. 일반적 방언이 통역 없이는 알아들을 수 없음(고전 14 : 13, 19)에 비하여 통역 없이 자신의 고유한 언어로 이해할 수 있었다는 것은 특별한 경험이 아닐 수 없다.[22] 이에 관하여 물론 다양한 해석을 한 이들이 있다. 어떤 이는 이것을 발성(speaking)의 기적이 아니라 청취(hearing)의 기적이라고 하기도 하며, 또 어떤 이는 제자들이 알지 못하

---

21. James D. G. Dunn, *Baptism in the Holy Spirit*(London : SCM Press, 1970), p. 40.
22. 오순절의 방언은 혼잡한 방언(Glossolalie)이 아니라 오히려 뜻이 명확한 방언(Xenolalie), 즉 외국의 언어로 말하는 방언을 뜻한다. cf. Michael Welker, *Gottes Geist : Theologie des Heiligen Geists*, 김희진 역, 「하나님의 영」(서울 : 대한기독교서회, 1995), p. 324.

는 언어를 말했는데 성령이 각각 듣는 이의 귀에 모국어로 통역해 주었다고 하기도 하며, 또는 이 방언들이 복음의 확장을 촉진하기 위한 발성의 은사라고 말하기도 한다. 그러나 이 모든 해석은 본 오순절의 성령 강림에 나타난 방언과는 다르다. 우리는 오순절에 나타난 방언에 대하여 성경에 나타난 그대로 받아들여야 할 것이다.

  오순절의 성령 강림을 목격한 사람들의 반응은 다양하였다. 놀라기도 하고, 의심하기도 하며, 조롱하기도 하고, 새 술에 취하였다고 하는 등 그 반응은 각각이었다. 이에 대하여 사도 베드로는 선지자 요엘의 예언(욜 2:28-32)을 통하여 성령의 새 시대가 도래하였음을 선포하고 있다. 오순절의 성령 강림 사건은 성경에 이미 예언된 사건으로 말세에 부어 주시기로 한 성령이 강림하였음을 뜻한다. 성령의 새로운 시대의 도래는 하나님의 아들이신 나사렛 예수 그리스도를 통하여 이루어지므로 너희가 회개하여 각각 예수 그리스도의 이름으로 세례를 받고 죄사함을 얻어 성령을 선물로 받으라고 말한다. 이 말을 들은 사람들 중 3,000명이 세례를 받아 새로운 공동체가 형성되었는데 이것이 바로 교회의 시작이다. 물론 구약에서도 신약의 교회에 해당하는 회당이나 성전이 있었지만, 하나님의 새 언약의 공동체이자 그리스도의 몸인 신약의 교회가 탄생한 것은 오순절의 성령 강림의 사건을 통해서이다. 따라서 우리는 교회의 탄생이 성령의 역사에 의해서 시작됨을 항상 인식하여 성령이 충만한 교회가 되어야 한다. 그래야만 교회는 교회 본래의 자기 사명과 그 뜻을 성취할 수 있다. 또 우리가 오순절 성령 강림을 통하여 한 가지 기억해야 할 점은 구약시대에 성령이 특별한 경우에 역사한 특수사역과는 달리 신약시대는 모든 육체에 성령을 부어 주심으로 성령역사의 보편화이다. 누구든지 회개하고 예수 그리스도의 이름으로 세례를 받아 죄사함을 얻으면 성령이 강림하신다는 것이다. 이것이 구약시대와 신약시대의 성령의 역사의 차이점, 즉 특수성과 보편성의 차이점(행 2:39)이라 할 수 있고, 이것은 말세

에 나타난 현상이다.[23]

3) 성령 충만한 제자들과 초대교회

오순절 이후 우리는 성령께서 교회 안에 살아서 역사하심을 본다. 무엇보다도 먼저 성령의 능력을 입은 제자들은 그들의 새로운 사명을 위하여 일어났다. 그들은 이 세상에서 자신들이 주님을 대신하고 또 교회를 가르치고 치리할 수 있음을 스스로 보여 주었다. 그들은 이적과 기사를 행하였으며, 또 두려움 없이 예수 그리스도를 선포하였다. 그들은 성령의 능력이 임하기 전에는 주님을 버리고 도망하였으며(마 26 : 56, 막 14 : 50), 베드로는 주님을 부인하기까지 하였다(마 26 : 69 - 75, 막 14 : 66 - 72, 눅 22 : 54 - 62, 요 18 : 15 - 18, 25 - 27). 또 그들이 다락방에 모였을 때 두려워 문을 잠그고 있었으며 계단을 올라오는 발자국 소리에도 놀라는 지경이었다(요 20 : 19). 이런 그들은 성령이 주시는 능력을 통하여 새롭게 탄생한 것이다. 베드로는 성령이 충만한 가운데 관원과 서기관과 제사장들 앞에서 담대하게 그리스도를 전하였으며 산헤드린공회는 천지를 뒤흔들기 시작한 이 영적인 능력 앞에서 무력하기만 하였다 . 이는 제자들 뿐만 아니라 모두가 다 마찬가지였다.

"빌기를 다하매 모인 곳이 진동하더니 무리가 다 성령이 충만하여 담대히 하나님의 말씀을 전하니라"(행 4 : 31).

성령은 제자들에게 담대한 마음을 주시고 때에 따라 꼭 필요한 말씀을 주셨다(행 4 : 16). 뿐만 아니라 사도를 통하여 많은 기사와 표적들이 나타나게 되었는데(행 2 : 43, 3 : 1 - 10), 예를 들어 성문 미문에 앉은 앉은뱅이를 고친 것은 그 표적 가운데 하나이다. 또한 성령은 제자들과 초대교회가 무엇보다 더 깊은 사랑의 교제에 이르게 하였다. 이 교제는

---

23. Arno C. Gaebelein, *The Holy Spirit in New Testament*, p. 34.

영적 교제이면서 동시에 사랑을 나누는 교제였다. 성령의 사역의 목적은 성도가 한마음과 한뜻이 되어 새로운 연합을 이루게 하는 것이다(행 4 : 32). 에스겔서 11 : 19에서 말씀하신 것처럼 한마음, 마음과 뜻의 통일은 성령 안에서 새로운 체험과 병행해 나간 것,[24] 이 교제, 성령 안에서의 이런 교제는 믿음과 사랑을 가지고 서로를 향한 관심을 갖게 함으로 궁핍한 형제를 자기들이 가진 것으로 도울 수 있도록 하였다. 이런 의미에서 그들은 모든 물건을 서로 통용하였다(행 2 : 44 - 45). 여기에서 통용했다는 말은 나누었다는 뜻이다. 아무라도 도움이 필요한 형제가 있으면 그것을 가지고 구제하였다(행 4 : 32). 어떤 사람들은 자기의 재산을 팔아 그것을 제자들에게 가져와 분배하게 했다(행 2 : 44, 4 : 37). 그러나 아무도 억지로 행한 것이 아니었다(행 5 : 4). 이 교제를 통하여 온 백성들에게 칭송을 받았다(행 2 : 46, 47). 뿐만 아니라 그들은 그들의 많은 시간을 기도하는 데 보냈다(행 2 : 42, 4 : 24 - 30, 12 : 5, 12). 이 같은 그들의 삶은 많은 사람들로 하여금 경외와 존경하는 마음을 갖게 했다(2 : 43). 이처럼 성령 충만한 생활은 그리스도의 복음을 담대하게 전하게 하였으며, 사랑을 나누게 하며, 기도하게 하며, 더 나아가 예배에 참여하며 가르침을 받게 할 뿐만 아니라 모든 사람으로 하여금 칭송받는 삶을 살게 하였다.

4) 교회를 지키시는 성령

교회는 성령이 충만한 가운데 시작하여 발전하고 있었지만 그 가운데도 내적으로, 외적으로 위험에 직면해 있었다. 이것은 외적인 것보다 내적 요인에 의한 것이었다. 우리는 교회를 위협하는 내적 요인으로 다음과 같은 세 가지를 사도행전에서 살펴보고자 한다.

---

24. Richardson, op. cit., p. 110.

첫째는 아나니아와 삽비라의 사건이다(행 5:1-11). 초대교회는 자기가 소유한 땅이나 재산 등을 공동생활을 위하여 자발적으로 내놓았다. 이는 우리가 앞에서 살펴본 대로 순전히 자의적인 것이었다. 그런데 사도행전에 나온 아나니아와 그의 아내 삽비라는 그들의 소요를 팔아 얼마를 감추어 두고 마치 그들의 소유 전부를 내놓은 양 베드로에게 내놓았다. 이는 사람에게 거짓말한 것이 아니고 하나님께 한 것이며(행 5:4), 또한 주의 영을 시험한 것이었다(행 5:9). 이는 죽음에 이르는 죄였다. 따라서 아나니아와 삽비라는 같은 날 죽음에 이르게 되고, 이를 목격한 온 교회와 이를 들은 사람들이 다 크게 두려워하였다(행 5:11). 우리가 이 사건을 접할 때에 너무 극한 심판이라고 생각할 수 있을지 모르지만, 그러나 이 사건을 통하여 초대교회의 순수성과 성령의 역사의 완전성이 지켜지게 되었다. 뿐만 아니라 하나님이 세우신 성령의 공동체인 교회를 훼손하는 일, 특히 거짓되게 하는 일은 하나님께서 결코 용납하지 않으심을 보여 주신 준엄한 심판의 사건이었다. 따라서 이 사건은 개인적 차원에서 해석하지 않고 공동체적 차원에서 해석해야 한다.

둘째는 교회를 분열시키는 원망사건이다(행 6:1-6). 본토 유대지방을 떠나 외국에 흩어져 살다가 돌아온 경건한 유대인들을 가리켜 헬라파 유대인이라 하였는데, 이들 중에도 복음을 영접하고 예루살렘 교회의 공동체 생활을 하는 사람들이 많았다. 그런데 헬라파 유대인 중에는 교회의 구제 생활에 의존할 수밖에 없는 가난한 과부들이 많았다. 하지만 히브리파 유대인들에게 밀려 구제에서 제외되었고, 이에 헬라파 유대인들이 원망하는 일이 발생한 것이다. 이에 사도들은 기도하는 것과 말씀을 전하는 것에 전무하기도 하고(행 6:4), 전적으로 구제하는 일에 봉사할 지혜가 충만한 일곱 집사를 택하여 이 일을 저희에게 맡겨 해결하게 한다. 이 일곱 집사 중 한 분이 스데반이다. 교회가 원망, 불평, 불만이 고조되게 되면 교회는 분열하게 되고, 성령의 역사는 떠나게 되며, 인간적인 조직체로 전락될 수밖에 없다. 따라서 교회는 원망과 불평, 불만의 소지를 제거하여 성령이 역사할 수 있는 아름다운 공동체를 이루어야 한다. 이는 경우에 따라서 조직, 제도, 행정적인 면에서의 보완도 필요하지만 더 중요한 것은 하나님의 일에 참여할 사역자이다. 결국 성령이 역사한 성령 충만한 사람에 의해서 이런 분열, 갈등이 제거되기 때문이다. 초대교회는 성령이 충만한 집사를 세워 이 문제를 잘 해결함으로 "하나님의 말씀이 점점 왕성하여 예루살렘에 있는 제자의 수가 더 심히 많아지고 허다한 제사장의 무리도 이 도에 복종하니라."(행 6 : 7)고 말한다.

셋째는 성령에 대한 잘못된 이해이다(행 8 : 7 - 24). 그리스도의 복음을 예루살렘을 넘어 사마리아에 전하게 되면서 일어난 사건이다. 사마리아의 시몬은 본래 마술사로서 사마리아 사람들을 놀라게 하며 자칭 큰 자라고 하는 사람이었는데, 그가 빌립을 통하여 믿고 세례를 받은 후에 전심으로 빌립을 따라다니며 그 나타나는 표적과 큰 능력을 보고 놀랐다. 더군다나 베드로와 요한을 통하여 성령이 임함을 보고 그는 돈을 사도들에게 주고 성령의 능력을 자신에게 팔도록 요청한다. 이 때문에 베드로는 "하나님의 선물을 돈 주고 살 줄로 생각하였으니 네 은과 네가 함께 망할지어다."(행 8 : 20)라는 준엄한 말로 그의 악독을 지적한다. 이 사건은 우리로 하여금 성령의 주권성, 성령의 인격성을 침해한 사건으로 물리적, 현상적 성령 이해의 잘못을 지적한 것이다. 옛부터 성령의 이해가 단순히 능력, 힘, 영향력이라는 잘못된 이해에 이르게 하여 성령의 인격성과 성령의 주권성을 상실하게 함을 크게 질책한 것이다.

성령은 교회로 하여금 교회가 어려움에 직면할 때마다 역사하여 교회의 순수성, 공동체성, 일치성을 이루게 할 뿐만 아니라, 교회가 성령을 바르게 이해하도록 역사하였다. 즉, 성령은 교회를 지키시는 하나님의 영이요, 그리스도의 영이시다.

5) 교회를 확장시키시는 성령

스데반의 순교와 더불어 흩어졌던 예루살렘의 교회는 그리스도의 복음을 전파하였다. 사도행전 8:26에 의하면 주의 천사가 빌립에게 사마리아에서 가사를 향해 가라고 방향을 지시해 주었다. 그런데 빌립이 에디오피아인을 접근하게 한 것도 성령이었고(행 8:29), 빌립이 그 내시에게 세례를 베푼 후에 그 곳에서 그를 옮겨간 것도 성령이었다(행 8:39). 뿐만 아니라 고넬료의 가정을 개종시킨 것도 성령이었다. 성령은 베드로의 환상 이후에 고넬료의 하인들과 함께 가도록 지시하였고(행 10:19), 고넬료와 그의 권속들에게 그리스도의 이름으로 죄용서받았음을 확인해 주었다(행 10:43). 나중에 베드로는 고넬료의 개종사건을 보고하면서 성령의 인도(행 11:12)와 그가 말할 때에 내린 성령에 대하여 언급하였다(행 11:15). 고넬료와 그의 권속들에게 성령이 역사하심은 이방인들이 교회에 들어올 수 있는 길을 열어 주신 것이며, 이와 함께 이방선교의 중심지로 안디옥이 중요한 위치를 차지하게 되었다. 안디옥 교회가 이방 선교정책을 시도한 것은 교회의 급속한 확장을 위한 돌파구가 되었기에 대단히 의의가 크다.[25] 그런데 이 일은 성령의 역사에 의해서 이루어졌다. 성령은 바나바와 바울을 다른 사역을 위해 따로 세우라고 명하였다(행 13:2). 그러므로 그리스도의 사역자를 택하는 일 뿐만 아니라 파송하는 것도 성령의 사역으로 간주되었다(행 13:4). 이리하여 이방 땅에 대한 선교 사역은 성령의 역사로 그 첫발을 내딛게 된 것이다.

이방 선교에서 성령 역할의 또 다른 측면은 인도하심이다. 사도행전 16:6은 대표적인 좋은 실례이다. 성령은 바울과 그의 일행이 아시아에서 복음을 전하도록 허락하지 않았으며 또 비두니아로 들어가는 것

---

25. E. M. B. Gree, *I Believe in Holy Spirit*(1975), pp. 58ff.

도 허락하지 않았다. 이 같은 성령의 금지는 유럽 선교의 환상으로 인도되었다. 이는 성령의 인도하심의 적극적 측면이다. 성령은 바울로 하여금 마게도냐를 거쳐(행 19:21) 예루살렘에 가게 하였고(행 20:22), 또 땅 끝까지 복음을 전하게 하셨다.

교회로 하여금 선교하는 교회가 되게 하고 또 그 교회를 선교하도록 인도하신 분은 성령이시다. 성령은 사도들로 하여금 유대적인 편협심, 배타주의, 독설주의를 버리게 하셨다. 성령은 사도들로 하여금 이스라엘은 이방인을 위한 하나의 빛으로 택함 받았음을 깨닫게 하셨다. 우리가 사도행전에서 볼 수 있는 명백한 사실은 교회에 성령의 인도하심이 없었다면 교회는 유대교회의 한 분파로 남아 있게 되었을 것이라는 것이다.

지금까지 우리는 사도행전에 나타난 성령의 사역을 살펴보았다. 사도행전에 나타난 성령의 사역의 특징은 교회와 관련된 하나님의 영으로서의 성령이다. 사복음서가 예수 그리스도와 성령의 관계에 대해, 그리고 서신이 개인과 관련된 성령에 관해서 주로 기록하였다면, 사도행전은 교회와 관련하여 성령의 역사를 논하였음이 그 특징이라 할 수 있다. 따라서 우리는 교회가 성령의 역사에 의해서 시작되고, 또 지켜지며 확장된다는 사실을 깨닫고, 교회는 항상 성령의 말씀을 듣고 순종하는 교회가 되어야 함을 다시 한번 자각해야 한다.

교회란 인위적 조직, 기구가 아니라 성령이 역사하시는 성령의 공동체이기에 성령이 함께할 때에만 참생명에 거하게 되고, 이르게 된다.

5. 바울 서신에 나타난 성령

바울 서신에 나타난 성령의 개념은 너무 다양하고 광범위하여 정리하기가 불가능할 정도이다. 우리가 요한과 바울을 비교해 보면 요한이 관조의 사람이라면 바울은 행동의 사람이라 할 수 있다. 우리가 바울의 성령에 대한 이해를 바르게 하기 위해서는 다음의 두 말씀 "너희에게 성령을 **주시고**"(갈 3 : 5)와 "이것이 너희의 간구와 예수 그리스도의 성령의 **도우심**으로 네 구원에 이르게 할 줄 아는고로"(빌 1 : 19)의 뜻을 헤아리는 것이다. 여기에는 아주 깊은 뜻이 담겨져 있는데, 갈라디아서에 나오는 "주시고"는 헬라어로 '에피코레게인'(epichoregein)이며, 빌립보서에 나오는 "도우심"은 명사 '에피코레기아'(epichoregia)이다. 이 단어들의 의미는 관대한 마음, 아낌없이 주는 것, 넉넉함이다. 다시 말해서 성령을 통하여 하나님은 우리로 하여금 인생의 무대에서 위대한 활약을 할 수 있도록 우리를 준비시켜 주시고, 우리를 돌봐 주시며, 우리의 모든 필요를 채워 주신다는 것이다. 그리고 성령은 부모가 자녀에게 갖추어져 있기를 바라는 모든 필요를 채우실 하나님의 넉넉함과 관대하심을 뜻한다. 따라서 우리의 삶은 성령으로부터 시작해야 한다.

1) 예수 그리스도의 주되심의 인식

바울의 근본적 전제는 모든 그리스도인들이 성령을 지니고 있다고 본다. 누구도 성령의 내주의 도움 없이는 예수 그리스도를 주로 인식할 수 없고 받아들일 수 없음을 말한다. 이는 "성령으로 아니하고는 예수를 주시라 할 수 없느니라."(고전 12 : 3)의 말씀에서 찾아볼 수 있다. 그러나 이보다 더 일반적 표현은 "누구든지 그리스도의 영이 없으면 그리스도의 사람이 아니다."(롬 8 : 9)라는 말씀에서 찾을 수 있다. 그리스도인들이 예수 그리스도에게 속하였다는 보장을 확실하게 해주시는 이는 성령이시다. 그러므로 성령은 그리스도인이 되게 하는 일체의 신앙입문 과정에 직결된다. 이런 의미에서 바울은 고린도 전서 3 : 16에서 고린도 교인들을 "하나님의 성전"이라고 말하고, 이 사실 때문에 하나님의 영(靈)이 그들 속에 거(居)한다고 지적하였다.[26] 그는 또 고린도 전서

---

26. F. F. Bruce, I and II Corinthians(NCB, 1971), p. 45.

6 : 19에서 신자들의 육체적인 몸을 "성령의 전(殿)"이라는 말로 표현하였다. 이것은 몸이 물질로 구성되었다고 해서 악한 것으로 간주했던 헬라의 사상적 분위기에서 볼 때 매우 놀라운 사실이다. 여기서 신자와 불신자의 유일한 차이는 전자의 경우에서는 성령이 거하기 때문에 그들의 몸이 성결하게 되는 반면, 후자는 이런 의미에서 성전이 아닌 자들이다. 이것과 바울의 다음 진술도 비교될 수 있다. "주와 합하는 자는 한 영이니라"(고전 6 : 17).[27]

2) 복음사역 선포의 능력

바울 서신에는 사도 바울의 설교 사역이 성령의 역사에서 비롯됨을 주장한다. 가장 선명한 자서전적인 진술은 고린도 전서 2 : 1~4이다. 바울은 먼저 고린도 교인들에게 사역할 때에 뛰어난 지혜의 말들을 사용하지 않았다고 밝혔다. 그 다음 그는 자신의 주된 메시지(예수 그리스도와 그의 십자가)만 전했다고 천명하고 자신의 말과 메시지가 "다만 성령의 나타남과 능력"(고전 2 : 4)이었다고 결론지었다. 여기서 능력의 원천은 성령이다. 바울은 믿음이 인간의 지혜에 의존되어서는 안 된다고 보았다. 그는 성령에 의존된 복음 선포는 인간의 지혜와 독립된 것으로 간주하였다. 이것은 성령이 부여된 설교가 인간의 지혜와 배치된다는 뜻이 아니고 인간의 지혜가 메시지의 원천이 아니라는 의미이다. 성령이 그처럼 중요한 역할을 한다는 사실은 복음의 선포를 즉시 인간의 이성보다 월등한 수준으로 올려 놓는다.

---

27. C. K. Barrett, I Corinthians(BC, 1971), p. 149. 물론 이 문맥에서 '영' 은 '육' 에 대한 언급 다음에 소개되었지만 바울의 의미는 주님과 하나가 되는 것은 성령을 통해서만 가능하다는 것이다. Barrett은 이렇게 논급한다. "주(그리스도)는 인간이 하나님 중심의 존재, 즉 성령 안에서의 삶을 성취할 수 있는 수단들을 제공한다." 여기서 성령이 의도에 있다는 것은 고린도 전서 6 : 19에서도 분명하다.

설교에서 성령이 차지하는 역할에 대한 이와 유사한 신념은 '능력'과 '성령'과 '큰 확신'이 함께 연결된 데살로니가 전서 1:5에서 읽을 수 있다. 에베소서 3:5에 의하면 사도들과 선지자들에게 주어진 계시는 성령에 의한 것이었다. 이 계시 속에는 이방인들도 교회에 들어오는 특수 주제가 포함되어 있다(참조. 엡 2:18).

우리가 만일 로마서 1:1~4을 바울 이전의 일부 진술로 보고 바울이 이것을 자기 서신에다 융합시켰다고 간주한다면 예수에 대해서 "성결의 영으로는 죽은 가운데서 부활하여 능력으로 하나님의 아들로 인정되셨으니……."(4절)라는 말씀은 원시신학과 바울신학을 다같이 대변하는 깊은 뜻이 있다.

3) 성령 안에서의 그리스도의 생활

바울의 사상과 경험에서 볼 때 성령은 하나님과 인간 사이의 관계에 있어서 매우 독특한 역할을 가지고 있다. 성령을 통하여 하나님의 사랑이 우리 마음에 부어졌다(롬 5:5). 성령을 통해서 우리는 하나님께 나아감을 얻는다(엡 2:18). 바울이 나아감이라고 사용한 말은 프로사고게(prosagoge)이다. 이 말은 프로사고규스(prosagogeus), 즉 소개자라는 말에서 왔다. 성령은 우리로 하여금 하나님의 존전에 나가게 할 수 있는 하나님의 소개자이다. 따라서 여기에서 우리의 삶에 새로운 삶의 역사가 이루어진다.

칭 의 : 우리를 의롭게 하는 의(디카이오수네, dikaiosune) 역시 성령을 통해서 온다(롬 14:17). 신앙칭의란 우리가 비록 죄인일지라도, 예수 그리스도를 인하여서 하나님께서 우리를 의인으로 평가하고, 셈치고, 취급하고, 간주하신다는 의미이다. 그래서 우리가 하나님과 올바른 관계를 맺게 되는 이것이 의이다.

성 화 : 칭의 다음에는 반드시 성화의 과정이 뒤따라야 한다. 성화가

없는 칭의는 공허한 것이다. 여기에서 성화란 그리스도인들이 거룩한 생활을 향하여 나아가는 전반적인 과정을 총괄하는 의미이다. 어떤 점에서 거룩은 신약에서 그리스도인의 생활에 대해서 말하는 모든 것을 다 포함한다. 거룩하게 하는 것은 고린도 전서 6 : 11에서 보듯이 성령의 주된 기능 중의 하나이다. 그리스도인들이 스스로 거룩하게 될 수 없다. 더구나 거룩의 행위는 물론 예상적인 의미로 이해해야 하지만 완성된 행위(부정과거 시제)로서 진술되었다. 바울은 로마서에서 이방인들에 대해서 생각하면서 "이방인을 제물로 드리는 그것이 성령 안에서 거룩하게 되어 받으심직하게 하려 하심이라."(롬 15 : 16)고 말하였다. 여기서 '거룩하게 되어' 라는 의미는 '받으심직하게' 라는 단어와의 밀접한 연관에 따라 결정된다. 거룩(성화)의 수준은 하나님에게 받아들여질 수 있는 거룩이다. 다시 말해서 성령 자신의 성품과 일치되는 거룩이다. 따라서, 거룩하게 하는 과정은 성령의 독특한 활동이다.

자녀됨 : 이에 관해서는 중요한 두 구절이 있다. 바울은 로마서 8 : 14 이하에서 하나님의 성령으로 인도된 자들은 모두 하나님의 자녀들이며, 또한 우리가 '아바 아버지' 라고 부르짖을 때에는 "성령이 친히 우리 영으로 더불어 우리가 하나님의 자녀인 것을 증거"(16절)한다고 말하였다. 여기서 구체적으로 주장된 사항은 신자들의 자녀로서의 의식이 성령에 의해서 직접 유발된다는 사실이다. 바꾸어 말하면 누구도 성령을 통하지 않고서는 '아바' 라는 단어가 시사하듯이 하나님을 그처럼 친숙한 방법으로 아버지라고 접근할 수 없다. 우리들이 새 가족으로 입적되었다는 것을 계속적으로 상기시켜 주는 일은 성령의 사역이다.

바울은 갈라디아서 4 : 6에서 "하나님이 그 아들의 영을 우리 마음 가운데 보내사 아바 아버지라 부르게 하셨느니라."고 적시하였다. 여기서 헬라어와 나란히 아랍어 형태가 보존된 것은 이 말들에 부칙된 중요성이 크다는 의미이다. 우리가 하나님의 자녀라는 사실을 아는 것과, 하나님을 아버지로 대하고 그에게 완전히 의존하면서 그에 대한 사랑을 철저히 의식하며 하나님의 자녀로서 사는 것, 곧 이 같은 인식은 성령의 도움이 없이는 전혀 생길 수 없는 일이었다.

조　명: 고린도 전서 2 : 13에 나오는 "성령의 가르치신 것"이라는 표현은 영적 이해에 대한 바울의 전체적인 접근을 요약해 준다. 바울은 하나님의 사물들을 지적 대상으로 삼으려는 시도를 하지 않았다. 왜냐하면, 그는 그러한 문제들이 결코 인간의 자력적(自力的)인 지적 탐구의 주제들이 될 것으로 생각지 않았기 때문이다. 그는 전혀 판이한 영역, 곧 성령의 영역에서 본건을 다루었다.

바울은 인간의 지혜와 성령의 이해 사이를 구별짓기 위해 고린도 전서 2 : 10~16의 말씀을 통해 상세하게 진술하였다. 고린도 교인들은 분명 복음의 성격을 오해했기 때문에 이 같은 구별은 명시되어야 할 중요한 사항이었다. 바울은 우선 고린도 교인들이 받은 계시가 성령의 매체를 통하여 주어진 것이라는 사실을 확신시켰다(고전 2 : 10). 사실상, 인간이 하나님에 대해서 무엇을 조금이라도 알려면 성령의 도움이 반드시 필수적이라는 것이 바울의 기본 전제였다고 간주할 수 있다. 바울은 모든 인간들이 알지 못하는 '하나님의 깊은 것'에 대하여 언급하였다. 이것은 오직 성령만이 이해한다. 따라서, 성령만이 계시해 줄 수 있다(고전 2 : 11).[28]

성령은 해석자의 직임도 맡고 있다(고전 2 : 12). 성령이 함께한 사람들은 과거에 없던 이해력을 지니게 되어 새로운 영적 세계를 깨닫고 이해하게 된다.

자　유: 로마서 8장은 성령의 장이라고 불러도 과언이 아니다. 바울

---

28. 비록 바울은 성령이 하나님의 깊은 것들을 찾는다고 말하였지만, 성령이 하나님에 대한 새로운 지식을 얻으려고 찾는다는 의미는 아니다. 성령이 하나님의 가장 깊은 곳까지 다 이해한다는 뜻이다. '깊이'는 본 문맥에서 '비밀'과도 연결되었다. 그러나, 이 비밀은 영지주의의 밀의적 지식이 아니고 유대인적 배경에서 연유된 것이다. 성령은 그리스도 안에 있는 하나님의 비밀을 알려 준다.

은 여기서 하나님의 자녀들이 갖는 영광스러운 자유에 대해 기술하였다(롬 8 : 21).

　이 영적 자유의 주제는 예수가 나사렛에서 인용한 이사야 구절의 직접적인 성취이다(눅 4 : 18). 자유는 성령의 가장 대표적인 기능이다. 바울은 고린도 후서 3 : 17에서 이렇게 요약하였다. "주의 영이 계신 곳에는 자유함이 있느니라." 이것은 모세의 글을 읽을 때에 마음이 닫혀 있는 유대인들의 입장과 대조된다. 성령에 의한 자유는 본질적으로 마음(정신)의 자유이다. 바울은 이 후자의 문맥에서 신자들에 대해서 다음과 같이 말하였다. "저(주님)와 같은 형상으로 화하여 영광으로 영광에 이르니 곧 주의 영으로 말미암음이니라"(고후 3 : 18). 성령은 계속적인 작업으로서 옛속박으로부터 구해 줄 뿐 아니라 새로 얻은 자유를 계속 풍성하게 해준다. 사실 고린도 후서 3장은 전체적으로 새로운 자유의 보다 큰 광채를 서술한 것이다. 물론 옛것의 찬란함도 부정하는 것은 아니지만 새로운 광채의 아름다움은 성령의 역사로 직접 언급되고 있다(고후 3 : 8). 바울은 이 같은 자유는 육신의 욕망에서 벗어날 때만 가능하다고 한다(갈 5 : 16). 성령이 가져다 준 자유는 육으로부터의 자유, 죄와 죽음, 그리고 율법으로부터의 자유이다.

　인　도 : 바울 서신은 여러 각도에서 성령의 인도를 제시하였다. 그는 하나님의 자녀들은 모두 하나님의 성령으로 인도되었다고 주장한다(롬 8 : 14). 이것은 최초의 개심 체험만이 아니고 교인이 된 후에도 계속적으로 성령의 인도를 의식하는 것을 말한다. 한마디로 성령은 아들됨의 참정신을 심어 줌으로 하나님의 자녀들은 아버지의 지도를 따르게 된다. 성령의 인도는 결코 아버지의 뜻과 별도로 독립된 것이 아님을 주지해야 한다. 그런 개념은 바울에게는 도무지 생각조차도 할 수 없었을 것이다.

　능　력 : 성령의 또 다른 주된 특징은 능력이다. "…… 그의 성령으로 말미암아 너희 속사람을 능력으로 강건하게 하옵시며"(엡 3 : 16 이하).

이 속사람의 원천은 성령의 원천밖에 없다. 성령의 능력 주심에 그리스도인들이 전적으로 의존해야 한다는 개념은 성령이 그리스도인의 생활에 얼마나 필수 불가결하며, 성령을 소유하지 않은 그리스도인이 존재할 수 없음을 주시한다.

개인의 뜻을 이루기 위한 영적 능력의 사용은 베드로의 경우처럼 바울에게도 이질적인 개념이었다(참조. 행 8 : 18 이하). 만일 성령의 능력으로 표적과 기사를 행할 특별한 능력이 있다면 그것은 오직 복음의 진척을 위한 것이었다(참조. 롬 15 : 18 이하). 사도행전의 기사에서 중요한 역할을 차지했던 신령한 능력들의 비상한 시현(示現)들은 바울 서신에서도 없는 것이 아니었다. 그러나 바울은 고린도 후서 12 : 12에서처럼 변증적인 언급 이외에는 그런 능력의 과시를 거의 말하지 않았다. 바울은 영적 능력을 통해 복음을 전파할 수 있는 길이 열리는 것을 더 중요하게 여겼다.

성령의 능력이 불가결한 성격을 지녔다는 점을 감안할 때 바울이 에베소서 4 : 30에서 성령을 근심하게 하지 말라고 간곡히 권면한 것은 놀랄 일이 못 된다. 성령을 근심케 하는 일은 곧 다이나믹한 생명의 근원을 배척하는 것과 다름이 없는 일이었다. 우리는 여기서 성령을 소유하는 자에게는 모두 도덕적인 책임이 지워져 있다는 사실을 명심해야 한다. 성령은 '근심'할 수 있다. 이것은 매우 인격적인 측면이다. 본 말씀에 따라 나오는 구절들이(엡 4 : 31 - 32) 성령이 근심할 수 있는 요인들에 대한 시사라면 그 초점은 악독, 노함, 분냄, 악의와 같은 적대적인 자세들에 집중된다. 반면 성령이 인정하는 일은 친절, 온유, 용서이다. 성령은 단순한 능력으로 묘사되지 않았다. 오히려 그의 능력을 행사하는 데 있어서 인간과의 관계가 민감한 것으로 기술되었다.

이처럼 성령은 우리로 하여금 하나님의 자녀로서 능력 있게 살게 한다. 이 부분은 성령의 은사 부분에서 다시 자세히 언급할 것이다. 또한 성령은 우리로 하여금 성장하게 하여 성령의 열매를 맺게 한다. 이 부분도 성령의 열매에서 자세히 언급할 것이다.

　바울은 이 같은 삶이 성령을 통해서 우리의 생애 속에서 확실하게 이루어짐을 나타내기 위하여 다음의 두 가지 생동적 용어를 말하고 있다.

　그는 첫째, 성령의 보증을 우리에게 주신 하나님께 대하여 말하고 있으며(고후 1 : 22 ; 5 : 5), 그리고 에베소서(1 : 14)에서 우리 기업의 보증이신 성령에 대하여 말하고 있다. 이 두 경우에서 바울이 사용하고 있는 낱말은 아라본(arrabon)이라는 말이다. 이 말은 헬라어의 상업과 무역에서 그들의 업무를 진행시키는 방법을 잘 말해 주는 하나의 상업 헬라어이다. 아라본, 즉 보증금은 약속된 값이나 품삯의 제1회 분납금이었으며, 언젠가는 전체의 값이 지불된다는 보증이었다. 바울에 있어, 그것은 곧 성령의 체험은 천국 생활의 제1분납금이며, 성령 안에서의 생활은 영원한 삶을 미리 맛보는 것이며, 그리고 영원한 생명을 틀림없이 보증한다는 의미이다.

　둘째, 바울이 보여 주고 있는 생생한 그림은 성령으로 인친다는 것이다. 그는 말하기를, 하나님은 우리를 인치시고(스프라기제인, sphragizein), 성령의 보증을 우리에게 주셨다고 한다(고후 1 : 22). 또 너희가 믿은 후에 약속의 성령으로 인치심을 받았다고 한다(엡 1 : 13, 4 : 30). 인치는 일은 고대 세계의 흔한 관습이었는데 그것은 안전을 위한 보증, 진리를 위한 선서, 소유권의 표시로 사용되었다. 따라서 성령은 한 인간에 대한 하나님의 보호이다. 성령을 소유하는 것은 한 인간이 가진 신앙의 실재를 보증하는 것이다. 성령의 소유는 한 인간에 대한 하나님의 인치심이며, 그 사람이 하나님께 속해 있다는 절대적인 증거요, 하나님의 확약이다.

　바울 서신에는 성령과 가장 친화적인 것과 상반되는 것이 있다. 친화적인 것은 기도요, 상반적인 것은 육과 의문(儀文)이다. 바울에게 있어서 성령과 기도와의 관계는 가장 사랑스럽다고 할 수 있다. 바울은 그러한 위치에 대해 로마서 8 : 26~27에서 말하고 있다. 우리의 힘만 가지고는 바르게 기도할 수 없다. 우리가 할 수 있는 것은 오직 말할 수 없는 탄식의 호소를 하나님께 드리는 것인데, 성령께서 우리의 탄식을 하나님께 전달하신다. 이것은 매우 고상한 성령관이다. 우리는 기도할 수밖에 없다. 성령은 우리의 기도를 받아서 우리가 드려야 할 마땅한 기도로 바꾸어 하나님 앞에 내놓아 주신다. 성령은 인간의 기도를 하나님께 통역해 주신다.

끝으로, 바울 서신에서 성령이 언제나 반대하고, 상반관계를 가지고 있는 두 가지가 있다. 첫째, 성령은 육신에 대하여 반대된다(롬 8 : 2, 4, 9, 13, 갈 3 : 2, 5 : 17, 6 : 8). 바울이 말하는 육신은 죄에게 교두보를 제공해 주는 인간 본성의 일부를 의미한다. 그는 그것을 하나님을 떠나 타락하게 만드는 경향성이라고 의미하였다. 분명히 성령께서 반대하는 것이 이런 것들이다. 육신이란 우리로 하여금 죄를 범하도록 기회를 주며, 우리를 더욱더 저급한 생활로 몰아 주며, 점점 더 하나님으로부터 멀리 떨어지게 하는 것이다. 성령은 우리를 더욱 고상한 생활로 이끌어 주며, 하나님께로 가까이 가게 하신다.

두 번째로 성령과 반대되는 것은 율법의 의문(儀文)이다(롬 2 : 29, 고후 3 : 6, 갈 3 : 2). 의문에 의한 판단과 성령에 의한 판단 사이의 차이는 간단히 말해서 이런 것이다. 예를 들어, 간음하다 붙들린 여인이 예수 앞에 끌려왔다(요 8 : 1-11). 그 여자를 돌로 쳐죽이는 것이 율법으로서는 마땅하다(레 20 : 10, 신 22 : 22). 그 여자는 죽어야 했다. 그러나 예수님은 율법의 의문에 따라서 그 여자를 판단하지 않으셨다. 그는 하나님의 사랑으로 그 여자를 판단하셨다. 우리도 이런 선택의 기로에 서게 된다. 그렇다고 해서 언제나 이 양자가 서로 다르다고 해서는 안 된다. 다만 우리는 "주 예수여! 내가 어떻게 하기를 원하십니까?"라고 물어야 한다. 하나님의 책에는 율법의 의문이 있다는 것이 사실이다. 그리스도인은 그리스도 안에서 주님으로부터 기준을 찾아야 한다.

바울 서신을 공부하면 성령 없는 그리스도인의 삶이란 도대체 있을 수가 없다는 근본적인 사실을 알 수 있다. 성령이 없는 인간은 그 자신에게 뿐 아니라, 이웃에 대해, 교회에 대해, 그리고 하나님께 대해서도 바르게 알 수 없다.

6. 나머지 신약성경에 나타난 성령

바울 서신을 제외한 나머지 신약성경에 나타난 성령은 다음과 같이 간단히 정리할 수 있다.

첫째, 성령은 성경의 말씀을 영감하였음을 말한다. 따라서 '성령이 말씀하시기를'(딤전 4 : 1, 히 3 : 7), '성령이 보이시기를'(히 9 : 8, 10 : 15)이라고 말하므로 성경은 하나님께서 직접 전하시는 영감의 말씀으로 생각한다.

둘째, 인간을 새롭게 하는 능력은 성령의 능력임을 말한다. 하나님의 긍휼 안에서 중생의 씻음과 성령의 새롭게 하시는 능력으로 말미암아 구원받는 것인데, 하나님께서 우리 주 예수 그리스도를 통하여 우리에게 풍성하게 내려 주신 것이다(딛 3 : 5). 초대교회가 본 바에 의하면 성령은 깨끗하게 하며, 재창조하며, 정결케 하는 능력의 물줄기이며, 하나님의 임재이시다. 그리고 그로 인하여 아무리 악하며, 제아무리 죄의 사슬과 족쇄에 얽매어 있어도 그 사람을 선한 사람으로 만들 수 있다. 이것이 바로 성령의 능력이다. 이것 때문에 우리는 성령을 성결의 발동자라고 할 수 있다. 성결이라는 말은 하기아스모스(hagiasmos)이다. 그런데 아스모스(asmos)로 끝나는 모든 헬라어 명사는 진행 중에 있는 사건을 묘사하는 것이며, 이미 끝난 사건을 말하는 것이 아니다. 따라서 하기아스모스는 일반적으로 거룩이라는 말로 번역되며, 또 신약성경이 성도라고 부르는 사람을 의미하는 말인 하기오스(hagios)와 관련된 명사이다.

결과적으로 성령을 소유하는 것이나, 성령의 능력이 우리의 생활이나 삶 속에서 표시되는 것이 곧 그리스도인의 삶을 증명하는 것이며 또 보증하는 것이다. 장성한 그리스도인이 된다는 것은 바로 보다 더 깊게 성령과 사귀며 참여하는 자가 되는 것이다(히 6 : 4).

셋째, 성령은 정통적인 신앙이나 교회의 믿음을 모두 발견하기도 하며, 또 그것을 전달한다. 인간은 오직 성령을 통해서만 예수 그리스도께서 육체로 오셨다는 것을 고백할 수 있으며, 만일 그것을 부인하는 사람이 있다면, 그 사람은 하나님의 영이 아닌 다른 영의 영향을 받고 있는 것이다(요 4 : 2). 참다운 신앙의 계시는 성령께서 하시는 일이다. 목회서신에서는 신앙을 '파라데케'(paratheke)라고 하는데 이는 공탁물이라는 뜻이 있고, 한 세대로부터 다른 세대로 반드시 전달되어져야 하는 것이다. 성령이 신앙을 전달할 수 있게 하시는 분이다.

넷째, 참다운 설교는 성령을 통한 설교임을 말하고 있다. 베드로는 성령을 힘입어 복음을 전한 것임을 기억하라고 하였다(벧전 1 : 12). 설교는 인간의 의견을 발표하는 것이 아니다. 설교는 인간의 의문을 퍼뜨리는 것이 아니다. 설교는 하나님의 사람들에게 전파하기 위해 성령께서 어떤 한 사람에게 주시는 메시지이다. 아울러 인간이 학구적인 모든 노력을 다해서 성경을 연구하면 할수록 성령께서는 더욱더 그 성경의 말씀을 밝게 비쳐 주시기 때문에 지금까지 발견하지 못했던 새로운 진리를 깨달을 수 있게 된다. 참다운 설교는 사랑하는 마음과 훈련받은 심정이 성령의 뜻에 따를 때 가능한 것이다.

끝으로, 요한 계시록의 성령의 활동은 어떻게 나타나는가? 첫째, 성령은 환상을 보여 주시는 분이시다(계 1 : 40, 4 : 2, 17 : 3, 21 : 10). 둘째, 성령은 메시지를 가져다 주시는 분이시다. 일곱 교회에게 보내는 편지에 잘 나타나 있다(2 - 3장). 셋째, 성령은 약속의 보증인이시다(14 : 13). 말씀의 선포 후에 성령의 보증이 나온다. 넷째, 성령은 초청을 전해 주시는 분이시다. 성령과 신부가 오라 하신다(계 22 : 17). 신부는 교회이다. 그런데 요한 계시록에만 나오는 아주 특이한 기록이 있다. 일곱 영에 대한 특이한 진술이다(1 : 4, 3 : 1, 4 : 5, 5 : 6).[29] 여기서 요한이 성령을 복수로 보았다고는 말할 수 없다. 그는 다른 곳에서 성령을 단수로 언급한 경우도 많다. 본서에서 일곱이라는 숫자를 상징적으로 빈번히 사용한 점에 비추어 일곱 영이란 표현은 성령의 완전성을 가리킨다고 가정하는 것이 타당하다. 그런데, 일곱이라는 숫자의 첫 언급은 성령과 관련해서 나온다. 그래서 우리는 한걸음 더 나아가 완전한 성령이 일곱에 대한 다른 상징적 용법을 바르게 이해하는 실마리라고 제안할 수 있다. 일곱 영은 3 : 1의 일곱 별과, 4 : 5의 일곱 등불과 일곱 눈을 가진 일곱 뿔과 연결되었다.[30] 따라서, 여기서 복수형은 수적인 의미에서가 아닌 완전성의 개념으로 이해되어야 한다.

아시아의 교회에 보내는 일곱 편지의 결론들마다 독자들은 성령이 말하는 것을 들어야 한다는 독려를 받았다.[31] 이것은 성령의 계시적 기능과 일치된다. 또한 이 메시지는 부활한 영광의 주로부터 오는 것이기 때문에 그리스도의 선포와 성령의 선포 사이에 부정할 수 없는 밀착성이 개재되어 있다. 그러니까, 그리스도가 말하는 것은 곧 성령이 말하는 것이다. 요한은 사실 자기 책의 서두에서 자신이 "성령에 감동하여"(1 : 10, 4 : 2) 있었다고 말하였고, 결론에서도 자기가 "성령으로"(21 : 10) 이끌려 갔다고 증언했다. 성령은 신부와 합세하여 사람들에게 반응을 촉구한다(22 : 17). 또한 요한은 실제로 성령에 이끌려서 광야로 들

---

29. 본서의 증거에 대한 간략한 조사 연구 : F. F. Bruce, "The Spirit in the Apocalypse," *Christ and Spirit*, pp. 333-344. 그는 일곱 영들과 이사야 11 : 2 사이에 연관이 있다고 본다.
30. H. B. Swete, *The Holy Spirit in the NT*(1909), p. 274. 그는 교회들이 일곱 개이기 때문에 성령도 일곱으로 나왔을 뿐이라고 간주한다.
31. 각 메시지가 승귀된 주님의 말씀이라고 하면서 동시에 청중들에게 성령이 말하는 것을 유의해야 한다고 권면하는 것은 중요한 의의가 있다. Bruce(op. cit., p. 340.)는 이렇게 해설한다. "성령이 승귀된 주님과 동일하다는 것이 아니고, 승귀된 주님이 성령을 통해서 말씀한다는 것이다."

어가 환상적인 체험을 하였다(17 : 3). 뿐만 아니라 성령은 하늘 음성과 동일시되었다(14 : 13). 요한은 자기 독자들에게 자신이 본 초자연적인 환상들이 하나님의 성령의 직접적인 통제하에서 이루어짐을 말한다.

IV

성령의 상징

성령의 사역과 인격을 예시하는 데 사용한 상징이 있다. 상징(symbol)이란 사물 자체를 나타내 주는 모형, 표상을 말한다. 마치 흰 옷이 순결을 상징하는 것같이 성령에 있어서도 마찬가지이다. 폴 틸리히(Paul Tillich)는 사인(sign)이 단지 기호와 표식의 역할을 한 반면에, 상징은 그 실제 자체에 참여하여 그 실체를 드러내는 것으로 본다. 이런 의미로 볼 때에 성령의 상징이란 성령 그분 자체의 실체를 드러낸 것이다. 인간은 그의 언어의 빈곤성 때문에 상징을 많이 사용할 수밖에 없으며 특히 볼 수도, 만질 수도 없는 영이신 성령은 상징적으로 표현할 수밖에 없어 상징을 택하여 쓰신다.

1. 생 기

우리는 이미 성령의 어원에서 성령을 히브리어로 루아흐(ruach), 헬라어로는 프뉴마(pneuma)라 하였다. 이 뜻은 호흡, 숨이라 하였다. 이 말은 또 생기(호흡)로 번역되기도 한다. 창세기 2 : 7에 의하면 하나님은 아담을 창조하실 때 흙으로 몸을 지으시고 그 코에 생기를 불어넣으셨다고 한다. 이 때에 아담이 생령(a living soul)이 되었다고 말한다. 여기의 생령이란 살아 있는 생명체가 되었다는 뜻으로 그 근원적 힘은 생기가 들어감으로 인해 나타난 결과이다. 따라서 생기가 인간의 삶의 근원적 힘, 능력이요, 생명력(vitality)이요, 활력(dynamics)임을 말한 것이다. 우리는 다른 말씀 속에서도 이 같은 내용을 찾을 수 있는데 욥기 32:8에서 "사람의 속에는 심령이 있고 전능자의 기운이 사람에게 총명을 주시나니……." 그리고 욥기 33:4에서 "하나님의 신이 나를 지으셨고 전능자의 기운이 나를 살리시느니라."고 하신 말씀을 읽을 수 있다. 에스겔이 예언하여 "생기야, 사방에서부터 와서 이 사망을 당한 자에게 불어서 살게 하라."(겔 37:9)고 말하였다. 이 뜻 역시 생기가 인간의 모든 삶의 원천임을 말한 것이다. 이는 성령이 삶의 근원적 원천(fons vitae)이시다. 그러므로 하나님이 그의 영을 거두시면 모든 것은 무로 되돌아간다(S : ……Dominus spiritum subtrabit, omnia in nihilum rediguntur.).

생명의 본질은 영에 있다. 생명 그 자체는 영에 기인되었기에 성령이 함께한 자는 살아 있으나, 반면에 성령이 함께하지 아니하면 몸은 살아 있을지라도 영적으로는 죽어 있는 것이다. 참된 생명은 성령으로부터 나온다. 그러므로 성령은 생명의 수여자인 동시에 생명의 지배자요, 또한 생명을 주시는 영(life-giving spirit), 생명의 창조자(life-creating spirit), 생명의 근원적 영(life-orignating spirit)이시다. 그러므로 영을 호흡, 숨, 생기라 한 것은 생명의 근원이요, 생명의 창조자요, 생명의 능력임을 뜻한 것이다.[1]

---

1. 황승룡, 「개혁교회와 성령」(서울 : 성광문화사, 1986), p. 36. 몰트만이 그의 성령론을 "생명의 영"(The Spirit of Life)이라 한 것은 적절한 표현이라 본다. 물론 그가 뜻하는 생명의 영이 단순히 인간의 생명만을 뜻하지 않았다고 하더라도 이런 표현은 매우 적절한 것이다.

2. 불

"그는 성령과 불로 세례를 줄 것이요"(마 3 : 11).
성령을 불(fire)로 표현하는 것은 잘 알려진 사실이다. 그러므로 우리는 흔히 불 같은 성령이라 한다. 그럼 불이 상징하는 것은 무엇인가?

(1) 삼위일체 하나님의 임재를 뜻한다.

성령이 불로 상징된 이유는 불은 언제나 하나님의 임재를 뜻하기 때문이다. 우리가 구약성경 전체를 통하여 보게 될 때 거의 예외 없이 하나님의 임재는 불 가운데 나타나신 것이다. 모세가 호렙산에서 장인의 양무리를 먹이다가 불붙는 떨기나무의 놀라운 광경을 구경하러 갔다가 하나님을 만나게 된 것이라든지(출 3 : 1 - 5), 열왕기 상 18장에 보면 하나님의 사람 엘리야가 바알선지 450명과 갈멜산상에서 참하나님에 대한 쟁론을 할 때 모든 백성들 앞에서 불로 응답하시는 그가 하나님이라고 주장하고, 과연 그의 기도와 믿음으로 하나님께로부터 불로 응답을 받음으로 우상 숭배자들을 심판한 사실 등은 참으로 놀라운 역사적 사건들로서, 불은 하나님의 임재를 뜻하는 것이라는 것을 너무나 잘 보여 주고 있다.

예수님의 제자들 120명은 주님의 수난과 승천 이후 실의에 빠져 예루살렘의 마가 요한의 다락방에 모여 서로 격려하며 주님의 약속하신 성령을 고대하고 있었다. 그런데 그들이 함께 모여 기다린 지 열흘째 되는 날 갑자기 그들의 앉은 집안에서 강한 바람 같은 소리가 들리며 불의 혀같이 갈라지는 것이 저희에게 보여 각 사람 위에 임하여 있더니 저희가 다 성령의 충만함을 받고 성령이 말하게 하심을 따라 다른 방언으로 말하기를 시작하였다(행 2 : 1 - 4). 여기에서도 보면 성령 하나님께서 불 가운데 나타나신 것을 알 수 있다. 그러므로 불은 곧 하나님의 임재를 말하며 하나님께서는 불꽃 중에 나타나셔서 역사하신다.

(2) 정결케 한다는 뜻을 가지고 있다.

성령은 거룩한 영이시므로 죄를 조금도 용납하지 않으신다. 즉, 하나님은 소멸하시는 영이시다(사 4 : 4). 또 말라기 2 : 2~3과 히브리서 12 : 29에서도 위와 같은 사실을 말하고 있다. 성결하고 의로운 생활은 성령의 소멸하시는 역사가 우리 속에 계속 일어나지 않고는 인간의 노력으로는 불가능하다.

(3) 밝은 빛을 공급한다는 뜻이다.

성령은 우리 속에 들어와 어두운 우리 심령 속에 하늘의 신령한 빛을 비추어 하나님의 신비한 세계를 볼 수 있는 영적인 안목을 얻게 하고 더 나아가 계시의 세계를 깨달을 수 있는 빛을 준다.

(4) 뜨거움을 주기 때문이다.

성령을 불로 상징한 이유는 성령은 우리들에게 초인적인 뜨거운 열심을 주기 때문이다. 성령께서 우리 심령을 점령하게 되면 마치 활활 타오르는 불길같이 우리의 심령 속에 주님에 대한 사랑과 복음 사업에 대한 열심을 공급하여 주시는 것이다.

(5) 성령을 불로 상징한 것은 하늘의 능력을 우리에게 공급하기 때문이다.

이 성령은 우리에게 능력 있는 신앙생활과 복음 사명의 역사를 감당하는 데 절실히 요구되는 힘을 공급한다. 성령의 불이 공급하는 천래적인 권능을 받지 않고 인간적인 힘으로 하나님의 일을 하려고 하는 것은 정말로 무모한 행동인 것이다. 그러므로 우리는 성령의 불이 충만한 권세 있는 신앙인이 되기 위하여 하늘에서 내려오는 불로 충만해야 한다.

(6) 심판의 불이다.

불은 하나님의 심판을 나타낸다(사 4 : 4). 하나님은 마지막 불로 심판하실 것을 말씀하시는데, 이는 성령은 삼위일체 하나님으로 심판하시는 분이시다.

3. 물[2)]

"예수께서 서서 외쳐 가라사대 누구든지 목마르거든 내게로 와서 마셔라. 나를 믿는 자는 성경에 이름과 같이 그 배에서 생수의 강이 흘러 나리라"(요 7 : 37). 성경에는 이 외에도 성령을 물(water)로 상징한 곳이 여러 곳 있다. 그러면 왜 성령을 물로 상징하였을까?

(1) 성령이 생명의 근원임을 뜻한다.

인간에게 있어서 물이 육체적 인간생명의 유지에 필요 불가결한 것처럼 성령은 영적 인간생명에 필요 불가결한 것이다. 우리는 성령으로 거듭나고(요 3 : 5), 성령을 끊임없이 마심으로(고전 12 : 13) 영적인 생명을 유지하며, 성령을 통하여 생기가 넘쳐 목마르지 아니하는 만족스런 삶을 얻게 되는 것이다(요 4 : 13-14). 그러므로 성령의 생명수를 끊임없이 마시지 아니하면 우리의 영적인 삶은 시들어지고, 오래 계속되면

---

2. 성령에 관한 상징의 가장 원초적이고 근본적인 것은 불과 물이다. 그런데 양자는 대극적 상징이다. 그러나 양자는 조화와 균형 속에서 통전적으로 강조되어야 한다. 성령은 불처럼 뜨겁게, 강하게 모든 사람이 볼 수 있도록 명시적으로 임재하기도 하지만 정반대로 물처럼 부드럽게, 온유하게, 이슬비가 대지를 적시듯이 조용하고 소리없이, 드러나지 않고 은밀하게 임재하기도 한다. 성령의 은사만이 다양한 것이 아니라 성령이 임재하는 방식과 성령체험의 양식도 다양할 수 있다. 그런데 한국교회의 성령체험은 불 같은 성령체험만을 편향적으로 강조해 왔다. 이는 우리 한민족의 민족적 영성의 원형적 특질이 밝음, 빛, 태양, 불을 흠양하는 민족성, 집단적 민족심성 속에서 불을 지향하는 집단 무의식적 영성에서 비롯된 것이다. cf. 김경재, "성령의 모성성과 가정의 생명력 회복," 「기독교 사상」(1998. 5), p. 20 이하.

영적 죽음을 가져오고 말게 되는 것이다. 성령은 생수의 강이다.

(2) 영적 씻음으로서의 물을 뜻한다.

정결케 하는 물(겔 36 : 25 – 27)과 같이 성령은 사람을 중생시켜 깨끗한 생으로 인도한다. 그러기에 물과 성령으로 거듭나게 되며 성령을 끊임없이 마셔야 되며, 성령을 통한 만족스러운 삶을 얻게 된다.

(3) 심판으로서의 물을 뜻한다.

창세기 7장 노아의 홍수 사건과 출애굽기의 홍해 바다에 빠진 바로의 군대(출 14 : 28) 등 물은 때로 심판을 상징한다. 창세기 7장에 보면 하나님께서 노아시대 사람들을 그들의 죄악과 불순종으로 말미암아 물로 심판하였으며, 또한 출애굽기 14 : 28에 보면 하나님을 대적한 바로와 그 군대를 홍해 바닷물로 심판하여 전멸시킨 사실을 우리는 알고 있다. 이와 같이 하나님의 성령은 순종하는 자에게는 생명의 근원이 되시지만 불순종과 거역을 행하는 자들에게는 심판하는 영, 소멸하는 영이 되신다.

4. 바람[3]

"바람이 임의로 불매 네가 그 소리를 들어도 어디서 오며 어디로 가는지 알지 못하나니 성령으로 난 사람은 다 이러하니라"(요 3 : 8).

헬라어 프뉴마(pneuma)는 바람(wind)을 뜻함을 이미 살펴보았다. 성령을 바람으로 상징함에는 다음과 같은 뜻이 있다.

(1) 바람이 지구상 어느 곳에나 편만한 것처럼 성령도 모든 것에 편

---

3. 조용기, 「성령론」(서울 : 순복음중앙교회여선교회, 1973), pp. 59 – 60.

만하심을 뜻한다. 어느 빈 곳이나 아무리 작은 터에도 바람은 그곳에 있다. 또 어떠한 장막도 바람을 막을 수는 없다.

이와 같이 성령도 영원토록 우리와 함께 계시겠다고 예수께서 말씀하셨다. 그러므로 이 지구상 어느 곳에든지 성령께서 임재하여 계시지 않은 곳이 없으며, 또 어느 누구도 성령을 독점하거나 막을 수 없이 성령은 편만히 임재해 계셔서 역사하시고 계신다. 그러기에 우리가 이와 같으신 성령을 인정하고 환영하여 모시며 의지할 때 성경에 말씀하신 대로 우리는 고아와 같이 버려둠을 당치 않게 되는 것이다(요 14 : 18).

(2) 바람이 끊임없이 흐르며 움직이고 있는 것처럼 성령도 끊임없이 움직이심을 뜻한다. 지구상의 기상의 변천을 따라서 고기압이 저기압을 향하여 움직이게 될 때 그 공기의 흐름이 바람이 된다고 한다.

이와 같이 성령도 끊임없이 역사하시는 하나님의 영이시다. 성령은 구약과 신약 초기에만 역사하시고 안개같이 사라진 분은 결코 아니시다. 바람이 옛날이나 오늘이나 변함없이 불고 있는 것처럼 성령도 오늘날 끊임없이 역사하시고 계신다. 죄악과 질병과 슬픔과 절망이 가득한 저기압권을 향해 용서와 치료와 영생의 기쁜 메시지를 가지고 성령은 오늘도 역사하시고 계시며 또 역사하시기를 원하시고 계신다. 그러므로 누구든지 회개하고 자복하는 심령으로 주님 앞에 나올 때 성령의 중생시키는 역사를 체험하게 된다.

(3) 바람이 임의로 불듯이 성령은 절대 주권자이심을 뜻한다. 우리는 바람의 부는 방향을 우리 마음대로 조정할 수 없다. 예수께서도 바람은 임의로 분다고 하셨다. 그러므로 우리는 부는 바람에 따라 우리의 태도를 결정해야 한다. 이와 같이 성령께서는 절대 의지를 갖고 계시면서 당신의 뜻을 좇아 운행하시므로, 우리 인생은 마땅히 성령의 운행하시는 방향을 좇아 순복하는 신앙생활을 해야만 한다.

(4) 바람이 답답하고 침체한 대기를 청결하게 하여 상쾌하고 새로운 생기에 넘친 대기로 변화시켜 주는 것처럼 성령도 우리 삶의 활력적 새 힘이심을 뜻한다. 생활의 염려와 근심, 죄악의 유혹과 시험 등으로 심령이 침체되고 생기를 잃어버리게 될 때 성령은 바람같이 우리의 마음 속에 천국의 새 생명과 생기로 넘치는 대기를 갖고 오셔서 우리 심신에 부어 주심으로 삶의 환희와 신앙의 열심으로 넘치게 만들어 주신다.

(5) **성령의 역사의 다양성을 뜻한다.** 바람에도 회오리바람, 태풍, 미풍 등과 같이 종류가 다양한 것처럼 성령의 역사방법도 다양하다. 따라서 우리가 성령의 역사방법을 획일적으로만 생각하는 것은 잘못이다.

5. 비둘기

성령의 상징으로서 비둘기(dove)의 사용은 그리스도의 세례의 묘사에서 언급되었다. 이 사건에 대하여 사복음서가 모두 성령이 비둘기의 형태로 그리스도 위에 강림한 것으로 말하고 있다(마 3:16, 막 1:10, 눅 3:22, 요 1:32). 그러나 이 경우를 제외하고는 성경에서 설명되지 않고 있다. 그 외에 유일한 언급이 있다면 그리스도께서 "비둘기같이 순결하라."(마 10:16)고 말씀하신 경우와 성전에서 희생으로 드릴 비둘기들을 판 사실에 대한 언급뿐이다(마 21:12, 막 11:15, 눅 2:24, 요 2:14, 16). 구약에서 비둘기는 기본적으로 합당한 제사 제물로 언급되고 있다. 홍수 후에 노아가 방주 밖으로 내보낸 비둘기는 때때로 여러 세대에서의 성령사역의 모형으로 간주되기도 한다. 매킨토쉬(Mackintosh)는 이를 가리켜 "그리스도 안에서의 안식과 몫을 추구하는 새로워진 마음"의 모형을 취함의 뜻으로 본다.[4] 그러므로 비둘기로

---

4. C. H. Mackintosh, *Notes on Genesis*, 4th, ed., p. 104.

서, 성령의 뚜렷한 상징으로서 유일하고 명백한 언급은 복음서이다.

(1) 순결을 의미한다(마 10 : 16).

"뱀같이 지혜롭고 비둘기같이 순결하라." 성령을 받은 사람은 깨끗한 생활을 한다. 더럽고 추한 것은 성령의 역사가 아니고 사단에게 속한다.

(2) 평화를 상징한다.

다툼을 일으키는 것은 성령의 일이 아니다. 성령은 화평을 만드는 자(peace-maker)이다.

(3) 온유, 온순, 겸손을 뜻한다.

성령에 속한 사람은 교만하거나 자고하지 않는다.

(4) 무해(harmless)의 뜻을 가진다.

비둘기는 해를 끼치지 않는다. 성령은 물고 찢고 욕하는 것이 아니라 모든 사람을 유익하게 하는 것이요, 싸매 주는 것이다.

6. 기름

기름(oil)은 신·구약을 통하여 하나님의 백성들의 생애에서 중요한 역할을 담당하여 왔다. 이것이 상징적으로 사용될 경우에는 일치하게 성령의 사역을 언급하고 있다. 장막 안의 성소의 등이 꺼지지 않고 계속하여 타도록 하는 순감람나무 기름은 성령의 계시하시고 조명하시는 역사를 웅변적으로 증언하고 있는 것이다. 기름과 그 기름이 제공하는 빛을 떠나서는 수놓은 세마포장, 등대, 떡상, 그리고 다른 기구들 위에 투영된 그리스도의 영광이 완전히 어둠 속에 놓여 있었을 것이다. 지성소로 나아가는 길도 분명치 않았을 것이다(출 27 : 20 - 21). 제사에 있어서 기름은 가장 중요한 성분으로 사용되었다. 소제를 드림에 있어서(레 2 : 1 - 16) 기름은 고운 가루와 섞은 다음 그 위에 기름을 붓는 것이었다. 루이스 쉐이퍼(Lewis Sperry Chafer)는 "이 모든 것은 성령과 관련된 그리스도의 독특한 생애와 사역을 모형을 통하여 기대하고 있는 것이다. 특히 그리스도가 지상에 계실 때 그리스도의 인성을 떠받치고 그의 행동에 능력을 부여하던 성령의 사역을 보여 준다."[5]라고 기록하고 있다.

기름은 또한 문둥이를 깨끗케 하는 의식에 사용되고 있다(레 14 : 10 - 29). 제사장의 취임식과 장막의 성별에도 역시 기름이 사용되었다(출 40 : 9 - 16, 레 8장). 성령과 우리의 대제사장되신 그리스도와의 관계를 대표하는 아론에게만 기름이 사용되었을 뿐 아니라, 성령과 신자들과의 관계를 대표하는 아론의 아들들에게도 기름이 사용되었다. 장막과 장막 내부의 제단을 포함한 모든 것들에 기름이 부어졌다. 이것은 구속(救贖)사역의 모든 방면에 관계하는 성령의 역사를 말해 주고 있는 것이다. 기름은 또한 왕들의 취임식에도 사용되었다(삼상 10 : 1, 16 : 13, 왕상 1 : 39, 시 23 : 5 등). 이는 성령께서 왕의 직분에도 관련하여 역사하고 있음을 보여 준다.

기름은 또한 보편적으로 사용되던 식용품이었다(계 6 : 6). 또 때때로는 의약품으로(막 6 : 13, 약 5 : 14), 심지어는 상품 교환수단으로 사용되기까지 하였다(왕상 5 : 11). 열 처녀의 비유와 관계하여서는(마 25 : 3 - 8) 기름과 등이 보편적인 통상 사용법을 따른 것이지만 아마도 그 상징적, 영적 의미는 역시 성령의 역사를 뜻하고 있는 것이다. 히브리서 1 : 9에 인용된 "즐거움의 기름"(시 45 : 7)이란 표현은 성령의 기쁨을 언급하고 있는 것이다. 이를 종합하면,

---

5. L. S. Chafer, *Systematic Theology*, Ⅳ, p. 47.

① 기름부음은 거룩한 구별을 뜻한다(요일 2 : 27) – 출애굽기 30 : 25
~29, 사무엘 상 16 : 13, 열왕기 상 19 : 16.
② 기름으로 하나님의 성전을 밝혀 주듯이 성령으로 신령한 계시의 세계를 볼 수 있는 조명의 역사를 뜻한다.
③ 기름은 사람에게 없어서는 안 될 영양소이듯 성령의 능력도 모든 사람에게 필수적인 요소라는 것이다.
④ 기름이 윤활유의 역할을 하듯이 모든 것을 파괴로부터 막는 일을 한다.
⑤ 기름은 즐거움을 뜻한다(히 1 : 9). 기쁨과 즐거움이 성령 안에 있다는 뜻이다.

7. 인

신약에 세 번, 성령은 신자의 구속의 인(seal)으로 상징되었다(고후 1 : 22, 엡 1 : 13, 4 : 30). 여기서 성령은 인(印)을 치시는 분이라기보다 인 그 자체이심이 명백하다. 성령께서 신자들 안에 내주하시는 현존 그 자체가 하나님께서 그 개인 안에서 구속의 목적을 궁극적으로 성취하심에 대한 표시요 인인 것이다. 인이라는 단어는 ① 보장, ② 안전, ③ 소유권, ④ 권위를 표시한다. 마쉬(Masch)는 덧붙여서 ⑤ 사람들에게 인은 거래가 끝난 것과 ⑥ 인정의 표시, ⑦ 비밀, ⑧ 의무, 그리고 왁스(Wax) 위에 남기는 흔적(혹은 인상)과도 같은 것이라 하였다. 이 모든 것은 신자들의 생애 가운데서 아름답게 성취되는 것이다. 그리하여 인은 하나님께서 그의 구속의 약속을 실현하실 것이라는 보증이요 확증인 것이다.[6] 또 성령께서는 우리가 하나님의 소유라는 표시로서 하나

---

6. John F. Walvoord, *The Holy Spirit*, 이동원 역, 「성령」(서울 : 생명의 말씀사, 1981), p. 48.

님의 인을 치는 것이다. 다시 말해서 성령은 우리의 구속이 완성되는 날을 위하여 구원해 주셨고, 선택의 확신과 보증이 되신다.

(1) 봉함을 의미한다.

평범한 사물에라도 인을 쳐서 봉하게 되면 그 때부터 아무나 그 물건에 대하여 허락 없이 마음대로 손댈 수 없다는 것을 가르친다. 이와 같이 우리가 주 예수님의 보혈로 죄사함을 받고 거듭나서 하나님의 자녀가 된 후 약속의 성령으로 인치심을 받게 되면, 하나님께서는 우리들을 거룩하게 분리하사 성령의 능력으로 우리들을 지키심으로 죄악과 세속에 떨어지지 않게 해주시고 사단이 마음대로 침범하지 못하도록 권위를 가지시고 보호하여 주심을 의미하는 것이다. 그러므로 성령의 인치심을 받은 성도들은 하나님의 위엄과 권능으로 우리들을 죄악으로부터 지키시고, 악마로부터 보호하시기 위하여 보내심을 받아 항상 함께 계시는 성령의 능력을 의지하여 담대하게 승리하는 생활을 해야 한다.

(2) 인치심은 특별한 소유권을 표시한다.

이 일에 관해서는 우리의 일상생활에서 우리가 항상 체험하고 있는 바이다. 내가 소유한 어떠한 물건이든지 내 도장을 찍어 놓으면 그것을 내 것이라는 소유권을 표시하는 것이다. 그러므로 누구든지 그 인을 무시하고 그 물건을 소유하려고 할 때는 그 소유주의 권리를 침해하는 것으로 중대한 결과를 초래하게 된다. 이와 같이 하나님께서는 예수 그리스도의 보혈로 값 주고 사신 당신의 백성들을 성령으로 인을 치셔서 당신의 소유됨을 확증하시는 것이다. 그뿐 아니라 누구든지 하나님의 기름부으심을 받고 그 인치심을 받은 하나님의 소유된 백성들을 감히 대적하거나 상해하려고 할 때 하나님의 소유권을 침해하는 중대한 위험을 자취하지 않고는 그렇게 할 수 없게 된다.

(3) 인치심은 권위와 권세를 표시하는 것이다.

성도가 성령의 인치심을 받음으로 하나님의 자녀로서의 권세를 갖게 된다. 예수의 제자들이 예수와 함께 있을 동안에는 많은 이적과 기적을 행하고 권위와 권세가 있었다. 그러나 예수께서 승천하시자 그들은 비참하리 만큼 무능하고 절망적인 패배 의식에 사로잡혀 버리고 말았다. 그러나 그들이 예루살렘의 다락방에서 오순절날 성령의 충만함을 받자마자 곧 그들의 말과 행동은 권위가 있었으며, 그들의 말과 기도에는 능력이 따랐던 것이다. 왜냐하면 그들은 하나님의 인치심을 받았기 때문에 그들이 하나님 안에 거하고 하나님께서 그들과 함께 계신다는 용기와 담력을 얻게 되고 그 결과로 권세 있는, 권위에 충만한 하나님의 성도가 된 것이다. 이와 같이 성령의 충만한 인치심의 체험은 우리로 하여금 권위와 권세가 있게 한다.

8. 보증금

"너희의 구원의 복음을 듣고 그 안에서 또한 믿어 약속의 성령으로 인치심을 받았으니 이는 우리의 기업의 보증이 되사……"(엡 1 : 13-15). 이스라엘에서는 아내를 얻거나, 토지를 살 때에 보증금(earnest, 계약금)을 지불하는 것이 풍습이었다. 이와 같이 하나님의 최초의 선물인 성령이 우리의 엄숙한 보증으로서 우리의 구원이 완전히 성취되리라는 확증으로서 주어진 것이다. 즉, 기업의 제1차 분할불 임금과 같은 것이다. 신분에 대한 책임, 하나님 나라에 대한 보증, 구원의 보증이라는 뜻이다. 성경의 근거는 고린도 후서 5 : 5, 1 : 21~22이다.

헬라어 아라본(arrabon)의 의미는 지불의 서약, 혹은 표시라는 뜻으로써 신약에는 보증(earnest)이라는 말로 번역되어 세 번 나타난다(고후 1 : 22, 5 : 5, 엡 1 : 14). 데이어(Thayer)는 이 단어를 정의하기를 "무엇을 구입하여 곧 그 전액을 지불한 것의 서약으로 내는 돈"이라고 하였다.[7] 성령의 은사들보다도 차라리 성령 자신이 보증이시다. 성령은 성부께서 약속하신 모든 것 곧 지금 우리가 실제로 소유하는 기쁨이 없더라도 우리의 것이며, 또 장차 우리가 그것을 즐기게 될 모든 것의 서약이시요, 표징이시다. 마쉬(F. E. Marsh)는 이런 방법으로 그것을 설명한다 : "모든 것이 우리의 것이다. 현재 온전하게 우리가 그것을 사용 못하나 확실히 우리의 소유요, 보장된 것이다. 이는 마치 한 어린이에게 상속자로서 많은 유산이 주어져 있으나 그가 성숙할 때까지는 그것의 일부분만이 할당되어 있음과 마찬가지이다. 그러나 아직 그가 그것을 완전히 소유하여 즐기고 있지 못하다 할지라도 그 재산은 분명히 그의 것이다."[8] 성령은 무엇에 대하여 보증이신가? 성경은 분명히 말한다. 하나님의 모든 미래의 축복이 성령의 현존에 의하여 확실해진다는 보증이다.

그럼 보증의 시기에 대하여 살펴보도록 하자. King James Version에 의하면 "after that you belived you were sealed"로 되어 있는데 이것은 번역의 착오이다. "after that you belived"의 4단어는 헬라어 'Pisteusants'의 번역인데 본뜻은 upon beliving, 믿자마자, 믿은 즉시(having belived)이다. 구원의 순서로 볼 때에 인침은 믿음 뒤에 오는 것이지만, 시간적 순서로 볼 때는 인침과 구원은 동시적 사건임을 알아야 될 것이다. 우리는 성령에 대한 여러 가지 상징을 통하여 도움을 주시는 하나님께 감사해야 한다.[9]

---

7. J. H. Thayer, *Greek-English Lexicon of the New Testament*, p. 75.
8. F. E. Marsh, *Emblems of the Holy Spirit*, p. 242.
9. Ren Pache, *The Person and Work of the Holy Spirit*, p. 31.

V

성령 충만

그리스도인의 삶의 실제적 가치의 측면에서 볼 때 성령과 관련된 교리에서 성령 충만만큼 중요한 가르침은 없다. 성령 충만은 성령의 다른 모든 가르침의 근본이다. 이 가르침에 대한 분명한 이해 없이는 성령의 모든 역사를 바르게 깨닫지 못한다.

1. 성령 충만의 의미

우리가 흔히 말하는 성령 충만이란 무슨 뜻인가부터 헤아려 보는 것이 중요하다. 성경에서 성령 충만이란 의미는 부여받은 임무를 행하고 그것을 할 수 있는 능력을 부여받는다는 뜻이다. 이런 의미는 자기를 희생하면서 순종하시는 예수 그리스도의 생애에서 특별히 찾아볼 수 있는데, 그분은 성령이 충만한 최초의, 최상의 모범이 되셨으며 하나님의 나라를 선포하시고 실현시키기 위해 오셨다. 사도행전 1:8에서 부활하신 그리스도께서는 "땅 끝까지 이르러" 그의 증인이 되라고 명령하시면서 성령을 그의 제자들에게 약속하셨다. 성경을 보면 많은 부분에서 성령이 우리로 하여금 할 수 있도록 하시는 일들에 관해서 언급하고 있다. 성령 충만이란 ① 개인적인 삶, 교회, 그리고 세상에서 하나님을 찬양하고 순종하며 섬기는 믿음과 소망과 사랑을 부여받는 것이고, ② 모든 그리스도인을 사랑하고 돌보는 것이며, ③ 세상에서 하나님의 구원하시는 정의와 사랑의 도구가 되는 것이다. 성령이 임하는 사람들은 자신의 구원을 포함해서 많은 개인적인 축복과 은혜를 받지만 신약성경 속에서 이것들은 결코 본래의 목적이 아니다. 성령의 능력은 그리스도 제자직의 임무를 수행하게 한다. 예수 그리스도의 신약성경 기자들은 성령 충만이 매우 값비싼 것이라고 주의시키고 있다. 성령이 능력 있게 임재한다고 반드시 개인적인 위안, 안심, 그리고 성공을 얻게 되는 것은 아니고 예수 그리스도와 그의 나라를 위해 자기를 부인하고 자기의 십자가를 지며 역경과 핍박조차도 기꺼이 이겨내는 능력을 갖게 된다. 이것이 바로 성령 충만의 의미이다.

2. 성령 충만의 방법

성령 충만의 방법이란 우리는 언제, 어떻게 성령 충만하게 되는가 하는 물음에 대한 대답이다. 성령 충만은 인간에게서 비롯되지 않고 하나님으로부터 비롯되기에 하나님이 원하시면 언제, 어디서나, 그리고 어떤 방법으로든지 성령은 자유스럽게 역사하신다. 신약성경과 개혁주의 전통에 따르면, 성령은 특별히 교회에 약속되었다. 교회가 예수 그리스도를 선포하고 기꺼이 따르며, 성경에 있는 하나님의 말씀에서 나오는 설교와 가르침을 충실히 듣고, 세례와 성만찬에서 있었던 하나님의 은총의 약속을 바라며, 사람들을 인도하며 기독교공동체 내에서 친교와 세상에서의 임무를 함께할 때에 성령은 기대될 것이다. 예수는 성령을 그의 모든 제자들에게 약속하셨고(요 14:15-27, 16:7-14, 행 1:1-14), "그들이 한곳에 모였더니" 성령이 오순절에 임하셨다. 사도행전을 보면, 성령이 임하시는 것은 사람들이 교회가 복음을 전파하는 것을 듣고서 받아들이는 것과 또 기독교공동체에의 입문식(式)인 세례와도 관련이 있다. 사도행전에서 성령은 가끔 세례 전에 임하기도 하고(행 19장), 때로는 세례와 동시에, 때로는 세례 후에 임하시기도 하지만(행 8장) 항상 세례와 관계가 있다. 바울은 성령이 자기 자신의 교화(edification)와 축복만을 위해 주신 것이 아니라, 교회를 세우시기 위한 직임과 '공익'을 위해서도 기독교인 각자에게 임하신다고 계속해서 강조한다(고전 12 : 7 - 13, 14 : 13, 엡 4 : 11 - 16). 성령 충만이란 그리스도인에게 성령이 임함으로 하나님을 마음대로 할 수 있는 한때의 체험이 아니다. 성령의 임재는 우리가 항상 계속해서 새롭게 받아야 할 살아계신 하나님의 인격적인 임재이다.

바울이 우리에게 "성령 충만함을 받으라."고 말할 때 현재 명령형을 사용하고 있다. 이는 우리가 계속 충만함을 받아야 함을 뜻하고 있다. 성령 충만이란 우리가 결코 잃어버릴 수 없는 단번의 체험이 아니라 지속적으로 믿고 순종함으로써 계속적으로 새롭게 할 수 있는 특권이다.[1] 우리는 단번에 성령의 '인치심'을 받았다. 그러나 우리는 날마다, 순간마다, 계속해서 성령 충만함을 받아야 한다.[2]

초대교회의 기도의 서두는 "오시옵소서! 성령이시여."였는데 이는 그리스도인들이 단 한 번만 드리는 기도가 아니고 일생을 통해 드리는 기도이다. 성만찬에서의 성찬은 봉사를 위해 위안과 힘과 능력을 새롭게 하는 것이 우리에게 항상 필요하다는 사실을 강조하는 것인데, 성령

---

1. John Stott, *Authentic Christianty*, 정옥배 역, 「진정한 기독교」(서울 : IVP, 1997), pp. 103 - 104.
2. J. R. W. Stott, *Baptism and Fullness*(1975), p. 48. 그는 세례가 충만의 결과를 낳는다고 주장한다. 전자는 반복될 수 없는 유일한 입교적인 체험이지만, 후자는 계속적인 반복을 필요로 한다. 그는 신약의 충만이 다음 세 가지 의미를 지녔다고 본다. ① 그리스도인의 정상적인 특성, ② 특수 사역을 위해 부여된 자질, ③ 즉각적인 임무를 위해 부여된 자질.

이 살아 계신 그리스도로 하여금 항상 우리에게 임하게 하실 때에 그런 봉사가 있게 된다.[3]

---

3. 아쳐 토레이 "성령세례고찰," 「신학연구논문집」 제1집(서울 : 영산출판사, 1981), pp. 80-83. 아쳐 토레이 신부는 충만하다(full)와 충만케 하다(fill)를 구분하는데 충만은 헬라어 'pleth'에서 온 것으로, 이는 터질 듯이 가득 채워져 있는 일시적 상태를 뜻한다고 한다. 이와 같은 갑작스러운 일시적 상태는 오순절날 사도들에게 사용되고 있으며(행 2 : 4), 베드로가 관원과 장로와 서기관들에게 말할 때도(행 4 : 8), 하나님께 담대함을 기원했던 평신도들에게 사용되고 아나니아가 안수를 할 때에 사울에게도(행 9 : 17), 바울이 안수할 때에 에베소 교인들에게도 사용되었다(행 13 : 9)고 한다. 충만케 하다는 헬라어의 'pler'에서 온 것으로 이것은 장기간 계속적이고 연속적인 포화상태(saturation)를 의미한다고 한다. 이는 누가복음 2 : 40에 어린 예수가 "지혜가 충족하며"라고 기록되어 있음에, 누가복음 4 : 11에 예수님이 성령으로 충만하셨다에, 요한복음 1 : 14에 "은혜와 진리가 충만하더라."에서 찾아볼 수 있다고 한다. 이 같은 지속적인 성령충만에서만 성령의 열매를 맺을 수 있다고 한다.

Ⅵ

성령의 은사

1. 은사의 중요성

하나님의 영은 언제든지 구체적인 삶의 영으로 현존한다.[1] 그러므로 하나님의 영이신 성령은 우리의 삶과 함께하시며 또 능력으로 역사하시기 위하여 은사를 주신다. 이 은사는 은혜의 선물로 그리스도인 모두에게 주어진다.

"나는 모든 사람이 나와 같기를 원하노라. 그러나 각각 하나님께 받은 자기의 은사가 있으니 하나는 이러하고 하나는 저러하니라"(고전 7 : 7).

우리 모든 그리스도인은 성령이 주시는 은사를 받았으며 이는 다른 사람과 구별되며 또 서로의 유익, 또는 공동체의 유익을 위한 특별한 임무를 부여받고 그 임무를 수행할 능력을 갖게 된다.[2] 이 같은 은사는

---

1. Jürgen Moltmann, *The Spirit of Life*(Minnepolis : Fortress Press, 1992), p. 180.
2. 오성춘, 「성령과 목회」(서울 : 한국장로교출판사, 1989), p. 235.

사도 바울에 의하면 특별한 것이 아니라 일상적인 것이며, 형태가 단일한 것이 아니라 다양하며, 특정인에게 한정된 것이 아니라 일반적 현상이라고 본다. 뿐만 아니라 은사는 단순히 초대교회에서만 발생할 수 있었던 일이 아니고 현재의 일이며, 이는 교회의 부수적 현상이 아니라 극히 본질적인 교회중심의 현상이다. 이러한 의미에서 교회의 카리스마적 구조는 교회의 임무를 포괄하고 더 나아가 이를 능가한 것이다. 그러므로 성령을 통하여 교회에 나타난 은사의 재발견은 교회의 재발견으로서 사도 바울의 교회론의 재발견이라 할 수 있다.[3] 우리가 개인적으로 또는 교회적으로 능력 있는 삶을 살게 하는 근원적 힘과 활력은 성령의 은사에 있다. 뿐만 아니라 교회가 교회됨의 근원적 능력도 성령의 은사에서 비롯된다. 따라서 성령의 은사에 대하여 논하는 것은 대단히 중요한 일이다.[4]

2. 은사의 정의

은사라는 말은 신약성경의 '카리스마타'(charisamata)를 번역한 것으로 이 뜻은 하나님이 값없이 주시는 선물, 곧 은혜의 선물을 뜻한다.[5] 이 단어는 베드로 전서 4 : 10을 제외하고는 오직 사도 바울에 의해서만 16번 사용된다(로마서 6회, 고린도 전서 7회, 고린도 후서 1회, 디모

---

3. Hans Küng, *Was ist Kirche*, 이홍근 역, 「교회란 무엇인가?」(왜관 : 분도출판사, 1978), p. 139.
4. Ibid.
5. 카리스마는 바울이 사용한 독특한 개념으로 구약의 율법과 의식종교로부터 새로운 은혜체험을 구별하기 위하여 사용한 것이다. 카리스마는 거의 전적으로 사도 바울에 의해서 사용되었는데 이도 하나님과 인간의 관계에 제한해서 사용한다. 그러므로 카리스마를 사용한 바울은 그 자신의 창조적 경험에서 비롯된 것이다. cf. James, D. G. Dunn, *Jesus and the Spirit*(Philadelphia : Westminster Press, 1975), pp. 205 - 206.

데 전서 1회, 디모데 후서 1회). 사도 바울은 고린도 전서 12장에서 은사에 대하여 말하고 있는데, 특히 그는 은사의 몇 가지 본질을 말하고 있다.

첫째는, 1절의 '프뉴마티코이'(Pneumatikoi)이다. 이 말은 '신령한 것'이라는 뜻이다. 이는 자연적인 능력의 견지에서 설명될 수 없는 것으로 하나님의 주도 속에서 일어남을 뜻한다.[6] 신령한 영역에서 특별히 역사하시는 분은 성령이시기 때문에 그 결과로 주어진 것이 '프뉴마티코이'라고 한다.[7]

둘째는, 4절의 '카리스마타'(Charismata)이다. 이는 살펴본 대로 '은혜의 선물'이라는 뜻을 보다 명확하게 한 것이다. 이 뜻은 하나님의 은혜, 사랑, 자비에서 은사가 비롯된 것이지 인간에게서 비롯된 것이 아님을 뜻한다. 은사란 하나님의 은혜의 구체화로 이는 그리스도인에게 특별한 목적을 이루기 위하여 주심으로 하나님 자신의 주권과 은혜를 나타내시고, 하나님께서 여전히 역사하고 계심을 보이시는 것이다. (여기의 '카리스마타'는 복수이고, 단수는 '카리스마'[charisma]로 단수 중성명사이다.)

셋째는, 5절의 '디아코니아'(Diakonia)이다. 직임 또는 봉사로 번역된 이 말은 신약성경에서 집사의 직무나 일을 묘사하기 위해서 쓰여진 말이며, 또는 교회 안에서 봉사할 때에 쓰여진 말이다. 이를 은사에 사용한 것은 은사란 자기 자신의 목적이나 유익을 위하여 준 것이 아니라 봉사하고 섬기기 위하여 준 것임을 나타낸 것이다.[8] 디아코니아의 동

---

6. Ibid., p. 208.
7. Pneumatikoi는 Charisma와 같이 바울이 사용한 독특한 것인데(고전 2 : 13 이하, 14 : 37, 15 : 44 이하), 이 용어가 중요한 것은 '영에 속한 것', '영의 본질과 본성'에 속한 것을 표현하기 때문이다. 아래와 같이 몇 가지로 사용되는데 부사적으로는 영적인 어떤 일, 남성명사로서는 영적인 사람, 복수명사로서는 영적인 사람, 영적인 일들을 말한다.
8. 황승룡,「개혁교회와 성령」(서울 : 성광문화사, 1984), p. 75.

사형인 '디아코네오'(Diakoneo)는 마가복음 10 : 45에 잘 나타나 있다. "인자의 온 것은 섬김을 받으려 함이 아니라……."는 말씀에서이다.

넷째는, 6절의 '에네르게마'(Energema)이다. 이는 역사(役事)라는 말로 번역된다. 이 말은 동사형인 '에네르게오'(energeo)에서 유래된 것으로 수동형에서 작용하여 효력을 세운다는 뜻으로 신약성경에서는 작용하는 어떤 원리나 능력에 대하여 늘 사용되었다. 이는 성령의 은사가 하나님의 능력을 나타내는, 역사하는 힘으로 나타남을 말한다.[9]

다섯째는, 7절의 '파네로시스'(Phanerosis)이다. 에네르게마와 같이 고린도 후서 4 : 2에서 단 한 번 사용되었다. 이 말은 복음을 선포하는 데 열린 상태를 묘사한 것이다. 이것은 눈에 보이도록 또는 분명히 알게 한다는 뜻이다. 은사란 성령의 나타남인데 이 은사들이 행해질 때 하나님의 본성이 전에는 무지와 혼란이었던 곳에 명백하게 드러난다는 뜻이다.[10]

여섯째는, 고린도 전서 이외에 에베소서 4 : 7에 나타나 있는 '도마타'(Domata)이다. 이 단어는 희랍어의 은사를 가리키는 말보다 더 일반적인 말이다. 그런데 이 절의 전후관계를 살펴보면 '도마타'는 앞절의 은혜라는 말과 밀접한 관계를 가지고 있다. "우리 각 사람에게 그리스도의 선물의 분량대로 은혜를 주셨나니." 여기서 '도마타'를 선물로 번역하는데 이는 은사와 연결된다. 따라서 은사는 하나님이 주신 선물이요, 또 선물이기에 아무도 이를 자랑할 수 없다.

지금까지 살펴본 은사의 정의와 본질을 살펴볼 때에 다음과 같이 정리할 수 있다. "은사란 성령의 주체적 결정에서 비롯된 것으로 이는 각자에게 공동체 내의 특정한 섬김을 부과하기 위하여 섬김의 활동에 필

---

9. Donald Bridge and David Phyper, *Spiritual and Church*, 문석호 역, 「성령의 은사와 교회의 위치」(서울 : 아가페 출판사, 1979), p. 27.
10. Ibid.

요한 수행 능력을 부여하시는 하나님의 부르심(calling)이다."라고 할 수 있다. 여기에서 카리스마와 봉사와 소명은 서로 상호관계에 있는 것으로 봉사가 전제된 것이 카리스마요, 소명이다. 모든 카리스마는 성령을 통하여 부여되는 하나님의 은총과 능력의 표현이다.

3. 은사의 종류

은사는 단수와 복수로 구분할 수 있다. 단수의 경우는 그리스도를 주로 모신 모든 자에게 주어진 보편적 은사를 말하는 것으로, 일반적으로 대중적이며 포괄적인 뜻을 가지고 있다. 반면에 복수의 경우는 개개인에게 특별히 주어진 것을 말한다.

이제 좀더 자세하게 은사의 종류에 대하여 고찰하고자 한다. 보통 은사를 말할 때 고린도 전서 12 : 8~10에 나타난 9가지 은사를 말하는 것이 상례로 되어 있다. 그러나 그것은 잘못이다. 고린도 전서 12 : 8~10은 은사의 고정된 목록을 제시한 것이 아니라 은사의 몇 가지 예를 제시한 것뿐이다. 신약성경은 고린도 전서 12 : 8~10에서 뿐만 아니라 고린도 전서 12 : 28~30, 로마서 12장, 에베소서 4장, 고린도 전서 7장(독신의 은사), 고린도 전서 13장(순교의 은사), 베드로 전서 4 : 9(대접하는 은사) 등 다양하게 구분하고 있다.

신약성경에 나타난 은사의 대부분은 성령이 믿는 성도 각 사람에게 개별적으로 주시는 은혜의 선물로서의 은사이다. 경우에 따라서는 은사와 은사 사이의 구분이 명확하지 않을 때도 있지만 신약성경에는 대체로 다음 27가지의 은사들이 언급되고 있다.

- 예언의 은사(고전 14 : 1, 32)
- 가르치는 은사(고전 12 : 28 - 29, 롬 12 : 7)
- 지혜의 은사(고전 12 : 8, 행 6 : 3, 10, 약 1 : 5 - 6)

- 지식의 은사(행 5 : 1-4, 고전 12 : 8, 2 : 14)
- 믿음의 은사(고전 12 : 9, 행 11 : 24)
- 사랑의 은사(고전 12 : 31, 13 : 1-13)
- 찬양의 은사(고전 14 : 26, 엡 5 : 19)
- 방언 찬양의 은사(고전 14 : 15)
- 영 분별의 은사(고전 12 : 10, 행 16 : 16-18, 요일 4 : 1-6)
- 구제(나눔)의 은사(롬 12 : 8, 고전 13 : 3, 고후 8 : 2)
- 신유의 은사(고전 12 : 9, 28, 30, 행 2 : 1-13)
- 방언의 은사(고전 14 : 14-15, 행 2 : 1-13)
- 방언통역의 은사(고전 14 : 13, 12 : 10, 30)
- 구제의 은사(고전 13 : 1-3)
- 귀신추방의 은사(막 1 : 23-27, 34, 39, 행 8 : 6-7)
- 다스림의 은사(행 14 : 23, 15 : 13 이하)
- 기적의 은사(행 6 : 8, 8 : 6 이하)
- 섬기는 은사(롬 12 : 7)
- 목양의 은사(엡 4 : 11, 행 20 : 28, 딤전 3 : 1-7)
- 권면의 은사(롬 12 : 8, 딤전 4 : 12-13)
- 긍휼의 은사(마 5 : 7, 눅 10 : 25-37, 막 9 : 41)
- 돕는 은사(행 9 : 36, 롬 16 : 1-2)
- 전도의 은사(엡 4 : 7-11, 행 21 : 8)
- 지도력의 은사(롬 12 : 8, 고전 12 : 28, 딤전 5 : 17)
- 사도직의 은사(고전 12 : 28, 엡 4 : 11, 고후 12 : 12)
- 독신생활의 은사(고전 7 : 7-8, 32)

피터 와그너도 그의 저서 「성령의 은사와 교회성장」에서 은사의 종류를 27가지로 말하고 있다 : 예언, 섬기는 일, 가르치는 일, 권면, 헌금, 지도력, 긍휼, 지혜, 지식, 믿음, 신유, 기적, 영 분별, 방언, 방언통역, 사도, 서로 돕는 일, 행정, 복음 전하는 일, 목사, 독신, 자원하여 궁핍하게 되는 일, 순교, 대접하는 일, 선교사, 남을 위한 기도, 귀신을

쫓아내는 일이다.[11]

레슬리 B. 플린은 그의 저서 「성령의 19가지 은사」에서 은사의 19가지 종류를 베드로 전서 4 : 11을 근거로 해서 크게 말씀전파와 봉사의 형태로 나눈다 : 말씀전파의 형태로서 사도(선교사), 예언, 복음전도, 목회, 가르침, 권면, 지혜의 말씀, 지식의 말씀, 방언, 통역이고, 봉사의 형태로서 섬김(도움), 대접, 구제, 관리(통치), 자선을 베푸는 일, 믿음, 영 분별, 기적, 치유[12] 등이다. 이 외에도 성령의 은사의 종류에 대해서 다르게 말하는 분도 많다.

이들 은사에는 기적적인 것, 자연적인 것(가르침, 섬김), 언어적인 것, 영적인 것, 다스리는 것, 직분에 관한 것 등이다. 은사에 대한 분류를 좀더 고찰한 호킹(David Hocking)은 말하는 은사, 봉사의 은사, 초자연적 은사로 분류하고, 개혁신학자들 가운데 어떤 이는 보통은사와 특수은사로, 케네드 킹혼은 능력의 은사, 봉사의 은사, 방언의 은사로, 버드(William Byrd)는 가르침의 은사들, 초자연적인 은사들, 특별한 교통의 은사들로 구분하였다. 이 외에도 프리드리히(G. Friedrich)는 가르치는 은사, 서로 돕는 은사, 다스리는 은사, 특별한 능력의 은사, 기도의 은사 등 다섯 가지로 분류하는 등 분류방법은 다양하다.[13] 이러한 분류방법을 대별해 볼 때 말씀사역에 필요한 은사와 실제적 생활에 봉사하는 은사로 나누어 봄직하다. 우리는 이와 같은 은사의 종류의 다양성에서 어떤 은사의 우열을 가릴 것이 아니라 다양성을 다양성으로 인정해야 할 것이며, 더 나아가 은사의 목적을 찾는 것이다. 모든 은사들은 한 성

---

11. C. Peter Wagner, *Your Spiritual Gifts can help your Church Growth*, 권달호 역, 「성령의 은사와 교회성장」(서울 : 생명의 말씀사, 1986), pp. 17 - 18. 피터 와그너는 성령의 은사를 새롭게 발견함으로써 교회를 활성화시킬 수 있고, 교회성장을 가져올 수 있다고 주장한다.
12. 레슬리 B. 플린, 김일의 역, 「성령의 19가지 은사」(서울 : 아가페, 1996), p. 59.
13. Amold Bittlinger, *Gifts and Grace*, 정인찬 · 조원길 역, 「은사와 은혜」(서울 : 지혜출판사, 1982), p. 87.

령으로부터 온 것이기에 여기에서 피차의 존립됨을 인정하고 연결되어야 한다. 그러면서 어떻게 다양한 은사 속에서, 즉 다양성 속에서 일치와 질서를 이룰 수 있는가를 생각해 보아야 한다.

성령은 개인의 신앙의 성장을 위해서 필요하다고 여기실 때에 각자에게 가장 적절하고 요긴한 은사를 주신다. 은사를 주신 성령께서는 그 은사를 다시 거두어 가실 수도 있고, 또 성령의 활동은 제도화된 집단이나 조직으로부터 억눌림을 받을 수도 있다. 그러기에 사도 바울은 성령을 소멸치 말고, 예언을 멸시치 말며, 범사에 헤아려 좋은 것을 취하라고 권면한다(살전 5:19-21). 그런데 성령에게 성령의 은사가 있는 것처럼 악령에게도 능력 행함이 있다. 악령도 그 추종자들이나 그가 사로잡은 자들을 그의 능력으로 무장시켜 표적과 기사를 행하게 하고 성도들을 미혹하여 신앙을 혼란케 할 수 있다. 그러기에 요한 1서 기자는 모든 영들을 다 믿지 말고 오직 영들이 하나님께 속하였나 시험하고 분별할 것을 촉구한다(요일 4:1).

4. 은사의 원리

은사에는 그 은사를 위한 몇 가지 원리가 있다. 첫째, 각자 자기의 카리스마를 발견하는 것이다.[14] 이것이 카리스마의 제1원리이다. 카리스마를 받은 사람들에게는 다양성이 평준화됨으로써 일치와 질서가 이루어지는 것이 아니다. 모든 사람은 각자에게 주어진 카리스마가 있다. 이것을 발견하여 자기에게 향하신 하나님의 뜻과 목적이 무엇인지 깨닫는 것이다.

둘째, 서로가 서로를 위하여 은사를 사용하는 것이다. 이것이 카리스마의 제2원리이다. 카리스마는 자신을 위하여 주어진 것이 아니라 다

---

14. Hans Küng, op. cit., pp. 140-142.

른 사람을 위하여, 공동체를 위하여 주어진 것이다. 성령의 열매들이 (갈 5 : 22) 개인의 성화와 관계되는 것이라면 카리스마는 그리스도의 몸된 교회를 세우기 위한 것이다. 그러므로 성도는 자기 카리스마를 교회 안에서 자기의 지위나 권리를 얻기 위해서 사용하지 않고 다른 사람과 전체에 봉사하기 위하여 사용해야 한다. 여기에서 성령의 은사는 과제(Aufgabe)로 나타난다. 하나님이 우리에게 성령의 은사를 주신 것은 단순히 우리 신앙의 내적 확신, 평화, 위로만을 위한 것이 아니라, 그리스도의 구원을 선포하며 그리스도의 뒤를 따라 그의 고난에 참여하며 하나님의 영광을 나타내기 위한 것이다. 성령의 은사는 하나님의 새 하늘과 새 땅을 앞당겨야 할 그리스도인의 사명으로서 주어진 하나님의 은혜의 선물이다. 그리하여 우리의 현재가 주님의 미래를 향하여 개방되고 변화되도록 하기 위하여 하나님이 우리에게 주신 것이다.

셋째, 주님께 대한 순종이다. 이것이 카리스마의 제3원리이다. 이것은 한 성령 안에서 각자 카리스마를 가지고 한 주님께 봉사하는 것이다. 즉, 각자가 한 성령 안에서 각자의 카리스마를 가지고 주님께 순종함으로 하나님의 뜻을 성취하는 것을 뜻한다. 카리스마를 부여한 성령의 뜻은 분명하다. 이것은 이 세계에서의 하나님의 뜻의 성취이다. 하나님의 나라와 그의 의를 이루는 것이다. 그리스도인 모두가 각자의 카리스마를 인정하고 개발, 촉진, 발전시킨다면, 그러한 공동체나 교회는 얼마나 활력과 생명이 넘치겠는가?[15] "성령을 소멸치 말며 예언을 멸시치 말고"(살전 5 : 19 - 20)라는 말씀을 되새겨야 한다.

5. 은사의 성격

은사의 성격에 대해서는 은사의 정의를 살펴볼 때에 이미 언급한 부

---

15. Ibid., p. 143.

분도 있다. 그러나 여기서 보다 더 깊이 있게 고찰하고자 한다.

1) 성령의 선물

성령의 은사는 성령의 선물이다. 원칙적으로 성령은 그의 은사를 선물로 값없이 나누어 주신다. 이런 의미에서 성령의 은사는 달란트 비유(마 25장)에서 주인이 종들에게 나누어 주는 것같이 성령이 각 사람에게 나누어 주시는 것이다. 이는 다시 말해서 은사가 모든 사람에게 주어지되 똑같이 주어지는 것이 아니라 각기 다르게 주어진다는 것을 의미한다. 사도행전 2장에서 볼 수 있듯이 성령의 은사는 집단적으로 임할지라도 개별적으로 다르게 주어진다. 또한 성령은 주권적으로 행사하시고, 그가 원하는 사람에게, 원하는 때에, 원하는 은사를 주신다.

2) 다양성과 통일성

성령의 은사는 다양하다. 위에서 은사의 종류와 분류에서 언급했듯이 다양한 성령의 은사를 소개하고 있다. 또한 달란트 비유(마 25장)에서 볼 수 있듯이 성령의 은사는 동등분배가 아니라 상이분배라고 말할 수 있다. 그러나 결과에 있어서는 주인이 종들에게 베푸는 칭찬과 보상은 일치하고 있다. 그러므로 성령의 은사에 대해서 우월감이나 열등감을 갖는 것은 은사를 주시는 성령에 대한 뜻을 거스리는 것이다. 아울러 다양한 은사는 몸에는 여러 지체가 있지만 한몸을 이루고 있다는 통일성을 지향하며, 은사의 목적에서 언급한 바와 같이 목적을 위한 동일한 통일성을 가지고 있다. 그럼에도 불구하고 근래에는 가끔 몇 가지 은사만을 지나치게 강조함으로 균형감을 상실하기도 하였다.

3) 종말론적 성격

성령의 역사는 종말론적인 성격을 지니고 있다(욜 2:28-32, 행 2:1-21). 여기서 종말론적이라 함은 두 가지의 의미를 나타낸다. 첫째, 성령의 은사는 하나님의 인류 구원의 마지막 단계의 구원사업의 방편이라는 말이다. 다음은 그 은사는 한시적 또는 제한적이다. 모든 은사는 예수님의 초림과 재림 사이에 존재하는 중간적인 것이다. 그러므로 예수 그리스도의 재림이 있게 되면 은사의 그 존재가치는 상실하게 되는 것이다. 또한 개인에게 있어서도 한시적인데, 이는 은사는 성령께서 필요에 따라 주셨기에 불필요할 때는 거두어 가실 수 있기 때문이다.

4) 말씀과 함께한 은사

성령의 은사는 말씀과 함께 있어야 한다. 왜냐하면 그 자체에 절대적 권위가 없고 늘 말씀의 판단을 받아야 하기 때문이다. 은사의 주인이신 성령은 모든 말씀이 성령의 감동으로 된 것이기에 말씀의 주인이시다. 이는 고린도 교회가 많은 은사로 인해서 혼란에 빠졌던 경우를 살펴볼 때, 모든 은사는 더욱 말씀과 함께 있어야 한다. 그럴 때, 첫째는 은사를 절대시하는 과대망상에서 벗어날 수 있으며, 둘째는 독선에서 벗어나 한몸을 이루어야 한다는 통일성을 지향하므로 분파작용의 과오를 범하지 않게 되며, 셋째는 혼란과 무질서의 오류를 범하지 않고 은사가 규모 있게 사용될 수 있으며, 넷째는 은사가 지향하는 목적을 온전히 이룰 수 있다.

6. 성령의 은사 : 자연성과 초자연성

바울에게는 성령개념의 이중성이 나타나 있다. 곧 성령은 믿음의 사람 위에 부여하시는 '기적적인 능력'으로 신자들의 새 삶의 원천이다.[16] 반면에 한편으로는, 성령은 그리스도인의 '삶의 규범'을 제시한다. 우리는 바울의 은사교리에서 이런 이중적인 성격을 보게 된다. 그는 결코 '자연적인 것'과 '초자연적인 것'이라는 용어를 사용하지 않는다. 오히려 그는 실재의 두 가지 양태 '푸쉬키코스'(psychikos)와 '프뉴마티코스'(pneumatikos)로 나누어 설명한다. 바울에게 정신적인 사람(psychis person-psychikos, 과학적이라고 이해하는 것이 본문의 뜻에 가깝다.)은 어떤 특별한 투시적 능력을 가지고 있는 사람이 아니라 오히려 지혜의 원천에 의지하여 판단하는 사람을 의미한다(우리말성경은 psychikos를 육에 속한 사람이라 번역하여 [고전 2 : 14] 영적 안목이 없는 사람임을 강조한다.). 다른 한편 영적인 사람(pneumatikos)은 앞의 사람이 발견할 수 없는 성령의 임재와 역사를 파악할 수 있는 영적 안목을 가진 사람을 의미한다. 우리는 두 사람의 구별을 통하여 과학적인 세계관을 가지고 있는 사람과 영적인 세계관을 가지고 있는 사람의 구별을 본다. 이는 어떤 은사 자체가 초자연적인 것이냐, 자연적인 것이냐의 특성을 담고 있는 것이 아니라 그 은사를 받은 사람, 또 은사를 보는 사람이 그 은사를 초자연적인 것으로 받을 수도 있고, 자연적인 것으로 받을 수도 있다는 것을 의미한다.[17] 바울의 강조점은 "내가 무슨 은사를 받았느냐?"에 있지 않고 "내가 영적인 것들 곧 초자연적인 하나님의 임재와 역사를 분별할 수 있는 사람이냐?"에 있는 것이다.

"육에 속한 사람은 하나님의 성령의 일을 받지 아니하나니 저희에게는 미련하게 보임이요, 또 깨닫지도 못하나니 이런 일은 영적으로라야 분변함이니라. 신령한 자는 모든 것을 판단하나 자기는 아무에게도 판단받지 아니하느니라"(고전 2 : 14 - 15).

---

16. 오성춘, op.cit., p. 253.
17. Ibid., p. 256.

바울에게 있어서 모든 것은 성령의 은사로서 가능성을 가지고 있다. 바울은 모든 일 가운데 성령의 임재와 역사가 분별되고 파악되느냐에 훨씬 더 큰 관심을 가지고 있다. 그러므로 은사가 자연적인 것이냐, 초자연적인 것이냐를 논하는 것은 합당하지 않다. 은사는 자연적 요소와 초자연적 요소를 포함한다. 어떤 은사들에는 기적적이요, 행동적이요, 자발적이며 강력한 능력의 요소들이 나타난다. 그러나 다른 은사들에는 지속적이요, 규칙적이요, 일상적 요소들이 지배적이다. 어떤 사역들은 은혜로 사람들에게 거저 주시는 신령한 무장이 꼭 필요한 것들이 있다. 그러나 다른 사역들은 자연적인 소질과 재능을 요구하는 것이다. 그러나 이 모든 것들은 공동체의 유익을 위하여 성령께서 역사하시는 한에 있어서는 은사들이라고 부를 수 있다.

> 성령에게서 독립된 그리스도인의 실천은 있을 수 없다. 이것을 실천적인 용어로 예를 들어 말한다면, 기독교인 의사에게 있어서 그의 모든 활동은 카리스마적인 실천이다. 처방이나 주사를 놓는 것은 안수하는 것과 방법만 다를 뿐이다. 양자는 모두 기도하면서 예수님과의 교제 가운데서 행할 때에 은사적인 실천이 되는 것이다.[18]

본인이 쓴 은사론을 세심하게 읽으시고 이에 대하여 응답해 주신 오성춘 교수님(장로회신학대학교 실천신학 담당교수로서 「목회와 성령」이라는 책을 출판하셔서 성령론에 깊은 관심과 학문적 성취를 보여 주심.)의 글을 소개함으로 이 부분을 첨가, 보완하고자 한다.

은사를 의미하는 헬라어 '카리스마타'(charismata)는 '카리스마'(charisma)의 복수형이다. 사도 바울은 이 말을 하나님의 선물들(항상 초자연적인 것은 아니지만)을 지칭하는 말로 사용하고 있다. 하나님의 선

---

18. Arnold Bittlinger, *Gibt and Graces*, pp. 66–67. 오성춘 역, 「목회와 성령」, p. 257 재인용.

물은 카리스마타를 받을 때에 신자들은 세상 사람들과 구별되어 하나님의 영광과 교회의 덕과 사람들의 유익을 위하여 그 은사들을 사용하며 하나님께서 자기에게 주신 목적을 수행하는 특별한 사람들이 된다. 성경은 그리스도인들은 누구나 적어도 하나 이상의 구체적이요 독특한 은사들을 하나님께 받았다고 가르친다(고전 7 : 7, 12 : 4 - 7, 벧전 4 : 10 - 11).

신약성경은 자격 없는 인간들에게 베풀어 주시는 하나님의 놀라운 은총들을 'charis'(은혜)라는 단어로 기술하고 있다. 그것은 사랑 가운데서 인간을 향하신 하나님의 자비로운 손길이며 하나님 편에서 인간을 향하여 베푸신 특별히 은혜스러운 '호의'이다. 그 은혜의 중심은 그리스도이시다. 하나님은 자기의 독생자를 값없이 우리에게 보내어 십자가에서 우리의 죄를 대속하게 하실 뿐 아니라 성령을 통하여 우리 안에 거하게 하신다(롬 8 : 9). 예수는 우리 안에 거하시며 하나님의 모든 충만으로 우리에게 가득하게 하시며, 예수 그리스도의 충만함 가운데서 우리의 모든 것을 하나님의 선물, 즉 카리스마가 되게 하신다. 다른 말로 하면 하나님의 카리스(은혜)가 우리 가운데 부은 바 되면 우리의 존재 자체는 하나님의 선물인 카리스마타가 된다는 것이다.

하나님의 은혜를 받은 자들은 하나님께서 자기를 독특하게 만드시고 자기에게 특별한 목적을 주셨다고 믿는다. 은혜의 사람은 하나님께서 자기를 독특하게 만드셨으므로 자기는 독자성을 가진 한 인격자임을 확신하다. 즉, 은혜의 사람은 모든 존재 - 외모, 재능, 가족관계, 특성, 부모형제, 조국, 가능성 등 태어날 때에 우리가 가지고 태어난 모든 것들 - 가 하나님의 선물임을 확신한다.

그뿐 아니라 우리 그리스도인들은(은혜를 받은 사람들은) 성장과정에서도 하나님께서 친히 자기들의 경험 속에 개입하셔서 그 경험들을 통하여 자기들을 특별한 존재로 만들고 있다고 고백한다. 그러므로 은혜의 사람들은 성공과 실패, 질병과 치료, 자녀와 양육, 가족과 친족, 친구들과의 관계, 학교생활, 사회생활 가운데 하나님이 임재하셔서 자기들의 삶을 인도하신다고 믿는다. 바울은 고린도 전서 15 : 10에서 "나의 나된 것은" 하나님의 은혜라고 고백하고 있는데, 이 말씀의 뜻은 죄악 가운데서 자기를 건져 주신 은혜의 하나님만 고백하는 것이 아니라 자기를 독특하게 창조하시고 자기의 모든 경험들을 합력하여 선을 이루게 하시는 하나님의 창조와 섭리의 은혜까지도 포함하고 있는 것이다.

은혜의 사람들은 자신의 전 존재가 하나님의 은혜의 선물이라고 믿는다. 사실 우리 존재 자체는 하나님의 은혜의 선물이었으나 예수 그리스도의 구원의 은혜를 받기 전에 그 모든 것은 자연적인 것이요 나에게 속한 것이라고 생각하였다. 그러나 이제 그리스도의 은혜 안에서 우리의 전 존재와 모든 경험들은 하나님의 은사로 변화된다. 예수님의 은혜 안에서 오늘의 나는 하나님께서 만들어 주신 하나의 작품으로 변화된다.

우리는 이것을 비단짜기에 견주어 설명할 수 있을 것이다. 우리는 하나님께서 만들어 주신 존재의 씨줄을 가지고 태어난다. 우리의 신체, 외모, 재능, 가능성, 가족, 이웃, 고향, 국가, 민족 등은 하나님께서 나에게 선물로 주신 존재의 씨줄이다. 우리는 태어난 이후에 끊임없는 날줄을 경험하며 산다. 가정, 부모양육, 형제 자매들과의 관계, 교육, 이웃과의 관계, 질병과 치료, 충격적 사건들과 일상사들, 하나하나의 사건과 경험들은 우리 인생의 날줄이다. 은혜의 사람들은 이 날줄 하나하나에 대한 하나님의 임재와 역사를 믿는다.

하나님은 존재의 씨줄과 경험의 날줄을 함께 엮으시면서 아름다운 비단을 만들고 계신다. 우리 한 사람 한 사람은 하나님이 만들어 주신 비단이다. 이 비단의 씨줄과 날줄은 독특하기 때문에 하나님께서 만드신 비단은 어느 것도 똑같은 것이 없다. 비슷할 수는 있으나 똑같을 수는 없다. 그러므로 우리 한 사람 한 사람은 자기만의 독특한 정체성을 가지게 되며 이 정체성은 은혜 안에서 하나님이 만들어 주신 은혜의 선물, 곧 하나님의 은사가 된다.

하나님의 사랑 가운데서 우리에게 독특한 은사를 주셔서 독특한 나를 만들어 주시고 이 세상에서 독특한 봉사를 하게 하신다. 그러므로 우리가 우리의 은사를 발견하고 그것을 사용할 때, 우리는 하나님께서 우리를 창조하실 때에 나에게만 주셨던 독특한 인간으로 살기 시작한다. 하나님께서는 나의 장점들과 단점들, 재능들과 경험들을 특별하게 엮어서 나만의 은사를 창조해 주신다.

우리는 이제 하나님께서 우리에게 특별히 주시는 은사들 – 지혜의 말씀, 지식의 말씀, 예언, 능력 행함, 믿음, 병 고침, 영 분별, 방언, 방언 통역 – 즉, 초자연적으로 우리에게 주시는 은사들과 자연적인 재능들이 변하여 하나님의 은사로 불리는 은사들 – 가르침, 섬기는 일, 권위하는 일, 구제하는 일, 다스리는 일, 긍휼을 베푸는 일, 손님 대접하는 일 등 – 과의 관계를 살펴보아야 할 것이다.

첫째로 자연적인 것으로 보이든, 초자연적인 것으로 보이든 간에 제3의 은사를 – 존재 자체로서 제1의 은사, 경험으로서 제2의 은사에 대조하여 – 언제든지 하나님이 짜 놓으신 비단의 특성에 합당하게 베풀어 주신다는 것이다. 예를 들면 하나님께서 제3의 은사로 찬양의 은사를 주셨다면 제1의 은사인 찬양의 재능과 제2의 은사인 음악 교육, 음악 경험, 찬양 경험 등의 기초 위에 제3의 은사를 주시는 것이다. 하나님은 우리 자신보다 우리를 더 잘 아시는 분이시다. 우리의 재능과 경험 모두는 하나님께서 다 아시고 계신다.

그분은 우리의 전 존재를 아시기 때문에 전 존재를 사용하시기를 원하신다. 우리의 존재와 경험에 관계 없이 새로운 은사를 주실 필요가 없으신 분이다. 그러므로 하나님의 은사를 구하는 이들은 언제든지 자기의 재능 등 전 존재를 하나님께 드리고, 전 존재를 통하여 하나님을 섬기고 사람들을 섬길 수 있게 기도해야 할 것이다.

두 번째로 하나님께서 우리에게 주시는 은사는 그것이 초월적인 것으로 보이든, 자연적인 것으로 보이든 간에 하나님께 영광을 돌리고 교회에 덕을 세우고 사람들에게 유익을 주는 섬김의 도구라는 사실을 인식해야 할 것이다. 인간의 재능과 성령의 은사와의 차이가 바로 여기에 있다. 재능은 자기의 소유요 자기를 위해 사용하며, 인간 중심의 일을 이룬다. 그러나 은사는 그것이 초자연적인 것으로 보이든, 자연적인 것으로 보이든 간에 상관없이 하나님과 사람을 섬기며 뜻을 이루는 수단이 된다.

세 번째로 은사는 초자연적인 것이든, 자연적인 것이든 간에 성령님이 사용하실 때에만 은사가 된다. 성령께서 그 은사를 사용하여 하나님의 뜻을 이루시기 때문에 은사는 은사가 되는 것이다. 그런 의미에서 은사는 무한대로 확대될 수도 있다. 하나님의 성령께서 우리 손을 사용하여 하나님과 사람을 섬기시면 그 손은 은사의 손이 된다. 하나님께서 우리의 재물이나 지성을 사용하여 하나님의 뜻을 이루시는 데 사용하시면 그 재물과 지성도 하나님의 선물이 된다. 은사는 한마디로 성령께서 사용하시는 섬김의 도구이다.

네 번째로 하나님은 우리의 존재와 경험 전체를 아시는 분이시기 때문에 우리의 재능을 은사로 변화시켜 사용할 것인지 또는 우리의 존재 위에 새로운 은사를 다시 부여하실 것인지를 가장 잘 아신다. 그러므로 우리는 어떤 유형의 은사를 받았든지 우리를 아시고 우리를 사용하시고자 하시는 전능하신 하나님의 결정임을 받아들이고 그 은사로 하나님께 영광을 돌리고 교회에 덕을 세우며 사람들의 유익을 위하여 힘써야 할 것이다.

7. 은사를 사모하라[19]

우리가 거듭남으로 성령을 선물로 받지만 바울은 신자들이 카리스마

---

19. 오성춘, op. cit., pp. 249 - 252 재인용.

타를 받기 위해서는 무엇인가 스스로 할 수 있다는 것을 암시한다. 그는 신자들에게 "더욱 큰 은사들을 사모하라"(고전 12 : 31). "……신령한 것을 사모하되 특별히 예언을 하려고 하라."(고전 14 : 1)고 권면하고 있다. 물론 이처럼 은사를 구하는 것은 신자들이 교회 안에서 봉사하기 위하여, 교역을 위하여 더 잘 무장하기 위한 필요에 기인한 것이다. 요약하면 중생체험에서는 성령 자체를 하나님께서 신자들에게 선물로 주는 반면에, 신자로서 그리스도의 몸인 교회를 계속적으로 봉사하며, 섬기고자 할 때에는 카리스마타를 구하여 교역을 위한 무장을 해야 하며, 이것은 곧 주 예수 그리스도께 헌신하는 또 다른 방법이라고 할 수 있다.

은사들을 구하는 데에는 두 가지 길이 있다. 첫 번째의 길은 기도요, 두 번째의 길은 사랑의 실천이다. 바울은 "그러므로 방언을 말하는 자는 통역하기를 기도할지니."(고전 14 : 13)라고 권면하고 있다. 예루살렘의 사도들은 일심으로 하나님께 소리를 높여 다음과 같이 기도하고 있다 :

> "……주여, 이제도 저희의 위협함을 하감하옵시고, 또 종들로 하여금 담대히 하나님의 말씀을 전하게 하여 주옵시며, 손을 내밀어 병을 낫게 하옵시고, 표적과 기사가 거룩한 종 예수의 이름으로 이루어지게 하옵소서"(행 4 : 29 - 30).

누가는 "빌기를 다하매 모인 곳이 진동하더니 무리가 다 성령이 충만하여 담대히 하나님의 말씀을 전하니라."(행 4 : 31) 하고 기도의 즉각적인 응답을 기술하고 있다. 후에 병 고침과 표적과 기사를 간구한 기도의 응답도 그대로 받았다고 누가는 기록한다(행 5 : 12 - 16). 바로 이러한 사건들은 누가복음에 기록된 예수님의 약속과 권고의 말씀이 그대로 응답되고 있다는 것을 보여 준다 :

> "너희가 악할지라도 좋은 것을 자식에게 줄줄 알거든 하물며 너희 천부께서 구하는 자에게 성령을 주시지 않겠느냐?"(눅 11 : 13)

이처럼 성령은 간절히 기도하는 자에게 임한다.

은사를 구하는 또 다른 한 가지 방법은 사랑의 실천이다. 바울은 고린도 전서 12장을 끝내면서 다음과 같이 말한다 :

"다 사도겠느냐? 다 선지자겠느냐? 다 교사겠느냐? 다 능력 행하는 자겠느냐? 다 병 고치는 은사를 가진 자겠느냐? 다 방언을 말하는 자겠느냐? 다 통역하는 자겠느냐? 너희는 더욱 큰 은사(charismata - 복수형)를 사모하라. 내가 또한 제일 좋은 길을 너희에게 보이리라"(고전 12 : 29 - 31).

바울이 이 구절들에서 말하는 '제일 좋은 길'은 바로 사랑을 의미한다. 따라서 바울은 바로 여기에서 그 유명한 "사랑의 송가"인 고린도 전서 13장을 소개한다.

최상의 카리스마라고 할지라도 이웃을 위해 봉사하는 사랑으로 인도받지 않으면 무가치한 이기주의의 과시에 불과하다. 오래 참는 사랑을 실천하는 것이 신령한 은사들을 사용하는 바른 길이다. 그 이유는 바로 오래 참는 사랑 속에서만 바른 관점에 서서 은사들을 사용할 수 있기 때문이다. 궁극적으로 그 은사가 아무리 위대한 것이라고 할지라도, 그 은사를 부여하신 목적인 '이웃을 위해 사랑으로 봉사'하는 사랑의 실천이 없다면 그 은사는 무가치한 것으로 전락되고 만다. 그러기에 바울은 13장의 사랑의 노래를 기록한 다음에 14장을 시작하면서 이렇게 기술하지 않을 수 없었던 것이다. "사랑(agape)을 따라 구하라(diokete). 신령한 것을(pneumatika) 사모하되(zeloute)."

이 구절 가운데 첫 번째 헬라어 구하라(diokete)는 다음에 나오는 헬라어 사모하되(zeloute)보다 더 "강하게 요구하라."는 것을 의미한다. 바울이 이 구절을 통해서 말하고자 했던 것은, 신령한 것을 구하면서 그들의 정신적, 육체적 에너지의 대부분을 그들의 이웃을 사랑하는 데 사용하고자 더 크게 노력해야 한다는 것이다. "제일 좋은 길"인 사랑의 심령과 사랑의 실천은 그들이 하나님의 뜻을 따라 살고자 하는 진정한 기도이다. 자기 자신의 영적인 성장보다도 오히려 이웃의 필요에 초점을 맞추는 것이 역설적으로 오히려 자기 자신의 진정한 영적인 성장을 이루는 강력한 수단이 되는 것이다(막 4 : 24 이하).

사랑을 따라 행하는 그 곳에 은사의 진정한 뜻이 이루어지며 더 나아가 성령은 더 큰 은사를 우리에게 베푸실 것이다. 그러나 우리가 기억할 것은 우리가 은사를 사모하되 주신 분은 성령이심을 알고 주신 성령의 뜻에 겸허하게 순종하며, 더 나아가 주신 은사를 감사히 받고 그 뜻대로 사용하는 것이다.

8. 은사의 표준

성령의 다양한 은사는 우리에게 다음과 같은 기준을 제시한다.[20]

1) 절대적 규범이 되는 표준은 예수 그리스도에 대한 올바른 신앙이다(고전 12 : 3, 요일 4 : 1). 성령의 모든 은사는 "예수가 주님이시다."라고 고백되어야 한다. 우리가 믿는 성령은 그리스도의 영(롬 8 : 9, 빌 1 : 19), 주의 영(고후 3 : 17), 하나님의 영감(갈 4 : 6)이기 때문에 성령을 받은 사람은 예수 그리스도가 주님이시고 우리의 구원자라고 고백하게 된다.

2) 그리스도의 공동체를 세운다. 은사를 받은 사람들은 공동체의 발전과 사명을 위하여 도움을 주고 공동체에 봉사한다. 모든 지체는 몸되신 그리스도의 공동체를 이룬다. 모든 지체는 공동 목표를 가지고 서로 협력하고 협동하여 그리스도 안에서 통일성과 일체성을 갖는다. 공동체를 파괴하거나 분리하는 것은 성령의 역사가 아니다.

3) 교회에 덕을 세우고 질서와 평화를 가져온다. 하나님은 어지러움

---

20. 김균진, 「기독교 조직신학」 Ⅲ(서울 : 연세대학교출판부, 1987), p. 111.

의 하나님이 아니고 오직 화평의 하나님이시기에 성령의 은사는 화평을 가져오고 질서를 가져온다. 또 질서를 이루는 덕, 조화를 이루는 덕, 전체를 위하여 자기 자신을 희생할 줄 아는 덕을 가져온다. 무질서와 부덕한 것은 성령의 역사가 아니다. 성령은 생명의 근원으로서 인간의 생명을 풍성하게 한다.

4) 이웃을 돕고 섬기게 한다. 하나님이 주신 성령의 은사는 개인을 위하여 쓰지 않는다. 또 이 은사는 세계와 이웃의 현실을 간과한 열광주의나 맹목주의에 빠진 것이 아니라, 이웃과 형제들 속에서 이들의 아픔에 동참하고 섬김으로 봉사한다. 그러므로 성령의 주관적 결정에 의해 받은 은사를 돈이나 물질적인 것으로 매도하는 것은 성령의 역사가 아니다. 이는 사단의 짓이다. 성령의 은사는 섬김과 봉사에서 나타난다.

5) 성령의 은사는 서로 비교하지 않고 맡은 직분에 충실하게 한다. 은사에는 차이가 있으나 이 은사는 독립된 것도, 분리된 것도 아닐 뿐만 아니라 성령이 각자에게 주신 것이기에 감사한 마음으로 주어진 은사에 충실해야 하는 것이다. 여기에서 우월감이나 열등감을 갖지 않는다.

6) 모든 은사는 겸손해야 한다. 모든 은사들에 있어서 삼위일체 되신 하나님이 영광을 받아야 하며 은사를 받은 사람은 겸손하게 물러서서 하나님의 영광을 드러내고 그리스도만을 증거하는 것이다. 이것은 자기의 공로, 노력, 수고에 의해서 얻은 것이 아니라 하나님이 값없이 주셨기 때문이다. 그러므로 하나님의 영광을 대상으로 삼지 않고, 자기의 영광을 대상으로 삼고 자기 중심과 자기 교만을 드러낸다면 이는 은사의 진실성을 의심하게 된다. 성령의 은사는 공동체의 머리 되신 그리스도를 나타내기 위한 것이며 하나님께 영광을 돌리기 위한 것이다.

7) 모든 은사는 사랑에서 통합되고 통일된다. 사랑은 하나님의 것이며, 하나님의 성령은 사랑이시다. 그러므로 모든 은사의 궁극적 기준과 표현은 사랑으로 나타난다. 사랑 없는 은사는 아무 뜻이 없다. 이는 고린도 전서 13장을 상기해 보면 가장 확실하다. 이 외에도 "소망이 부끄

럽게 아니함은 우리에게 주신 성령으로 말미암아 하나님의 사랑이 우리 마음에 부은 바 됨이니."(롬 5 : 5), "형제들아, 내가 우리 주 예수 그리스도로 말미암고 성령의 사랑으로 말미암아 너희를 권하노니……"(롬 15 : 30). 이와 같이 성령의 은사는 사랑으로 표현된다. 이것은 성령의 은사의 결과로 나타난 성령의 열매에서도 볼 수 있다. 성령의 은사도, 성령의 열매도 사랑으로 나타난다. 그러므로 사랑이 없는 성령의 은사, 사랑이 없는 성령의 열매는 없다. 사랑이 없는 성령의 은사는 그 진실성을 의심할 수밖에 없다.

9. 성령의 은사운동의 현상과 방향

성령의 은사가 각 개인에게 나타날 때 그것을 받은 사람의 인격적 미성숙과 인간적인 제한성과 아직도 남아 있는 죄의 세력 때문에 나쁜 결과를 가져올 수도 있다. "사랑하는 자들아, 영을 다 믿지 말고 오직 영들이 하나님께 속하였나 시험하라. 많은 거짓 선지자가 세상에 나왔음이니라"(요일 4 : 1). 그러므로 우리는 성령의 은사운동에 대해서 참과 거짓을 구별해야 한다. 이것은 개인에게서 뿐만 아니라 각 개체들로 구성된 교회의 경우도 마찬가지이다. 성령의 은사운동은 교회를 크게 부흥, 발전, 성장시키지만 반면에 잘못된 은사운동은 교회의 혼란을 야기시킨다.

1) 성령의 은사운동의 공헌

그 동안 성령운동이 교회에 긍정적인 측면에서 공헌하였고 앞으로도 공헌할 수 있는 점을 들어 보면 다음과 같다.
첫째, 교회의 율법주의나 형식주의로부터 탈피시킨다. 교회는 그 자신의 목적과 뜻을 성취시키기 위해서 기구나 조직, 제도를 필요로 한다. 그러나 일정한 시간이 지나면 그 목적과 뜻은 잃어버리기 쉽고, 제도화되거나 조직화되어 경직화되므로 생명력을 상실하게 되는 경우가 있다. 은사체험은 이렇게 경직화된 조직이나 제도에서 벗어나게 한다. 내면의 세계에서 하나님의 은혜를 체험함으로 열정적인 신앙에 이르게 한다. 제도나 조직, 교리에 얽매이지 않고 보다 살아 있는 새로운 신앙의 세계에 이르게 하는 것이다.[21] 즉, 율법주의나 형식주의 교리에서 벗어나도록 한다.

둘째, 성령운동은 공동체에 헌신적으로 봉사하도록 한다. 카리스마란 하나님의 능력에 의해서 가능해진 사건이요, 행동이다. 즉, 카리스마는 개체를 통해서 특별한 결과를 성취한 하나님의 에너지(divine energy)이며, 이 하나님의 힘은 공동체를 형성한다.[22] 은사는 인간의 여러 가지 이해관계를 떠나 삶 속에 나타난 성령의 임재를 강조하므로 다른 모든 차이점은 무시할 수 있다. 그러기에 공동체를 형성한다. 더 나아가 자기 자신을 희생하고 헌신하여 시간과 재산과 재능을 바침으로 살아 있는 공동체 형성에 이바지한다.

셋째, 기독교 신앙에 확신을 주며 활동적인 신앙이 되게 한다. 우리는 때때로 신앙을 지나치게 지적으로나 합리적으로 생각하여 이것이 신앙에 절대적인 것으로 생각할 때가 있다. 그래서 신앙생활은 냉정하고 차분하게 사리에 맞게 하는 것이 전부라고 생각한다. 특히 이러한 경향은 장로교인들에게 자주 나타나는 현상으로 체험적이며 활력적인 신앙에 이르지 못하게 된다. 그러나 성령운동은 체험을 통해서 활력적인 신앙으로 변화시키며 말씀을 듣기만 하는 신앙에서 말씀을 증거하는 신앙으로 변화를 가져온다.[23]

---

21. 서광선 외 4인, 「한국교회 성령운동의 현상과 구조」, p. 14.
22. James D. G. Dunn, op. cit., p. 209.
23. 김균진, op. cit., p. 131.

넷째, 성령운동은 개인에게 삶의 의미를 발견하게 하며 기쁨과 평안을 가져온다. 인간은 기본적 욕구 충족만으로는 만족하지 못한다. 이같은 기본적 욕구와 함께 정신의 만족을 얻게 될 때 충족된 삶의 경지에 이르게 된다. 가장 근본적인 길은 은사체험을 통한 신앙과 회개에 있다. 여기에서 그들은 하나님을 만나고 그리스도의 구원을 체험할 때, 하나님의 영광을 위하여 살아야 한다는 삶의 의미와 목적을 발견하게 되고 더 나아가 그의 삶의 기쁨과 평안을 얻게 된다.

다섯째, 성령운동은 교회를 활성화시키고 성장시킬 수 있는 지름길이다. 성령운동을 통하여 교인들의 신앙이 활력화되고 적극적으로 될 때 교회를 봉사하고 섬기게 되며 교회는 성장하게 된다. 그러므로 은사를 통한 교회성장은 대단히 중요한 요건이 된다. 각각 받은 은사를 잘 활용할 때 교회는 다양성을 유지하게 되며 보다 든든하고 왕성한 교회로 자라게 된다.

2) 성령의 은사운동의 위험

성령의 은사운동은 교회에 공헌을 가져올 수 있는 긍정적 측면과 아울러 위험 요소도 내포하고 있다. 다음에서는 성령의 은사운동의 위험 요소들을 살펴보고자 한다.

첫째 위험은, 은사를 받은 자들의 자기 우월성이다. 은사를 받은 자는 다른 그리스도인과 비교할 때 체험에서 더 높은 경지에 도달하게 되었다고 우월성을 갖게 되며, 이 우월성으로 인하여 분열을 가져오는 경우를 들 수 있다. 또 이들은 자신들의 체험을 다른 사람들에게 확신시키기 위하여 강요하고 억압하므로 심리적 갈등에 이르게 한다. 또한 이들의 우월성은 당회나 목사의 권위를 약화시킴으로 교회의 일치와 화평을 깨뜨린다.

둘째 위험은, 은사운동은 은사의 다양성을 인정하기보다는 시대에 적용할 수 있는 몇 가지 은사만을 주장함으로써 은사의 광범위한 개념을 협소화한다. 이미 앞에서 고찰한 대로 은사의 종류가 다양함에도 불구하고 방언, 신유, 귀신 쫓는 은사만을 대표적인 은사로 가르쳐 은사의 본래적인 뜻을 상실하게 한다.

셋째 위험은, 반지성적이며, 반이성주의적 경향이다. 은사운동은 이성과 지성을 희생시키면서 감정, 체험을 너무 강조하는 경우가 있다. 이는 인간의 지성과 이성의 판단을 흐리게 하여 신앙의 내용, 방향, 목적에 대한 모든 지적 반성을 경시한다.

넷째 위험은, 성경의 편향적 해석으로 지나치게 성경을 주관적으로 해석하는 것이다. 이들은 성경해석에 있어서 그 전체 정신에 따라 해석하거나 이해하는 것이 아니라, 자기 자신의 관심과 목적에 따라 성경을 해석하고 이것을 뒷받침하는 성경구절만을 강조한다.

다섯째 위험은, 성령운동은 성령의 은사를 개인화하고 내면화하여 역사와 사회에 무관심하고 무책임한 태도를 갖게 하는 경우이다. 이들의 목적은 하나님과의 내적 연합이 신앙의 목적이기 때문에 정치, 사회, 문화, 역사에 대하여 관심을 갖지 않는다. 즉, 이들은 수직적 회복의 관계만을 강조하므로 신앙의 수평적 차원을 약화시킬 뿐만 아니라 상실하게도 한다. 하나님과 인간의 올바른 관계에서 비롯된 인간과 인간의 관계, 인간과 사회, 역사, 문화, 자연의 관계에서의 바른 관계를 정립하지 못한다.

여섯째 위험은, 성령의 은사가 성공의 은사로 바뀌어져 현실지향적 경향으로 되는 점이다. 성령의 은사와 성령에 대한 희열과 감사는 사라지고 물질적 세속주의와 결탁하는 결과의 초래이다.

일곱째 위험은, 비기독교화이다. 성령의 인격성보다는 성령의 역사성을 강조함으로 우리 인간에게 본질적으로 중요한 인격의 변화를 나타내지 못하고 종교현상에 지나치게 치우침으로 무속신앙과 구별하기 힘들게 된다. 그리고 예수 그리스도 없는 성령운동, 하나님 없는 성령운동으로 탈바꿈되어 기독교의 본질에서 떠나는 것이다.

3) 바람직한 방향

성령의 은사운동의 바람직한 방향은 이미 위에서 언급한 여러 조항에 암시되었다. 우리는 무엇보다 성령의 은사의 다양성을 인정하고 이들을 너무 제한하려고 해서는 안 될 것이다. 반면에 의도적으로 성령의 은사운동의 방향으로 인도해서도 안 된다. 왜냐하면 이미 살펴본 대로 성령의 은사의 주체는 성령이시지 인간이 아니기 때문이다. 여러 가지 성령의 은사운동(Charismatic Movement)의 경향성을 가진 우리 교회는 잘 교육함으로써 효과적으로 하나님의 뜻을 성취시키고 그의 나라를 이루도록 해야 할 것이다. 이제 좀더 세분하여 개인, 교회, 이웃과 사회, 역사와 세계로 구분하여 바람직한 방향을 논하고자 한다.

(1) 개인

그리스도를 신앙하는 모든 그리스도인은 성령의 역사에 의하여 세움을 받은 줄 알고 성령의 역사를 통해서 베푸시는 자기 은사를 발견하도록 해야 한다. 여기에서 자기 신앙의 목적과 의미, 뜻을 발견하게 되며, 더 나아가 이 신앙이 자기 자신에 머무르지 않고 예수 그리스도에 대한 절대적 신뢰에 이르게 한다. 성령의 역할은 그리스도에 대한 주관적 확신을 줌으로써 그리스도와 밀접하고도 돈독한 관계에 이르게 된다는 것을 강조하고 가르칠 필요가 있다.

(2) 교회

성령은 자유의 영으로서 주권적 자유를 가지고 계시지만 역사적 차원인 수평적 차원을 통해서 역사하심을 알게 해야 한다. 특별히 성령은 교회의 주로서 교회를 세우시고 인도하시고 통치하시는 분이기에 교회를 통하여 역사한다. 이는 교회를 통하여 선포한 말씀과 예수 그리스도를 가르치기 위하여 성령에 의하여 쓰여진 기록된 말씀인 성경과 그리스도에 의해서 세워진 성례전(세례와 성찬)을 통하여 역사한다.[24] 그러므로 열광주의자처럼 성령의 역사의 수평적 차원을 상실할 수 없다. 교회란 성령이 역사하는 도구이며 기구이다. 성령이 교회를 통하여 역사하심을 깨달음으로 교회를 발전, 성장, 성숙시키는 것은 중요하다. 성령운동이 교회를 위하여 보다 더 헌신적으로, 희생적으로 봉사하게 함으로써 교회의 발전에 기여하게 한다.

(3) 공동체

성령의 은사는 자기 자신을 위하여 또는 맹목적, 광신적, 열광적 신앙을 위해서 준 것이 아니라, 그리스도인으로 하여금 준비시켜 능력 있는 삶을 살게 하기 위한 것이다. 성령이 그리스도인을 준비시켜 능력 있게 살게 하는 근본 모체는 사랑의 정신이다. 이는 이웃과 사회에 대한 사랑을 통해 하나님의 사랑을 성취시키려는 것이다. 그러므로 성령운동은 자기 소유를 나누는 일과 자기 희생으로 나타난다. 이웃공동체, 사회공동체에 사랑으로 헌신하고 그들의 삶을 대리하는 예수 그리스도의 생애의 자취를 따른다. 여기에서 십자가 없는 성령운동은 극복되고 그리스도의 정신을 구현하려는 성령운동이 된다. 공동체에 대한 사랑의 봉사, 이것이 바로 성령운동이다.

(4) 역사와 세계

성령은 그리스도의 주변에 보다 넓은 영역을 차지한다.[25] 성령은 역사와 세계에 관심을 갖는다. 그러므로 탈역사적, 탈세계적인 성령운동

---

24. G. S. Hendry, *The Holy Spirit in Christian Theology*, p. 77.
25. Hendrikus Berkhof, *The Doctrine of the Holy Spirit*, p. 65.

의 역사는 있을 수 없다. 성령은 예수 그리스도 안에서 태동한 하나님의 나라를 이룩한다. 물론 예수 그리스도는 첫 열매이지만 약속의 성령을 통해서 완성되고 성취된 세계를 희망한다.[26] 성령은 모든 창조세계를 유지시키는 능력이다. 성경에 의하면 살아 있는 것은 하나님의 영을 통해서 얻은 생명이 유지되는 것으로 언급한다(창 6 : 7, 7 : 5, 시 104 : 29-30, 전 3 : 19-21). 창조세계에 존재하는 모든 것은 하나님의 영에 의해서 유지되고 움직이고 있다. 창조세계를 보존하고 파괴된 창조질서를 회복하는 것이다. 성령은 질병으로 파괴된 인간의 육체를 고치고 병마를 쫓아내 건강하게 만드는 사역을 하는 것과 마찬가지로 파괴되어 죽어 가는 세계를 건강하게 만들고 그의 생명을 유지시키고 본래의 상태로 회복한다. 우리는 성령의 사역을 인간 영혼의 중생과 성화의 차원으로 제한시켜서는 안 된다.

성령은 인간과 더불어 전체 피조세계를 구원해서 새 하늘과 새 땅을 만들기를 원한다.[27] 참으로 하나님의 영을 체험한 사람은 하나님의 의와 사랑과 평화와 기쁨이 넘치는 하나님의 새로운 세계를 함께 바라보고 신음하며 그의 성취를 추구하지 않을 수 없다. 즉, 현실세계와 역사를 무가치하고 무의미한 것으로 여긴다면 이것은 올바른 성경적 신앙이 아니다. 그러므로 성령체험을 통하여 하나님과 가까워지며, 가까워질수록 세계에 대한 관심, 역사에 대한 관심을 가져야 한다. 그들은 성경에 나타난 하나님의 관심을 자기 관심으로 가져야 한다. 약속의 성령을 통해서 이루어질 완성될 종말의 미래를 희망하면서도 이 희망을 단순히 기다릴 뿐만 아니라, 예수 그리스도를 통하여 성취된 현실을 이 땅 위에서 이루어야 하는 것이다. 이제 성령운동은 하나님의 피조물로

---

26. Otto Weber, *Foundation of Dogmatics* II(Michigan : Wm. B. Eerdmans, 1962), p. 239.
27. 김명용, "한국교회와 성령운동," 숭실대학교 기독교사회연구소 편, 「새롭게 하시는 성령과 한국교회」(서울 : 한울, 1991), pp. 109-110.

서 하나님의 관심과 은혜와 사랑의 대상인 이 세계와 역사에 대하여 관심을 가짐으로써 구원의 장이 이루어지도록 해야 한다.

 하나님의 주권을 세우시고 하나님의 현존(the presence of God)을 가져오신 성령은 개인적인 회개, 신앙, 성화를 통하여 개인을 죄에서 해방시키시고 치유하는 능력임과 동시에 사회, 정치, 역사의 영역에 있어서 해방시키고 변화시키는 치유의 능력임을 깨달아야 한다. 그러므로 성령은 그리스도의 구원의 역사를 개인적 차원에서 뿐만 아니라 인류사, 세계사의 차원에서 이루시는 초월적인 하나님의 능력이기도 하다. 이는 종말에 성취될 약속의 성령으로서 창조의 능력으로 새 하늘과 새 땅을 이루시는 힘이다. 이제 우리는 이와 같은 성령의 새로운 이해에 이르러야 하며, 나아가 성령에 의해 주어진 은사의 본래 목적을 깨달아 교회, 이웃, 사회, 역사, 세계에 대한 책임을 다하며, 섬김으로써 그리스도의 대리적인 삶을 살아야 한다. 모든 은사자들은 받은 은사를 선한 청지기의 자세로 관리하며 사용하여(벧전 4 : 10) 하나님께 영광을 돌려야 한다(벧전 4 : 11).

VII

성령의 열매

"육체의 일은 현저하니 곧 음행과 더러운 것과 호색과 우상숭배와 술수와 원수를 맺는 것과 분쟁과 시기와 분냄과 당짓는 것과 분리함과 이단과 투기와 술취함과 방탕함과 또 그와 같은 것들이라. 전에 너희에게 경계한 것같이 경계하노니 이런 일을 하는 자들은 하나님의 나라를 유업으로 받지 못할 것이요, 오직 성령의 열매는 사랑과 희락과 화평과 오래 참음과 자비와 양선과 충성과 온유와 절제니 이 같은 것을 금지할 법이 없느니라"(갈 5:19-23).

앞에서 논한 성령의 은사는 성령께서 그리스도인들에게 각각 주신 특별한 능력과 임무임에 비하여 성령의 열매란 모든 그리스도인들의 삶 속에서 나타난 삶의 열매이다. 성령의 내주하심은 열매를 맺고 그 열매를 통하여 성령의 내주하심을 알게 된다. "거짓 선지자들을 삼가라. 양의 옷을 입고 너희에게 나아오나 속에는 노략질하는 이리라. 그의 열매로 그들을 알지니 가시나무에서 포도를, 또는 엉겅퀴에서 무화과를 따겠느냐? 이와 같이 좋은 나무마다 아름다운 열매를 맺고 못된 나무가 나쁜 열매를 맺나니, 좋은 나무가 나쁜 열매를 맺을 수 없고 못된 나무가 아름다운 열매를 맺을 수 없느니라. 아름다운 열매를 맺지 아니하는 나무마다 찍혀 불에 던지우느니라. 이러므로 그의 열매로 그들을 알리라"(마 7 : 15 - 20).

1. 육체의 일

바울은 성령의 열매를 상세하게 설명하기 전에, 우선 육신의 일들을 설명하고 있다. 육신의 일들은 성령의 열매와 완전한 대조를 이룬다.

육신의 일들의 목록은 두 가지 이유 때문에 지극히 중요하다.

첫째로, 그 목록은 성령의 열매와 대조를 이루는 일들을 제시해 준다. 둘째로, 그 목록은 사도가 강조하고 있는(반복해서) 죄악된 관습들을 식별해 주고, 중생한 자들과 잃어버린 자들의 특성을 기술(記述)해 준다. 물론 구속받은 사람도 한동안 이러한 죄들에 빠질 가능성이 있다. 가장 위대한 성도들도 이따금씩 그러한 각각의 죄들을 분명하게 드러냈다. 그러나 그 죄들은 그리스도인의 특징이 될 수 없다. 만일 이 목록이 한 사람의 생활방식의 특징을 기술하고 있다면, 그것은 그가 구속받지 못했다는 증거이다.

여기에 언급된 죄들을 살펴보면,[1]

> 1) **음행** : 처음으로 언급된 죄는 제7계명을 어기는 죄이다. 그것은 결혼한 사람들 중에 불법적인 성관계를 통해서 결혼의 신성함을 더럽히는 것을 포함한다.
> 2) **간음** : 간음은 대개 결혼하지 않은 사람들 사이의 성교를 언급한다. 그것은 대개 혼전 성교와 연관되어 있다. 그러나 이 본문에서는 가장 넓은 의미에서의 불법적인 성교를 포함하는, 더 폭넓은 의미를 갖고 있다.

---

1. R. C. Spoul, *The Mystery of the Holy Spirit*, 김진우 역, 「성령의 신비」, pp. 158 - 160.

3) **더러운 것** : 여기에는 성적인 의미가 함축되어 있다. 그것은 일상적으로 '더럽다'고 부르는 행동을 반영한다.
4) **호색** : 이것은 억제와 통제를 받지 않는, 난잡하고 제멋대로인 생활 방식을 묘사한다.
5) **우상숭배** : 이것은 이방의 우상이나 거짓 신들에 대한 경배를 언급한다. 우상숭배는 가장 넓은 의미에서 물질 소유를 숭배하는 것과 같은 것들을 포함할 수 있다.
6) **술수** : 이것은 마술의 관습과 강신술, 예언, 점성술 등과 같은 금지된 관습들에 개입하는 것을 포함한다.
7) **원수를 맺는 것** : 이것은 적대적이고, 원한을 품으며, 사랑하지 않는 성격을 반영한다.
8) **분쟁** : 이것은 싸우기 좋아하는 태도에 나타난다. 분쟁하는 사람은 논쟁적이고 호전적이다. 그는 싸울 기세를 갖추고 있다.
9) **시기** : 시기는 다른 사람들의 업적이나 승리를 경멸하는 자기 중심적인 정신을 반영한다. 그것은 사랑의 결여를 드러낸다.
10) **분냄** : 이것은 발끈 화를 내는 성격을 지적한다.
11) **당짓는 것** : 이것은 다른 사람들을 희생시켜서 개인적인 이익을 얻으려는 무정한 욕망이라는 개념을 담고 있다.
12) **분리함** : 이것은 정당한 형태의 의견 차이를 배제하지 않는다. 오히려 그것은 그룹들 내에서 끊임없이 말다툼을 하고, 싸우고, 불화를 초래하는 다투기 좋아하는 정신을 묘사한다.
13) **이단** : 이 말의 근본적인 의미는 확립된 진리에 어긋나는 의견들을 고의적으로 선택하는 것을 포함한다. 그것은 신학적인 오류들 이상을 포함한다. 그것이 태도와 행동상의 오류들을 언급할 수도 있기 때문이다.
14) **투기** : 투기는 다른 사람에게 속한 것을 소유하기를 바라는 것을 포함한다. 이것은 특정한 혜택들을 누리는 사람들을 향해서 악의를 품는 것을 포함할 수 있다.

15) **살인** : 이것은 설명이 필요 없다. 그리스도인들은 살인을 생각할 수조차도 없다. 그러나 형제를 미워하는 데 대한 그리스도의 말씀(마 5 : 22)을 염두에 두어야 한다.
16) **술취함** : 이것은 무절제하게 술에 빠지는 것을 언급한다. 약물 남용도 여기에 포함된다.
17) **방탕함** : 이것은 무절제한 유흥이나 시끌벅적한 술잔치를 즐기는 난잡한 생활방식을 포함한다.

바울은 이러한 육신의 일들의 목록과 대조를 이루는 성령의 열매를 설명하고 있다.

"오직 성령의 열매는 사랑과 희락과 화평과 오래 참음과 자비와 양선과 충성과 온유와 절제니 이 같은 것을 금지할 법이 없느니라"(갈 5 : 22 - 23).

2. 열매의 뜻

구약성경에 '열매'라는 단어가 나오는 성경구절이 14군데가 있다. 그것들을 구약에서부터 순서대로 열거하자면 다음과 같다. 페리이(periy, 창 1 : 11), 엘레드(yeled, 출 21 : 22), 태부와(tebuwah, 레위기 23 : 29), 예부울(yebuwl, 신 11 : 17), 테뉴바(tenuwbah, 삿 9 : 11), 카이츠(qayits, 삼하 16 : 2), 마아칼(ma'akal, 느 9 : 25), 뉴브(nuwb, 시 92 : 14), 노우브(nowb, 사 57 : 19), 레켄(lechem, 렘 11 : 19), 파라(parah, 겔 36 : 11), 쇠캄(shaqam, 암 7 : 14), '비큐르'(bikkuwr)라는 단어도 항상 '첫 열매'로 번역되어져 있다(출 23 : 16).

그런데 구약에서 중요한 단어는 페리이(periy)이다.[2] 그것은 구약 전

---

2. 한영철, 「성령의 열매에 관한 주석적 연구」(서울 : 알돌기획, 1988), p. 69.

체에서 사용되어지고 있는데 세 가지 주된 의미를 가지고 있다. (1) 나무나 식물의 열매(창 1 : 12, 신 28 : 4), (2) 태의 열매(창 30 : 2), (3) 어떤 행동의 결과로서의 열매 : 하나님의 말씀을 연구한 사람의 열매(시 1 : 3), 행위의 열매(시 104 : 13), 불순종의 열매(잠 1 : 29 - 31), 지혜의 열매(잠 8 : 19), 악인의 열매(잠 10 : 16), 입의 열매(암 6 : 12) 등이다. 70명의 유대인 학자들이 B.C. 250년에 히브리어 성경을 헬라어로 번역했을 때 그들은 열매를 뜻하는 14개의 히브리어 단어들 각각에 대해서 알맞는 헬라어 단어를 찾아야만 했다. 그들이 우리가 위에서 논의한 페리이(periy)라는 히브리어 단어를 번역할 때에 그들은 카르포스(karpos)라는 헬라어 단어를 선택했다. 이러한 선택에 관해서 가장 흥미로운 것은 '페리이' 라는 히브리어 단어가 다른 어떤 형태보다도 더욱 어떤 행위의 결과를 지적하는 데에 사용되어지고 있다는 점이다. 씨앗과 생산물 사이의 관계가 이 단어의 중심적 의미 뒤에 숨어 있다. 이러한 중요한 의미, 그리고 그것이 육체적이든 감정적이든 정신적이든 간에 어떤 행동의 결과를 묘사해 준다는 것, 그리고 이 '카르포스' 라는 헬라어 단어가 그와 같은 생각을 완벽하게 표현해 준다는 사실 등이, 바울로 하여금 갈라디아서에서 우리의 생활 속에서의 성령의 사역을 열매로 묘사하는데 그 단어를 사용하게 했다.

  신약성경의 기자들 중에서 24명이 어떤 형태로든 열매라는 헬라어 단어를 사용하고 있다. 겐네마(gennema), 카르포스(karpos), 오포라(opora), 이 세 가지 단어들 중에서 '카르포스' 가 가장 많이 사용되어지고 있다. 그 단어가 사용되어진 문맥은 주로 사람의 행위나 말이나 생각의 산물로서의 열매와 관련되어져 있다. '카르포스' 라는 단어가 66번 사용되어진 것 중에서 42번은 그 단어가 특별히 인간의 행동이나 하나님의 행동의 어떤 결과를 묘사하는 데에 사용되어지고 있다. 25번은 그 단어가 땅의 열매를 지칭하는 데에 사용되어지고 있다. 그 중에서 많은 경우가 예수의 비유들 속에 나타나는데, 거기서는 자연적인 열매가 영적인 열매를 상징하는 데에 사용되어지고 있다.[3] 사도 바울 역시 '카르포스'의 사용에 대하여 잘 알고 있었다. '카르포스'는 어떤 행위의 결과의 산물로서 성령의 열매를 묘사하는 데 아주 적합한 용어이다. 이는 우리가 행하는 어떤 것이 아니라 우리가 맺은 어떤 것이다.

3. 성령의 열매는 어떻게 맺을 수 있는가?

성령의 열매는 어떻게 맺을 수 있는가? 여기에서 말하는 열매란 우리가 흔히 말하는 열매들(fruits)이 아니라 단수로 단지 열매(fruit)라는 점을 보아야 한다. 이것은 비록 아홉 가지의 상이한 덕이지만 그것은 각각 아홉 가지의 다른 덕을 나타내는 것이 아니고, 아홉 가지의 상이한 덕을 지녀야 함을 말하고 있다. 즉, 한 사람은 희락을, 다른 사람은 화평을 가지라는 것이 아니라 모두가 사랑, 희락, 화평을, 또 나머지를 지녀야 함을 말한다. 성령의 열매는 내주하시는 성령의 직접적 결과이며, 성령의 내재 없이는 생길 수 없는 열매들이다. 열매 맺는 생활에 대해서는 사도 요한도, 사도 베드로도 말씀하고 있다(베드로의 8가지 열매).

"내 안에 거하라. 나도 너희 안에 거하리라. 가지가 포도나무에 붙어 있지 아니하면 절로 과실을 맺을 수 없음같이 너희도 내 안에 있지 아니하면 그러하리라. 나는 포도나무요 너희는 가지니 저가 내 안에, 내가 저 안에 있으면 이 사람은 과실을 많이 맺나니 나를 떠나서는 너희가 아무것도 할 수 없음이라"(요 15 : 4 - 5).

"이러므로 너희가 더욱 힘써 너희 믿음에 덕을, 덕에 지식을, 지식에 절제를, 절제에 인내를, 인내에 경건을, 경건에 형제우애를, 형제우애에 사랑을 공급하라. 이런 것이 너희에게 있어 흡족한즉 너희로 우리 주 예수

---

3. Ibid., p. 71.

그리스도를 알기에 게으르지 않고 열매 없는 자가 되지 않게 하려니와"(벧후 1:5-8).

그런데 사도 바울과 베드로의 다른 점은 베드로는 신앙에서 시작하여 사랑으로 끝나고 있으며, 반면에 사도 바울은 사랑으로부터 시작하고 있다. 베드로는 원인으로부터 추적하고 있으며, 바울은 결과로부터 시작하고 있다. 그러나 이 같은 성령의 열매는 인간 자신의 노력이나 행위에 의해서 되는 것이 아니라 내주하신 성령의 역사로 나타나는 것이다. 또한 이 열매는 우리의 행위(what we do)라기보다는 성령에 의하여 새롭게 된 우리의 사람됨(what we are)에 의해서 맺어지는 것이다.

성령의 열매는 성령 안에서 사는 신자들에게서 볼 수 있는 그러한 미덕들의 분류이다. 좋은 열매나 나쁜 열매가 그 나무의 좋고 나쁨을 확인해 주듯이 육체의 일이나 성령의 열매는 어떤 사람이 의를 따르는지, 악을 따르는지 확인해 준다. 어떤 사람의 생활 속에 심어진 하나님의 말씀이 생산한 열매가 그 말씀이 받아들여졌는지 말았는지, 그리고 또 그것이 어느 정도 작용했는지를 보여 주듯이, 신자들의 생활 속에 나타난 성령의 열매의 풍성함은 그가 어느 정도까지 성령의 영향력에 복종하고 있는지를 말해 주고 있다.

사도 바울이 그의 서신에서 열매라는 단어를 사용한 방법에 관해서 몇 가지 더 말해야 될 필요가 있다. 바울은 항상 하나님으로부터 값없는 선물로 오는 것들과 인간 자신의 노력의 결과로 찾아오는 것들 사이를 날카롭게 구별했다. 의심할 여지도 없이 육체의 일은 악한 행위를 향한 인간적 에너지의 직접적인 결과이다. 이와 대조적으로 성령의 열매는 신자의 생활 속에서 역사하시는 성령의 초자연적인 권능에서 온 것이다. 결과적으로 그리스도의 몸의 일부가 된 사람, 그 안에서 성령이 활동하는 사람, 육적인 본성을 정복하기 위해서 성령과 협동한 사람에게는 그와 같은 동반자적인 관계의 결과, 즉 열매가 나타나게 될 것이다. 왜냐하면 그것은 사람의 의지로 만든 어떤 것이 아니라 성령의 권능으로 맺어진 것이기 때문이다.

4. 성령의 열매

성령의 열매는 9가지 형태로 나타난다. 사도 바울은 갈라디아서 5 : 19~21에서 17개의 육체의 일을 말한 다음 성령의 열매를 말하고 있다.

육체의 일이란, 앞에서 살펴본 바대로
① 잘못된 육욕의 죄 – 성생활의 죄
② 잘못된 신앙의 죄 – 종교적인 죄
③ 형제애의 죄 – 윤리적인 죄
④ 무절제의 죄 – 과음의 죄 등이다.

반면에 성령의 9가지 열매는 무엇인가?

리스 대감독(Archbishop H. C. Lees)은 성령의 열매를 9가지의 꽃이 만발한 꽃동산에 비유하여 사랑의 인동덩굴, 희락의 장미, 화평의 백합, 오래 참음의 송설초, 자비의 목시초, 양선의 들국화, 충성의 물망초, 온유의 오랑캐꽃, 절제의 계란풀로 비유했다.[4]

롤스 박사(Dr. C. J. Rolls)는 성령의 열매를 사랑의 8가지 요소로 설명했다. 희락은 사랑의 유쾌, 화평은 사랑의 신뢰, 오래 참음은 사랑의 침착, 자비는 사랑의 배려, 양선은 사랑의 특성, 충성은 사랑의 불변, 온유는 사랑의 고요함, 절제는 사랑의 정복이라고 하였다. 또 아홉 가지 요소는 세 개의 3분법으로 나누기도 한다. 처음 세 개는 하나님의 관계에서 사랑, 기쁨, 화평, 다음은 인간과의 관계에서 친절, 양선, 인내, 끝으로 자신과의 관계에서 충성, 온유, 절제이다.

---

4. J. Oswald Sanders, *The Holy Spirit and His Gifts*, 권혁봉 역, 「성령과 그의 은사」(서울 : 요단출판사, 1983), p. 228.

성령의 열매를 또 다른 방법으로 나누는데, 즉 경험의 영역과 행동의 영역, 그리고 인격의 영역이다.[5]

1) 경험의 영역

사랑, 희락, 화평, 이 세 가지는 주님의 생애에 완전히 나타났기에 믿음으로 그리스도에 연합된 자들이 체험할 수 있다. 하나님이 부여하신 최고, 최선의 축복이다.

사 랑 : 사랑은 모든 열매의 기초이며 활동의 원리이다. 이것은 하나님의 사랑을 말하고 있다. 계산된 사랑이 아닌 조건 없는 사랑이다. 이 사랑은 하나님으로 말미암는 사랑이다. 우리가 하나님을 사랑할 수 있는 것은 그분이 먼저 우리를 사랑하셨으며, 그분의 사랑이 우리의 마음에 널리 부어졌기 때문이다. 이 사랑은 자연적인 애정을 초월한다. 그 사랑은 성령 하나님으로 말미암아 변화된 마음으로부터 흘러나온 사랑으로 어떤 상황에서도 무너지지 않는 선한 의지이다.

"······소망이 부끄럽게 아니함은 우리에게 주신 성령으로 말미암아 하나님의 사랑이 우리 마음에 부은 바 됨이니"(롬 5 : 5).

"만일 사랑이 기독교의 총체(總體)라면, 사랑을 무너뜨리는 것들은 분명히 그리스도인들에게 무척 어울리지 않는다. 시기하는 그리스도인, 악의 있는 그리스도인, 차갑고 냉혹한 그리스도인은 가장 큰 불합리이자 모순이다. 그것은 마치 어두운 밝음 또는 거짓된 진리에 대해서 말하는 것과도 같다."[6]

---

5. Ibid., p. 229.
6. R. C. Spoul, *The Mystery of the Holy Spirit*, p. 164 재인용.

희　락 : 하나님의 사랑으로 충만된 마음은 성령 안에서 희락으로 나타난다. 이는 단순한 유쾌함이 아닌 초월적 희락으로 영원하다. 따라서 성령의 희락은 유쾌하게 할 뿐 아니라 견고하다. 그것은 고난의 와중에도 지속되는 희락이다. 거기에는 깊이가 있다. 그것은 영혼을 관통한다. 그것은 절망을 추방하고 비관론을 쫓아낸다. 그것은 교만이 없는 확신과 허세가 없는 용기를 산출한다. 나사렛 예수는 우실 수 있었다. 그러나 그분의 눈물이 그분이 아버지 집에서 누리셨던 희락을 빼앗을 수는 없었다.

우리는 소망 중에 즐거워한다. 우리의 소망은 몽상가의 환상이 아니라 구속받은 자의 확신이다. 그것은 다음과 같은 말씀을 들을 귀가 있는 사람의 희락이다. "담대하라. 내가 세상을 이기었노라 하시니라"(요 16 : 33).

화　평 : 하나님의 뜻을 따라 살아가는 신자가 즐기는 내적 평안함과 조화이다.

> "평안을 너희에게 끼치노니 곧 나의 평안을 너희에게 주노라. 내가 너희에게 주는 것은 세상이 주는 것 같지 아니하니라. 너희는 마음에 근심도 말고 두려워하지도 말라"(요 14 : 27).

그리스도께서 남기신 유산은 평안이다. 평안은 우리가 평강의 왕으로부터 받은 기업이다. 이 평안은 아무도 우리에게서 빼앗을 수 없는 영원한 평안이다. 성령께서는 우리에게 내적인 평강, 즉 지각을 초월하는 평강을 주신다. 성령께서 주시는 평강은 마음의 평강보다 무한할 정도로 더 가치가 있다. 그것은 스토아 학파의 침착함과 에피쿠로스 학파의 쾌락(ataraxia)을 초월한다. 그것은 우리의 칭의로부터 흘러나오는 평강이다.

의롭다 하심을 얻은 우리는 하나님과 더불어 화평을 누리고 있다. 우리는 복음을 듣고 받아들였다. 우리는 하나님의 클라리온 소리를 들었다. "위로하라 내 백성을 위로하라. 너희는 정다이 예루살렘에 말하며 그것에게 외쳐 고하라. 그 복역의 때가 끝났고 그 죄악의 사함을 입었느니라. 그 모든 죄를 인하여 여호와의 손에서 배나 받았느니라 할지니라"(사 40 : 1- 2). 우리가 하나님과 더불어 평화를 누리므로 이 평화는 인간과의 관계에도 평화를 가져온다.

2) 행동의 영역

오래 참음, 자비, 양선으로 사람과 맺은 관계에서 나타난다.
오래 참음 : 불합리한 환경 속에서 참을 뿐만 아니라 다른 사람의 어리석은 만행에 대해서 오래 참는 것으로 이 인내는 성령의 열매이다. 이 미덕은 하나님의 성품을 반영한다. 인내에는 불끈하는 성격에서 폭발적으로 화를 낼 여지가 없다. 그것은 화를 내지 않는다. 그것은 다른 사람들의 모욕과 악의를 견뎌 낸다. 그것은 기다리는 능력을 소유하고 있다. 기다리는 것은 어려운 일이다. 그러나 우리를 위해 변호해 주시리라는 그분의 약속의 성취를 기다린다. 그리스도인은 실용주의의 정신을 거부한다. 그는 장기간의 목표들을 따라 산다. 편의주의를 피한다. 하늘에 보화를 쌓는다. 그리고 기꺼이 하나님의 때를 기다린다.[7]

성령은 사람들에게 인내하신다. 그분이 주시는 열매는 우리가 서로 오래 참을 수 있게 해준다. 인내와 오래 참음은 형제의 눈에서 티를 보고 비난하지 않는다. 인내와 오래 참음은 허다한 죄를 덮는 사랑과 결합된다.
자 비 : 예수는 부드러우셨다. 그분은 약하고 상처 입은 자들을 만나셨을 때, 부드러우셨다. 그분은 절대로 상한 갈대를 꺾지 않으셨다. 그분은 부드러운 말로 죄인을 꾸짖으셨다. 그분은 범죄한 여인에게 이렇

---

7. Ibid., p. 168.

게 말씀하셨다. "나도 너를 정죄하지 아니하노니 가서 다시는 죄를 범치 말라 하시니라"(요 8 : 11). 온 세상의 심판자는 가혹하지 않으셨다. 그분은 정죄하기를 기뻐하지 않으셨다. 자비는 은혜의 덕이다. 그것은 기꺼이 자신의 능력과 권세를 억제하는 것을 포함한다. 그것은 약자들을 짓밟지 않는다. 그것은 사려 깊고 친절하다. 그리고 자비롭게 판단하고 공의를 자비와 조화시킨다. 따라서 자비란 이웃에 대하여 친절한 성격, 친절한 행위, 불쌍히 여기는 마음이다.

양 선 : 양선은 능동적으로 선을 행하는 행위로서 이는 외적으로 표현된다. 이는 다른 사람을 염두에 두고 살아가는 특별한 삶의 방식과 관련된 미덕으로 다른 사람을 행복하게 만들어 주고 하나님을 기쁘게 해 드린다는 것 이 외의 다른 보상은 기대하지 않는다. 이는 이해관계를 떠난 관대함이요, 친절한 행위이다. 그것은 다른 사람의 정원을 갈아 주는 손을 가진 사랑이요, 다른 사람의 짐을 져 주는 등을 가진 사람이다. 하나님과 사람을 기쁨으로 섬기는 사랑이다. "두루 다니시며 착한 일을 행하신"(행 10 : 38) 그분의 발자취를 따라가는 사랑이다. 우리는 양선을 성령의 열매의 '선한 사마리아인'이라 부를 수 있다. 따라서 성령에 의한 사랑의 변형 중에서 양선보다 더욱 우리를 하나님의 마음으로 가까이 인도해 주는 것은 없을 것이다. 양선은 다른 사람들, 특히 자비나 배려를 받을 자격이 없는 사람들에게 베풀어 주는 성숙한 사랑이다.

3) 인격의 영역

충성, 온유, 절제 행동은 인격의 표현인데, 성령의 열매는 완전히 거룩하고 완전한 인격 속에 이루어진다.

충 성 : 이것은 신실성으로 약속의 엄수 및 신뢰성을 말한다. 여기에서 말하는 충성이란 의무를 성실히 이행하는 의미에서의 충성이다. 충

성은 자질인데 여기에서 뜻한 바는 의무의 이행, 신뢰할 만함, 의지할 만함, 일관성, 확고부동함, 흔들림 없음 등의 뜻이다. 사도 바울은 흔들리지 않음의 본보기였다. 그가 조용한 확신 가운데 그의 미래가 쇠사슬과 고난으로 점철되어 있을 때에 목숨을 아끼지 않는 각오로 변함없는 충성을 보이고 있다. 우리는 또 서머나 교회의 신자들이 충성하므로 생명의 면류관을 받음을 볼 수 있다(계 2 : 10). 충성이란 평안하거나 평화로운 시기에 충성하는 것이 아니라 가장 혹독한 시련과 핍박 속에서도 변함없이, 굽힘 없이, 물러섬이 없이 믿음 가운데 확고하게 서서 맡겨주신 사명에 최선을 다하는 미덕이다.

온 유 : 온유는 복의 근원으로 부드러운 마음, 관용하는 마음으로 겸손과 매우 닮은 뜻을 가지고 있다. 그러나 온유를 약함과 혼동해서는 안 된다. 모세는 온유한 사람이었다. 즉, 그는 겸손한 성품의 소유자였다. 그는 자신이 어떤 존재인지를 알고 있었다. 그는 교만함이 없이 담대하였다. 온유한 자에게는 땅이 기업으로 약속되어 있다. 온유는 자비의 뒷면이다. 그 둘은 겸손한 영에 의해 서로 맺어진다. 하나님께서는 겸손한 자들에게 은혜를 주신다. 은혜는 더 많은 은혜를 낳는다. 온유는 모든 사람을 따뜻하고 부드러운 마음으로, 그리고 겸손한 마음으로 받아들이는 아름다운 덕이다.

절 제 : 이 말의 문자적인 뜻은 '강한 손으로 붙잡는다' 는 뜻으로 사람의 모든 욕망과 정욕을 지배함을 뜻한다. 이는 세속적 쾌락과 육체적 욕망을 금하는 그 이상의 뜻으로 수동적인 것이 아니라 적극적인 것이다. 그러므로 절제라 불리우는 이 열매는 성령에 복종하는 것으로 마음과 뜻과 육체에 대하여 통제하므로 그것들을 하나님의 뜻과 목적에 조화를 이루게 한다. 그러므로 절제는 복종하는 사랑이라 할 수 있다.

우리는 내주하시는 성령께서 우리 안에 거하시게 함으로 아홉 송이의 아름다운 열매를 맺어야 할 것이다. 또 우리는 이 모든 성품을 하나도 남김없이 그대로 생활 속에 완전히 드러내셨던 그리스도의 형상을 우리의 생활 속에서 이루어 역시 아홉 송이의 열매를 맺도록 해야 할 것이다.

"내가 이르노니 너희는 성령을 좇아 행하라. 그리하면 육체의 욕심을 이루지 아니하리라. 욕체의 소욕은 성령을 거스르고 성령의 소욕은 육체를 거스르나니 이 둘이 서로 대적함으로 너희의 원하는 것을 하지 못하게 하려 함이니라. 너희가 만일 성령의 인도하시는 바가 되면 율법 아래 있지 아니하리라"(갈 5 : 16 – 18).

"만일 우리가 성령으로 살면 또한 성령으로 행할지니 헛된 영광을 구하여 서로 격동하고 서로 투기하지 말지니라"(갈 5 : 25 – 26).

우리는 이 장을 마감하면서 성령의 은사는 반드시 성령의 열매를 맺어야 함을 말하고자 한다. 바울은 고린도 전서 13장에서, 그에 상응하는 성령의 열매가 없이 성령의 은사를 소유하고 행사하는 것은 가증스러운 상황을 만들어 내게 된다고 설명하고 있다. 이러한 사례들은 그리스도 안에서의 영적인 삶이 무엇을 의미하는지를 보여 주기 위한 것이다. 그 삶은 그리스도를 닮은 미덕들 가운데서 성숙한 열매를 지닌 신자들의 삶이다. 그러므로 이것은 그 사람의 영성의 시금석일 뿐만 아니라 크리스천의 행동에 품위를 시험해 볼 수 있는 시금석이 된다. 그것은 신자의 생활 속에 존재하는 성령의 영향력과 능력 뿐만 아니라 하나님의 영광을 위해서 열매를 맺어야 한다.

VIII

영들의 분별

"사랑하는 자들아 영을 다 믿지 말고 오직 영들이 하나님께 속하였나 시험하라. 많은 거짓 선지자가 세상에 나왔음이니라.…… 우리는 하나님께 속하였나니 하나님을 아는 자는 우리의 말을 듣고 하나님께 속하지 아니한 자는 우리의 말을 듣지 아니하나니 진리의 영과 미혹의 영을 이로써 아느니라"(요일 4 : 1-6).

비육체적인 존재로 신과 인간과 여러 가지 다양한 관계를 가지는 영체(靈體)가 있다고 생각했다. 이러한 생각은 모든 민족에게 발견되는 것으로 경험론적으로는 그러한 존재를 부인할 수 없다. 정신의학과 심리학은 이러한 관념을 과학적 지식이 부족해서 우주에 대한 공포병에서 나오는 하나의 환상에 지나지 않는다고 하나, 고래(古來)로 그러한 체험의 빈도를 보아 한마디로 그러한 것은 환상에 지나지 않는다고 말할 수 없게 되었다. 특히 성경은 그러한 영체를 심각하게 다루고 있을 뿐만 아니라 그리스도의 구속사역에 대해서 많은 방해가 되는 것으로 취급하고 있다. 그러므로 우리는 이 문제를 신중히 고찰하여 그 정체를 밝혀야 한다.[1]

성경적 세계관은 이원론적 묘사를 피하면서, 천상의 세계(the

heavenly world)와 악마적 세계(the demonic world) 양자로부터 나오는 능동적인 초자연적인 힘들(active supernatual forces)을 인정한다. 성경적 설명(the Bible narratives)은 귀신들(demons)을 영적 실체들(spiritual entities) 혹은 세상 속에 있으면서 실제로 인간 내부에 거할 수 있는 존재들로 간주한다. 악령에 관한 연구는 사단론(Satanology)과 귀신론(Demonology)으로 나누어 연구하는 것이 상례이다. 본 장에서는 사단론을 먼저 다루고 오늘날 많은 문제를 야기시키고 있는 귀신론을 자세히 다루고자 한다.

1. 사단론

1) 사단의 의미

사단은 히브리어, 사단(Satan, 욥 1 : 6-7, 슥 3 : 1-2)에서 유래된 것으로 구약에 약 24회 나타난다. 신약에서는 사타나스(Satanas)로 34회, 디아볼로스(diabolos)로 36회 나타난다. 사단은 대적자, 유혹자의 뜻이고, 디아볼로스는 고소자, 중상자, 참소자라는 뜻이다(벧전 5 : 8, 딤전 3 : 6). 사단은 이 밖에도 여러 가지 이름을 가지고 있는데 바알세불(마 12 : 24, 27, 10 : 25), 베리알(고후 6 : 15), 귀신의 왕(막 3 : 22), 이 세상의 임금(요 14 : 30, 16 : 11), 공중의 권세 잡은 자(엡 2 : 2), 뱀(고후 11 : 3), 옛 뱀(계 12 : 9), 시험하는 자(마 4 : 3), 속이는 자(계 12 : 9), 살인자(요 8 : 44), 거짓말쟁이(요 8 : 44), 리워야단(사 27 : 1), 세상의 신(고후 4 : 4), 미혹의 영(요일 4 : 6), 거짓 선지자의 영(왕상 22 : 22-23), 사망 권세 잡은 자(히 2 : 14) 등이다.[2]

---

1. 이종성, 「성령론」(서울 : 대한기독교서회, 1984), p. 364.
2. 개혁주의 신행협회, 「신학사전」(서울 : 서울개혁주의 신행협회, 1981), p. 242.

2) 사단의 기원

사단은 피조된 3대 천사(미가엘, 가브리엘, 루시퍼) 중 하나인 루시퍼가 타락함으로 되어진 것으로 설명되고 있다. 그는 피조될 때 가장 완전하고, 지혜 있고, 아름답고, 영광스럽고, 행복하고, 권세 있는 지혜의 천사였으나(겔 28 : 15 - 17) 교만하여 하나님을 반역하여 자기 위치를 지키기 않으므로 타락하여 사단이 되었다고 한다(사 14 : 12 - 14, 유 1 : 6, 눅 10 : 18). 그는 천사로서 피조물 중에서는 최고의 능력과 지혜와 영광을 가진 자였다. 그는 초자연적, 초인간적인 영물이었다. 그러나 그가 타락함으로 하나님의 대적자가 되어 인간을 범죄하게 한다. 사단의 범죄는 교만하여 월권하고(단 4 : 30), 강포하여 살인하며(겔 28 : 16), 변질되어 거짓되고(요 8 : 44), 참담하게 되어 훼방자이고(계 13 : 5 - 6), 경배와 영광을 가로채고(계 13 : 4, 행 12 : 23), 천사들을 타락시켜 악령들을 만들고(계 12 : 4, 엡 6 : 12), 사람을 범죄하게 하여 타락시켰다(창 3장). 사단은 범죄한 결과로 하늘과 성산에서 추방되어(사 14 : 12, 계 12 : 3 - 9) 흑암에 결박되고(유 1 : 6), 땅에 떨어져 어두움과 세상의 왕이 되어(요 16 : 11, 엡 6 : 12) 사망의 권세를 주관한다(히 2 : 14).

2. 귀신론[3)]

1) 성경적 배경

성경적 자료를 언급하기 전에, 신·구약성경의 배경에 관하여 간략하

---

3. 귀신론은 Samuel Southard와 Grant C. Millikan이 함께 출판한 *Demonlogy and mental Illness* 중 Grant C. Millikan의 "Lecture on Demonlogy in the Bible"의 논문을 참고한 것이다.

게 살펴볼 필요가 있다. 세 가지 기본적인 영향력 있는 배경이 있다 : 귀신들과 귀신들림과 축사(蹴邪)에 관한 고대 근동의 배경, 헬라 배경, 그리고 유대적인 신앙체계가 그것이다.

1) 앗수르, 바벨론, 애굽, 그리고 가나안과 같이 이스라엘에 인접한 문화들 중에, 악령들의 존재와 그것들에 대한 축사의 존재를 믿는 것이 극히 일반적이었다. 악령들의 주된 부류는 죽은 사람의 영들(spirits)로부터 나온 것들로서 살아 있는 동물들의 영(the surviving spirits of animals)으로부터 나온다고도 믿어졌다. 다른 것들은 단순히 인간의 상상 속에서 만들어진 것들이었다. 이러한 문화들은 인생의 일들이 악령들과 귀신들의 손아귀에서 통제받고 있다고 믿었다. 이것들로부터 질병과 인격장애(personality disturbances)가 기인한다고 생각했다. 결과적으로 종교는 강령술(necromancy), 마법사의 사악한 마법(witchcraft), 악령에 의한 흑마술(sorcery), 점(divination), 그리고 마술(magic) 등과 같은 수단들을 개발하여 귀신들로 가득 찬 세상을 다루는 데에 골몰했다. 영계를 교묘히 다루고 달랠 목적으로 주변의 통속 종교들이 사용하는 반복축문들(incantations), 주문들(spells), 산 제물들(sacrifices), 그리고 훈증(蒸, fumigations) 등을 이스라엘은 속속들이 잘 알고 있었다.

2) 헬라 지역에서는 귀신들이 인간과 신들 중간의 지위를 가지고 세계에 가득 차 있다고 하는 믿음이 널리 퍼져 있었다. 보다 먼저 등장했던 문화들의 경우와 마찬가지로, 그 귀신들은 반복주문들(incantations)이나 주문들에 의해 통제될 수 있었다. 그 귀신들은 질병, 정신이상, 그리고 자연적 재난들의 원인이었다. 그것들은 대부분 죽은 사람들의 영들이었는데 본질적으로 신들과 구별되지 않았다.

헬라철학이 진보적이긴 했지만, 그것은 세계가 귀신들로 채워져 있다고 하는 통속적인 믿음의 기본적인 관념을 여전히 그대로 반영했다. 철학자들은 귀신의 개념을 사용해서 통속적인 신들(popular gods)에 관련된 신화들(offensive myths)을 규명하고자 노력했다. 때때로 '귀신'이라는 말은 신이라는 말과 동의어였다. 또 다른 경우는 귀신이라는 말은 죽은 후의 인간들의 상태를 의미했다. 소크라테스조차도 자기에게 붙어 다니는 영이 있다고 믿었다. 귀신들은 신들과 인간들 사이의 중재자들이기도 했고, 때로는 그들을 감독하기도 했다. 그러한 통속적인 믿음으로부터 어떤 철학 체계들은 인간들을 사로잡는 귀신들에 관한 교리를 흡수하기조차 했다.

3) 유대교에는 귀신론과 관련해서 주목할 만한 세 가지 분야가 있다. 첫째로, 랍비 유대교(Rabbinic Judaism, 후기 히브리어 유대교)에서는 자신의 천사론 체계에서 유래한 포괄적인 귀신론을 발달시켰다. 귀신들은 셀 수 없이 많고 그것들은 허공, 사막, 폐허들, 그리고 묘지와 같은 더러운 장소에 꽉 차 있다. 그것들에게는 신체기관들이 있다고 생각되었다. 많은 율법학자들이 그 귀신들에게 여러 이름들을 붙였다 : 힘센 존재(powerfuls ones), 또는 주(lords), 혹은 귀신들(demons)이라는 뜻의 쉐딤(shedim), 헤치는 자들(harmers)이라는 뜻의 마지킴(mazziqim), 파괴자들(destroyers)이라는 뜻의 메하벨림(mehabbelim), 공격자들(attackers)이라는 뜻의 페가임(pegaim), 호색자들(satyrs)이라는 뜻의 세이림(seirim), 악한 영(evil spiris)이라는 뜻의 루아흐 라아흐(ruah raah), 그리고 영(spirit)이라는 뜻의 루아흐(ruah) 등이다. 랍비들은 하나님이 죄인들에게 벌을 가할 권위와 인간들을 죄에 빠지게 하는 권위를 귀신들(demons)에게 부여했다고 믿었다. 귀신들은 질병들의 근원이었으나 모든 질병이 다 거기서 비롯된 것은 아니었다. 인간들을 귀신들의 영향으로부터 지키기 위해 랍비들은 마술과 부적들(amulets)과 축사를 사용하였다. 헬라 세계와는 대조적으로, 랍비 유대교에서는 귀신들이 하나님과 인간 사이의 중개자들이라고 믿거나, 그것들이 죽은 자들에게서 나온 영들이라고 믿지 않았으며, 천사들이라고는 전혀 믿지 않았다.

둘째로, 구약성경의 외경(the Pseudepigrapha)은 '영'(spirit)이라는 단어를 불결하거나 악한 것으로 사용하고 있다. 거기에서는 더러운 영들이 타락해서 마술, 우상숭배, 전쟁, 다툼, 그리고 피흘림 등을 유발한다고 말한다. 그것들은 인간들을 유혹해서 감추어진 비밀들을 파고들게 한다. 구약성경 외경들의 중요성은 그것이 인간들을 해치는 변덕스러운 영들에 관하여 랍비 유대교의 경우에 비하여 덜 언급하고 있다는 점이다.

마지막으로, 쿰란 유대사상(Qumran Judaism)은 일신론에 의해 완화된 우주론적 이원론을 제시하고 있다. 두 영이 야웨에게 종속되어 있다 : 빛의 영(천사)인 미가엘(Michael)과 어둠의 천사인 벨리알(Belial, 사단)이 그들이다.

유대교의 귀신론의 결정적인 특징은 귀신들이 악령들이라는 점과 죽은 사람들의 혼(solus)과는 관계가 없다는 점인데, 이러한 점은 헬라적인 개념과는 다른 것이다. 헬라의 통속적인 신앙과는 달리, 유대교에서는 악령들이나 귀신들과 선(善) 사이에는 아무런 관련도 없다. 그러나 유대교는 천사들과 귀신들에 관한 잘 갖춰진 체계를 가지고 있어서 유대 민중들에게 광범위하게 퍼진 신앙을 더욱 촉진시켰다.

2) 구약성경에 나타난 귀신론

(1) 사용된 용어

몇 가지 단어들의 사용에서 분명히 나타나는 것처럼, 이스라엘은 다른 문화들의 영들에 관하여 알고 있었다. 예를 들어, '여자 밤귀신'이라는 뜻의 릴리스(lilith, 사 34 : 14)라는 히브리어는 남자들을 그들의 꿈속에서 성적으로 유혹하는 영을 가리키는데, 아카디안(Akkadian, 수메르인) 문헌 속에도 언어적으로나 개념적으로 일치하는 표현이 나타난다. 히브리어 성경에 두 번 나타나는 또 다른 귀신 이름은 '검은 존재들'(the black ones)이라는 뜻의 쉐딤(shedim)이 있는데 이것은 이방적인 숭배에 관련된 귀신들을 가리킬 때 사용되었다(신 32 : 7, 17, 시 106 : 37). 쉐이림(seirim)은 문자적으로 '털이 많은 것들'(hairy ones)이라고 번역되는데, 네 군데의 참조 구절이 있다(레 17 : 7, 대하 11 : 15, 사 13 : 21, 34 : 14). 70인역에서는 이 seir(im)이라는 단어를 '다이모니온'(daimonion)이라는 말로 나타내는데, 이 말은 귀신 혹은 악령이란 뜻으로 구약성경에 19차례 정도 나온다. 귀신이라는 뜻인 다이몬(daimon)은 구약에서 한 번만 나오는데 다른 민족들의 신들을 총칭할 때 사용된 다이모니온(daimonion)의 동의어이다(신 32 : 17, 시 106 : 37, 사 65 : 3).

(2) 관련 구절들

사실적인 표현으로서의 귀신들림은 구약성경에 나타나지는 않는다. 구약은 대체로 귀신들림과 축사에 관해서는 침묵하고 있다. 그러나 많은 학자들이 사울 왕의 상황을 귀신들림의 가능성이 높은 것으로 본다. 구약 39권 중에서 이 경우는 악령이 인간에게 엄습한 경우일 가능성이 높은 유일한 경우인 것 같기는 하지만, 이것은 논의가 진행 중이다. 사무엘 상 16 : 14에 "여호와의 신이 사울에게서 떠나고 여호와의 부리신 악신이 그를 번뇌케 한지라."(terrorize)라고 기록되어 있다. 이 경우의 증상은 공포(terror)와 우울(depression)인데, 이것들은 음악에 한해서만 완화되었다. 여기서 주목해야 할 또 하나의 가치는 그 악령이 주님(the Lord)께로부터 왔다는 점이다. 이스라엘의 철저한 유일신론에서는 하나님은 선한 영과 악한 영을 둘 다 다루신다고 생각되어졌다. 이 참조구절 외에는, 인간을 엄습하는 야웨의 영(the Spirit of Yahweh)에 관한 구절들(삿 3 : 10, 삼상 10 : 6, 사 11 : 2)을 제외하면, 인간을 사로잡는 영에 대한 구절들은 없다.

(3) 구약성경의 귀신론 고찰

구약성경의 귀신론을 고찰해 보면,

① 고대 근동의 귀신론에 관한 참조자료들이 상당수 존재하고 있으며, 구약성경이 이들 귀신들의 이름을 언급하고 있다는 사실이다. 그러나 구약은 그러한 개념들을 다루면서 그것들로부터 모든 계시적인 것과 대조되는 자연적인 의미를 벗겨내 버렸다. 구약은 영계를 전적으로 알고 있으나 그것을 최소화한 것 같다. 귀신적인 것에 대한 언급은 항상 야웨의 주권 아래 종속시켜 두었다. 고대 근동의 본문들이 축사적인 의식들과 방법들에 관한 언급으로 가득 차 있었던 데에 반해, 구약은 그러한 것들에 관하여 아무런 언급도 없다. 요약하자면, 구약성경은 귀신들이나 축사에 관하여 거의 관심을 두지 않고 있으며, 동시대의 이스라엘 사람들과 마찬가지로 전혀 아무런 귀신론도 전개시키지 않았다.

② 구약은 우상숭배와 귀신의 영향과의 관계에 관한 언급에 있어서는 분명하다. "만방의 모든 신은 헛것이요, 여호와께서는 하늘을 지으셨음이로다"(시 96 : 5).

③ 주변 나라들과는 대조적으로, 이스라엘은 삶이 마술(magic)보다는 도덕적 현실(moral realities)에 의해 더 많이 결정된다고 생각하고, 그들의 삶을 '비신화화'(demythologize)하는 경향이 있었다. 구약에 나타나는 이스라엘 종교에 있어서 이러한 독특한 요인은 귀신들이 존재한다고 믿는 것을 본질적으로 배제하려는 경향이 있다. 이러한 것의 좋은 예가 창세기 1장이다. 거기서는 해, 달, 그리고 별들이 단지 광명(luminaries)이라고만 일컬어지는 데 반하여, 이스라엘 주변 문명들은 이것들을 두려워하고 공경해야 할 귀신들로 생각했다. 일반적으로 말해서, 구약은 그것의 다른 고대 근동 문헌과는 달리 귀신들이나 악령들과 축사의 개념을 조금만 다루고 있을 뿐이다.

3) 신약성경에 나타난 귀신론

(1) 용어

귀신론에 관련해서 신약 저자들이 사용한 몇 가지 단어들이 있다. 'daimon'이라는 말은 단 한 번 사용되었다(마 8 : 31). 이 외에 '귀신'(demon)이라는 말은 다른 모든 경우에는 'daimonion'이라는 단어로 쓰였다(마태복음에서 11차례, 마가복음에서 13차례, 누가복음에서 23차례). 두 단어 다 '귀신'(demon) 혹은 '악령'이라고 번역되었다. 그 밖의 다른 경우에는 '더러운', '악한'(evil), '벙어리된', '귀먹은' 등의 여러 형용사들을 덧붙여서 쓰고 있다. "귀신에게 사로잡히다."라는 뜻인 daimonzomai가 마태복음에 7회, 마가복음에 4회, 그리고 누가복음과 요한복음에 각각 1회씩 나타난다. '몰아낸다'(drive out), '추방하다'(expel), '내보내다'(send out), '꺼내다'(take out) 등의 뜻이 있는 ekballo는 70인역에서는 달갑지 않은 존재들을 강력히 배제하는 것을 의미하였다. 이 말은 신약에서 다양한 실천적인 의미(practical meanings)를 가지고 81번이나 나타난다. 예를 들면, 마태복음 7 : 4에서 티를 뺀다는 표현이나 요한복음 6 : 37에서 예수께서는 자신에게로 오는 자는 아무도 내쫓지(reject) 아니하신다고 표현한 대목이 그것이다. 그런데 귀신의 추방과 관련해서 볼 때, 예수의 축사방법이 예수 당시의 동시대 세계의 축사방법과는 결정적으로 다르기 때문에 이 단어가 신학적 관련을 가지게 된다.

(2) 신약성경의 귀신론의 특성들

신약 전체를 통틀어서 이러한 용어들을 사용하는 데 있어서, 죽은 자들의 영이나 유령들이 존재한다고 믿는 표시라고는 없다. 천사들과 귀신들은 정반대의 존재들이며, 귀신들에 대한 두려움은 그리스도의 승리에 대한 신앙으로 인하여 사라지게 된다. 비록 헬라어 용법에 있어서는 daimon이 하나님과 인간 사이의 중개자라는 것을 암시하지만 신약성경은 그러한 개념의 그 어떤 암시도 피하고 있다.

귀신들은 항상 활동하고 있는(active) 것으로 생각되었다(엡 6 : 12). 그리고 그것들은 자기들의 지혜를 가르치기도 한다(약 3 : 15). 결과적으로, 영의 분별은 필수적인 의무이다(요일 4 : 1, 고전 12 : 10). 마술의 배후에는 귀신이 관련되어 있으므로 마술은 배격되어야 한다(갈 5 : 20, 계 9 : 20-21, 18 : 23, 21 : 8, 22 : 15). 이교도적인 예배는 인간으로 하여금 악령들과 접촉하게 한다(고전 10 : 20-21). 왜냐하면 이교도 사상(paganism)은 본질적으로 귀신적인(demonic) 것이기 때문이다(계 9 : 20). 마지막 때에 귀신들은 활동하게 될 것이다(딤전 4 : 1, 계 16 : 13-14). 그러나 그것들은 심판받도록 운명지워져 있다(마 25 : 41, 8 : 29). 귀신들은 사단에게 예속된 천사들이다(엡 2 : 2, 막 3 : 20-30). 그것들은 병을 일으키는 것과 같은(눅 13 : 11, 16, 행 10 : 38, 고후 12 : 7) 악을 행할 수 있는 힘이 있다. 그러나 모든 병이 다 귀신들 때문만은 아니다(눅 13 : 32). 복음서에서 귀신들린 사람들은 인격을 상실하고, 더러운 영에 의해 제어받았다(막 5 : 5-20). 하나님의 나라(the kingdom of God)가 예수 안에 임재해(present) 있었기 때문에, 예수는 말씀으로 귀신들의 세력을 깨뜨렸다(마 12 : 28). 초인간적인 지식을 가지고서 귀신들은 예수를 알아보았고, 예수로 인한 자신들의 운명을 알아차렸다(마 8 : 29, 약 2 : 19). 예수조차도 귀신들렸다고 고소당했다(요 7 : 20, 8 : 48-49, 52, 10 : 20-21). 신약성경 기록 중에는 믿는 사람이 귀신들린 사례는 없었다.

귀신들림과 질병에 관하여 언급해야 하는데 여기에서 네 가지 점이 이야기될 수 있다.

① 성경은 귀신들림과 자연적 질병을 구별한다(마 4 : 24, 8 : 16, 10 : 1, 막 1 : 32-34, 6 : 13, 눅 4 : 40-41).

② 성경은 어떤 병들은 귀신이 거처(inhabitation)하는 탓으로 돌린다 : 예를 들어서, 벙어리된 것, 귀머거리, 그리고 중풍(마 9 : 32-33, 12 : 22, 막 5 : 5, 9 : 17-18) 등이다.

③ 그러나 이러한 질병들을 가진 모든 이들이 다 귀신들린 것은 아니다(예를 들자면, 행 8 : 7의 중풍병자는 아무 귀신도 들리지 않았다.).

④ 그리고 어떤 사람들은 가버나움 회당의 더러운 영에게 사로잡힌 사람처럼, 아무런 부수적인 신체적인 고장도 없이 더러운 영들을 지니고 있었다(막 1 : 23 - 26, 눅 4 : 33 - 37).

본 장에서 귀신론을 자세히 취급함은 귀신론 때문에 교회의 혼란이 야기되고 있기 때문이다. 이제 우리는 성경에 나타난 귀신론을 정확히 파악함으로 한국적 토속신앙이나 정령숭배에서 비롯된 잘못된 귀신론을 바로잡아야 하며, 또 모든 질병이 귀신에서부터 비롯되었다는 주장은 성경의 가르침과 배치되는 것임을 알아야 한다. 또한 귀신은 예수 그리스도가 선포한 하나님 나라의 도래와 부활하시고 승천하신 그리스도의 승리를 통해서 이미 정복되었음을 우리는 깨달아야 할 것이다.

3. 악령의 본성과 활동

1) 악령의 본성

사단의 본성에 대해서 그의 이름과 기원을 통해서 밝혀지고 있듯이

첫째, 영적인 존재(마 8 : 16, 눅 10 : 17, 20, 막 9 : 25, 엡 2 : 2, 6 : 12, 계 16 : 13, 14)이다. 따라서 우리들이 구별하기 어려운 것이 사실이다. 이미 앞에서 살펴본 대로 비가시적, 비물질적, 비현상적이기 때문에 대단히 어렵다. 그러기에 성경은 그 열매도 알게 된다고 말씀하고 있다(마 7 : 15 - 20).

둘째, 지적인 존재(막 1 : 24, 마 8 : 29, 계 9 : 14)이다. 마가복음서에 보면 예수 그리스도를 제일 처음 알아보고 "나사렛 예수여, 우리가 당신과 무슨 상관이 있나이까? 우리를 멸하러 왔나이까? 나는 당신이 누구인 줄 아노니 하나님의 거룩한 자이니이다."(막 1 : 24)라고 말한 자가

바로 귀신이었다. 이뿐 아니라 마태복음에서 예수께서 시험받으실 때에도 이 같은 지적 활동을 찾아볼 수 있다.

셋째, 더러운 영(존재 - 마 10 : 1, 막 1 : 27, 3 : 11, 눅 4 : 36, 행 8 : 7, 계 16 : 13)이다. 이미 앞에서 살펴본 대로 더러운 영(unclean spirit)이라는 말이 22회 나올 정도로 귀신에 대해서 제일 많이 나오는 용어이다. 이 귀신의 영은 부정한 영, 깨끗지 못한 영으로서 인간이 맑고 바른 정신으로 살지 못하게 하는 특징이 있다. 그러기에 무덤에 거하게도 하고 특별히 추하고 더러운 곳에 머물기를 좋아하게 한다. 그러기 때문에 예수는 귀신을 쫓아낼 때에 "더러운 귀신아!"라고 말씀하신 후 쫓아 버리는 것이다.

넷째, 악한 영(막 9 : 22, 마 12 : 29, 눅 8 : 26 - 36, 13 : 11 - 17)이다. 인간을 괴롭히는 악한 영이다. 뿐만 아니라 모든 범죄를 자아내게 하는 영이기도 하다. 또한 악한 생각을 하게 하는 영으로서 악을 도모하기 위하여 힘쓰게 한다.

2) 악령의 활동

악한 영이, 사단과 귀신들이 하는 일이란 이미 앞에서 언급한 바대로, 또한 그의 이름에서 나타난 바대로 악한 일을 도모한다. 이들의 활동을 좀더 구체화하면,

① 하나님을 대적하게 하기 위하여 여러 가지 방법으로 인간을 미혹한다. 즉, 인간으로 하여금 인간과 피조물을 신격화하여 우상숭배하게 하고 더 나아가 사신들을 숭배하게 하며 여러 가지 사술과 점신술, 강신술, 요술, 점성술, 복술로써 하나님으로부터 멀어지게 한다.

② 이들은 거짓과 사악, 불의와 공포, 죄와 죽음으로 이 세상을 다스린다. 그리하여 이 세상에 참된 평화와 의가 사라지게 함으로써 오히려 파괴적인 힘만이 존재하게 한다.

③ 사람을 유혹하여 범죄하게 한다. 사단은 하와를 유혹하여 범죄하게 하였을 뿐만 아니라, 심지어는 택한 자들까지도 시험하고 불신자들을 부패하게 하고 타락시켜 더욱 범죄하게 한다. 사단이 사람을 유혹할 때 갖가지 방법을 다 동원한다. 직·간접적 방법, 유도적 방법, 육적 방법을 가지고 유혹하여 사람을 하나님으로부터 멀게 할 뿐만 아니라 사람의 영혼을 죽인다.

④ 사람을 괴롭히는 일이다. 사단은 성도의 약점을 폭로하고 누설하며 하나님께 고발한다. 그리하여 성도들의 양심을 괴롭히고 죄책감에 사로잡혀 근심, 걱정, 고민, 번뇌, 낙심, 절망하게 한다. 또한 여러 가지 질병을 일으킨다.

우리는 지금까지 사단에 대하여 생각해 보았다. 사단이 우리 삶에 미치는 영양이 무엇이며, 이 세계에 미치는 영향이 무엇인가를 살펴보았다. 그러나 우리는 다음과 같은 위험스러운 점은 피해야 한다. 하나는 사단의 힘을 지나치게 극대화하는 것이다. 이 세계가 마치 하나님의 지배보다는 사단의 지배 아래 있는 것처럼 생각하는 것이다. 성경은 이렇게 말하지 않고 허용된 범위에서 사단의 힘이 작용할 수 있지만 하나님의 영역에까지 미치지 못함을 말하고 있다. 따라서 모든 문화나 이 세계 자체를 사단의 지배로 보고 죄악시하는 것은 잘못이다.

다른 하나는 모든 것을 사단의 책임으로 돌리는 것이다. 질병으로부터 시작해서 모든 행위에 이르기까지 개인의 책임은 없고 모든 것을 사단의 책임, 마귀의 책임으로 돌리는 것이다. 이것이 잘못이다. 병은 사단이 일으키는 병도 있지만 병균에 의해서 옮겨지는 병도 있다. 또한 하나님께서 신체의 질서도 주시고 이 세계의 자연의 질서도 주셨다. 이 질서 파괴에서부터 오는 것도 많다. 또 우리 인간에게는 자연법인 양심, 이성, 도덕적 의식들을 주심으로 책임 있게, 분별력 있게 살게 하셨다. 그러므로 모든 것에는 개인의 책임도 있다는 것을 기억해야 한다.

마지막으로 사단의 힘을 부정함으로 경시하는 것이다. 오늘날 과학적 세계관을 가지고 있는 많은 사람들 중에 영적 세력을 부정하는 사람들이 있다. 이것은 잘못된 것이다. 성경은 우리에게 분명히 영적 실체에 대해서 말하고 있다. 우리는 성경의 가르침대로 근신하고, 깨어 경계할 필요가 있다. 그러나 우리는 결코 두려워할 필요는 없다. 하나님이 우리와 함께 계시기 때문이다. 뿐만 아니라 그리스도의 십자가의 죽으심과 부활을 통하여 마귀의 세력을 극복하였기 때문이다. 그러므로 우리는 보다 더 담대하고 하나님 앞에서 살며 또 두려움보다는 우리의 해야 할 책임과 의무에 더 충실하는 것이 필요하다. 우리는 예수 그리스도를 믿음으로, 말씀에 순종함으로 성령의 능력을 통하여 모든 사단의 힘을 넉넉히 물리칠 수 있다.

우리는 지금까지 악령에 대하여 살펴보았다. 우리 인간의 영의 상태에서 공백이란 있을 수 없다. 무엇으로 채우든지 채워져야만 한다. 또 무엇을 의지하든지 의지해야만 한다. 이는 마태복음 13 : 43~45의 비유에서 찾아볼 수 있다. 내용인즉 더러운 귀신이 사람에게서 나와 이곳 저곳으로 돌아다녔지만 쉴 곳을 얻지 못했다. 그리하여 옛집으로 되돌아가고자 하여 돌아와 보니 그 집이 비어 있었고, 소제되고 깨끗이 수리되어 있었다. 그리하여 자기보다 더 악한 귀신 일곱을 데려와 같이 살게 되었는데 그 사람의 형편이 옛날보다 심하게 되었다는 비유의 말씀이다. 이는 무엇을 말하는가? 이는 집이 비어 있음에 문제가 있음을 말한다. 우리는 우리에게 허락한 성령의 전을 성령으로 채우지 아니하면 결국 다른 무엇, 즉 악령이 차지할 수밖에 없다. 이는 구약의 사울의 경우에도 마찬가지이다. 사무엘 상 18장 이하에 보면 악신이 사울을 번뇌케 했다는 말씀을 볼 수 있다. 하나님의 영이 우리 안에 거하시고 또 함께하지 아니하시면 악신이 우리의 삶을 번뇌케 하여 삶의 혼란, 무질서 속에 살 수밖에 없다.

이제 초대교회에 예루살렘의 시릴이 성령과 악령에 관하여 말한 내용을 비교함으로 끝맺는다. 그는 신자들의 세례 준비에 관한 글을 남겨 두었는데 거기에서 성령과 마귀를 비교한 말이 있다. 그것은 다음과 같다. "더러운 마귀가 사람의 영혼을 덮칠 때 마치 늑대가 양을 덮치듯이 한다. 가장 무서운 방법으로 온다. 가장 포악하다. 마음이 어두워진다. 그의 공격은 불이다. 다른 사람의 소유를 침범하는 일이다. 다른 사람의 몸과 도구를 마치 자기의 것인양 강제로 사용한다. 이것이 사단의 방법이다. 그러나 성령은 그렇지 않다. 성령은 사람을 감동케 하는 방법을 쓴다. 그가 하는 일은 사단과는 반대로 선하고 유익하게 한다. 그는 고요하게 온다. 그의 지식은 향기롭다. 그의 짐은 아주 가볍다. 그가 오기 전에 빛과 지식이 번쩍인다. 참보호자의 친절을 가지고 온다. 그는 그를 받아들이는 사람과 그를 통해서 나중에 그를 받아들이는 다른 사람들을 구원하고 고쳐 주며, 가르치고 견책하며, 강하게 하고 격려하며, 마음을 밝게 해 주기 위하여 오신다. 사단은 사람을 언제든지 포악하게 취급하고 불행을 가져다 주나, 성령은 언제든지 사람에게 선하고 유익하도록 한다."[4]

---

4. 이종성, op. cit., p. 367에서 재인용.

IX

성령에 관한 설명들

1. 창조의 영이신 성령

　창조의 영으로서의 성령은 이미 앞부분에서 살펴본 바대로 태초의 창조 당시 무형의 혼돈에 생명을 가져다 주는 창조적 힘으로 그 때부터 벌써 작용하고 있었다. "땅이 혼돈하고 공허하며 흑암이 깊음 위에 있고 하나님의 신(루아흐 엘로힘)은 수면에 운행하시니라"(창 1 : 2). 성령은 창조하시는 '말씀'과 나란히 평행구를 이루어 창조와 관련된 루아흐의 기능을 하신다. 피조물 전체가 혼돈되고 질서도 없고 생명도 없었으나 그의 루아흐의 동참으로 말미암아 움직임이 생겼고 질서와 생명이 생겼다. 구별이 없는 혼돈의 깊음 속에서 모든 존재의 가지가지의 형태가 부름과 응답에 의해서 존재로 나타나게 된다. 그러나 그 무시간적 순간에, 성령의 강하고도 귀한 사랑, 교류를 위한 불가항력적인 의지 외에는 아무것도 없었다. 생명이 없던 천지에 야웨 신의 입김이 때로는 바람으로, 때로는 공기로, 때로는 입김으로 약동하심에 따라 생명이 생기고 운동이 생기게 되었다. 또한 창조한 모든 것이 보존된다.
　여기에 하나 유념해야 될 것이 있다. 하나님의 신의 창조는 단지 일회적으로 끝나는 것이 아니라 계속적으로 이루어진다는 것이다. 이를 계속적 창조(creatio continue)라 한다. 그러나 처음 창조와 계속적 창조 사이에는 본질적 차이가 있는데 전자는 무에서 유를 창조(creatio exnihilo)한 것이고, 후자는 유에서 유, 기존의 사태에 대하여 새로운 사태로 변하게 하거나 새로운 질서나 생물을 창조한 것을 의미한다. 역사와 자연계는 이러한 계속적 창조의 반복에 의해서 움직이고 있다. 오히려 우리는 그 안에서 숨쉬고 존재한다. 왜냐하면 그것이 우리에게 자체를 주었다가 물러가 버리는 것이 아니라 언제든지 성장케 하고 결실케 한다. 이런 점에서 창조와 섭리와 구속은 동일한 사건의 다른 측면이다.

하나님의 영이신 성령은 태초부터 창조의 영이시다. 따라서 하나님의 영이신 성령은 창조의 영이시다. 또 하나님의 영이신 성령은 창조하신 것을 보존하시는 영이시며, 뿐만 아니라 낡은 기존의 세계, 가치 속에서 새로움을 창조하시는 영이시기도 하다.

"주의 성령이 내게 임하셨으니 이는 가난한 자에게 복음을 전하게 하시려고 내게 기름을 부으시고 나를 보내사 포로된 자에게 자유를, 눈먼 자에게 다시 보게 함을 전파하며 눌린 자를 자유케 하고 주의 은혜의 해를 전파하게 하려 하심이라"(눅 4 : 18 - 19).

특별히 하나님의 계속적인 창조는 구약성경에서 '성령의 역사'라고 가르친다(창 1 : 1 이하, 2 : 7, 시 104 : 1 - 2, 14 - 15, 19 - 21, 25 - 30, 욥 34 : 14 - 15 등). 이사야 선지자는 하나님이 이스라엘을 포로의 땅에서 돌이켜 본토로 회복시킬 때에 일어날 미래의 영광을 기대하면서 성령에 의한 재창조의 비전을 다음과 같이 기술하고 있다 :

"대저 궁전이 폐한 바 되며, 인구 많던 성읍이 적막하며, 산과 망대가 영영히 굴혈이 되며, 들나귀의 즐겨하는 곳과 양떼의 풀 먹는 곳이 될 것임이어니와, 필경은 위에서부터 성신을 우리에게 부어 주시리니 광야가 아름다운 밭이 되며 아름다운 밭을 삼림으로 여기게 되리라"(사 32 : 14 - 15).

그러므로 창조의 영이신 성령은 새로움을 창조하는 창조의 영이시며 동시에 이미 존재한 것을 새롭게 하는 재창조의 영이시다. 그러므로 모든 창조의 사역은 성령의 사역이다.

2. 약속의 성령

하나님의 영은 '약속의 성령'이라고 부른다. 이 뜻은 두 가지 의미를 가지고 있다. 즉, 성령은 약속의 성취로서 부여됨과 동시에 이루어지지 않은 약속의 보증금으로 주어지는 것이다. 예수께서 성령을 아버지의 약속으로서 말씀하셨다. 사도 베드로도 오순절의 성령강림에 관해서 설명하기를

"이 예수를 하나님이 살리신지라. 우리가 다 이 일에 증인이로다. 하나님이 오른손으로 예수를 높이시매 그가 약속하신 성령을 아버지께 받아서 너희 보고 듣는 이것을 부어 주셨느니라"(행 2 : 32 - 33).

약속의 성령은 구약에도 예언되어 있지만 예수 그리스도를 통하여 구체적으로 나타났다. 하나님의 성령은 그리스도의 성령이다(사 11 : 2). 하나님은 그리스도로 존재한 것같이 성령으로 존재하신다. 다시 말해서 그분은 개별에서 전체이고, 전체에서 개별이다. 앞서 살펴본 대로 약속의 성령에는 전면지향성과 후면지향성이 있는데, 전면지향성이란 약속의 성취를 위함이요, 후면지향성이란 약속의 보증이라는 뜻을 가지고 있다.[1]

3. 거듭나게 하시는 성령

우리의 삶 속에 성령께서 역사하신다는 사실을 묘사하기 위해서 다양한 용어들이 성경에서 사용되고 있다. 이 용어들이 '선택', '부르심', '거듭남', '회개', '칭의', '성화' 등이다. 이 같은 용어들을 생각할 때에 성령의 역사가 얼마나 다양한지 알 수 있다. 그러나 이런 모든 용어 속에서 성령의 역사 중 가장 잘 묘사하고, 표현한 말은 '거듭남' 이다. 성령은 생명을 주시는 분으로 인간에게 생기를 불어넣은 하나님이시다. 이것이 구속과 창조 속에 나타난 성령의 본질인데 성령의 역사로서의 구속은 '거듭남', 즉 새롭게 하는 것을 뜻한다. 그러므로 '거듭남' 이라는 말은 성령을 체계적이며, 통일적으로 가장 잘 묘사한 말이다.[2] 성령은 굳은 마음을 제하시고 부드러운 마음을 주시며(겔 36 : 26), 생기로 마른 뼈에 들어가게 하시며(겔 37 : 10), 하나님의 뜻을 이루게 하신다(요 1 : 13). 뿐만 아니라 사람을 거듭나게 하신다.

"예수께서 대답하여 가라사대 진실로 진실로 네게 이르노니 사람이 거듭나지 아니하면 하나님 나라를 볼 수 없느니라.…… 사람이 물과 성령으로 나지 아니하면 하나님 나라에 들어갈 수 없느니라. 육으로 난 것은 육이요 성령으로 난 것은 영이니"(요 3 : 3 - 6).

이처럼 '거듭남' 은 피나 육이라 하는 자연적인 육적 방법이나 사람의 뜻으로 된 것이 아니라 성령에 의해서 이루어진 것이다. 성령으로 거듭난 자만이 새로운 피조물(고후 5 : 17)이 되며 새로운 삶을 살게 된

---

1. Sammuel Chadwick, *The Way to Penticost*, 한모길 역, 「성령을 믿느냐?」(서울 : 성광문화사, 1976), p. 31.
2. Hendrikus Berkhof, *The Doctrine of Holy Spirit*, 황승룡 역, 「성령론」(서울 : 성광문화사, 1985), p. 107.

다. 즉, 그리스도의 생명이 그의 삶 속에서 이식된다. 우리는 성령으로 말미암아 거듭나게 되어 깨끗하고 성화된 삶을 살게 된다.

> "우리 구주 하나님의 자비와 사람 사랑하심을 나타내실 때에 우리를 구원하시되 우리의 행한 바 의로운 행위로 말미암지 아니하고 오직 그의 긍휼하심을 좇아 중생의 씻음과 성령의 새롭게 하심으로 하셨나니, 성령을 우리 구주 예수 그리스도로 말미암아 우리에게 풍성히 부어 주사……"(딛 3 : 4 - 7).

성령은 죄인된 우리를 거듭나게 함으로 새롭게 하시는 분이요, 새로운 삶을 살게 하신 분이다. 성령의 새로움이란 부분적 의미를 가지는 것이 아니라 인간 본성의 영적 혁신(Spiritual Renovation)이다.[3] 성령은 죄 때문에 죽은 우리를 그리스도의 생명 속으로 이식시켜 그리스도와 같은 형상으로 화하게 하시며 그리스도의 영광에 이르게 한다(고후 3 : 18). 그러므로 개혁교회에서는 성령의 역사에 있어서 무엇보다도 '거듭남'을 가장 중심으로 삼는다.[4] 이 부분에 관해서는 앞부분에서 언급한 바 있다.

4. 보혜사 성령

요한복음은 성령에 관하여 가장 명확하고도 확실하며 또한 풍부한 말씀을 담고 있다. 보혜사 성령에 대해서는 신약성경에 나타난 성령 부분 중 요한복음에 나타난 성령에서 이미 살펴보았다. 그러나 다시 정리한다는 의미에서 다시 살펴볼 것이다. 요한복음에 나온 성령의 칭호 중

---

3. John Owen, *The Holy Spirit*, 이근수 역, 「개혁주의 성령론」(서울 : 여수룬, 1988), p. 190.
4. Hendrikus Berkhof, op. cit., p. 109.

가장 독특한 것은 보혜사(parakletos)이다. 요한복음에 나타난 보혜사라는 성령의 칭호의 뜻을 아는 것은 대단히 중요하다. 보혜사라는 말은 헬라어로 '파라클레토스' 라 하는데 이 칭호는 다양하게 번역되었다. 흠정역에서는 위로자(comforter)로, 개역 성경에서는 위로자라는 말을 사용하면서도 난외주에 대변, 협조자를 의미할 수 있다고 하였다. 개역 표준성경에서는 상담자(counsellor)라고도 번역하였다. 이 외에도 '곁에 서 있는 이', '친구', '편들어 주는 사람' (He Who is to be friend)으로도 번역했다. 그러나 20세기의 대부분의 신약성경은 협조자(helper)로 번역하고 있다. 이처럼 파라클레토스를 번역하는 것은 쉽지 않다.

좀더 이 말의 깊은 뜻을 살펴보면, '파라클레토스' 는 '파라칼레인' (Parakalein)에서 왔다. 파라칼레인은 곁에 계신 분(Someone Who is called to one's side)이라는 뜻이다. 파라칼레인은 어떤 사람을 협력자로, 상담자로 부를 때, 또 어떤 일을 위해서 그 사람의 협조를 받기 위해서 초청할 때 사용하는 말이다. 또한 변호해 주기를 바라서 어떤 사람을 증인으로 부를 때 사용된다. 성령을 파라클레토스라 한 것은 성령의 삶의 용기와 힘을 주시는 위로자이시며, 생의 어려움 속에서 우리를 상담해 주시는 상담자이시며, 우리에게 도움을 주시는 분이시며, 더 나아가 우리를 변호해 주시는 대변자이시라는 뜻이다. 그러므로 파라클레토스라는 말 속에는 위의 네 가지 요소를 다 포함하고 있다. 그러므로 보혜사가 우리와 함께 계신다는 것은 우리에게 큰 위로이며 힘이요 삶의 능력이다.

그러나 여기에서 유의해야 할 점이 있다. 예수님은 요한복음 14 : 16~17에서 보혜사에 대하여 말씀하시면서 다른 보혜사를 너희에게 보내리라고 말씀하신다. 예수님이 말씀하신 '다른' 이란 뜻은 무엇인가? 예수 그리스도가 말씀하신 '다른' 이라는 뜻은 상이(different)하다는 뜻이 아니라 그와 같은 또 하나(another, one more)라는 뜻이다. 즉, 같은 종류의 다른 하나라는 뜻이다. 그러므로 다른 보혜사란 주님 자신과 똑같이 생각하고 사랑하며 행동하는 그와 같은 분이라는 의미이다. 결과적으로 이질적인 것을 의미하지 않고, 본질적이고 동일하며 동질적인 것을 뜻한다.[5] 따라서 보혜사 성령은 예수 그리스도와 같은 일을 하시는 그리스도의 영이다.

"보혜사 곧 아버지께서 내 이름으로 보내실 성령 그가 너희에게 모든 것을 가르치시고 내가 너희에게 말한 모든 것을 생각나게 하시리라"(요 14 : 26).

5. 생명의 성령

성령은 생명의 창조자로서 생명의 주이시며 생명의 원천(fons viate)이시다. 그러므로 성령은 생명의 근원이 되시는 영(life-originating-Spirit), 생명을 창조하시는 영(life-creating-Spirit), 생명을 주시는 영(life-giving-Spirit)이다.[6] (고후 3 : 6, 고전 15 : 45, 요 6 : 63).
성경은 이에 관하여 이렇게 말씀한다.

"하나님의 신이 나를 지으셨고 전능자의 기운이 나를 살리시느니라"(욥 33 : 4).

뿐만 아니라 창세기의 인간 창조 역시 동일한 계시를 우리에게 제공한다.

"여호와 하나님이 흙으로 사람을 지으시고 생기를 그 코에 불어넣으시

---

5. Leman Strauss, *The Third Person*, 생명의 말씀사 역, 「성령론」(서울 : 생명의 말씀사, 1967), p. 12.
6. Shirley C. Guthrie, Jr., *Christian Doctrine*, p. 295.

니 사람이 생령이 된지라"(창 2 : 7).

모든 생명은 하나님의 성령의 직접적 행위에서 유래한다. 그러므로 성령이 생명을 주시는 영이라는 말은 모든 생명에 대한 성령의 관계를 나타내는 포괄적인 말이다. 성령은 생명을 주시는 분이시므로 모든 생명은 성령에 속한다.

"주께서 낯을 숨기신즉 저희가 떨고 주께서 저희 호흡을 취하신즉 저희가 죽어 본 흙으로 돌아가나이다. 주의 영을 보내어 저희를 창조하사 지면을 새롭게 하시나이다"(시 104 : 29-30).

인간이란 하나님께서 그의 영을 거두시면 죽어서 흙으로 돌아가고 하나님께서 그의 영을 주시면 다시 소생하여 새롭게 된다. 성령과 인간 생명과의 관계는 다른 말씀 속에서도 찾아볼 수 있다.

"그가 만일 자기만 생각하시고 그 신과 기운을 거두실진대 모든 혈기 있는 자가 일체로 망하고 사람도 진토로 돌아가리라"(욥 34 : 14-15).

"나의 생명이 아직 내 속에 완전히 있고 하나님의 기운이 오히려 내 코에 있느니라"(욥 27 : 3).

이 모든 말씀은 인간 생명의 유래와 그 근원에 대한 말씀이다. 인간의 생명이란 인간의 것이 아니고 하나님의 소유이며 하나님의 선물로서 하나님이 주신 것이다. 그러므로 하나님의 영이 함께한 곳에는 참된 생명이 있고, 하나님의 영이 함께하지 않은 곳에는 생명이 없다. 만일 하나님이 그의 영을 거두시면 모든 것은 무로 되돌아간다(Dominus Spiritum subtrabit, Omnia in nihilium rediguntur.).

6. 진리의 성령

성경이 성령에 대하여 즐겨 부르는 칭호는 진리의 성령이라는 칭호이다. 특별히 이 칭호는 요한복음에 주로 나타난다.

"저는 진리의 영이라. 세상은 능히 저를 받지 못하나니 이는 저를 보지도 못하고 알지도 못함이라. 그러나 너희는 저를 아나니 저는 너희와 함께 거하심이요, 또 너희 속에 계시겠음이라"(요 14 : 17).

"내가 아버지께로서 너희에게 보낼 보혜사, 곧 아버지께로서 나오시는 진리의 성령이 오실 때에 그가 나를 증거하실 것이요, 너희도 처음부터 나와 함께 있었으므로 증거하느니라"(요 15 : 26 - 27).

"그러하나 진리의 성령이 오시면 그가 너희를 모든 진리 가운데로 인도하시리니 그가 자의로 말하지 않고 오직 듣는 것을 말하시며 장래 일을 너희에게 알리시리라"(요 16 : 13).

진리의 성령은 우리를 모든 진리(into all truth), 즉 온전한 진리(into truth entire)와 전체(whole)의 진리로 인도하신다. 우리 자신의 의지력만 가지고는 단지 부분적이며 단편적인 진리만을 파악하거나 발견할 수밖에 없다. 또한 우리 자신으로서는 단지 진리를 추측하며 모색하는 것으로 만족할 수밖에 없다. 따라서 오직 성령을 통해서만 우리는 완전한 진리를 깨달을 수 있다.

진리의 성령에 의해서 우리는 인간의 식별력을 초월한 하나님의 세계, 즉 계시의 세계를 깨달을 수 있다. 하나님의 계시의 세계는 학문적 논리에 의해서 드러나는 것이 아니라 오직 하나님의 영에 의해서이다. 이를 가리켜 "성령은 모든 것, 곧 하나님의 깊은 것이라도 통달하시느니라."(고전 2 : 10)고 한다. 여기에서 깊음이란 형용사가 아니라(헬라어에는 형용사가 없다.), 그것은 '깊은 것'이 아니라 깊음이다.[7] 여기에는 하늘이나 바다와 같은 깊이, 즉 심연이 있다. 이 깊이는 너무 깊어 측량할 수 없는 것으로, 그것은 오직 하나님의 영만이 우리에게 계시해 준다. 하나님의 심연의 세계는 성령의 계시 외에는 어떤 다른 방법에 의해서도 알 수 없다. 하나님의 깊이의 세계는 오직 하나님의 영에 의해서만 알려질 수 있다.

성령이 진리의 영이신 것은 바로 진리 자체이신 예수 그리스도를 증거하기 때문이다. 기독교에서 말하는 진리란 어떤 이념이나 사상, 혹은 일반적 진리의 정의인 불변성, 보편타당성, 절대성을 말하는 것이 아니라 하나님의 의와 사랑을 계시하시며 성령의 능력 가운데 오고 계신 예수 그리스도이다(요 14 : 6). 진리의 영이신 성령은 이 영에 의해서 깨우쳐지고 인도되는 사람들의 신앙과 인식을 무엇보다 먼저, 그리고 궁극적으로 하나님의 진리이신 예수 그리스도에게 향하게 한다. 진리의 영이신 성령은 우리로 하여금 온전하고도 전체적인 진리로, 하나님의 계시의 진리의 세계로, 더 나아가 진리 자체이신 예수 그리스도에게로 인도하는 진리의 영이시다.

7. 자유하게 하시는 성령

"주는 영이시니 주의 영이 계신 곳에는 자유함이 있느니라"(고후 3 : 17).

진리의 영이신 성령은 자유와 깊은 관계가 있다. 진리란 인간을 새롭게 할 뿐만 아니라 인간을 자유롭게 하여야 한다. 인간의 진정한 자유란 진리 속에서 이루어진다. 그러므로 "진리를 알지니 진리가 너희를 자유케 하리라."(요 8 : 32)고 말씀하신다. 인간은 진리를 앎으로 모든

---

7. Sammuel Chadwick, op. cit., p. 129.

억압, 속박으로부터 참자유, 참해방을 맛보게 된다. 따라서 진리와 결합되지 않은 자유는 진정한 자유라 할 수 없다. 그러면 진리의 성령이 우리에게 가져다 주신 자유는 무엇인가? 이는 하나님의 자녀로서 갖는 자유이다.

"너희는 다시 무서워하는 종의 영을 받지 아니하였고 양자의 영을 받았으므로 아바 아버지라 부르짖느니라. 성령이 친히 우리의 영으로 더불어 우리가 하나님의 자녀인 것을 증거하시나니"(롬 8 : 15 - 16).

그러므로 우리가 자유라 할 때 조건 없는 무조건적, 또한 무엇이든지 할 수 있는 방임적인 자유가 아니라 새로운 관계, 즉 하나님과의 새로운 관계 속에서 갖는 자유이다. 따라서 우리 그리스도인의 자유란 새 관계 속에서 비롯된 자유인데, 이 자유는 성령을 통해서 이루어진다. 그러면 구체적으로 하나님의 자녀가 성령을 통해서 갖는 자유란 무엇을 말하는가?

① **율법으로부터의 자유이다.**

"이제는 우리가 얽매였던 것에 대하여 죽었으므로 율법에서 벗어났으니, 이러므로 우리가 영의 새로운 것으로 섬길 것이요 의문의 묵은 것으로 아니할지니라"(롬 7 : 6).

여기의 율법이란 자기 성취나 자기 의를 말하는 것으로 이는 자기 공로에 의해서 구원을 이루려는 것이다. 성령은 이런 인간적 자리에서 '은혜의 자리'로 바꾸게 하고, 모든 율법으로부터 자유롭게 되는 것이다.

"너희가 그 은혜로 인하여 믿음으로 말미암아 구원을 얻었나니 이것이 너희에게서 난 것이 아니요 하나님의 선물이라. 행위에서 난 것이 아니니, 이는 누구든지 자랑치 못하게 함이니라"(엡 2 : 8 - 9).

② 죄와 사망으로부터의 자유이다.

"그러므로 이제 그리스도 예수 안에 있는 자에게는 결코 정죄함이 없나니, 이는 그리스도 예수 안에 있는 생명의 성령의 법이 죄와 사망의 법에서 너를 해방하였음이라"(롬 8 : 1-2).

이 말씀에 따르면 생명의 성령의 법(원리, 원칙)이 우리를 죄와 사망에서 해방하였다는 뜻이다. 율법에서 자유와, 죄에서 자유란 깊은 관계가 있다. 이는 율법을 통해서 죄를 깨닫기 때문이다. 그러므로 율법에서 자유는 죄에서 자유를, 죄에서 자유는 사망에서 자유로 연결된다. 왜냐하면 인간의 죽음이란 죄에서 비롯된 결과이기 때문이다.

죄에서 자유와 사망에서 자유함이 없이는 참된 자유가 있을 수 없다. 우리가 죄로부터의 자유라 할 때는 모든 것을 성취하고 이루어서 된 것이 아니라 하나님의 은혜로, 성령의 역사로 성취된다. 또한 우리가 죽음으로부터 자유한 것은, 성령은 살리시는 영이기 때문이다.

"예수를 죽은 자 가운데서 살리신 이의 영이 너희 안에 거하시면 그리스도 예수를 죽은 자 가운데서 살리신 이가 너희 안에 거하시는 그의 영으로 말미암아 너희 죽을 몸도 살리시리라"(롬 8 : 11).

성령은 생명을 주시는 영(Life-giving Spirit), 생명의 근원적 영(Life-originating Spirit)으로서 우리를 죽음으로부터 자유하게 하시는 영이시다.

③ 육체의 소욕으로부터의 자유이다.

"내가 이르노니 너희는 성령을 좇아 행하라. 그리하면 육체의 욕심을 이루지 아니하리라"(갈 5 : 16).

여기에서 뜻하는 육체란 성령에 반대되는 것으로 죄의 다리를 놓아주는 악한 인간의 본성을 뜻한다. 즉, 이는 인간이 하나님을 떠나 타락하게 하는 '악의 경향성'이다. 이러한 인간의 악한 본성, 악의 경향성으로부터 자유케 하는 것은 성령의 힘, 성령을 따라 사는 데 있다. 인간이 육으로부터 자유하게 됨은 자기 자신의 힘에 의해서 되는 것이 아니라 성령의 능력을 통해서이다.

8. 거룩하게 하시는 성령

거룩의 근거는 하나님 자신의 '거룩'에 있다. 하나님만이 본질적으로 거룩하다. 그는 "이스라엘의 거룩한 자"이다(사 43 : 3). 하나님은 그에게서 나오는 힘과 놀라움과 함께 거룩하다고 불리운다(출 15 : 11). 그는 거룩하고 "질투하는" 신이다(수 24 : 19). 그는 거룩하며 "참되다"(계 3 : 7). 그는 거룩하며 "의롭다"(시 145 : 17). 그의 "거룩하심"과 함께 언제나 그의 유일하심이 진술된다 : 하나님만이, 오직 하나님만이 거룩하다.

따라서 '성화'(혹은 거룩하게 됨)라는 표현은 하나님이 자기를 위하여 선택하며 자기의 소유로 삼고 그것을 자기의 존재에 참여케 하는 하나님의 행위를 나타낸다. 창조자는 안식일을 '거룩하게 하며' 그것을 창조의 축제로 만든다. 그는 선택된 백성 이스라엘을 거룩하게 하며 자기의 백성으로 만든다. 그는 성전과 거룩한 성과 거룩한 땅과 그가 사랑하는 모든 것을 거룩하게 한다. 그가 그 모든 것을 창조하였기 때문이다. 하나님에게 속한 것은 하나님 자신처럼 거룩하다. 성화는 칭의와 소명과 같이 우리에 대한 하나님의 행위라는 사실이 여기서 추론된다. 하나님은 자기가 의롭게 하는 자들을 또한 거룩하게 한다(롬 8 : 30). 속되고 죄된 우리 인간은 하나님에 의하여, 은혜로 말미암아, 그리스도 때문에 거룩하다고 선언되며 거룩하게 된다. 사도신경이 말하는 "성도들의 교통"(거룩한 자들의 사귐)은 도덕적으로 거룩한 자들의 모임이 아니라 하나님의 은혜를 받은 죄인들, 화해된 적대자들 곧 신자들의 모임을 뜻한다. 하나님의 은혜를 받는 자는 또한 하나님 앞에서 선하고 의롭고 거룩하다. 인간에 대한 하나님의 행위로서의 성화는 하나의 관계와 소속성을 나타내는 것이지, 인간 자신의 상태(Zustand)를 나타내는 말이 아니다. 하나님이 사랑하는 것은 그 자체가 어떻게 구성되어 있든지 간에 거룩하다. 이리하여 거룩의 이 신학적 개념으로부터 거룩의 인간학적 개념이 추론된다. 선물(Gabe)로서의 성화로부터 과제(Aufgabe)로서의 성화가 추론된다. 안식일, 백성, 피조물 등 언제나 하나님이 거룩하다고 선언하는 것을 인간은 거룩하다고 여겨야 하기 때문이다. 그러나 이 거룩은 인간이 행하는 선한 행위들의 습관으로부터 생성하는 것이 아니라, 하나님이 사랑하며 이미 거룩하게 하신 사람의 마음에서 생성한다. 신자들로 말미암은 삶의 성화를 우리는 하나님에게 상응하는 삶이라 말할 수 있다. 따라서 성화의 목적이 무엇인지 분명해진다. 그 목적은 인간의 편에서 이루어지는 인간의 '하나님 형상'의 회복에 있다.[8]

성령은 거룩한 영이시다. 그러므로 신약성경은 성령이 거룩하신 분이심을 88회나 형용사로 말씀하고 있다. 이 거룩한 영이신 성령은 거룩하실 뿐만 아니라 우리의 성화(거룩하게 되심)를 이루시기 위하여 역사하신다. 거룩한 영은 그의 거룩을 우리의 것이 되게 하여 우리를 거룩하게 하고, 정신을 진실하게 하고, 재능을 합당하게 하여 생명을 결실케 한다.[9]

---

8. Jürgen Moltmann, *The Spirit of Life*(Mineapolis : Fortresspress, 1994), p. 175.
9. Sammuel Chadwick, op. cit., p. 142.

9. 사랑의 성령

하나님은 자신과 인간 사이의 사귐을 추구하고 형성한다. 이 사귐은 사랑의 영으로서 우리에게 오신 성령을 통해 그 목적하는 바를 성취한다.

"소망이 부끄럽게 아니함은 우리에게 주신 성령으로 말미암아 하나님의 사랑이 우리 마음에 부은 바 됨이니"(롬 5 : 5).

"형제들아, 내가 우리 주 예수 그리스도로 말미암고 성령의 사랑으로 말미암아 너희를 권하노니……"(롬 15 : 30).

사랑의 영이신 성령의 사랑은 구체적으로 그리스도 안에 나타난다. 그리스도의 사랑은 상대방의 조건이나 받을 가치를 고려하지 않은 무조건적인 사랑이다. 이 사랑은 사랑을 받을 수 있는 자격이나 조건을 전혀 갖추고 있지 않은 자를 위하여 고난을 당하고 자기 목숨을 내어 주는 사랑이다. 성령은 이 사랑을 불러일으키고, 깨닫게 함으로 실제의 삶 속에서 실행하게 한다. 그러므로 사랑의 영인 성령은 인간을 자기중심성에서 해방시키고 인간으로 하여금 그리스도의 사랑 안에서 살게 한다. 따라서 성령은 사랑을 통하여 하나님과 인간, 인간과 인간, 인간과 자연의 분리를 극복하고 결합하게 한다.[10] 즉, 사랑의 영이신 성령은 분리, 나눔을 극복하여 하나로 향하게 한다. 이것이 사랑의 위대성이며 모든 것에 가치를 부여하는 사랑의 능력이다. 성경은 이 사랑의 중요성에 대하여 이렇게 말한다.

"내가 사람의 방언과 천사의 말을 할지라도 사랑이 없으면 소리나는 구리와 울리는 꽹과리가 되고, 내가 예언하는 능이 있어 모든 비밀과 모든

---

10. H. J. Kraus, *Systematische Theologie*, p. 470.

지식을 알고 또 산을 옮길 만한 믿음이 있을지라도 사랑이 없으면 내가 아무것도 아니요, 내가 내게 있는 모든 것으로 구제하고 또 내 몸을 불사르게 내줄지라도 사랑이 없으면 내게 아무 유익이 없느니라"(고전 13 : 1-3).

"그런즉 믿음, 소망, 사랑, 이 세 가지는 항상 있을 것인데 그 중에 제일은 사랑이라"(고전 13 : 13).

성령은 그리스도 안에 나타난 사랑을 이루시는 사랑의 영이다. 그러므로 성령의 역사와 특징은 사랑이다. 사랑이 있는 곳에 성령의 역사가 이루어지며 사랑이 없는 곳에 성령의 역사는 기대할 수 없다. 진정한 사랑이 있는 곳에 사랑의 영이신 하나님의 영이 현존한다. 지금까지 논한 성령에 관한 모든 설명은 하나님의 계시를 완성하고 인간 일체의 본분을 총괄하는 사랑의 영이신 성령에 의해서 완성된다. 그러므로 우리는 기억해야 한다. 사랑의 영이신 성령을 깨닫지 못한 사람은 성령의 가장 중요한 본질을 알지 못한다는 사실을 말이다.

X

성령은 누구에게 임재하시는가?

성령의 임재에 관한 약속은 수없이 많으며 분명히 명시되어 있다. 예수께서 하신 말씀을 인용해 보면 "내가 아버지께 구하겠으니 그가 또 다른 보혜사를 너희에게 주사 영원토록 너희와 함께 있게 하시리니"(요 14 : 16). 또 "내가 떠나가는 것이 너희에게 유익이라. 내가 떠나가지 아니하면 보혜사가 너희에게로 오시지 아니할 것이요, 가면 내가 그를 너희에게 보내리니……."(요 16 : 7)라 하였고, "오직 성령이 너희에게 임하시면 너희가 권능을 받고 …… 땅 끝까지 이르러 내 증인이 되리라."(행 1 : 8)고 하였다. 이처럼 성령의 임재에 관한 약속은 성경의 많은 곳에서 찾아볼 수 있다. 그럼 모든 자에게 성령이 임재하시는가? 물론 그렇다고 말할 수 있다.

하나님의 섭리와 주권에 대한 성경의 계시에서, 우리는 하나님의 능력이 구원받은 성도의 세계는 물론 구원받지 못한 불신의 세계에서도 역사하신다는 것을 확신할 수 있다. 성령의 사역은 직접적으로 그리스도에게 연관되면서, 또한 그는 아들과 아버지의 뜻을 성취시키기 위해 이 세상에서 역사하고 계신다. 성령께서는 혼란과 무질서와 죄악 속에서도 역사하신다는 사실을 성경은 보여 주고 있다. 이것은 성령의 놀라운 특성이다. 창세기 1 : 2에 나타난 지구의 최초의 혼돈된 상태에서도 성령은 존재하여 역사하셨다.

구원받지 못한 불신세계에 대한 성령의 전(全) 사역은 종종 일반은혜라고 하는 용어로 호칭되는데, 찰스 핫지는 이 일반은혜에 대해서 다음과 같이 말했다 : "진리의 영이며, 성결의 영이시고, 모든 형태의 생명의 영이신 성령은 모든 인간의 마음속에 나타나시며, 진리를 굳게 주장하시며, 죄악을 억제하시고, 선을 격려하시며, 지혜와 능력을 분배하시며, 시간과 장소와 경우를 막론하고 역사하신다. 이것이 소위 신학에서 말하는 일반 은혜이다."[1]

일반은혜에 대한 성령의 광범위한 사역은 요한 칼빈의 진술에서 잘 제시되어 있다 : "이 일반 은혜는 성령이 인류의 일반적인 유익을 위해 그 뜻대로 나누어 주시기를 기뻐하는 가장 놀라운 은혜이다. 하나님의 영이 성막건축에 필요한 지혜와 기술을 오홀리압과 브사렐에게 주셨음을 인정한다면, 인간생활에 대단히 필요한 기술과 지혜가 성령에 의해 주어진다는 사실에 놀랄 필요는 없다. 하나님과 완전히 무관한 불신자들도 이러한 성령의 은사를 누릴 수 있다. 하나님의 영이 신실한 그리스도인의 마음속에 거하시며, 마치 성전이 하나님께 바쳐진 것처럼, 그들은 성령으로 말미암아 신성하게 되는 것이다. 이러한 동일한 성령의 능력으로 하나님은 모든 피조물을 소생시키고 운행하며, 보호하고 채우신다. 이제 우리는 불신자들의 수고와 사역으로 제공되어진 물리학, 논리학, 수학, 그리고 다른 예술과 과학으로부터 도움을 받고 있다. 이것이 주님을 기쁘게 한다면 이것들을 사용하자. 만일 하나님이 우리에게 제공해 주신 이러한 축복을 거부한다면 그것에 대한 고통을 겪게 된다. 한 가지 부언하는 것은 세상의 모든 학문, 과학, 예술도 일반은혜의 사역의 결과라는 사실을 잊어서는 안 된다."[2]

---

1. Charles Hodge, *Systematic Theology* II, p. 667.

일반은혜에 대한 성령의 사역은 대체적으로 두 가지 중요한 범주로 구분된다. 성령은 일반적으로 하나님의 섭리와 깊이 관련을 맺고 있는데, 그 섭리는 하나님이 죄에 분명히 대항하시며, 세상의 죄악을 억제시키고, 하나님의 목적을 성취시키기 위해 인간의 역사를 주관하신다는 것이다. 또한 성령에게 하나님의 계시를 나타내는 직무와 인간의 지식으로는 도저히 이해할 수 없는 구원의 길을 깨닫게 하는 직무가 부여되어 있다. 즉, 잃어버린 영혼에게 구원의 메시지를 계시하시며, 구원받은 믿음을 제공하는 그의 독특하고도 놀라운 사역이다. 이 세상의 죄를 억제하는 성령의 사역이야말로 가장 중요한 사역이다.

성령은 이처럼 모든 곳에서 역사하시는 분이시지만, 그러나 이처럼 일반적인 사역으로 끝나는 것이 아니라 보다 더 특별한 방법으로 우리에게 임재하시기를 원하신다. 이는 물론 우리 자신의 노력으로만 성령의 임재가 이루어지는 것은 아니지만 우리가 마땅히 해야 할 일, 또는 준비해야 할 바가 있다. 그럼 성령은 누구에게 임재하시는가?

"베드로가 가로되 너희가 회개하여 각각 예수 그리스도의 이름으로 세례를 받고 죄사함을 얻으라. 그리하면 성령을 선물로 받으리니"(행 2 : 38).

첫째, 회개하는 자에게,

그리스도인이란 변화된 사람이다. 삶의 전향자이다. 그는 자기 자신을 위하여 죽으셨다가 부활하신 나사렛 예수와 결합하고자 자기 자신으로부터 예수 그리스도를 마음에, 중심에 모시고 그리스도를 향한 사람이다. 회개란 마음의 변화를 말하는데, 여기에서 말하는 변화란 하나님께 대한 변화, 예수 그리스도에 대한 변화, 죄에 대한 변화를 말하는

---

2. John Calvin, *Institutes of the Christian Religion*(Philadelphia : Presbyterian Board of Publication, 1936), I, p. 297(Book II, Chapter II, XVI).

데, 전후 문맥으로 보아 예수 그리스도에 대한 마음의 변화를 말하는 것이다. 즉, 예수 그리스도를 구세주로 영접하는 것이다. 처음 그리스도인들, 성령강림절날 그들은 마음과 정신의 완전한 변화를 체험하고 철저히 회개하여 얽매어 있는 모든 사슬을 끊어 버리고 새로운 삶으로 전향했다. 그들은 예수 그리스도를 발견하고 만났다. 그분이 바로 하나님 아버지의 아들이시며, 그리스도이시며, 성령께 기름부은 분임을 깨닫게 된다.

우리는 예수 그리스도를 참으로 살아 계신 분으로, 또 구원자로 만나야 한다. 구원자라는 뜻을 가진 예수는 "자기의 백성을 죄에서 구원할 자이심이라"(마 1 : 21). 진정한 그리스도인이란 예수를 구원자로, 주님으로 깨닫고 인격적으로 만났음을 뜻한다. 우리는 예수 그리스도를 전적으로 받아들여야 한다. 즉, 하나의 실재를, 내가 나날이 살아가며 체험하는 내 생명, 내 삶의 주인으로 모시는 것이다. 이것이 진정한 회개의 뜻이다.

둘째, 죄사함을 받은 자에게,

여기서 두 번째 죄사함을 받는다는 것은 회개라는 말에 포함되어 있다. 회개는 죄에 대한 마음의 변화로서 곧 죄를 사랑하고, 죄에 빠지는 것을 사랑하는 마음의 태도로부터 죄를 배척하는 태도로 변하는 것이다. 우리가 성령을 선물로 받기 위해서는 죄와 인연을 끊어야 한다. 성령은 본래 거룩한 영이시다. 그러므로 하나님의 영이신 성령에 관하여 가장 빈번히 사용되는 용어는 거룩이라는 형용사이다. "하나님이 우리를 부르심은 부정케 하심이 아니요, 거룩케 하심이니. 그러므로 저버리는 자는 사람을 저버림이 아니요, 너희에게 그의 성령을 주신 하나님을 저버림이니라"(살전 4 : 7 - 8). 하나님이 우리를 부르신 목적은 거룩하게 하기 위함임을 말씀하신다. 뿐만 아니라 "내가 거룩하니 너희도 거룩하라."고 말씀하신다. 성령은 거룩한 분이시기에 죄와 함께 거하시지 않는다. 거룩한 영이신 성령이 우리에게 임하시기 위해서는 무엇보다 우리가 죄와 인연을 끊고 죄사함을 받아야 한다. "너희 몸이 그리스도의 지체인 줄 알지 못하느냐? 내가 그리스도의 지체를 가지고 창기의 지체를 만들겠느냐? 결코 그럴 수 없느니라. 창기와 합하는 자는 저와 한몸인 줄 알지 못하느냐? 일렀으되 둘이 한 육체가 된다 하셨나니 주와 합하는 자는 한 영이니라.…… 너희 몸은 하나님께로부터 받은 바 너희 가운데 계신 성령의 전인 줄 알지 못하느냐? 너희는 너희 것이 아니라"(고전 6 : 15 - 19).

셋째, 세례를 받은 자에게,

성령은 매우 특별한 방법으로 세례와 관련을 가지고 있다. 사도행전의 기록은 그리스도교 가정이 나타나기 이전, 그리스도교 사회가 이루어지기 이전에 시작된 역사이다. 그것은 모든 사람이 이교로부터 곧장 교회로 들어오며 완전히 자의적 결단을 통해 들어오는 시대의 이야기이다. 그러기에 사도행전 시대의 세례는 우리들 대부분이 오늘 생각하고 있는 세례와 다르다. 공동체로부터의 이탈이요, 또한 생명을 건 모험이요, 생명을 걸고 그리스도를 공적으로 고백하는 것이다. 세례는 그리스도인의 증거, 신앙고백, 그리고 교회의 사귐에 자발적으로, 그리고 자의적으로 입회하는 공적 행위이다. 그러므로 그 당시 세례는 성년세례로 예수 그리스도의 말씀을 들은 사람이 그 말씀에 감동받고, 그 말씀에 대하여 배우고, 그 말씀에 충실하고자 결심하여 새 그리스도인의 공동체에 입적하는 것이다.

우리는 성경의 말씀에서 성령이 이미 임하셨기에 세례를 금할 수 없었다는 말씀과 세례의 결과로 성령이 임하셨다는 기사를 읽을 수 있다(행 10 : 47, 17 : 5 - 6). 어쨌든 세례는 성령이 임하는 시간이었다. 성령께서는 성령을 선물로 받기 위하여 생명의 위험을 무릅쓰고 그를 공적으로 고백하고 받아들이는 자에게 임하셨다.

지금까지 우리는 사도행전 2 : 38의 말씀을 중심으로 하여 생각해 보았다. 이 말씀 뿐만 아니라 다른 말씀 속에서 성령을 선물로 받을 수 있는 자들을 말씀하고 계신다. 이 말씀을 더불어 함께 생각하고자 한다. 이 같은 것은 똑같이 공통의 과정으로 일어나는 것으로 생각할 필요는 없다.

넷째, 순종하는 자에게,

사도 베드로는 산헤드린 공의회 앞에서 "우리는 이 일에 증인이요, 하나님이 자기를 순종하는 사람들에게 주신 성령도 그러하니라."(행 5 : 32)고 역설하였다.

하나님께서 우리에게 기본적으로 가르쳐 주시는 것은 무엇인가? 사도 요한은 "그의 계명은 이것이니 곧 그 아들 예수 그리스도의 이름을 믿고 그가 우리에게 주신 계명대로 서로 사랑할 것이니라."(요일 3 : 23)고 하였고, "하나님의 보내신 자를 믿는 것이 하나님의 일이니라."(요 6 : 29)고 하셨다. 사도 바울도 그의 사도의 직분을 받은 것에 대하여 "우리가 은혜와 사도의 직분을 받아 그 이름을 위하여 모든 이방인 중에서 믿어 순종케 하나니……."(롬 1 : 5)라고 하였다. 그리하여 순종하는 자라는 말은 우리 자신을 하나님 뜻에 맡기는 것이다. 순종의 본뜻은 우리 자신을 하나님께 맡기는 것이다.[3] 하나님께 조건 없이 맡기는 것이야말로 성령을 선물로 받는 데 있어서 가장 기본적 조건 중의 하나이다.

세상에는 하나님께 온전히 순종하기를 두려워한 사람이 많다. 이런 사람들은 만일 하나님께 자기를 온전히 맡기면 하나님께서 자기들에게 어려운 일 또는 전혀 감당할 수 없는 일을 요구할까봐 두려워한다. 이렇게 생각하는 것은 잘못이다. 성경에 나타난 하나님은 사랑의 하나님이시요, 온전히 선하신 분이다. 그러므로 하나님께 온전히 순종하는 것은 단순히 무한한 사랑에, 그의 선하심에 절대적으로 순종하는 것뿐이

---

3. R. A. Torry, *The Holy Spirit*, 기독교서회편집부 역, 「성령론」(서울 : 대한기독교서회, 1989), p. 170.

다. 하나님의 사랑은 어떤 육신의 부모의 사랑보다 더 따뜻하게, 온전하게 사랑으로, 선으로 인도해 주신다. 우리를 하나님께 맡기는 것, 이것은 최상의 삶을 얻는 것이요, 이루는 것이다.

다섯째, 간절한 마음으로 갈망하는 자에게,

"누구든지 목마르거든 내게로 와서 마시라. 나를 믿는 자는 성경에 이름과 같이 그 배에서 생수의 강이 흘러나리라 하시니, 이는 그를 믿는 자의 받을 성령을 가리켜 말씀하신 것이라"(요 7 : 37 - 39). 여기의 목마름이라는 말이 표현한 대로 간절히 바라는 마음이다. 성령을 선물로 받기 위해서는 어떤 희생이라도 치르겠다는 각오와 결심을 말한다. 여기에서 우리가 깊이 주목할 말씀은 목마른 자 곧 "누구든지 목마르거든"이라는 말씀이다. 이 말씀은 이사야 44 : 3의 말씀에 근거한 말씀으로 본다. "대저 내가 갈한 자에게 물을 주며 마른 땅에 시내가 흐르게 하며 나의 신을 네 자손에게, 나의 복을 네 후손에게 내리리니"라는 말씀이다. 여기에 "갈한 자"와 "목마른 자"는 같은 뜻이다. 성령은 영적으로 목말라 갈급하는 마음으로 원하는 자에게 임하신다. 우리가 그리스도인으로 활력 있는 삶을 살기 위해서는 무엇보다 성령이 함께해야 함을 절실히 깨닫고 갈망하는 지경에 이를 때에 성령을 선물로 받게 될 것이다.

여섯째, 기도하는 자에게,

예수 그리스도께서 제자들에게 예루살렘을 떠나지 말고 아버지의 약속하는 것이 성취되기까지 기다리라고 하셨다. 예수의 승천 후 제자들은 10일이나 전혀 기도에 힘쓰며 성령을 기다렸다. 이 때에 오순절에 성령이 강림한 것이다. 이처럼 성령은 기도하는 자에게 임한다. "너희가 악할지라도 좋은 것을 자식에게 줄줄 알거든 하물며 너희 천부께서 구하는 자에게 성령을 주시지 않겠느냐?"(눅 11 : 13) 성령은 구하는 자에게 임하신다는 말씀이다. 이 말씀이 있기 전 "내가 또 너희에게 이르노니 구하라. 그러면 너희에게 주실 것이요, 찾으라. 그리하면 찾을 것이요, 문을 두드리라. 그러면 너희에게 열릴 것이니 구하는 이마다 받을 것이요, 찾는 이가 찾을 것이요, 두드리는 이에게 열릴 것이니라"(눅 11 : 9-10)고 말씀하신다. 이는 우리에게 무엇을 구할 것인가를 가르쳐 주시는 말씀이다. 우리는 무엇보다 성령을 구하여야 하고 또 성령은 구하는 자에게 임하신다는 말씀이다. 그리스도인들이 기도하였을 때에 모인 곳이 진동하였으며 그들이 모두 성령 충만함을 받았다(행 4 : 31). 베드로와 요한은 사마리아 사람들이 성령받게 하기 위하여 기도하였다(행 8 : 15). 그러므로 성령받은 사람들은 기도하는 사람들이었다.

일곱째, 믿는 자에게,

예수께서 "나를 믿는 자는 성경에 이름과 같이 그 배에서 생수의 강이 흘러나리라."(요 7 : 38)고 말씀하셨고, 요한은 여기에 보충하여 "이는 그를 믿는 자의 받을 성령을 가리켜 말씀하신 것이라."(요 7 : 39)고 설명하였다. 바울은 그가 쓴 에베소서에서 "그(그리스도) 안에서 너희도 진리의 말씀 곧 너희의 구원의 복음을 듣고 그 안에서 또한 믿어 약속의 성령으로 인치심을 받았으니······."라고 말하였고(엡 1 : 13), 그리고 하나님께 그들을 위하여 "그의 성령으로 말미암아 너희 속사람을 능력으로 강건하게 하옵시며······."(엡 3 : 16-17)라고 기도하였다. 그러므로 믿음으로 그리스도께서 성령을 통하여 우리의 마음에 오시는 것이다.

믿음으로 구원을 받은 갈라디아 교회의 교인들이 율법 아래로 떨어지는 위험을 저질러 그들의 구원을 자기들의 율법적인 행위로 보장받으려고 하였다. 사도 바울은 그들에게 "너희가 성령을 받은 것은 율법의 행위로냐, 듣고 믿음으로냐?······ 너희에게 성령을 주시고 너희 가운데서 능력을 행하시는 이의 일이 율법의 행위에서냐, 듣고 믿음에서냐?"(갈 3 : 2, 5)라고 반문하였다. 이것은 분명히 갈라디아 사람들이 하나님의 은사를 받은 것은 믿음으로만 이루어졌던 것을 말하는 것이다. 율법의 행위로나 의식이나 특별한 표적으로 하나님의 은사를 얻으려는 것은 "육체로 마치는"(3절) 결과를 가져오는 것이다. 사실 "그리스도께서 …… 율법의 저주에서 우리를 속량하셨으니 …… 이는 그리스도 예수 안에서 …… 우리로 하여금 믿음으로 말미암아 성령의 약속을 받게 하려 함이니라"(갈 3 : 13 - 14)고 하신 그대로이다.

이와 같이 바울이 로마 교회 교인들에게 믿음으로 의로워진 결과에 대하여 말할 때에 그는 "우리에게 주신 성령으로 말미암아 하나님의 사랑이 우리 마음에 부은 바 됨이니……."(롬 5 : 5)라고 하였다. 마지막으로 베드로가 고넬료의 집에서 이방인들에 대하여 말할 때에 오순절날에 120명의 제자들이 믿음으로 성령받은 것에 대하여 "하나님이 우리가 주 예수 그리스도를 믿을 때에 주신 것과 같은 선물을 저희에게서 주셨으니……."(행 11 : 17)라고 하였다. 이것을 더 확실하게 하기 위하여 그는 "우리에게와 같이 저희(이방인)에게도 성령을 주어 증거하시고 믿음으로 저희 마음을 깨끗이 하사 저희나 우리나 분간치 아니하셨느니라."(행 15 : 8 - 9)고 하셨다. 하나님께서 하신 것이 아무리 확실하다 해도 그것을 믿지 않는다면 도저히 우리에게 이루어질 수 없다. 우리가 손을 내밀어 우리가 구하는 것을 바로 잡을 수 있는 것은 우리의 믿음이다. 믿음이 없이는 하나님께서 친히 주시기로 약속하신 성령의 선물을 받을 수도, 체험할 수도 없다.

우리는 성경에 나타난 성령의 활동, 즉 놀라운 기적과 표징들을 옛날의 한 이야기처럼 생각하거나 한 날의 과거지사로 대수롭지 않게 생각한다. 우리는 성령의 그러한 활동이 시간과 공간을 초월한 것으로 언제나 지속되고 있음을 믿기 어려워한다. 우리는 성령 강림의 신비가 계속된다는 사실과 "하나님의 은사와 부르심에는 후회하심이 없느니라."(롬 11 : 29)는 사실을 이해하지 못하고 있다. 우리와 동행하시는 하나님의 길에는 계속성이 있다. 그분은 변덕스럽게 나아가시는 법도 없고, 오시던 길을 되돌아가서 다시 출발하시는 법도 없다. 우리는 하나님의 길이 보이지 않고 무한히 다양해서 때로는 어리둥절하는 길이면서도 언제나 일관된 한 방향으로 뻗쳐 있음을 증거해 주시는 성실한 한 분을 하늘에 모시고 있다. 하나님께서 이처럼 활동하신다는 것을 이해하면, 성경 곳곳에 보게 되는 사건들은 결코 불합리하고 우연한 허황된 것이 아님을 알 수 있다. 하나님은 우리와 영원히 함께 계시기를 원하신다. 따라서 성령은 우리 모두가 마땅히 받아야 할 선물이다.[4] 사도행전에서 여섯 번이나 성령은 순종하여 믿는 자에게 주시는 "하나님의 선물"이라 한다(행 2 : 38, 5 : 32, 8 : 20, 10 : 45, 11 : 17, 15 : 8). 오순절 이후에 성령을 모든 육체에 부어 줌으로(행 2 : 17) 우리 모두가 믿음으로 성령의 선물을 받을 수 있다. 이 때에 우리는 하나님의 자녀가 된다.

우리 스스로의 힘으로 그리스도인이 될 수 있다는 것은 불가능한 일이다. 그러나 새로 거듭나서 하나님의 자녀가 된 모든 사람이 성령을 가졌다는 말은 참말이다.[5]

우리가 어떻게 하나님의 자녀가 될 수 있는가? 성령으로 되는 것이 아니겠는가! 바울은 "무릇 하나님의 영으로 인도함을 받는 그들은 곧 하나님의 아들이라."(롬 8 : 14)고 말하였다. 구원의 확신도 우리에게 주신 성령으로 우리에게 오는 것이다 : "너희는 다시 무서워하는 종의 영을 받지 아니하였고 양자의 영을 받았으므로 아바 아버지라 부르짖느니라. 성령이 친히 우리 영으로 더불어 우리가 하나님의 자녀인 것을 증거하시니……."(롬 8 : 15 - 16)라고 하였다.

우리가 성령을 소유함이 없이는 구원의 확신이나 영원한 생명을 소유하지 못할 것이다. 마지막으로 갈라디아서 4 : 4~7의 본문에서 "하나님이 그 아들을 보내사 …… 우리로 아들의 명분을 얻게 하려 하심이라. 너희가 아들인고로 하나님이 그 아들의 영을 우리 마음 가운데 보

---

4. L. J. Suenens, *Une nouvelle pentecote*, 김마리로사 역, 「성령은 나의 희망」(왜관 : 분도출판사, 1978), p. 143.
5. Rene Pache, *The Person and Work of the Holy Spirit*, 정학봉 역, 「성령의 인격과 사역」(서울 : 요단출판사, 1980), p. 117.

내사 아바 아버지라 부르게 하셨느니라. 그러므로 네가 이후로는 종이 아니요 아들이니, 아들이면 하나님으로 말미암아 유업을 이을 자니라."고 하였다.

  우리가 믿음으로 하나님의 자녀가 될 수 있는 것은 의심할 여지가 없는 것이다 : 이에 대하여 요한은 "예수께서 그리스도이심을 믿는 자마다 하나님께로서 난 자"(요일 5 : 1)라고 뒷받침하였다. 따라서 우리가 성령을 받고 다시 나는 순간에 믿음으로 하나님의 자녀가 되는 것이다. 우리 모두는 오늘의 시대에도 성령을 선물로 받을 수 있으며 또한 그 영으로 말미암아 하나님의 자녀가 된다. 이 선물은 우리 모든 인간에게 예외가 있을 수 없다.

역사에서의 성령

Ⅰ. 고대신학에서의 성령 / 215
Ⅱ. 중세신학에서의 성령 / 241
Ⅲ. 필리오퀘의 논쟁 / 247
Ⅳ. 종교개혁시대의 성령 / 257
Ⅴ. 정통주의와 경건주의시대의 성령 / 268
Ⅵ. 오늘에 이르기까지의 성령 / 275

I

고대신학에서의 성령

1. 영-그리스도론

초대교회의 성령 이해에 있어서 중요한 요소는 영-그리스도론 (Sprit-Christology)이다. 신약성경을 통하여 볼 때 로고스 그리스도론이 요한복음의 서문에 국한되는 데 반하여 영-그리스도론은 요한복음을 비롯하여 신약성경 곳곳에서 그 근거를 발견할 수 있다. 처음부터 초대교회는 영이라고 하는 렌즈(lens)를 통하여 예수 그리스도가 누구인지, 그가 무슨 일을 어떻게 하였는지 들여다보았다.[1] 즉, 영과의 관련성을 통해서 초대교회는 예수 그리스도의 신분과 그의 구원사적 위치를 이해할 수 있었다. 이처럼 예수 그리스도를 영과 관련하여 이해하는 것은 두 가지 면에서 빛을 던져 준다.[2]

첫째, 예수는 종말의 때에 나타날 예언자, 인자(人子), 하나님의 종,

---

1. Philip J. Rosato, *The Spirit as Lord-The Pneumatology of Karl Barth* (Edinburgh : T & T. Clark, 1981), p. 183.
2. 이문균, 「영 그리스도론」(대전 : 한남대학교출판부, 1988), p. 190.

메시야로서 유대교의 기대와 희망을 성취하였다는 것이다. 이것은 교회가 구약 및 유대주의의 전승을 따라 역사-종말론적인 관점에서 예수 그리스도를 파악했음을 의미한다.

둘째, 예수는 영과 관련됨으로써 하나님 자신과 직접적인 관계에 있다는 것이다. 이것은 구약과 유대주의 사고를 헬라적인 사고방식을 따라 표현한 것이라고 볼 수 있다.

신약성경은 이 두 가지 면을 신학적으로 정리하지 않은 채로 그리스도의 구원사에서 차지하는 종말론적 중요성과 하나님의 특별한 관계를 증언하고 있다. 우리는 이 두 가지 면이 역사를 통해서 어떻게 전개되었는지 좀더 자세히 논의하기로 한다.

우선 구약에서 영은 하나님의 종말론적 은사로 묘사되었다. 영은 예언과 관련될 뿐 아니라 생명을 부여하는 능력으로서, 하나님과의 계약적인 관계에서 이스라엘 백성을 완전히 새롭게 하는 일과 깊이 관련되었다. 그래서 초대교회는 '모든 육체에 영을 부어 주시겠다는 야웨의 약속'이 예수에게서 특유하게 성취되었다는 관점에서 그리스도의 인격과 그 중요성을 표현하였다. 이제 하나님의 영은 올리우신 그리스도를 매개로 예수의 영으로서 종말론적인 공동체인 교회를 충만히 채우고 교회를 가르치고 이끌어 간다고 이해하였다. 그래서 신약성경은 예수 그리스도에게 나타난 하나님의 종말론적 계시를 영과 관련하여 설명하였다. 물론 신약성경이 지상에서의 예수와 영의 관계를 상대적으로 덜 강조한 것은 사실이다. 이것은 초대교회가 자신의 특이한 신분을 오순절 성령강림 경험에 비추어 이해했다는 사실에 비추어 볼 때 이상할 정도이다. 그렇지만 자세히 살펴보면 신약성경은 예수의 삶 가운데서 결정적인 순간마다 영의 역사를 강조하며, 예수의 삶의 비밀이 영에 있음을 보여 주고 있다. 그래서 우니크(Unnik)는 예수 자신이 그리스도라는 칭호를 사용하는 데 주저했음에도 불구하고 초대교회가 예수를 그리스도라고 표현한 것은 예수와 영의 깊은 관계를 인식했기 때문이라고 해석한다. 예수는 구약시대의 왕들처럼 기름부음을 받은 일이 없지만 영으로 충만하여 하나님의 나라를 가져온 분이라는 점에서 구약의 메시야 기대를 성취했다는 것이다.[3]

이처럼 영은 하나님의 종말론적 역사와 관련하여 예수 그리스도를 표현하는 데 활용되었을 뿐 아니라 예수가 하나님의 아들임을 나타내는 데 사용되었다. 즉, 영은 예수 그리스도와 하나님의 존재론적 관련성을 표현하는 데 중요한 개념이었다. 판넨베르크도 지적했듯이 유대주의와 헬라 유대주의(Hellenistic Judaism)에서 하나님의 아들은 하나님의 영을 통한 능력 부여를 나타내는 개념이었으며, 선택으로 양자됨을 나타내는 개념이었다. 그럼에도 불구하고 그리스도의 부활을 경험한 교회는 그리스도가 하나님과 특별한 관계에 있는 하나님의 독생자임을 인지하였다. 이러한 확신은 예수 그리스도의 탄생과 결부하여 성령으로의 잉태라는 고백을 낳게 하였고, 바울은 영과 육의 도식으로 예수 그리스도의 인간되심과 신성을 표현하였다(롬 1:34 이하). 바울과 누가 외의 다른 공관복음서 기자들과 요한 등 대부분의 신약성경 기자들은 영을 예수의 구속적 기능과 관련시켜 보도할 뿐 아니라 예수가 하나님의 아들됨을 나타내는 데 관련시켰으며 더 나아가 예수를 통하여 하나님의 자녀가 되는 문제와 관련시키고 있다.

이와 같이 영 개념으로 그리스도와 하나님의 관계를 설명하는 것은 유대주의에 익숙한 초기 기독교공동체에게는 매우 설득력이 있었다. 교회가 헬라적인 사고방식을 따라 영과 육, 신과 인간, 영원과 순간 등의 이원론적 사고에 젖어들기 이전 1세기에는 히브리적인 영 개념으로 예수 그리스도가 어떻게 구약의 기대를 성취했으며, 하나님이 어떻게 예수 그리스도 안에서 활동하고 현재(present)하는지를 설명하는 것이 자연스러웠으며, 후대와 같은 양자설 등이 문제로 떠오르지 않았다. 여

---

3. Ibid., p. 192.

기서 미리 말할 수 있는 것은 영-그리스도론이 나중에 쇠퇴하게 된 것은 히브리적인 영 개념 자체에 문제가 있었던 것이 아니라 이원론적 세계관에 익숙한 헬라 세계에 깊이 들어갈 수밖에 없었던 교회의 역사적인 상황 때문이었다고 볼 수 있다. 따라서 그리스도론의 등장과 발전은 당대의 세계관, 문화 배경에서 필연적인 것이었다. 문제는 교회가 헬라적인 세계관을 따라 당대의 사람들에게 예수 그리스도의 인격과 사역을 표현하더라도 구약 및 유대교의 기대에 따른 그리스도의 구원사적 의미를 보존해야 했는데 그렇지 못했다는 데 있다.

신약성경 이후 사도 교부들에게 있어서도 영은 그리스도를 설명하는 데 필수적인 개념이었다. 이그나티우스에게서 보듯이 그리스도를 설명하는데 로고스 개념이 도입되었지만, 주도적인 개념은 역시 영이었다.[4] 영은 그리스도의 선재 및 성육신과 관련하여 그리스도의 신성을 표현하는 데 주로 사용되었다. 신약성경의 관점과 달리 영은 하나님의 종말론적 구원역사라는 관점에서 그리스도와 관련되기보다 하나님과 같은 신성을 소유했다는 관점에서 그리스도와 관련되었다. 사도 교부들이 예수 그리스도와 성부 하나님의 관계를 존재론적 관점을 따라 이해한 것은 물론 사도들의 신앙전승 가운데서 중요한 흐름 일부를 수용한 결과라고 보여진다. 그러나 신약성경이 보여 주는 바 사도들이 간직했던 종말론적 전망이 흐려졌다. 이와 같은 현상은 사도 교부시대에 교회가 처했던 2가지 상황 때문에 비롯된 것이라고 보여진다. 즉, 첫째로

---

4. 이그나티우스에게 있어서 로고스 개념은 후대에 발단한 개념과 차이가 있다. 그에게 있어서 로고스는 내재적인 이성이나 독립적인 실체가 아니라 하나님의 자기 계시의 말씀, 야웨의 말씀이었다. Virginia Corwin, *St. Ignatius and Christianity in Antioch*(New Haven, Yale University, 1960), p. 126. 또한 히폴리투스와 터툴리안은 성령 기독론의 전형적인 대표자였다. 성육신 때에 하나님의 아들이 "동정녀에게 강림하셨고 거룩한 영으로서 친히 육신을 입으셨다."고 한 키프리안의 진술은 성령 기독론의 지속성을 밝혀 준다.

교회가 사도시대에 비하여 구약의 배경으로부터 멀어졌으며, 구약의 전통과 전망이 당시 신자들에게 익숙하지 않았다. 이미 신약성경에서도 볼 수 있는 현상이지만 그리스도라는 명칭이 구약의 배경과 상관없이 하나의 고유명사로 인식되었으며, 다윗의 자손, 인자(人子)라는 표현은 메시야 기대와 상관없이 단순히 예수 그리스도의 인간성을 나타내는 개념에 불과하게 되었다. 이와 같은 상황에서 영 개념도 자연히 구약의 전망과 상관없이 그리스도의 신성을 나타내는 개념에 머물게 되었다.

둘째, 공간과 존재(본질)를 중심으로 사고하는 헬라 세계 속에서 2세기 교회는 그리스도의 구원자로서의 중요성을 그의 신성과 인성을 중심으로 표현하는 데 관심을 기울일 수밖에 없었다. 이그나티우스에게서 볼 수 있듯이 그리스도의 성육신, 그의 삶과 죽음, 그리고 부활에서 영적이고 신적인 것과 지상적이고 육적인 세계의 통일이 실현되었음이 강조되었다. "우리 주 예수 그리스도는 육으로(in the Flesh), 그리고 영으로(in the Spirit) 십자가에 못박히셨으며" 부활 후에도 그는 "영적으로 성부와 하나였지만 제자들과 육으로 하나가 되어서 그들과 먹고 마셨다." 이처럼 그리스도의 신성과 인성에서 우리 인간 구원의 이상을 발견하는 사고는 그 후 교부시대를 계속 지배하였다.

그럼 교부시대에 이렇게 지배하던 영-그리스도론이 왜 쇠퇴했는가? 다음에 더 구체적으로 논의가 되겠지만 양자설(Adoptionism)의 위험 때문이었다. 그 후 영-그리스도론은 로고스 그리스도론 안에서 그리스도를 설명하는 보조적인 역할 수행에 그치게 되며 그리스도론의 주류를 형성하지 못한다. 영-그리스도론의 더 구체적 쇠퇴 원인은 다음과 같다.[5]

 (1) 이미 언급했듯이 교회가 헬라 세계로 확대되고 세월이 흐름에 따

---

5. Ibid., pp. 196-199 재인용.

라 그리스도인들이 구약적인 배경을 잘 이해하지 못하게 되었다. 그리스도의 인격과 사역을 구약과 관련시키는 것이 설득력이 약화되었다. 예수 그리스도의 구원사적 특이성은 구약의 영 개념과 관련시킬 때 그 가치가 드러나는데, 구약적인 전망을 상실한 영 개념은 그리스도를 설명함에 있어서 그 적합성을 상실하게 되었다. 처음부터 교회는 구약성경을 경전으로 받아들였지만 구약과 신약(사도들의 신앙전승)을 상호 관련시키는 데 충분히 주의를 기울이지 못했다. 초대교회는 이미 확립된 그리스도에 대한 전승을 구약으로 확증하는 데 열심이었을 뿐 구약의 빛을 따라 그리스도의 구원사적 의미를 조명하는 데는 치밀하지 못했다. 그 결과 교회가 헬라 세계로 확대되면서 예수 그리스도의 인격과 사역은 구약적인 전망과 상관없이도 설명될 수 있었다. 이것은 곧 교회가 영과 메시야(그리스도)의 구원사적 관련성에 대한 구약의 전망을 상실하게 되었다는 것을 의미한다. 그 결과 그리스도의 존재론적 중요성에 대한 교회의 인식은 영 개념보다 로고스 개념으로 표현하는 것이 더 적절하게 느껴졌다.

(2) 바울 및 초대교회의 강한 종말 의식이 사도 교부 이후 엷어졌다. 바울은 영을 종말의 보증과 첫 열매로 생각하였다. 교회는 종말론적 공동체로서 영이 교회에서 활발하게 작용함으로써 모든 은사(charismata)가 가능하다고 믿었으며, 그리스도인이 된다는 것은 영을 나누어 받는 것으로 인식하였다. 반면에 교부들은 종말론적인 현실 인식이 강하지 못했다. 교부들은 기구와 조직체로서의 교회의 통일성에 관심을 기울였다. 그리스도 안의 새로운 삶의 실재와 종말의 가까움은 해소되었다. 하나님의 나라가 언급되었지만 그것은 종말론적이라기보다 단순히 미래적인 것으로 인식되었을 뿐이다. 또한 교부들에게 있어서 영의 도덕적 능력은 사라지고 도리어 영을 받기 위한 도덕적 노력이 강조되었다. 이러한 영 경험의 위축은 목회 성격뿐 아니라 신학적 사고에도 영향을 끼쳐 영과 관련한 예수 그리스도의 구원론적 의미가 부각되지 못하게

되었다. 뿐만 아니라 교회가 기구화해 가는 데 대한 반동으로 영지주의자들은 자신들만이 영을 부여받은 것으로 주장하며 교회의 세례를 통한 성령의 은사를 부인하였다. 이와 같은 영지주의자들의 영과 관련한 주장은 교회로 하여금 영과 관련한 그리스도에 대한 이해를 기피하게 만들었다.

(3) 그리스도의 신성에 대한 깊은 관심과 함께 교회는 영 개념이 예수 그리스도의 신성을 표현하는 데 적절치 않음을 인식하였다. 무엇보다도 교회는 영을 그리스도와 관련시킨 것이 양자설로 떨어질 위험을 안고 있다고 보았다. 사도 교부들의 영-그리스도론의 경우는 그렇지 않지만 에비오니즘(Ebionism)에서 보듯이 영은 그리스도를 단순히 영감받은 예언자, 종말에 등장할 영으로 충만한 사람 정도로 이해하게 만들었다. 그래서 영은 그리스도와 하나님의 관계에 대한 특이성을 표현해 내는 데 적합치 않다고 판단되었다. 뿐만 아니라 영은 당시 헬라 세계에서 물질적인 성격이 완전히 배제되지 않은 개념이었다. 그래서 후대로 가면서 차츰 그리스도의 신적 성품을 영으로 표현하는 것이 기피되고 로고스와 관련시켜 표현하는 것이 교회의 전통으로 굳어지게 되었다.

(4) 그리스도의 신성을 강조하는 만큼 구약의 유일신교 전통을 보존하려고 한 교회는 자연히 하나님의 신성 안에서 아버지와 아들 예수 그리스도의 일치와 구분을 표현해야 하는 신학적인 필요성에 직면하였다. 그런데 영 개념은 하나님 자신 안에 있는 신성의 구분을 명확히 하지 못함으로써 하나님 자신이 성육신되어 고난 받고 죽는다는 이론에 빠질 위험이 있다고 생각되었다. 따라서 교회는 단일신론적 이해를 배격하고 하나님 안에 있는 구분을 통하여 성부 수난설의 오류를 피하려고 로고스 개념을 더욱 발전시켰다. 로고스는 영 개념보다 더 위격적인 것으로 인식되었으며, 당시 헬라 세계에도 영 개념보다 더 익숙하게 알려졌다. 특히 삼위일체론이 확립된 이후 성부, 아들(말씀) 성령의 도식

은 움직일 수 없는 구조로 정착되었으며, 그 후 로고스는 그리스도를 설명하는 데 있어서 빼놓을 수 없는 필수적인 개념이 되었다. 그래서 중요한 교회 회의 이후 예수의 세례에 대한 관심이 줄어드는 대신 성육신에 대한 관심이 늘어났다. 기름부음(anointing)이란 용어는 예수께서 세례받은 후 성령이 내려온 것을 가리키는 데 사용되었을 뿐 아니라, 성경적인 표현과 달리 마리아의 태에서 성육신이 된 사실을 가르치는 데까지 사용되었다.

이와 같이 예수 그리스도를 영 개념으로 설명하는 사도들과 사도 교부들의 관점은 변증가들 이후 로고스 개념에 의하여 대치되었다. 그러나 분명한 것은 변증가들이 예수 그리스도의 선재적인 성품을 로고스 개념으로 설명했을지라도 그것은 사도 교부들이 견지하려고 했던 바 예수 그리스도를 영적인 분으로 보려는 관점을 폐기시킨 것은 아니다. 도리어 초기 교부들에게 있어서 예수 그리스도를 로고스 개념으로 설명하는 것과 영 개념으로 설명하는 것은 모순이 아니었다. 그래서 멜리토는 "우리 주 예수 그리스도는 하나님의 로고스요, 음성들 가운데 말씀이며, 영들 중의 영"이라고 말할 수 있었으며, 타티안은 하나님을 영이라고 말할 뿐 아니라 "천상의 로고스는 영으로부터 온 영이요, 로고스의 능력으로부터 온 로고스"라고 말할 수 있었다.

그러나 스토아 사상에서 영은 어느 정도 물질적인 것으로 이해되었기 때문에 예수 그리스도의 신성을 보다 분명히 나타내려고 한 교회의 신앙을 따라 후대로 갈수록 영 개념보다 로고스 개념으로 예수 그리스도를 설명하는 것이 주류를 이루게 되고 전통으로 굳어지게 되었다. 그 결과 영 개념으로 예수 그리스도를 설명함으로써 보존할 수 있었던 예수 그리스도의 구약적인 배경 및 그의 삶과 영의 역동적인 관계에 대한 이해가 충분히 표현되지 못하게 되었으며, 로고스 개념으로 설명하는 그리스도론은 예수 그리스도의 신성과 인성의 문제를 싸고도는 본질 논의로 폭이 좁아지게 되었다.

오늘날에 이르러 영-그리스도론의 주장이 다시 제기되었다. 이를 제기한 사람은 영국의 교부 학자인 램프(G. W. H. Lamps)로서 "영으로서의 하나님"(God as Spirit)이라는 제목으로 행한 1976년 옥스퍼드대학교에서의 강연에서 이를 찾아볼 수 있다. 그는 나사렛 예수의 특별한 의미는 그가 하나님의 영의 운반자라는 것에 있다고 주장했다. 따라서 그리스도는 그리스도 안에서 분명하게 보였고 그리스도를 따른 자들 속에서 어느 정도로든 재생산된 성령이 충만한 그리스도인의 실존에 대한 본보기로서, 인간의 영과 자유롭게 반응하는 '영으로서의 하나님의 내재적 임자'를 보여 준다.

이 접근법의 더욱 중요한 발전은 독일 신학자인 카스퍼(Walter Kasper)의 저술들, 특히 그의 「예수 그리스도」(Jesus the Christ)에서 발견된다. 여기서 그는 성령론 지향적인 그리스도론을 주장하는데, 이 그리스도론은 신약성경이 종종 구약성경의 중심 개념인 '주의 영'의 측면에서 그리스도를 묘사한다는 사실을 인정하고 있다. 카스퍼에게 있어서, 복음서 내에서의 예수의 독특성은 그의 성령 충만한 실존 안에 있는 것이다. 예수의 참정체성은 전례가 없는 성령과의 관계라는 차원에서만 설명될 수 있는 것이다. 카스퍼에 따르면, 이 성령은 생명을 주는 창조자의 힘으로서, 치유와 사망의 종말론적인 시대의 막을 여는 자이다.

카스퍼는 예수 안에서 주의 영이 활동하는 것을 발견한다. 예수 안에서 주의 영은, 하나님과 인간 사이에 새롭고도 전례가 없던 관계를 이루고, 부활에 의해 확증되고 강화된 발전을 잉태하는 활동을 한다. 성령 그리스도론적인 측면에서, 카스퍼는 하나님의 보편적인 구원의 의도가 유일한 역사적 인간인 예수를 낳게 했다는 것에 초점을 맞춘다. 이러한 방법을 통해, 성령은 다른 이들로 하여금 하나님의 내적인 생명 속으로 들어올 수 있도록 가능성의 문을 활짝 열어 놓는다. 예수의 삶에 충만했던 그 성령을 이제는 다른 이들도 쉽게 이용할 수 있게 되었는데, 이는 그들로 하여금 예수와 똑같이 하나님의 내적인 생명을 공유하도록 하기 위해서이다.

이 접근에 대한 비판이 판넨베르크에 의해 야기되었다. 자신의 저서 「예수 - 하나님과 인간」(Jesus - God and Man)에서, 예수 안에 성령이 임재했다는 관념으로부터 시작되는 그리스도론은 불가피하게도 양자론(adoptinism)의 한 형태에 빠지는 과오를 범할 수 있다고 주장한다. 이 역시 초대교회가 영-그리스도론을 거부하였던 이유와 같다.

2. 고대신학에서의 성령과 삼위일체

고대교회의 성령론은 신약성경에서 시작한 성찰을 계속하여 발전시킨 것이다. 그 밖에도 3세기에 이르기까지 유대적 전통과 헬라주의적 전통에 결부되어 있었다. 성령은 일차적으로 그리스도인들의 삶의 현실을 이루고 있었으나 단지 부차적으로만 극소수의 신학자들의 가르침의 대상이 되었을 뿐이다. 고대교회의 성령운동은 세 가지 측면을 가지고 있었다. (1) 성령은 진리의 특별한 인식을 도와 줌으로써 신적인 임재를 전달한다. (2) 신적 임재의 공간은 종말론적인 하나님의 백성인 교회이다. (3) 개별적인 그리스도인의 삶은 성령으로 말미암아 각인되었다. 성령은 세례 후의 새로운 존재의 기초가 될 뿐 아니라 삶의 변화의 구체적인 규범도 된다.[6]

고대에는 이 가운데서도 특히 첫째 측면이 강조되었다. 그러니까 진리인식과 관련하여 유대적, 헬라주의적 영감사상이 예수 그리스도와의 관련으로 말미암아 변형되었다. 영감은 예언에 있어서나 성경의 권위에 있어서나 오성의 조명에 있어서 나타난다. 성경이 규범적 계시로서 성령의 저작이라는 것이 통념(communis opinio)이었다. 이에 따라 구

---

6. 김광식, 「조직신학」 Ⅲ(서울 : 대학기독교서회, 1996), p. 366.

약성경의 성령론적 해석은 교회에 있어서 처음부터 중심적 역할을 하였다.

헤르마스서는 140년경 로마의 성령 충만한 예언활동에 대하여 증거한다. 그런데 이 예언의 영은 교회 전체에 관련되었다. 그러나 성령운동과 예언운동의 위기는 몬타누스주의 개혁운동에서 절정에 이르렀다. 몬타누스는 172년경에 예언을 시작하였다. 몬타누스주의자들은 하나님이 그들 속에서 말씀하신다고 주장하였다. 그들은 자신들이 보혜사의 성육신이라고까지 하지는 않았으나, 보혜사의 살아 있는 거처라고 자처하였다.[7] 그러나 몬타누스가 성령의 현재의 활동, 특히 꿈과 환상과 예언적 계시와 관련하여 성령의 역할을 상당히 강조했다는 것은 분명하다.

1~3세기 동안 성령의 역할에 대한 광범위한 논의가 상대적으로 없었다는 것은, 신학적 논쟁이 다른 영역에 집중되었다는 사실을 반영한다. 그리스 교부 저술가들은 치열한 정치적, 그리스도론적 논쟁이 그들 주위에서 맹위를 떨칠 때, 성령에 대하여 걱정하기보다는 자신들이 보기에 더 중요한 것을 생각하고 있었다. 이 점을 주장한 사람은 4세기의 저술가인 암필로키우스(Amphilochius of Iconium)이다. 그는 아리우스 논쟁이 먼저 해결된 후에야 비로소 성령의 지위에 대한 진지한 논의가 진행될 수 있을 것이라고 지적했다. 초대교회의 신학적 발전은 공적인 논쟁에 대한 반응으로 이루어졌다고 할 수 있다. 일단 진지한 논의가 진행된 후에, 그 필연적 결과로 교리적 설명이 뒤따랐다.

처음에 문제가 된 논쟁은 유스타티우스(Eustathius of Sebaste)에 의해 주도된 '성령의 대적자들'로 알려진 일단의 저술가들에게 집중되었다. 이 저술가들은 성령의 인격도, 사역도 신적 인격의 지위나 본성을 가진 것으로 간주될 수 없다고 주장했다. 이에 대한 반응으로, 아타나

---

7. Ibid., p. 367.

시우스(Athanasius)와 바질(Basil of Caesarea) 같은 저술가들은 당시 세례에 대해 보편적으로 용인된 성경 구절에 호소했다. 신약시대 이래 (마 28 : 18-20), 그리스도인들은 '아버지와 아들과 성령'의 이름으로 세례를 받았다. 아타나시우스는 이것이 성령의 인격적 지위에 대한 이해에 중요한 의미를 갖고 있다고 주장했다. 아타나시우스는 「세라피온에 보내는 편지」(Letter to Serapion)에서, 세례에 대해 흔히 공식처럼 쓰여지는 이 성구가 성령이 '아버지'와 '아들'과 동일한 신성을 공유하고 있음을 가리켜 보여 준다고 선언했다. 결국 이 주장은 성공을 거두었다.[8] 성령의 신성에 개척적인 공헌을 한 사람은 역시 아타나시우스였다.

오리겐의 때부터 성령에 관한 신학적인 성찰은 현저하게 뒤떨어졌다. 알렉산더는 성령이 선지자들과 사도들을 감동시켰다는 옛 주장을 그냥 되풀이했을 뿐이다. 아리우스는 성령을 하나의 본체(hypostasis)로 간주하였으나, 성자의 본질이 성부의 본질과 전혀 같지 않은 것과 마찬가지로 성령의 본질도 성자의 본질과 전혀 같지 않다고 생각했다. 비록 성령의 문제가 니케아에서 제기되지는 않았으나 이제부터는 눈에 띄게 관심이 높아지게 되었다. 한편으로는 가이사랴의 유세비우스 같은 극단론자는 성령이 하나의 본체라고 분명히 말하면서도 성령은 '셋째 등급'이니, '셋째 능력'이니, '최고 원인에서 나온 셋째'이니 하고 생각하고 요한복음 1 : 3에 대한 오리겐의 주석을 사용하여 성령은 '성자로 말미암아 존재하게 된 사물들 중의 하나'라고 논증한다.[9] 만일 이성적이고 영적인 피조된 다른 존재들과는 달리 성령이 왜 '거룩하고 삼중적으로 축복받은 성삼위 속에 포함되어 있느냐?'고 묻는다면, 그는

---

8. Alister E. McGrath, *Christian Theology*, 김홍기 · 이형기 · 임승안 · 이양호 역, 「역사 속의 신학」(서울 : 대한기독교서회, 1998), p. 369.
9. J. N. D. Kelly, *Early Christian Doctrine*, p. 255.

성령이 영예와 영광에 있어서 다른 존재들을 초월하기 때문이라고 대답을 한다.

후기 아리우스파인 아에티우스(Aetius)와 유노미우스(Eunomius)는 그들의 입장의 논리에 충실하게 성령을 성부의 부탁에 따라 성자가 만드신 피조물들 가운데서 가장 고상한 자, 즉 조명(照明, illumination)과 성화(聖化, sanctification)의 근원이라고 생각한다. 다른 한편으로는 예루살렘의 키릴(Cyril of Jerusalem)은 성령의 품격과 기원에 대해 묻지 말라고 하면서 후에 정통주의에 접근하는 완전한 교리를 표명한다. 그는 성령이 삼위일체에 속한다고 주장한다. 그리고 "우리는 어떤 사람들이 하듯이 성삼위를 나누지도 않고 사벨리우스가 하듯이 성삼위 속에 혼란을 일으키지도 않는다."라고 한다. 성자는 성령과 연합한 채로 성부의 신성에 참여하고, 성령은 '보편적인 성화시키는 분이요, 신격화시키는 분이시며', '신적이고 형용할 수 없는 존재'이시다. 그리하여 성령은 성자처럼 피조물로부터, 심지어는 가장 높이 올리워진 피조물로부터도 멀리 떨어져 있고 성부에 대한 완전한 지식을 누리고 있다. 성령이 다른 두 위(位)에 대해 맺는 관계는 다음과 같은 공식으로 정의된다. '성부는 성자에게 주시고 성자는 성령에게 교통하시며', '성부는 성자를 통해 성령과 더불어 모든 은혜를 베푸신다.' 성령은 '존립체'(subsistent)이고 '성부와 성자와 더불어 항상 함께 계시고' 그분들과 더불어 불가분리적으로 영화롭게 되신다.[10]

키릴은 348년에 교리문답강좌(Catechetical Lecture)를 하였다. 359년이나 360년경에 아타나시우스는 성령에 관한 자기 자신의 신학을 설명하도록 충동을 받았다. 드무이스(Thumuis)의 감독 세라피온(Serapion)은 일군의 애굽 기독교인들에게 주의를 기울이도록 환기시켰다. 그들은 성자의 신격성(神格性)의 인정과 성령의 경멸적 관념을 결

---

10. Ibid., p. 256.

부시켰다. 그들이 성경을 형상적(形相的, figurative)으로 주석하기 때문에 아타나시우스는 그들을 '형상론자들'(Tropici)이라고 불렀다 (τρόπος, 형상). 그들은 성령이 무로부터 존재하게 된 피조물이라고 논증했다.[11] 더 정확하게 말한다면, 성령은 천사이다. 다른 천사들보다 등급에 있어서 우월하지만, 히브리서 1：14에 언급한 '섬기는 영들' 가운데 속한 것으로 분류되어야 하고, 따라서 성부와 성자는 '실체에 있어서 다르다(ἑτεροούσιον)'는 것이다. 그들은 특별히 세 군데 성경본문, 즉 아모스 4：13("대저 산들을 지으며 바람(영)을 창조하며……."), 스가랴 1：9("내게 말하는 천사가 내게 이르되, 이들이 무엇인지 내가 네게 보이리라 하매.") 및 디모데 전서 5：21("하나님과 그리스도 예수와 택하심을 받은 천사들 앞에서 내가 엄히 명하노니…….")을 인용하여 호소하였다. 형상론자들은 아마도 후에 나타난 성령훼손당(pneumatomachians)과 마케도니우스파(Machedonians)를 예표하기는 하나 그들과 관련되지는 않고 순수한 지방적인 분파였던 것으로 보인다.[12]

이러한 논제에 대하여 아타나시우스의 가르침은 성령이 완전히 신적이며 성부와 성자와 더불어 공동실체적(共同實體的, consubstantial)이라는 것이다. 첫째로, 그는 형상론자들의 잘못된 주석을 폭로한 뒤에 성경 전체에 걸쳐서 일치된 점은 성령이 피조물과 공통된 것이라곤 아무것도 없고 '성삼위 안에 있는 신성이 속하며 그 신성과 하나이다.'라는 것임을 증명한다. 그래서 피조물들은 무로부터 오고 성화와 생명을 받는 자들이며 가변적이고 한정이 되어 있으며 복합적이지만, 성령은 하나님께로부터 오고 성화와 생명을 베풀며 불변적이고 무소부재하며 유일하시다. 둘째로, 그는 성삼위가 영원하고 동질적이며 분할할 수 없다는 것과, 성령이 성삼위의 일원이기 때문에 그분은 성부와 성자와 더

---

11. Ibid.
12. Ibid., p. 257.

불어 공동실체적일 수밖에 없다는 것을 많이 논증한다. 셋째로, 그는 성령과 성자의 밀접한 관계에 유의하며 그것으로부터 연역하기를 성령은 성자가 본질에 있어서 성부에 속하는 것과 똑같이 본질에 있어서 성자에게 속한다고 한다. 예를 들면 성령은 성자의 영이고 '성자가 성화시키고 밝혀 주는 생명적 활동과 은사'이며, 성령은 성자로 말미암아 하사된다. 성령이 가진 것은 무엇이든지 성자의 것이다. 시편 104 : 29 이하와 33 : 6에서 지시하는 바, 성령은 성자의 창조역사에 있어서 성자와 더불어 동참한다.[13] 성령과 성자의 불가분할성도 그분들이 선지자들을 감동시키는 것과 성육신에 있어서 공동으로 활동하심으로써 예증되어 있다. 마지막으로 그는 성령이 우리 모두를 "하나님의 동역자(고전 3 : 16 이하 참조)로 만드시고 만일 성령이 피조물이라면 우리가 그분을 통하여 하나님께 참여할 것이 없으며 우리는 피조물과 연합하여 신적인 본성으로부터 소외당하게 되고 …… 만일 그분이 인간을 신적인 것으로 만드신다면 그분의 본성은 의심할 나위없이 하나님의 본성임에 틀림없다."라는 사실로부터 성령의 신성을 추론해 낸다. 당시에 유행하던 관례를 존중하여 아타나시우스는 성령을 직접 하나님이라고 부르지 않고 신중을 기하였다. 그러나 그의 교리는 성령이 말씀과 성부에 속하여 있고 그분들과 더불어 하나의 동일한 실체(ὁμοούσιος)를 공유한다는 것이다.[14]

아타나시우스가 성령에 관해 말한 것은 삼위일체에 관한 그의 가르침을 마무리짓는 것임을 우리는 관찰해야 할 것이다. 이러한 관념에 의하면 신성은 하나의 동일한 분할할 수 없는 실체나 본질을 공유하고 있는 품격들(그는 이에 대한 자신만의 용어를 가지고 있지 않았다.)의 성삼위로서 영원히 존재한다는 것이다. 더구나 세 품격 모두가 하나의 동일한

---

13. Ibid.
14. Ibid., p. 258.

활동에 붙잡혀 있어서 '성부는 성령 안에서 말씀으로 말미암아 만물을 성취하신다. 성부가 창조나 또는 우주 통치나 또는 구원하는 과정에서 영향을 끼치는 것은 무엇이든지 그분은 그분의 말씀을 통해 행하신다. 그분은 말씀이 수행하는 것은 무엇이든지 성령을 통해 하신다.' 그러므로 그는 다음과 같이 쓸 수 있었다. "거룩하시고 축복받은 성삼위는 그 자체상 분할할 수 없는 하나이시다. 성부에 대하여 언급하게 되면 말씀도 포함되고 성자 안에 계신 성령도 포함된다. 만일 성자의 이름을 부른다면 성부는 성자 안에 계시고 성령도 그 말씀 밖에 계시지 않는다. 왜냐하면 성부로부터 성자를 통하여 성령 안에서 성취되는 단 하나의 은혜가 있기 때문이다."

만일 아타나시우스가 성령의 동일 본질(Homoousion)을 방어하는 데 있어서 선도적 역할을 했다면 카파도키아 교부들은 그 과제를 조심스럽고 용의주도하게 완성하였다. 우리가 이미 본 그대로 예루살렘의 키릴이 대표로 있던 다수의 중도파 중의 상당수가 성령의 완전한 신격성을 인정하면서도 그것을 표현하기 위해 동일본질이라는 말을 사용하기를 거절하던 교리를 오래 전부터 가지고 있었다. 그러나 옛 유세비우스식 종속설이 여전히 좌익(left wing)에 의해서 주창되었다. 그 결과로 안키라의 바질(Basil of Ancyra)과 그의 친구들이 358년의 교회회의 이후에 회람시켰던 선언(manifesto)은 "성령이 성부로부터 성자를 통해서 신자들에게 주어진다."라고 하고, "성령의 존재를 성부로부터 성자를 통하여 가진다."라고 진술하는 애매한 공식에 만족하였다.

그러나 아타나시우스는 362년에 알렉산드리아회의에서 성령이 피조물이 아니라 성부와 성자의 실체에 속하고 그 실체와 불가분리적이라는 명제의 수락을 확보하였다. 그 때부터 성령의 지위에 관한 질문이 긴급한 문젯거리가 되었고, 그 밑에 깔린 의견의 다양성은 백일하에 드러났다. 나지안주스의 그레고리(Gregory of Nazianzus)가 380년에 행한 어느 설교는 그 당시 여전히 휩쓸고 있던 각양각색의 광범위한 여러 의견을 명확하게 묘사해 준다. 380년에 이르러 나지안주스의 그레고리는 많은 정통적 그리스도교 신학자들이 성령을 '활동으로 다루어야 할지, 창조자로 다루어야 할지, 하나님으로 다루어야 할지' 확신을 갖지 못하고 있다고 인정했다. 이러한 신중함은 381년 콘스탄티노플 공의회에 의해 발표된 성령의 교리의 최종적 진술 안에서 볼 수 있다. 여기서 성령은 하나님이 아니라 "아버지로부터 나오고, 아버지와 아들과 함께 영화롭게 예배를 받게 된 주와 생명의 시여자"로 표현되었다. 그 언어는 모호하지 않다. 성령은 '하나님'이란 말이 명백하게 사용되지는 않았지만, 아버지와 아들과 동일한 신성과 지위를 가진 것으로 다루어졌다.

4세기 후반 동안 성령의 신성이 확립되는 데에는 다음의 사항이 매우 중요하다. 첫째, 그레고리가 강조했듯이, 성경은 '태어나지 않은'(unbegotten)이라는 말을 제외하고는, 하나님의 모든 명칭을 성령께 적용했다. 그레고리는 성령을 가리키기 위해 '거룩한'이라는 말의 용도에 특별한 관심을 기울이며, 이 거룩성은 어떤 외적 근원에서 오는 것이 아니라 성령의 본성의 직접적인 결과라고 주장했다. 성령은 거룩하게 될 필요가 있는 존재가 아니라 거룩하게 하는 존재로 생각해야 한다는 것이다.

둘째, 성령에 특별히 해당되는 기능은 성령의 신성을 확립해 준다. 소경 디디무스(Didymus the Blind)는 성령이 하나님의 피조물의 창조, 갱신, 성화에 책임이 있음을 지적한 많은 저술가 중의 한 명이었다. 그러나 어떻게 한 피조물이 다른 피조물을 갱신시키거나 거룩하게 할 수 있는가? 성령이 신적이어야만, 이 기능들이 의미가 있을 수 있는 것이다. 만일 성령이 하나님에게 특정한 기능들을 수행한다면, 성령은 마땅히 신성을 공유해야 한다. 이 점은 바실(Basil of Caesarea)에 의해 특히 명확하게 진술되었다.[15]

---

15. Alister E. McGrath, op. cit., p. 370 재인용.

성화의 필요가 있는 모든 사람은 성령께 향한다. 덕을 따라 사는 모든 사람은 그를 추구한다. 왜냐하면 그의 숨이 그들을 새롭게 회복시키고, 그들이 본성적인 고유한 목적을 추구할 때 그들을 도우러 오기 때문이다. 성령은 다른 사람을 완전케 할 수 있기 때문에, 그 자신은 아무것도 부족하지 않다. 그는 그의 힘을 회복할 필요가 있는 존재가 아니라, 그 자신이 생명을 공급하는 존재이다.…… 성령이 그 안에 거하고 성령에 의해 조명 받는 영혼들은 자신들이 영적으로 되고 다른 사람들에게 그들의 은혜를 내보낸다. 여기서 미래의 지식, 신비에 대한 이해, 감추인 것의 이해, 은혜의 선물의 공유, 하늘의 시민권, 천사의 합창단의 자리, 끝없는 기쁨, 하나님 안에 거하는 것, 하나님같이 되는 것, 그리고 그 중에서도 가장 위대한 것으로서 '하나님이 되는 것' (being made God)이 온다.

바실에게 있어서 성령은 피조물을 하나님과 같이 만들고, 하나님이 되게 하는 바, 이는 신적인 존재만이 할 수 있는 일이다.

셋째, 교회의 세례 정식 안에서 성령에 대한 언급은 성령의 신성을 지지하는 것으로 해석되어야 한다. 세례는 "아버지와 아들과 성령"의 이름으로(마 28 : 17 - 20) 이루어진다. 아타나시우스 등은 이 정식(formula)이 삼위일체의 각 지체 사이를 가장 가까운 관계로서 확인해 주고 있으며, 그로써 아버지와 아들은 신성의 본질을 공유하고 성령은 피조물에 불과하다는 제안을 불가능하게 한다고 주장했다. 비슷한 방식으로, 바실은 세례 정식이 아버지와 아들과 성령을 분리할 수 없음을 분명히 암시해 준다고 주장했다. 바실에 의하면, 이러한 언어적 관련은 신학적으로도 상당한 의미가 있는 것이 분명하다.[16]

성령의 온전한 신성에 대한 허용은, 교부 신학의 발전 과정에서 상대적으로 후기 단계에 발생했다. 교리의 논리적 발전에 관련하여, 다음의

---

16. Ibid., p. 371.

역사적 연속성이 식별될 수 있다. 단계 1 : 예수 그리스도의 온전한 신성의 인식, 단계 2 : 성령의 온전한 신성의 인식, 단계 3 : 삼위일체 교리의 분명한 정립으로, 이 중심적 통찰을 심화하고, 명확히 설명하고, 삼위의 상호 관계를 규명했다.

이러한 연속적인 발전은 그레고리에 의해 시인되었다. 그는 하나님의 계시의 신비에 대한 이해가 시간이 흐름에 따라 점진적으로 진보되었음을 지적했던 것이다. 그리스도의 신성의 문제가 확정되기까지는 성령의 신성의 문제를 다루는 것이 불가능했다는 것이 그의 주장이었다.[17]

> 구약성경은 아버지를 공공연히, 아들은 보다 모호하게 선포했다. 신약성경은 아들을 계시하였고, 성령의 신성을 암시했다. 이제 성령은 우리 안에 거하시고, 우리에게 보다 분명하게 계시되었다. 아버지의 신성이 아직 인정받지 못하는 동안, 아들을 공공연히 선포하는 것은 적당하지 않다. 아들(의 신성)이 인정받기 전에 성령을 받아들이는 것도 적당하지 않다.…… 그 대신 점진적인 진보와 …… 부분적 상승에 의해 우리는 앞으로 나아가야 하며, 명확성을 확보해 나아가야 하고, 그 결과 삼위일체의 빛이 비쳐야 한다.

바질은 성령을 직접적으로 하나님이라고 호칭하기는 주저하였지만, 나지안주스의 그레고리는 분명하게 "성령은 하나님"이라고 공언하기에 이르렀다.[18] 이런 생각은 다마스커스의 요한(John of Damascus ca. 675 - ca. 749)을 거쳐 후대 동방교회 신학의 표준이 되었다.

한편 서방교회 밀라노의 감독이었던 암브로시우스(Ambrose. d. 397)는 세례도 받기 전에 감독으로 선출될 만큼 학식과 덕이 뛰어났던 인물

---

17. Ibid., p. 371 재인용.
18. Gregory of Nazianzen, *On the Holy Spirit* x, NPF 2nd Series, 7 : 321, *Fifth Theological xii*. 6, NPF 2nd Series 7 : 247.

이었다. 그는 감독이 되고서야 비로소 신학을 공부하게 되었고, 따라서 그렇게 독창적인 면은 없었으나 성경 연구와 동방의 아타나시우스와 바질 등을 많이 따라가면서 자기의 견해를 발전시켜 나갔다. 그도 역시 나름대로 아리우스주의와 대결하면서 성령론을 발전시켰는데, 그의 작품「성령에 대하여」(De Spiritu Sancto)는 서방세계 최초의 독립적인 성령론이라고 할 수 있는 것이다. 그는 성령이 그 능력, 창조성, 생명, 빛에 있어서 성부와 성자와 동일하다고 하였다. 또한 그는 삼위가 그 능력과 지혜와 역사하심에서 일치하며, 따라서 그 본체에 있어서도 하나라고 하였다. 그러한 일치 속에서 삼위는 구분되는 인격을 가지고 있으며, 그러나 그것은 분리된 것은 아니라고 하였다. 그런데 성령의 근원에 대하여 그는 때로는 성령이 성부로부터 성자를 통하여 나오신다고 하고, 때로는 성부와 성자로부터 나오신다고도 하였다. 그 때까지 이 문제에 대하여 서방교회는 독자적인 의견이 분명하지 않았으며, 대체로 동방의 성령론을 따르고 있다. 서방교회가 독자적인 성령론을 가지게 된 것은 아우구스티누스 이후였다고 할 수 있다.[19] 아무튼 그는 성령이 성부 성자와 동등하게 영원하시며, 동일본질이심을 분명히 하였다.

  4세기 후반, 교회는 당시 황제 테오도시우스 1세(Thedosius I)의 요청으로 니케아공의회 이후 계속된 그리스도론 논쟁을 정리하기 위해, 다시 콘스탄티노폴리스에서 공의회가 모이게 되었다(381). 여기에 교황과 서방 주교들은 초대되지 않았지만 후에 서방에서도 이것을 받아들였다. 여기서는 325년의 '니케아신조'를 재확인하고 그것을 수정 보완하였다. 그것이 엄격히 말하면 '니케아·콘스탄티노플신조'인데, 통상적으로 교회에서는 이때 수정된 본문을 '니케아신조'라고 불러왔던 것

---

19. Standy Burgess, *The Holy Spirit : Anciet Christian Tradition*(peabody. Mass : Hendrickson, 1984), p. 175.

이다. 성령론에 관하여 여기서는 본래 니케아에서 "그리고 성령을 **믿습니다.**"라는 짧은 언급에 상당 분량의 수식어들을 첨가하여 다음과 같이 고백하였다 : "그리고 주님이시며 생명의 수여자이신 성령을 **믿습니다.** 그분은 성부로부터 나오시며, 성부와 성자로 더불어 숭앙되고 영광을 받으시며, 예언자들을 통해 말씀하신 분이십니다." 여기에 성령을 수식하기 위해 첨가된 '주님'이라든가 '생명의 수여자'라는 말들은 사실상 신성에 대한 호칭이다. 또한 여기서 성령도 성부와 성자와 함께 신앙과 예배의 대상임을 지적하여, 성령의 신성을 분명히 하였다.

이와 같이 4세기에는 성령에 대한 본체론적인 논의가 활발하게 이루어지면서, 성령이 피조물이 아니라 하나님이심을 분명히 하게 되었다. 여러 이단들의 출현은 여기에 자극을 주었으며, 성경과 교회의 예배 전통은 성령의 신성에 대한 생각을 확고하게 하는 기초가 되었다. 이 시기에 성령의 근원 문제가 등장하게 되었으나, 성령의 근원이 성부만인지, 성부와 성자 모두인지에 대하여는 후대의 쟁점으로 넘어가게 되었다.

서방교회에도 훌륭한 교부들이 많이 있었지만, 특히 성령론에 있어서 중세 서방신학의 기초를 놓은 이는 아우구스티누스(Augustinus d. 430)라고 할 수 있다. 그가 약 20년에 걸쳐서 집필하여 419년에 출판한 「삼위일체에 대하여」(De Trinitate)는 서방교회의 본격적인 삼위일체론 저술이다. 동방교회 신학과 비교하며 보면, 아우구스티누스는 하나님의 일치성(Unity)을 우선적으로 강조하였다.[20] 그는 그 세 분이 동일한 본체(substance)의 일치성을 구성한다고 하였다.[21] 그는 각 위격이 모두 하나님이시고 모두가 함께한 하나님이시라고 하였다. 이와 같이 성령의 완전한 신성을 주장함은 동방과 별다름이 없었다. 그러나 한 하나님이 어떻게 세 위격이신가에 대한 설명은 동방신학과는 매우 다

---

20. Augustinus, *On the Trinity*, V. 9.
21. Ibid., I. IV. 7.

른 것이다.

　삼위일체론(*De Trinitate*) 제5권에서 그는 성령이 하나님의 '선물'임을 지적하였다. 그런데 '선물'이라는 것은 본래 그 선물을 '주는 이'와의 관계를 의미할 수밖에 없다.[22] 그런데 성령도 하나님 자신이므로, 결국 이것은 유일하신 하나님 안에 어떤 복수의 관계성이 있다는 것을 말하는 것이다. 그러나 그는 하나님 안에 있는 이러한 관계가 아리우스의 경우처럼 관계 맺는 자의 신성을 부정하는 것이 아니라, 여전히 유지한다고 밝힌 점에서 획기적이었다. 여기서 서방 삼위일체론의 뿌리가 나왔는데 바로 '관계적 삼위일체'(the relational Trinity)이다. 이 경우 신성의 위격들은 상호간의 관계에 의해서 정의된다. 아우구스티누스에 있어서는 성령 자체가 성부와 성자 사이의 사랑과 교통(communio)이고, 따라서 '사랑', '선물' 등으로 불리운다. 아우구스티누스는 또한 선물 '주시는 이들'과 '선물' 사이에는 어떤 종속이 없다고 한다.[23] 성령은 사랑이시기에 선물이시기도 하다.[24] 물론 성경에 성령을 사랑이라고 부르지는 않았으나, 그는 성부와 성자 모두의 영으로써 성령은 성부와 성자 사이의 사랑을 우리에게 주신다고 이해한다. 따라서 성령은 사랑이라 불리워야 한다고 한다.[25] 그러므로 성령은 하나님으로부터의 사랑이요 하나님이시다.

　여기서 서방신학의 유명한 개념인 '사랑의 띠'(viculum charitatis)로서 성령의 개념이 등장한다. 성령은 성부와 성자간의 사랑의 띠이며, 나아가서 하나님과 우리 사이를 사랑으로 연합시키는 띠이다. 이러한 성령 이해는 서방신학의 매우 중요한 전통이 되었다. 그러나 사실 이렇

---

22. Ibid., V. xii.
23. *On the Trinity* XV. xxxvi.
24. Ibid., XV. xxxii.
25. Ibid., XV. xxvii‑xxix.

게 되면, 성령의 독자적 인격성에 있어서 불균형이 야기되지 않는가 하는 질문이 남는다. 성령이 만일 성부와 성자 사이에 주고받는 사랑이라면, 성령은 성부와 성자 모두에게서 나오며, 따라서 성령의 출처는 성부와 성자 모두일 수밖에 없다. 여기서 서방신학의 독특성인 성령의 이중발원설이 확립된다. 그러나 아우구스티누스는 이러한 이중발원이 하나님 안에 두 개의 분리된 근원이 있음을 의미한다고 보지는 않았다. 그것은 하나의 동시적인 발원이다.

> 말씀이 태어나심은 오직 아버지만으로부터이다. 또한 주로 아버지로부터 성령이 나오신다. 그러므로 내가 여기 '주로'라는 말을 첨가하였으니, 이는 성령이 아들로부터도 나오시기 때문이다. 그러나 아버지는 이를 또한 아들에게 주셨다. 그런데 이미 존재하며 이를 소유하지 않으신 아들에게서가 아니라, 무엇이든지 아버지가 독생자 말씀에게 주신 것은 그를 낳으심으로서 주신 것이다. 그러므로 그가 그를 낳으신 것은 공통의 선물이 그로부터도 나오며, 그 성령이 그 두 분 모두의 영이 되도록 하신 것이다.[26]

비록 이중발원이라 하여도, 아우구스티누스는 성부와 성자가 한 하나님이시므로 하나님 안에 두 원리가 있는 것이 아니고 한 원리가 있다고 이해한다.[27] 그런데 성령도 성부에서 나오시면 그는 또 하나의 아들인가? 이에 대하여 그는 성령은 '태어난' 것이 아니고 '주어지셨다'고 하는 말로서 양자를 구분하였다.[28] 그의 삼위일체론(De Trinitate)의 후반부는 대개 우리의 이해를 도울 만한 것들로서 창조세계에 나타나는 삼위일체의 흔적들(vestigia Trinitatis)을 설명하는 데 할애하였다. 특징적인 것은 그가 인간의 영혼을 기억-지성-의지로 분석하고, 이것이

---

26. Ibid., XV. xxix.
27. Ibid., V. xv.
28. Ibid.

삼위일체의 각 위에 대응하는 것으로 설명한 것이다.

3. 아우구스티누스의 성령이해[29]

성령의 신학(우리는 지금까지 그의 삼위일체론을 중심으로 하여 성령에 관한 그의 견해를 살펴보았지만, 좀더 그의 주장의 배경을 살펴보기 위하여 본 장을 할애한다.)의 발전에서 가장 중요한 기여 중의 하나는 아우구스티누스에 의한 것이다. 아우구스티누스는 부분적으로는 이방의 배경에서부터 그리스도교를 회심한 빅토리누스(Marius Victorinus)의 영향을 통해 그리스도인이 되었다. 빅토리누스는 성령의 역할에 대해 분명한 접근방법을 가지고 있다. 그것은 그가 지은 찬송으로부터 볼 수 있다.

> 우리를 도우소서. 성령이여, 아버지와 아들의 끈(copula)이시여,
> 당신이 머물러 있을 때, 당신은 아버지이시고,
> 당신이 나올 때, 당신은 아들이시고,
> 모두를 하나로 묶을 때, 당신은 성령이십니다.

이 계열의 신학이 양태론적(modalistic)으로 보이긴 하지만, 그럼에도 불구하고 여기에는 상당히 중요한 개념이 표현되고 있다. 성령이 '아버지와 아들의 끈' 이라는 것이다.

아우구스티누스가 받아들이고 그의 「삼위일체론」(On the Trinity)에서 훌륭한 기술로 발전시킨 것이 바로 이 개념이다. 아우구스티누스는 성령의 독자성을 강조한다. 이 독특한 정체성에도 불구하고, 성령은 아버지와 아들에게 공통적인 것이다. 아버지는 오직 아들의 아버지일 뿐이고, 아들은 오직 아버지의 아들일 뿐이다. 그러나 성령은 아버지와

---

29. Alster E. McGrath, op. cit., p. 374.

아들의 영이고, 그들을 사랑의 끈 안에서 함께 묶는다. 아우구스티누스는 이 점을 논의하며 성령이 사랑이라는 명백한 진술이 성경에 나타나 있는 것은 아니라고 시인한다. 그러나 하나님이 사랑이고 또 성령이 하나님인 점에서 성령이 사랑이라는 것은 자연스럽게 도출될 수 있다는 것이다.

성경은 그가 아버지만의 영도 아니고 아들만의 영도 아니라 아버지와 아들의 영이라고 가르친다. 이것은 우리에게 아버지와 아들간의 사랑을 보여 준다.…… 그러나 성경은 '성령이 사랑이다'라고 말하지 않는다. 만일 그렇다면, 우리의 탐구의 많은 부분은 불필요하게 될 것이다. 성경은 "하나님은 사랑이다."(요일 4 : 8, 16)라고 말함으로써 사랑이 아버지 하나님인지, 아들 하나님인지, 성령인지, 삼위일체 자체인 하나님인지 질문하게 한다.

성령과 사랑이 동일하다는 아우구스티누스의 변호는 다음과 같은 복잡한 논증에 근거해 있다. 우리는 사도 요한의 언어(요일 4 : 7, 19)를 신중하게 검토함으로써, 성령을 '사랑'으로 부르는 근거를 발견할 수 있다. "사랑하는 자들아, 우리가 서로 사랑하자. 사랑은 하나님께 속한 것이니"라고 말한 후, 요한은 계속하여 "사랑하는 자마다 하나님께로 나서 하나님을 알고, 사랑하지 아니하는 자는 하나님을 알지 못하나니 이는 하나님은 사랑이심이라."고 덧붙인다. 이 구절은 그가 '하나님'이라 부르는 사랑이, 그가 '하나님께 속한'(of God) 것이라고 말한 사랑과 동일한 것임을 분명하게 밝혀 준다. 그러므로 사랑은 '하나님께 속한' 사랑이거나, 혹은 '하나님으로부터' 온 사랑이다(*Deus ergo ex deo est dilectio*).

그러나 아들이 하나님 아버지로부터 태어나고, 성령이 하나님 아버지로부터 나오기 때문에, 우리는 하나님이 사랑이라는 이 말을 아들과 성령 중 어느 곳에 붙여야 할지 질문하게 된다. 오직 아버지만이 '하나님께 속하지' 않은 하나님이다. 그러므로 하나님이고 또 '하나님께 속한' 사랑은 아들 아니면 성령임에 틀림없다. 이렇게 논리를 전개한 다음, 성경 저자는 우리가 하나님을 사랑한 것이 아니라 "하나님이 우리를 사랑하사 우리 죄를 위하여 화목제로 그 아들을 보내셨음이니라."(요일 4:10)고 하나님의 사랑에 대해 언급한다. 그리고 여기에 근거하여 우리에게 서로 사랑하라고 권고한다. 그러면 하나님이(그가 말한 대로) 사랑이기 때문에 하나님이 우리 안에 거하실 것이라고 한다. 그리고 이 문제를 더 분명하게 표현하려는 의도로, 곧 '이로써 우리가 그 안에 거하고, 그가 우리 안에 거하시는 것을 아노니, 이는 그가 우리에게 그의 성령을 주시기 때문이다.' 라는 말씀이 나온다. 그러므로 그가 우리 안에 주신 이도 성령이고, 우리로 하여금 하나님 안에 거하게 하고 하나님이 우리 안에 거하게 하시는 이도 성령이다. 그러나 그것은 사랑의 효과이다. 따라서 성령 자신은 사랑이신 하나님이시다.

'사랑의 끈'으로서의 성령의 개념은 아우구스티누스의 삼위일체론과 교회론에서도 중요한 의미를 가진다. 아우구스티누스는 성령을 한편으로는 아버지와 아들 사이의 일치의 끈으로, 다른 한편으로는 하나님과 신자들 사이의 일치의 끈으로 간주했다. 성령은 하나님께서 주신 선물로 신자들을 하나님과 또 다른 신자들에게 연합시켜 준다. 성령은 신자들 사이에 일치의 끈을 만들어 주는데, 궁극적으로 교회의 일치는 바로 그 토대에 의존한다. 교회는 그 안에 성령이 거하시는 '성령의 전'이다. 신성의 일치 안에서 아버지와 아들을 함께 묶는 동일한 성령이 교회의 일치 안에서 신자들을 또한 함께 묶고 있다. 아우구스티누스가 이해한 성령은 사랑의 끈으로서의 성령이다.

II

중세신학에서의 성령

 중세시대는 교회의 직제가 발달되었기에 성령론은 고대신학에 나타난 성령론의 범주를 벗어나지 못한다. 오히려 교황권을 중심으로 교회가 전횡하였던 시대였다. 따라서 중세시대의 성령이해는 아우구스티누스의 신학전통을 따라, 성령은 사랑의 띠로서 성부와 성자를 연합하는 상호간의 사랑으로 이해하는 경향이 짙었다.

 5세기의 교황 레오 1세(Pope Leo I d. 460)는 성령의 온전한 신성을 인정하여, 삼위간의 동등함과 동등하게 영원하심을 가르쳤다(*Sermo.* 75). 그는 또한 성령의 이중발원을 지지하기도 하였다(*Ep.* 15. 2). '아타나시우스 신조'라고 잘못 명명되었던 5세기 말의 신조는 교회의 공식 신조도 아니었고, 아타나시우스 자신의 저작도 아니었지만, 교회 안에서의 영향력이 컸으며, 경향은 아우구스티누스 노선을 따르고 있었다.

 우리는 그 위가 혼합되지도 않고 그 본체가 나누어지지도 않는 삼위일체 안의 한 하나님, 하나 속의 삼위일체를 예배한다. 이는 아버지가 하나의 위격이고, 아들이 다른 위격이며, 성령도 다른 위격이시기 때문이다. 그러나 아버지와 아들과 성령의 하나님이심(Godhead)은 하나요, 그 영광은 같고, 그 위엄은 동일하게 영원하며 …… 세 신이 아니시고 한 하나님이시며 …… 세 주가 아니고 한 주심이시다.…… 또한 이 삼위일체 안에 선도 후도 없으며, 크고 작음도 없다.…… 하나 속의 삼위일체, 삼위일체 속의 하나 그 모두를 예배해야 한다.[1]

여기서는 성령을 드러내 놓고 하나님이라 부르지만, 삼신론을 명백히 거부하고 있다. 이 신조는 또한 성부는 다른 근원이 없고 성자를 낳으시며, 성자는 성부에서 나시며, 함께 성령을 내시며, 성령은 성부와 성자로부터 나오신다고 하여, 이중발원을 기정사실로 받아들이고 있다.

보에티우스(Bothius d. c. 525) 역시 아우구스티누스의 전통을 따랐다. 그도 성부·성자·성령은 한 하나님이시라고 하였고, 성령은 아버지와 아들로부터 나오신다고 하였다. 그러나 이것을 인간의 마음으로 이해하기는 불가능하다고 시인하였다. 삼위의 관계는 동등한 분들의 관계이며, 이것은 독특하여 다른 데서는 찾을 수 없는 것이라고 하였다.

제11차 톨레도회의(Toledo XI, 675)는 성령이 삼위일체의 제3위격이시며, 한 하나님이심을 분명히 하였다. 성령은 또한 아버지와 아들과 함께 동등하시며, 동일본질이시라고(consubstantial) 하였다. 성령은 성부와 성자로부터 나오심으로서, 태어나신 것도 아니요, 창조되신 것도 아니다. 성령은 성부와 성자에게서 보내진 두 분 모두의 영이시다. 성부·성자·성령은 한 하나님이시며, 그 존재와 활동에 있어서 나눌 수 없는 하나님이시다. 그러나 그 위격의 특징에 있어서는 다르신 분이시다. 성부는 태어남 없이 영원하시고, 성자는 태어남과 함께 영원하시며, 성령은 태어남 없이 나오심을 가지신 영원이시다.[2]

캔터베리의 대주교 안셀무스(Anselm of Canterbury d. 1109)는 전형

---

1. Alasdair I. C. Heron, *The Holy Spirit in Bible, The History of Christian Thought and recent Theology*(Philadelphia : Westminster Press, 1983), p. 88.
2. Ibid., pp. 84-85.

적인 서방신학자로서 역시 아우구스티누스의 전통을 따랐다. 그는 「성령의 이중발원에 대하여 – 희랍인들에 반대하여」(De Processione Spiritus Sancti contra Graecos)에서 특히 성령의 이중발원을 적극적으로 옹호하고 그것을 성경, 특히 요한복음에 근거하여 설명하고, 또한 논리적 이성으로 해명하려고 힘썼다. 그의 논리적 설명은, 하나님 안의 모든 것은 철저한 일치를 이루고 있어서 그들 사이에 "반대적 원천관계"(opposed relations of origin)가 있지 않으면 다 동일하다는 원칙에 근거한다. 그는 이것으로 삼위 안에 일치성과 다수성을 조화시켜려고 하였다. 위격들 사이에 원천에 있어서 반대관계가 없다면 일치성은 양보하지 않는다는 것이다. 아들은 아버지에서 오고, 성령도 아버지에서 온다. 그러므로 아버지와 아들, 그리고 아버지와 성령 사이에는 반대관계가 성립되고, 따라서 아버지와 아들이 구분되며, 아버지와 성령도 구분이 가능하다. 그렇다면 아들과 성령은 어찌 구분하겠는가? 저 원칙에 따라서 그 중 한 분이 다른 분에게서 나올 때만 구분이 가능할 것이다. 성부와 성자의 관계상, 성령이 한 분에서 나옴은 두 분 모두에서 나옴을 의미한다. 그러나 안셀무스는 성부와 성자는 하나님 안에 있는 두 원리가 아니라 한 원리라고 함으로써 역시 아우구스티누스의 전통을 따른다. 그러나 그는 아우구스티누스와 달리 성령이 "주로 아버지에게서 나오신다."는 것도 부정하였다. 그러나 그도 이것은 궁극적으로 신비임을 인정하였다.[3]

페트루스 롬바르두스(Petrus Lombardus d. 1160)가 남긴 「명제집」(Book of Sentences)은 전통적 기독교 신앙을 요약하였으며, 이것은 중세기 동안 계속 사용되면서 여러 신학자들은 이것에 설명을 붙이는 노력을 계속하였다. 페트루스는 성경에 근거하여 삼위일체 교리를 세웠

---

3. 현요한, 「성령, 그 다양한 얼굴」(서울 : 장로회신학대학출판부, 1998), pp. 60 – 61 재인용.

다(*Sent.* I d. 2, c. 4-5). 그는 성경에 따라 성부·성자·성령은 동등하며, 한 본체라고 믿었다. 그 본질은 하나요, 위격은 여럿이다(*Sent.* I d. 11. c. 1). 그는 많은 희랍 교부들도 사실상 이중발원을 가르쳤다고 주장했다(*Sent.* I d. 11, c. 2). 그러나 그는 성령의 나오심, 그리고 성자의 태어나심과의 차이는 이해불가하므로 설명하지 않았다(*Sent.* I d. 13, c. 3). 또한 그는 흥미롭게도 성령이 우리가 하나님을 사랑하고 이웃을 사랑하는 사랑과도 같다고 하였다(*Sent.* I d. 17, c. 1).

중세에 성령론적인 이단설을 유포한 사람은 피요르의 요아킴(Joachim of Fiore, d. 1202)이다. 그는 중세기 성령운동의 주창자이며, 삼위일체를 역사의 세 시대와 결부시켜 설명하고, 자기 당대가 바로 성령의 시대이며, 그 성령의 역사로 온 인류 구원과 교회의 갱신이 일어날 것이라고 믿었다. 그는 삼위간의 본질적인 구분을 주장하였다. 그는 삼위일체의 모델에 근거를 둔, 강한 종말론적 경향을 가진 역사에 대한 좀더 사변적인 이해를 발전시켰다. 요아킴에 따르면 보편적 역사는 세 시대로 구분될 수 있다.

1. 구약성경의 경륜에 상응하는 성부의 시대.
2. 교회를 포함하여 신약성경의 경륜에 상응하는 성자의 시대.
3. 새로운 종교적 운동의 흥기와, 교회의 개혁과 갱신으로 이끄는, 그리고 세상에서 평화와 통일이 마침내 확립되는 성령의 시대.

요아킴의 견해에 특별한 긴박성을 부여한 것은 이러한 시대들의 정확한 날짜 계산이었다. 각 시대는 42세대로 이루어져 있으며, 한 세대는 30년이라고 그는 주장했다. 그 결과 '성자의 시대'는 1260년에 끝나게 되며, 곧 이어 근본적으로 새로운 '성령의 시대'가 뒤따르게 된다. 이 점에 있어서 우리 시대의 많은 천년왕국운동들이 예견된 것으로 여겨질 수 있다고 그는 주장했다.[4] 그의 사후에 그는 제4차 라테란공

---

4. Alister E. McGrath, op. cit., p. 713.

의회(1215)에서 정죄되었다.

1215년에 서방측에서 열린 제4차 라테란공의회(Lateran IV)는 요아킴의 삼위론을 정죄하는 한편, 성령의 이중발원을 주장하였다. 서방측 입장에서는 이것이 필리오퀘(filioque)를 주장한 최초의 에큐메니칼대회라고 본다.

13세기 스콜라 신학은 프란시스파와 도미니크파의 학자들에 의해 쌍벽을 이루었다. 프란시스수도회의 위대한 신학자 알렉산더(Alexander of Hales d. 1245)는 나름대로 새롭게 삼위일체론을 해석하였다.[5] 그는 유비들을 사용하여 성령의 이중발원을 설명하고 지지하였다. 그의 근본원칙은 "선은 스스로 퍼진다."(bonum est diffusivum sui.)는 것이다. 하나님의 선의 퍼짐은 두 가지로 나타나는데, 하나님 안에서는 인격적이고, 피조물에 대한 소통에서는 본질적이라고 한다(ST. 1. n 330 ad 4). 하나님 안에 선의 본래적 영향은 성부에서 성자로, 그리고 성부와 성자로부터 성령에로 퍼진다(ST. 1. n. 64, ad. 4). 그런데 낳음은 본성을 주는 것이며, 본성에 의한 이 선의 교통은 낳으심(generation)이다(ST. 1. n. 297, ad. 25 ; n. 319 So.). 하나님 안에서 선의 두 번째 확산은 나오심(procission)인데, 이것은 의지 혹은 사랑에 의한 것이다. 이것은 성령이 성부와 성자로부터 사랑에 의해 나오시는 것이다(ST. 1. n. 317 Sol., n. 306). 그는 이 완전한 사랑에는 더도 말고 덜도 말고 세 위격이 있어야 한다고 한다(ST. 1. n. 317, ad. 1). "아들의 태어나심이 본성의 양식을 따라서(per modum naturae)인 반면, 성령의 나오심은 의지의 양식을 따라서(per modum voluntatis)이다. 자연적 질서로 본성이 의지에 앞서듯이 전자의 낳으심이 후자의 나오심에 선행한다"(Summa Universae Theologiae I, qu. 46).

도미니크파로서 중세 스콜라 신학의 절정이라고 할 수 있는 토마스

---

5. 현요한, op. cit., p. 63.

아퀴나스(Thomas Aquinas, d. 1274)는 아리스토텔레스 철학을 방법론적으로 이용하여 신앙을 설명하였다.[6] 그러나 그는 하나님이 한 분이시라는 것은 자연이성으로도 알 수 있지만, 삼위일체이심은 이성으로 알 수 없는 문제라고 하였다(*Summa Theologica*, Ia. q. 27.). 그러면 성자의 태어나심과 성령의 나오심의 차이는 무엇인가? 그는 이것을 지성과 의지 작용을 유비로 설명하였다. 그는 하나님 안에 말씀과 사랑 이외에는 다른 나오심이 없다고 한다(*ST* Ia, q. 27 a. 5). 태어나게 하시는 행위는 같은 존재를 생산하는 행위이며, 이것은 지성의 작용이다. 이것이 곧 말씀의 생산이다. 나오게 하는 행위는 의욕을 생산하는 행위이며, 이것은 의지의 작용이다. 이것은 곧 사랑이다(*ST* Ia, q. 27 aa. 2, 4). 이렇게 하여 그는 태어나심과 나오심의 성격을 규명하지 않았던 아우구스티누스와 다마스커스의 요한을 넘어서고 있다. 그러나 그러한 설명이 삼위일체 하나님의 내적인 삶의 실체를 그대로 보여 준다고 인정하기에는 근거가 빈약해 보인다.

중세 서방교회의 성령론은 대체로 아우구스티누스가 주장한 방향, 즉 성령을 성부와 성자의 연합의 띠로 보는 방향으로 나가므로 성령의 이중발원을 지지할 수밖에 없었다.

---

6. Ibid., p. 64.

필리오쿼의 논쟁

동방교회와 서방교회의 성령론 내지 삼위일체론의 차이는 니케아·콘스탄티노플신조(381)의 제3조항을 둘러싼 필리오쿼 논쟁(The Filioque Controversy)에서 발단되었다. 이것은 특히 성령을 하나님과 그리스도의 기능으로 파악하는 아우구스티누스의 성령론의 결과이다.

아우구스티누스 이전부터 이미 성령은 성부와 성자로부터(a patre filioque) 그 존재를 받았다는 사상이 있었으나 아우구스티누스의 경우에는 의심할 여지도 없이 필리오쿼 교리를 반복하여 주장한 것을 볼 수 있다. 성령은 성부의 영이요, 성자의 영이라 하였다.

'Filioque'란 '아들'(filius)+'그리고'(que)라는 말로서 문제는 이 한마디 말을 교회의 에큐메니칼신조에 첨가할 것인가 하는 것이었다. 이 문제를 정리해 보기로 하자. 아우구스티누스 이후 서방에서는 성령이 성부와 성자 모두에게서 나온다는 이중발원설이 점차 정설이 되면서 필리오쿼(filioque)를 지지하는 의견이 굳어져 갔다. 589년 제3차 톨레토회의 이후 서방교회는 이것을 공식적인 신앙의 조항으로 간주하게 되었지만, 아직 이것이 큰 갈등의 소지는 되지 않았다. 동방측과의 격렬한 논쟁이 발발하게 된 것은 809년 아아헨(Aachen)회의에서 샤를마

뉴(Charlemagne) 대제가 이것을 동·서방이 공히 받아들이고 있던 에큐메니칼신조인 니케아신조에 삽입하려고 노력함으로써 발발하게 되었다. 교황 레오 3세(Pope Leo Ⅲ)는 삽입을 반대하였지만, 마지못해 인정하였다. 그는 물론 필리오퀘에 신학적으로는 찬성하였지만, 세계공의회가 결정한 것은 일방적으로 변경할 수 없다고 생각했다.

서방측의 움직임이 그렇게 돌아가게 되자, 뒤늦게 동방교회 콘스탄티노폴리스의 총주교 포티우스(Photius Patriarch, d. c. 897)가 반격에 나섰다. 그는 *Mystagogia Spiritus Sancti*라는 글에서 아들이 오직 아버지로부터만 나시듯 성령도 아버지로부터만 나오신다고 주장하였다. 이 영이 아들의 영이라 불리는 것은 그가 아들에 의해 보내지며 아들과 동일본질이시기 때문이라는 것이다(*Myst*. Sp. S. inscr.). 그는 주로 요한의 본문을 근거로 논쟁하였고(*Myst*. Sp. S. 2), 또한 교부들에게 호소하였다. 서방 사람들은 암브로스라든지 아우구스티누스에게 의존하지만, 그들도 오류를 범할 수 있다고 지적하였다(*Myst*. Sp. S. 66-72). 만일 아들도 성령을 내신다면 성령도 아들을 내신다고 해야 한다는 것이다(*Myst*. Sp. S. 3). 그는 이중발원을 인정하면 하나님 안에 어떤 복합(composition)이 있다는 것이 되고, 그것이 하나님의 단일성에 훼손이 되지 않는지 의심하였다(*Myst*. Sp. S. 4). 성령이 아들로부터 나오심으로써 이미 아버지로부터 받지 않은 그 무엇을 받는가 질문하였다(*Myst*. Sp. S. 7). 이것은 일면 하나님 안에 또 다른 근원을 설정하여 결국 사벨리우스주의 위험에 빠지든지, 아니면 정반대로 다신론에 빠질 위험이 있다고 경고하였다(*Myst*. Sp. S. 11).[1]

이렇게 논쟁이 이어지다가 드디어 1014년에 이르러, 서방측의 교황 베네딕트 8세(Benedict Ⅷ)는 공식적으로 필리오퀘를 신조에 삽입할 것을 인정하였다. 이것은 동·서관계에 치명적이었고, 동·서교회는 분열

---

1. Ibid., p. 69 재인용.

되고 말았다(1054). 서방측에서는 위에서 이미 보았듯이 안셀름(d. 1109)이라든지 페트루스 롬바르두스(d. 1160) 등은 계속 필리오퀘를 지지하는 이론들을 발전시켜 나갔다. 그러다가 중세 서방교회의 신학과 체제를 정리한 제4차 라테란공의회(Lateran IV, 1215)는 대체로 페트루스의 견해를 따라 삼위일체와 성령론을 확정지었으며, 드디어 필리오퀘(filioque)를 에큐메니칼신조에 삽입하기로 결정하였던 것이다.

동·서교회의 분열 이후, 재연합을 위한 시도들이 있었지만 결과는 성공적이지 못했다. 서방측 교황 그레고리 10세(Gregory X)는 1274년 제2차 리용회의(Lyons II)를 소집하였고, 여기서 필리오퀘를 재확인하였다. 그 목적 중 하나는 동·서교회의 재연합이었다. 그러므로 이 회의는 제4차 라테란회의가 성령이 성부와 성자로부터 동일하게 나오신다고 한 것을 넘어서 "성령이 영원히 아버지와 아들로부터 나오시나, 두 근원으로부터가 아니라 한 근원으로부터, 두 다른 숨이 아니라 하나의 숨쉬심에 의하여……."라고 강조하였다(DS 850). 그들은 로마교회는 항상 이렇게 가르쳤으며 이것이 동·서 교부들의 견해였다고 주장하였다. 그리고 필리오퀘를 부정하는 자와 함께, 두 원리 혹은 두 숨쉬심을 주장하는 자들을 정죄하였다.

그 후 1438년부터 1445년 어간에 교황 유진 4세(Eugene IV)는 플로렌스(Florence)에 공의회를 소집하였다. 이 회의 역시 동·서 화합을 목적으로 하였다. 이 회의는 "희랍인들을 위한 교령"(*Decree for the Greeks*)에서 제2차 리용회의 결과를 반복하고, 거기에 동·서 화해의 뜻으로 동방 사람들이 주장하던 문구인 "아버지로부터 아들을 통하여"라는 말을 더 첨가하였다. 그러면서 그들은 이것을 아우구스티누스식으로 설명하였다. 즉, 아들을 낳으심으로 아버지는 자신으로부터만 아니라 아들로부터 성령이 나오시도록 아들에게 허락하셨다는 것이다(DS 1300-1302). 그리하여 그들은 결국 '아들을 통하여'가 'filioque'와 같은 뜻인 것처럼 설명하였다. 또한 "야코비파를 위한 교령"(*Decree for the Jacobites*)에서는 제4차 라테란회의와 제2차 리용회의의 결과 위에 성부·성자·성령이 창조의 한 원리이듯이, 성부와 성자는 성령의 한 원리라고 주장하였다. 삼위는 그 본질의 일치 때문에 서로서로 안에 존재하신다는 것이다. 그리고 반대관계가 없으면 하나님 안에서 모든 것은 하나임을 다시 지적하였다. 이 회의에는 동방교회의 대표들도 참석하여 동의를 표하였다. 그러나 귀향 후 곧 동방의 지도자들에 의해 거부되고 말았다. 그리고 그러한 분열의 결과와 의견의 차이는 오늘날까지 이어져 오고 있다. 여기서 우리는 동·서방의 사고방식과 접근방식, 문화나 언어의 차이, 그리고 서로가 처한 정치적 상황의 차이가 얼마나 컸는가를 짐작할 수 있다.

필리오퀘 논쟁은 신학적 주제 그 자체로서 뿐만 아니라 동·서방교회 간에 존재하는 상호간의 이해관계 속에서도 크나큰 의미를 갖고 있다.[2] 논란의 대상이 되고 있는 문제의 기본적인 주제는 성령이 성부로부터만 발출했는가, 아니면 성부와 성자로부터 발출했는가 하는 것이다. 전자의 입장은 동방교회와 연관된 것으로 카파도키아 교부들의 저술 속에서 가장 비중 있게 설명되고 있다. 후자의 입장은 서방교회와 관련된 것이며, 아우구스티누스의 「삼위일체론」에서 전개된다.

삼위일체 안에는 오직 존재의 한 원천뿐이라는 것이 헬라 교부 저술가들의 주장이었다. 성부 한 분만이 삼위일체 안에서 성자와 성령을 포함한 모든 것들에 대한 유일무이한 최고 원인이다. 성자와 성령은 성부로부터 유래하지만, 그 방법은 다르다. 이러한 관계를 표현할 적절한 용어를 찾는 과정에서 신학자들은 두 가지 독특한 이미지를 선정했다. 성자는 성부의 아들이 '되며'(begotten), 반면에 성령은 성부로부터 '발출한다'(proceed). 이 두 용어는 성자와 성령이 다른 방법으로 성부

---

2. Alister E. McGrath, *Christian Theology An Introduction*, 김홍기·이형기·임승안·이양호 역, 「역사 속의 신학」(서울 : 대한기독교서회, 1998), pp. 410-414.

로부터 유래되었다는 개념을 표현하기 위하여 의도된 것이다. 여기에 관련된 헬라어(*gennesis, ekporeusis*)가 이를 뜻하고 있다.

이 복잡한 과정에 대한 이해를 돕기 위하여 헬라 교부들은 두 가지 이미지를 사용했다. 성부는 자신의 말씀을 선언한다. 그는 이 말씀을 선언하는 동시에 그 말씀이 들리고 수용될 수 있도록 하기 위하여 숨을 내쉰다. 여기에서는 성경적 전통에 뿌리내리고 있는 하나님 말씀으로서의 예수 그리스도의 이미지와, 하나님의 호흡으로서의 성령의 이미지가 사용된다. 여기서 분명한 문제가 제기된다. 어째서 성자와 성령을 이런 방법으로 구별하기 위하여 카파도키아 교부들과 헬라 저술가들은 그토록 많은 시간과 노력을 경주해야 했는가? 이 질문에 대한 답변은 중요하다. 성자와 성령이 한 분, 동일한 성부로부터 유래하게 된 방법을 구별하는 것이 실패한다면 하나님에게는 두 아들이 있다는 감당할 수 없는 문제를 야기할 수도 있기 때문이다. 이러한 정황 속에서, 성령이 성부와 성자로부터 발출했다는 것은 생각할 수도 없는 일이다. 왜냐하면 그것은 오직 성부만이 유일한 모든 신성의 기원이요, 원천이라는 원칙을 철저하게 손상시킬 수 있기 때문이다. 그것은 한 분이신 성부 안에 신성의 '두 가지' 원천이 있다고 주장하는 것과 다를 바가 없다. 만약 성자가 모든 신성의 근원이 되는 성부의 배타적인 능력을 공유했다면, 이 능력은 더 이상 배타적일 수 없다. 이런 이유로 헬라교회는 성령의 '이중 발원'이라는 서방교회의 사상을 불신앙에 가까운 것으로 간주했다.

그럼에도 불구하고 헬라 전통은 이 점에 있어서 전적으로 동의하지는 않았다. 알렉산드리아의 키릴(Cyril of Alexandria)은 '성령은 성자에게 속한 것'이라고 말하기를 망설이지 않았으며, 이와 관계된 사상이 서방교회 내에서 빠르게 발전했다. 초기 서방 그리스도교 저술가들은 하나님 안에서의 성령의 분명한 역할에 관하여 의식적으로 불명확하게 언급했다. 포이티어스의 힐러리(Hilary of Poitiers)는 자신의 논문 「삼위일체에 관하여」(On the Trinity)에서 "성령에 관해서는 그가 (하나님의) 영이라는 것을 제외하고는 아무런 할 말이 없다."는 선언으로 만족했다. 이러한 불명확함으로 인하여 그가 성부와 성자의 신성만을 믿는 양극주의자인지를 의심하게 되었다. 그러나 같은 논문의 다른 본문들 속에서는, 신약성경은 성령이 성부로부터만이 아니라, 성부와 성자로부터 발출한다는 것을 가리키고 있다는 그의 생각이 명백히 드러나 있다.

아우구스티누스는 성부와 성자로부터의 성령 발출이라는 조심스러운 표현을 발전시켰고, 여기에 관해 고전적인 진술을 한 바가 있다. 아우구스티누스는 아마도 힐러리가 암시한 입장에 근거하여, 성령은 성자로부터 발출하는 것으로 생각되어야만 한다고 주장했다. 이 주장의 근거가 되는 성경의 주된 본문은 요한복음 20 : 20이다. 여기에서 부활하신 그리스도는 그의 제자들을 향하여 숨을 내쉬고는 "성령을 받으라."고 말씀하신 것으로 기록되어 있다. 아우구스티누스는 「삼위일체론」에서 이것을 다음과 같이 설명하고 있다.[3]

> 우리는 성령 또한 성자로부터 발출하지 않는다고는 말할 수 없다. 결국, 성령은 성부와 성자 모두의 영이라고 언급될 수 있다.……(요 20 : 22이 인용됨.)…… 성령은 성부로부터 발출할 뿐 아니라 성자로부터 역시 발출한다.

이렇게 진술함에 있어서, 아우구스티누스는 동·서방교회 양측 모두가 일반적으로 합의하고 있는 사항을 자신이 요약한 것이라고 생각했다.

아우구스티누스는 헬라어를 말하는 카파도키아 저술가들이 자신과는 다소 다른 입장을 취했다는 것을 이해하지 못했다. 그럼에도 불구하

---

3. Ibid., p. 412 재인용.

고, 아우구스티누스의 논문에는 하나님 안에서의 성부의 독특한 역할을 옹호하고 있다고 할 수 있는 명백한 요소들이 있다.[4]

> 우리가 삼위일체 내에서 성자만을 하나님의 말씀으로, 성령만을 하나님의 선물로, 하나님 성부만을 성자로 아들 삼고, 성령을 주로 발출시키는 분으로 말하는 데 대해서는 충분한 이유가 있다. 나는 '주로'라는 단어를 덧붙였다. 왜냐하면 우리는 성령이 성자에게서도 발출한다는 것을 배웠기 때문이다. 그러나 이것 역시 성부로부터 성자에게 주어진 어떤 것이다. 성자는 성령이 없이는 존재한 적이 없다. 성부가 그의 유일한 아들인 말씀에게 주는 모든 것은 말씀을 아들로 삼는 행위 안에서 주는 것이기 때문이다. 그 공통의 산물이 성부로부터 발출하는 것과 같은 방법으로 성자 또한 아들이 되고, 성령은 그 둘의 영이다.

이러한 방법으로 성령의 역할에 대해 이해할 때에, 아우구스티누스는 자신이 무엇을 하고 있다고 생각했을까? 그 답은 성령을 성부와 성자간의 '사랑의 결속'이라고 본 그의 독특한 이해에 있다. 그는 하나님 내에서의 관계에 대한 개념을 발전시키고, 삼위일체의 인격은 그들 상호간의 관계에 의해 정의된다고 주장했다. 그리하여 아우구스티누스는 성령은 성부와 성자간의 사랑과 교제의 관계로 보아야 하며, 요한복음이 성부와 성자의 의지와 목적의 연합에 관해 제시하는 것들의 기초가 되는 것이 바로 이 관계라고 믿었다.

우리는 그 두 접근의 근본적인 차이점을 다음과 같이 요약할 수 있다.

1) 동방은 성부가 신성의 유일한 원천이라는 그 독특한 지위를 보호하고자 했다. 성자와 성령이 성부로부터 유래한다는 측면에서, 서로 다르면서도 공히 타당한 방법으로 성자와 성령의 신성은 차례로 보호된

---

4. Ibid., p. 413.

다. 동방에게는 서방의 접근법이 신성의 두 갈래 원천이 하나님에게로 수렴되는 것으로 보였고, 성자와 성령을 분명히 구별하고 있는 것 같지 않았다. 성자와 성령은 독특하면서도 상호 보충적인 역할을 가지고 있는 것으로 이해되어야 한다. 여기에 비해 서방 전통은 성령을 '그리스도의 영'으로 보았다. 동방 전통에 선 많은 사람들은 서방의 접근법을 비평해 왔는데 서방의 접근은 불가피하게 성령을 비인격화시키며, 그리스도의 인격과 사역에 대한 그릇된 강조를 이끌어 내고, 하나님을 비인격의 원리 방향으로 강제적으로 끌어내리는 것이라고 주장했다.

2) 서방의 의도는 성자와 성령이 서로간에 적절하게 구별되면서도 상호 관계한다는 것을 보이려는 것이었다. '인격'의 개념을 받아들인 이 접근법은 성령도 그런 방법으로 다루어져야만 한다는 사실을 불가피하게 만들었다. 동방의 입장에 민감해진 서방의 저술가들은, 자신들의 접근이 하나님 안에서의 두 신성의 원천을 전제로 한 것이 아님을 나중에 강조했다. 서방교회는 리용회의에서 다음과 같이 진술했다. "성령은 성부와 성자로부터 발출한다. 그러나 두 기원이 아닌 하나의 기원으로부터 발출한다." 그러나 이 교리는 논쟁의 불씨로 여전히 남아 있다. 그럼에도 불구하고 서방교회가 필리오퀘를 과감하게 삽입하게 된 이유는 교회의 체험 속에서 성령의 임재는 살아 계신 그리스도의 현존이었기 때문이다.[5] 또한 그리스도와 성령의 결부가 종교적 광신주의(enthusiasm)를 막아 줌과 동시에 기독교 본질에 이르게 하기 때문이었다.[6] 신적 내재주의(divine immanentism), 심령주의(spiritism),

---

5. 황승룡, 「신학적 성령론」, p. 51.
6. 칼 바르트가 필리오퀘(filioque)를 옹호함은 성령은 계시 '그 이전 자기 자신 안에' 존재한다. 그러나 우리는 계시를 떠나서 '그 이전 자기 자신 안에 있는 하나님'에 대하여 말할 수 없다. 하나님은 오직 계시로부터 출발하여야 한다. 그러므로 서방교회는 필리오퀘를 주장하였다. 이에 반하여 동방교회는 계시로부터 출발하지 않고 이 계시를 떠나 '그 이전 자기 자신 안에 있는 하나님'을 말하였기에 필리오퀘를 거부하

비인격주의와 함께 비윤리주의를 극복함은 필리오퀘에 있다고 본다.

그럼에도 불구하고 이 문제의 해결은 대단히 중요하다. 동방의 성부단독원천설(Monopatrismus)과 서방의 성자공동원천설(Filioquismus)을 모두 만족시킬 제3의 공식이나 어휘는 찾기 힘들다. 그러나 오늘날에는 동·서방 사이의 대화를 통하여 양자의 접근점을 어느 정도 인정하기에 이르렀다. 동·서방이 모두 성령을 유일한 신적 본성, 본질을 가진 세 번째 품격 위체로 고백한다. 또한 양측은 성령이 성부와 성자와 더불어 동일본질이라고 고백한다. 양측 모두 성부를 신성 전체의 근원 없는 원천으로 고백한다. 양측 모두 성자가 성부를 통한 성령의 발현에 무관하지 않음을 고백한다. 제네바에 있는 샹베쉬의 정교회 센타의 원장 다마스키노스 대주교는 다음과 같이 말하였다.

> "한편으로는 사람들이 거룩한 그리스 교부들의 공식들을 설명하고, 다른 한편으로는 거룩한 라틴 교부들의 공식들과 필리오퀘를 설명하려면 양자의 일치점을 강조하고, 이 때에 완전히 전적으로 양자의 독자성을 보존해야 하고 그렇게 할 수 있어야 한다. 4세기 이래로 필리오퀘는 서방전통의 한 구성요소가 되었으나, 동·서방의 사귐이 다른 이유로 갈라지기 전까지는 그것이 사귐의 저해요인으로 간주되지 않았다."[7]

이미 1438년에 페라라 플로렌스공의회 벽두부터 동방의 대표들은 필리오퀘만 삭제하면 서방과 연합할 수 있다고 요구하였다. 오늘날에도 같은 요구가 되풀이되고 있다. 그러나 그 당시에는 이 요구가 신앙적 오류를 시인하라는 뜻이었으나, 오늘날에는 이 요구를 하더라도 사람들은 하나의 공통된 신앙의 두 가지 다른 표현형태가 서로 사이좋게 지내며, 서로 등가적이라는 것을 인정한다.

였다고 한다. cf. Ibid., p. 189.
7. 김광식, 「조직신학」 II, p. 426 재인용.

라틴 사람들은 플로렌스공의회에서 그 이전의 중세 교부들처럼 주장하기를, 필리오퀘가 전통신앙을 변경시킨 것이 아니라 그 신앙을 풀이한 것이라고 하였다. 즉, 다른 신앙을 도입한 것이 아니라고 하였다. 그러나 동방의 그리스 사람들은 공의회가 교리를 풀이할 때 독자적 정의를 하면 동일한 고백에 이르지 못한다고 논박하였다. 이와 같이 동방 교부들은 마리아를 '하나님의 어머니'(Θεότοκος)라고 한 것을 "동정녀 마리아에게 나시고"에다가 덧붙이지 않았다. 동방에서는 신조를 신앙고백의 불변하는 형식으로 생각하였으나, 서방에서는 신조를 외적인 측면에서 지성적으로 보았다. 즉, 서방에서는 신조를 신앙의 한 공식으로 보고, 이 공식은 공의회나 교황이 공표하되, 공표하는 권위가 결정적으로 중요하다고 생각한다. 아무튼지 필리오퀘를 일방적으로 신조에 삽입한 것은 교회법상 용납할 수 없는 일이고 기독교적 가족의 통일을 경시하는 것이다. 어쩌면 이것은 도덕적인 형제살해라 할 수도 있다.

　이러한 의미에서 알트가톨릭파와 성공회는 필리오퀘를 신조에서 삭제하였다(*Report of Lambeth Conference*, 1978, pp. 51f.). WCC의 신앙과 직제 분과에서도(1978. 10. 25-29./ 1979. 5. 24-27.) 니케아·콘스탄티노플신조의 원형을 표준으로 인정하였다. 동방에 있는 가톨릭교회도 신조에서 필리오퀘를 삭제하였다(1973. 5. 31.). 많은 가톨릭 신학자들도 필리오퀘의 삭제를 지지하고 있다(H. J. Marx, A. de Halleux, Yves Congar 등). 그러나 이러한 삭제는 필리오퀘가 이단적이기 때문은 아니다. 뿐만 아니라 동방에서 '성부에게서만'이라고 고백할 때 성부의 단독원천이라는 사상이나 신약성경이 요구하는 것 이상으로까지 확대하면 안 된다. 필리오퀘의 삭제는 서방교회의 겸손과 형제애의 발로이다. 따라서 동·서방이 서로 사랑하고 양보하여 일치에 이르러야 한다.

IV

종교개혁시대의 성령

 16세기 종교개혁은 신학, 특히 성령론에 있어서도 많은 변화를 가져왔다. 이제까지 중세의 정태적이고 실체론적인 관심과 제도화된 성령의 역사에 대한 이해는 보다 역동적인 성령의 역사에 대한 관심으로 변화되었다. 물론 대부분의 종교개혁자들은 고대의 성령론 교리들을 서방교회의 전통에 따르고 있다. 그러나 그들의 관심은 형이상학적인 교리가 아니라 신자의 삶에서 성령의 역사, 즉 성령의 내적 증거, 성령의 조명, 그리고 칭의, 중생, 회심, 성화 등에서 성령의 역할에 관한 것이었다.

 대개 주류 종교개혁(magisterial Reformation)에서 강조된 점은 '오직 은혜'(sola gratia), '오직 믿음'(sola fide), '오직 성경'(sola scriptura), 구속주로서 예수 그리스도의 유일성 등이었고, 따라서 '오직 믿음에 의한 칭의'(justification by faith alone)가 강조되었다. 그런데 신앙, 성경의 권위, 칭의 등은 성령의 역사와 불가분의 것이었다. 칭의는 믿음으로 이루어진다고 하였지만, 신앙이 성령의 선물이 아니라면 그것 역시 인간 자신의 행위와 성취에 불과한 것이 될 것이요, 그렇게 되면 개혁자들이 그렇게도 싸웠던 것은 헛된 일이 될 것이다. '믿음에 의한 칭의'는 결국 하나님의 절대은총을 강조하는 것이요, 은총은 하나님 곧 성령께서 친히 하시는 일에 달린 것이다. 종교개혁자들은 성령의 역사를 단순히 자연적 인간 이성과 동일시하거나 성령이 인간 이성의 활동으로 해소되어진다고 보지는 않는다. 성령은 하나님의 영으로써 지성을 가진 인간의 영을 무한히 초월한다. 그러나 성령은 여전히 인간이 하나님을 아는 지식, 즉 하나님 인식론과 관련되며, 하나님의 신비에 대한 하나의 해석학적 통로로 간주되기도 한다. 성령에 대한 이해의 이러한 경향에서 자주 강조되는 관련 주제는 말씀이다. 그리하여 성경말씀의 영감과 주어진 외적 말씀에 대한 내적 증거 혹은 조명 등이 매우 강조되어졌다.

1. 루터

루터의 사상을 연구한 대다수의 교리사가들은 루터가 너무나도 성령의 사역을 경시한 것에 놀라고 있다. 그러나 최근에 프렌터(R. Prenter)가 이들과는 반대로 루터의 신학은 철두철미하게 성령의 사역에 큰 비중을 두었다고 주장한다.[1] 이러한 양 극단의 견해에 관계없이 루터의

---

1. 이 문제에 있어서 레긴 프렌터(Regin Prenter)의 업적은 중요하다. 과거의 루터 연구에서는 흔히 루터에게 성령론은 별로 중요한 것이 아니었다고 하였지만, 프렌터는 루터의 성령론의 중요성을 다시 들추어내는 데 공헌하였다. 그는 루터의 중심 주제인 칭의론, 신앙론 등이 철저히 성령 자신의 역사에 관련되어 있음을 밝혀 냈다. 프렌터는 루터가 생동적인 기독론 및 구원론과 연결될 수 있는 성령론에 적절한 주의와 무게를 두었다는 것을 보이려고 하였다. 루터는 성령의 역사에 구원론적으로 접근하였으며, 성령의 역사의 중심적 가치를 주장했다고 하였다. 참고 ; Regin Prenter, *Spiritus Creator : Studies in Luther's Theology*, trans., by John M. Jensen(Philadelphia : Muhlenberg, 1953). 그러나 루터가 항상 성령에 대해 명백히 말하지 않은 것도 사실이다. 다른 학자들이 루터에게서 프렌터처럼 성령의 중요성을 쉽게 발견하지 못한 것도 이해가 가는 일이다. 그러나 루터가 종종 함축적으로 성령의 역사를 말하는 것도 또한 사실이다. 특히 그의 요리문답서에서 성령이 그리스도와 동역하는 중요한 역할을 분명히 하였다. Bernard Holm, "The Work of the Spirit : the Reformation to the Present" in Paul Opsahl ed., *The*

성령론을 고찰해 보는 것이 그의 신학을 바르게 이해하는 데 도움이 될 것 같다.

루터에 의하면 인간은 타락한 죄인이며, 그 의지는 죄에 매인 노예의지의 상태에 있다. 따라서 인간은 결코 자기 스스로의 힘으로 의롭게 되지 못한다. 인간은 자기의 의(義)가 아니라, 오직 그리스도의 의에 의해서만 의로워진다. 인간 외부로부터 오는 '그리스도의 낯선 의'(alien righteousness of Christ)가 우리에게 전가(轉嫁, imputare)되지 않으면 안 된다는 것이다. 이것은 중세교회가 가르쳤던 '은총의 주입'(infusio caritatis)과는 전적으로 다른 것이었다. 우리는 은혜의 주입에 따라 의화(義化)되는 것이 아니라, 의의 전가에 따라 칭의(稱義)되는 것이다. 이것은 재판관이신 하나님의 은혜로우신 선언으로서 일종의 법정적 개념(forensic concept)으로 이해되었다. 이 칭의는 믿음으로 받아들이며, 믿음과 함께 일어나는 사건이다. 믿는다는 것은 예수 그리스도 안에서 하나님 아버지의 사랑을 알고 인정하는 것이다.[2] 루터에게 있어서 믿음은 신뢰와 확신이기도 하지만, 이러한 지적인 차원도 포함된다. 그런데 믿음은 결국 성령의 선물이므로, 칭의를 실제로 이루시는 이는 성령이시다. 그러나 성령은 홀로 역사하시지 않고 우리에게 그리스도를 임재케 하시고 우리를 그리스도와 연합케 하신다. 그럴 때에 그리스도의 의는 우리의 것이 된다. 또한 성자는 성부를 임재케 하심으로써 결국 삼위일체 하나님이 우리 안에 임재하시게 된다.[3]

그의 초기의 사상을 지배한 문제는 율법과 복음의 관계에 관한 것이었다. 이 대립이 그의 로마서 강의(1515-1516)에 확고히 나타나고 있다. 옛 사람이 율법에 의해서 죽고(montificatio) 복음에 의해서 살게

Holy Spirit in the Life of the Church, p. 103.
2. Luther, WA 391, 82 : LW 34. 151.
3. Holm, op. cit., p. 103.

됨(vivificatio)을 느꼈다. 이러한 일을 하는 이가 곧 성령이었다. "성령이 율법을 통하여 자책감으로써 영혼을 때리자마자 곧 복음을 통한 치유의 향유를 그에게 발라 주었다."[4] 신앙생활은 그리스도의 존재가 현실화될 때에 가능하다. 그 일은 성령이 해준다. 성령은 신앙을 창조하고 우리를 그리스도와 결합케 하며 그리스도의 의에 의해서 우리가 의롭게 되도록 한다. 이러한 일을 하는 것이 곧 성령이라고 루터는 주장한다. 신자의 성화는 일시적인 것이 아니라 계속되는 신앙생활의 과정이다. 이 과정에 있어서 신자들은 죄에 대하여 용감하게 싸운다. 그 동안에 신자들은 언제든지 죄인인 동시에 의인됨(simul justus et peccator)을 느낀다. 우리가 새 죄에 빠져 고투할 때 성령은 우리에게 새로운 용서와 그로 인하여 주어진 평안을 체험하게 하며, 그리스도의 의가 우리에게 주어진다는 확신에서 희망을 가지게 된다.

    루터는 성령을 삶의 절대적 주라고도 한다. 그러나 그 성령의 사역은 반드시 두 가지 외형적인 표징을 통해서 온다. 그 두 가지 표징이란 말씀과, 예전에서 사용되는 떡과 포도주이다. 말씀은 주로 설교와 성경을 의미한다. 성령은 이 두 가지 표징을 통하지 않고 구속적 사역을 하지는 않는다. 따라서 성령은 우리를 위한 구속 사역에 있어서 그리스도의 동반자(partner)이다. 성령이 하는 일은 그리스도가 실제로 우리와 하나가 되게 하며, 의인이 그리스도를 통해서 우리에게 주어지도록 한다. 이와 같이 성령은 그리스도에 의해서 이룩된 의인과 성화를 우리에게 연결시켜 주는 역할을 한다.

    한걸음 더 나아가서 루터에 의하면 우리의 구원은 삼위일체신에 의해서 수행된다고 한다. 성부는 그리스도의 연고로 성령의 능력을 통해서 죄인을 의롭게 한다. 그러므로 구원을 위해서는 성령이 빠질 수 없다. 프렌터에 의하면, "성령에 대한 생각이 없이는 그리스도와 의인과

---

4. Ibid., p. 101.

말씀과 예전과 신앙과 사랑에 대한 그의 생각은 율법 아래에 있는 큰 관념으로 변해 버린다. 성령의 현존만이 그리스도와 같은 것과 그리스도 자체, 복음과 율법, 의문과 영, 예전과 제물, 신앙과 종교, 사랑과 도덕 사이를 구별한다. 성령의 현존만이 율법의 영역에서 복음의 영역으로 인도해 준다.[5] 루터의 마음속에는 언제든지 성령에 관한 생각이 자리잡고 있었다. 그러나 주로 의인과의 관계하에서 성령을 생각했다. 그러나 그의 동반자였던 멜랑히톤(Melanchthon)의 신학총론(Loci Communes)에서나 루터파의 신조에는 성령 조항이 포함되어 있지 않다.

그러면 루터는 성령의 역사가 오직 말씀만을 통하여 오는 것이라고 보는가? 루터는 중세 로마교회와는 다르지만, 은총의 수단들을 인정하였다. 물론 그는 성령은 하나님이시요 주님이시므로 언제, 어디서나 그가 원하시는 대로 일하신다고 본다. 그러나 또한 항상 하나님께서 제정하신 외적인 표시들을 통해 일하신다. 이 은총의 수단들은 말씀(선포된 말씀과 기록된 말씀)과 세례 및 성찬에서 보이는 요소들과 행위이다. 성령은 성례전의 약속과 표지를 하나로 연합시킨다고 한다. 루터는 쯔빙글리의 상징주의에 반대하면서, 심지어 "성령은 말씀이나 물 같은 물질적이고 물체적인 것을 통해서, 그리스도의 몸을 통해서, 그리고 땅의 이러한 것들을 통해서가 아니면 우리와 함께하실 수 없다."라고 말하기도 하였다. 또한 성령의 주권과 말씀에 대한 루터의 생각 그리고 외적인 말씀만으로는 불충분하다는 말 등은 성령과 성례전의 관계에도 적용된다. 성령 없는 말씀이 의문에 불과한 것과 마찬가지로 성령 없는 성례전의 말씀도 역시 의문에 불과하며, 단지 인간적인 일에 불과하다는 것이다.[6] 루터는 성령이 오직 이러한 외적인 매개체들을 통해 역사하신다고 보았다.

---

5. 이종성, 「성령론」(서울 : 대한기독교출판사, 1984), p. 25.
6. R. Prenter, op. cit., pp. 160-161.

2. 칼빈

칼빈은 제2세대 개혁자로서 루터에게서 많은 영향을 받았지만, 또한 나름대로 독창적인 견해를 가지고 있었다. 그는 루터보다 조직적이었다. 루터가 번득이는 영감으로 이곳 저곳에서 다양한 말들을 선포한 예언자와 같았다면, 칼빈은 일관성 있게 자신의 생각을 가르치는 교사요, 목회자였다고 할 수 있다. 루터의 성령론이 칭의론과 거기에 결부되는 신앙에 집중되어 있다면, 칼빈의 성령론은 보다 광범위하게 성령이 그리스도인의 삶에 대해 가지는 함축적인 관계들을 다양하게 취급하고 있다.

1909년 프린스톤의 유명한 신학자 워필드(B. B. Warfield)는 칼빈을 "성령의 신학자"라고 부르면서, 신학에 대한 칼빈의 가장 위대한 기여는 성령의 사역에 대한 교리인데, 그의 성령론의 성격은 구원론적이라고 하였다.[7]

칼빈의 성령론은 「기독의 강요」 제1권에서 성령의 내적 증거에 대해서, 그리고 성령론은 「기독의 강요」 제3권 "은혜의 수단들"(means of grace)에서 성령의 사역의 중요성을 다루고 있지만, 그러나 그것은 하나의 독립된 주제로 다루어진 것이 아니라 「기독의 강요」의 거의 모든 주제와 연관되어 있는 포괄적인 주제이다. 그러므로 그의 성령론의 내용을 한마디로 표현하거나 특성화하기는 어렵다. 따라서 종교개혁 당시의 로마 가톨릭과 급진 종교개혁자들 사이의 중도에서 성령론을 정립하면서도 루터나 쯔빙글리보다는 훨씬 더 포괄적으로 취급하였다. 그래서 워필드는 칼빈을 "성령의 신학자"라 언급하였고, 대부분의 학자들도 이에 동감하고 있다.

---

7. 이은선, "칼빈의 성령론," 「한국개혁신학논문집」 제2집, p. 310.

칼빈은 성령이 단순한 신적 능력이 아니라 삼위일체의 제3위임을 강조하고, 성령께서 창조와 우주 질서를 유지하시며, 모든 사람에게 공통적인 일반 은총의 근원이라고 언급하고 있으나, 그의 성령에 대한 언급은 주로 교회와 관련하여 이루어지고 있다. 그러므로 칼빈은 성령의 역사의 우주적 사역, 인간 사회의 일반 은총의 사역을 언급함에도 불구하고 교회와 관련된 측면에 초점을 맞추고 있다. 이러한 점에서 성령의 우주적 구원 사역을 주장하는 헨드리쿠스 벌코프(Hendricus Berkhof)나 몰트만(Moltmann)의 성령론과는 다르다.

칼빈의 성령론은 당시 새로운 교리를 정립하면서 어디에 최고의 권위를 둘 것이냐 하는 문제와 밀접하게 연결되어 있다. 로마 가톨릭은 교회가 성경을 결정했다는 입장이었고, 재세례파는 성경과 분리된 성령의 새로운 계시를 내세우고 있었다. 그러한 상황에서 칼빈은 성령의 영감으로 기록된 성경은 객관적인 권위를 가지고 있으며, 객관적으로 기록된 성경은 성령의 내적 증언으로 우리에게 주관적으로 인식되는데, 이 주관적 인식의 내용은 신앙 안에서 믿게 되는 예수 그리스도이다. 여기서 로마 가톨릭의 견해와 재세례파의 견해를 극복하고 최고의 권위로서 성령으로 영감된 성경의 권위를 확립하면서, 동시에 성령을 통한 그리스도의 구원의 확신을 정립하게 된다.

칼빈은 성경이 객관적으로 분명한 진리를 가지고 있다는 것을 명확하게 제시한다. 성경은 성령의 내적 증언에 의해 우리에게 인식되기 전에 이미 자체적으로 진리의 분명한 증거를 지니고 있다. 단지 우리들이 인식하지 못할 뿐이다. 그러므로 우리의 먼 눈을 열어 성경이 이미 가지고 있는 진리의 분명한 증거를 인식하기 위해서는 성령의 내적 증거가 필요하다. 성경이 하나님의 말씀이라는 확신은 논쟁을 통해서 세워질 수 없고 오직 성령의 은밀한 증거에 의해서만 세워질 수 있다.[8] 칼

---

8. John Calvin, *Inst.*, I. 7. 4.

빈은 성경의 객관적 권위가 성령의 내적 증언을 통하여 주관적으로 확립된다고 보았다.

재세례파의 성경과 분리된 성령의 역사의 주장에 반대하여, 칼빈은 성경과 성령의 연합을 주장하였다. 우리에게 약속된 성령의 직분은 새로운 교리를 만들어 내는 것이 아니라 복음이 명령하는 그 교리를 우리 마음에 인치는 것이다.[9] 말씀과 성령의 통일성에 대한 이러한 가르침은 구원에 대한 성령의 증거와 연결되어 있다. 말씀만 강조하고 성령의 역사를 무시하는 것이나, 성령만 강조하고 말씀을 무시하는 것도 위험하다고 본다.

칼빈은 성령의 구원의 증거에 대하여 이렇게 말한다.

"그리스도에 대해 언급된 것들이 성령의 비밀한 사역에 의해 우리에게 유익을 준다."는 「기독교 강요」 제3권 1장의 제목은 그리스도의 객관적 구속 사역과 성령의 신자 개인에게 적용시키는 사역의 나누어질 수 없는 연결을 나타낸다. 그리스도는 성령을 통하여 활동하고, 성령은 그리스도를 위하여 활동한다.[10] 성령은 그리스도가 우리를 자신과 연합시키는 끈(bond)이다.

그리스도가 우리를 위해 수행하신 구원 사역의 축복은 그리스도가 우리 밖에 머무르면(extra nos) 아무 가치가 없고, 그리스도가 우리의 것이 되고 우리 안에(in nobis) 거주해야만 한다.[11] 여기서 우리는 그리스도와 우리의 교류에 대한 칼빈의 중요한 교리를 만난다. 우리가 그리스도와 그의 모든 은택에 참여하는 것은 성령을 통해서이다. 성령은 그리

---

9. Ibid., I. 9. 1.
10. 이러한 점에서 David Willis는 *Calvin's Catholic Christology*(Leiden : E. J. Brill, 1966)에서 칼빈의 성령론을 기독교적 성령론이라 하였다.
11. Willem van't Spijker, "'extra nos' and 'in bobids' by Calvin in a Pneumatical Light," *Calvin and Spirit*, pp. 39-62. Spijker는 칼빈의 'extra nos'와 'in bobids'의 통일성에 칼빈 신학의 역동성이 있다고 본다.

스도와 분리되어 아무것도 우리에게 수여하지 않고, 그리스도는 성령을 통한 것을 제외하고 아무것도 우리에게 수여하지 않는다(Comm. John 16 : 13 - 14). 성령과 주 예수 그리스도는 구별되나 분리되지 않는다.

칼빈은 성령을 통하여 우리 밖에 있는(extra nos) 그리스도가 우리 안에 있는(intra nos) 그리스도가 되며, 그 이후에 우리는 중생, 믿음, 칭의, 성화, 영화의 길을 가게 된다고 한다. 교회의 성직자들의 사명도 성령에 의해 주어지고, 교회의 설교와 성례도 성령의 역사로 결심을 맺게 된다. 그는 은사에 대하여 방언, 치유 같은 특별한 은사들은 사라졌다고 보았고, 세례와 성령에 의한 중생은 연합되어 있다고 하여 은사론자들과는 다른 입장을 가지고 있었다. 그러나 모든 성도들에게는 은사가 주어져 있는데, 이 은사들의 목적은 교회를 세우고 서로 돕고 유익하게 하려는 것임을 제시하였다. 이러한 측면에서 그의 성령론은 대단히 실천적이고 목회적인 관점을 가지고 있다.

이와 같이 칼빈은 성령의 사역을 매우 중시했으며, 그 사역은 특히 세 가지 영역에서 나타난다고 한다. 성경과 신자들의 생활과 성례전이다. 이렇게 볼 때 칼빈은 루터나 다른 어느 종교개혁자보다 성령의 사역을 중요시하는 동시에 그 점을 강조했다고 보여진다.

3. 극단적인 개혁자

앞서 보았듯이 루터는 은총의 수단들이 성령의 사역에 결부됨을 주장하였다. 이 점에서 루터는 아우구스티누스의 전통을 따랐다고 할 수 있다. 그에 의하면 "모든 사람은 그가 이것이 복음이라고 하는 성령의 증거를 자기 인격 안에 가질 때, 복음에 대하여 확신할 수 있다."[12] 성경이 하나님의 살아 계신 말씀을 전달하는 것은 오직 성령이 우리로 하

---

12. Luther, *WA 20* II, pp. 687f.

여금 그것을 들을 수 있게 하심으로서만이다. 그렇지 않고는 성경 말씀은 신앙을 일으키지 못하여 우리를 구원할 수 없는 단지 죽은 글자, 외적인 말들에 불과하다. 이와 같이 루터에게 있어서 성령이 없는 말씀은 불충분하다.

그런데 그가 종교개혁을 시작한 지 몇 해 안 되는 1520년대에 성경이 필요 없이 하나님의 직접 계시를 받는다는 극단적 개혁자들이 나타났고, 루터는 그들과 거리를 둘 필요를 느꼈다. 그들은 자신들이 루터의 초기 가르침을 일관성 있게 따른다고 주장하기도 하였다. 그러나 루터는 외적 말씀의 불가결성을 주장하였다. "신앙은 오직 성령의 역사를 통해 오며, 그것은 오직 외적인 말씀을 통해 이루어진다.…… 그러므로 외적인 말씀이 선포되어야 하며 먼저 있어야 한다.…… 그리하여 그의 귀로 그 말씀을 듣고 그의 마음으로 그것을 파악한 후에야, 참교사이신 성령이 오셔서 말씀에 능력을 주고 그것이 역사하게 한다."[13] 그에 의하면 '성령의 내적 증거'는 오직 성경에 주어진 말씀에 대한 증거이다.[14]

소위 극단적 개혁자들이라고 불리는 사람들이 모두 성경을 무시하고 하나님의 직접계시를 주장하였다는 판단은 재검토해 보아야 할 여지가 있지만, 그들 중 여럿은 분명히 직접계시를 주장한 것도 사실이다: 예를 들어서 토마스 뮌처(Thomas Müntzer)는 성경을 무시하지는 않았지만, 성경의 문자적, 역사적인 뜻이 아니라 그 영적인 뜻이 중요하다고 역설하였다. 그는 이미 신비주의로부터 많은 영향을 받고 있었다. 그리하여 그는 외적인 말씀에 대한 이성적 지식보다도 '살아 있는 말씀'인 하나님의 계시를 중요시하였다. 그것은 선택된 사람들에게만 성령으로 말미암아 가능한 것이었다.

---

13. Luther, *WA* 17 II, pp. 459f.
14. Heron, op. cit., p. 105.

또한 1521년부터 1522년에 비텐베르크(Wittenberg)를 방문했던 츠비카우(Zwickau)의 예언자들은 옛 몬타누스주의자들(Montanists)과 비슷하였다. 그들은 외적인 말씀과 심지어 성경도 필요 없다고 주장하였다. 성령이 직접 신자의 마음속에 들어와 예언을 주고 생활의 지침을 준다는 것이다. 그들은 자신들이 성령을 소유하였다고 주장하였다. 루터는 이들, 소위 '하늘의 예언자들'과 그의 이전의 동료였던 칼쉬타트(Karlstadt)도 비판하였다. 칼쉬타트는 "성령을 그 깃털까지 몽땅 집어삼켰다."고 주장하였다. 그러나 루터에 의하면 성령은 하나님의 영이시요, 주권적인 자유를 가지신 분이다. 성령은 자신을 인간의 손에 통제되도록 주어 버리시지 않는다. 성령은 취한 상태에서가 아니라 말씀과 성례의 외적 수단들을 통해 진지하게 일하신다. 루터는 그들을 로마 교황주의자들과 동류로 보았다. 양자 모두 성령을 그들 자신의 마음에 소유했다고 주장한다는 것이다. 또한 양자 모두 성령이 새로운 계시를 주실 수 있는 것으로 본다는 것이다. 그러나 루터는 하나님의 계시가 그리스도와 신약성경에서 그 절정과 결말에 이르렀다고 보았다. 따라서 극단적인 개혁자들의 하나님의 직접적 계시는 용납되지 못하였고, 그들의 주장 역시 받아들여지지 않았다.

V

정통주의와 경건주의시대의 성령

1. 정통주의시대

하나의 생동적인 신앙운동은 시간이 지나고, 자신들의 활동을 조직화하고, 그 주장을 논리정연하게 정립하고, 문제점들을 성찰하여 방어하는 등의 과정 속에서 그 생동감을 잃고, 그 세밀한 체계가 지배하게 되기 쉽다. 16세기 종교개혁자들, 특히 루터와 칼빈 자신에게 있어서 경건의 중심은 그리스도와 성령 자신이었다. 그러나 그 후대에는 그들의 가르침을 보존하려는 생각 때문에 명제적 진리들과 체계가 중요시되었다. 그리하여 칼빈주의와 루터주의 등 하나의 견고한 체계로서 성립되어 정통화(orthodoxy)하였다. 그들이 방어하고 변증하고자 하는 내용은 중세의 것이 아니었지만, 방법은 중세의 아리스토텔레스적 스콜라 신학의 방법론을 계승하여 교리적 논쟁에 들어가게 되었다. 성경은 하나님의 계시의 책으로서 절대적이 되었지만, 종종 그것은 그들의 교리적 주장의 근거로 이용되는 증명구(proof passages, dicta probantia)를 위해 사용되었다.[1] 그들은 신학적 명제를 인용성구를 통

---

1. Holm, op. cit., p. 106.

해 확고부동하게 세우려 하였다. 그들은 자신들의 견해가 과연 성경주석에 의해 지지를 받을 수 있는지 다시 살피기보다는 기존의 주장을 증명하려고 애썼다. 루터나 칼빈은 성경의 인간적 요소를 인정하면서도, 성경의 역동적 중심으로서 그리스도의 복음, 성령의 내적 증거 등의 요소를 강조하였다. 그러나 이제 교의학자들은 성경이라는 책 자체의 완전 영감(plenary inspiration)과 무오성(infallible) 등을 주장하게 되었다.[2] 이 같은 신교 정통주의시대는 17세기에 시작되었다.

이러한 작업 중에서 성경의 신적 저작권은 경시되고 성령의 역할도 감소되었다. 소위 정통주의의 문지기(the doorkeeper of orthodoxy)라는 이름을 받은 퀘스텐트(J. A. Quenstedt)나 정통주의의 투사로 알려진 칼로비우스(Abram Calovius)는 구원론을 정의하면서 성령론에 대해서는 극히 간단하게 언급한다. 그리스도의 구원의 은사가 개혁자들처럼 성령의 사역에 의해서 주어진다고 하지 않고, 구원의 순서(ordo salutis)라는 새로운 낱말을 도입하여 은총은 강조하면서 그 은총을 결실케 하는 성령에 대해서는 별로 언급하지 않았다.

이러한 경향은 칼빈주의 신학에도 나타난다. 이미 지적한 것과 같이 헤페(Heppe)는 개혁신학을 집대성하면서 성령의 사역의 중요성을 극소화하고, 성령을 언급할 때에는 그리스도론에 붙여서 간단하게 언급했다. 그들은 신의 이중예정을 강조하고 신의 영원한 예정과 칙령을 강조함으로써 성령의 사역의 가능성을 봉쇄해 버렸다. 웨스트민스터 신앙

---

2. 개혁자들이나 그 후의 개혁신학자들이 개혁교회 신앙고백들에 실제로 기계적 영감설을 주장하거나 지지한 예는 별로 없다. 예외적으로 스위스일치신조(1675)가 있으나 이것은 일부 지역에서만 인정되었고, 그 지역에서도 다음 세대에는 거부되었다. Louis Berkhpf, 권수경·이상원 역, 「조직신학」, 상(서울 : 크리스챤다이제스트, 1991), p. 163. 벤자민 워필드는 개혁교회가 기계적 영감론을 주장한 일이 없다고 주장한다. Benjamin Warfield, *The Inspiration and Authority of the Bible* (Nutley, NJ : The Presbyterian and Reformed Pub. Co., 1948), p. 421.

고백서에 성령론이 없다는 것은 그 당시의 칼빈주의자(계약신학)들이 성령의 중요성을 얼마나 경시했는가에 대한 하나의 자료가 되고 있다.[3] 칼빈의 이중예정설을 반대하는 입장에서 아르미니우스를 중심한 레몬스트란트주의자들에 대한 반대운동으로 1618년부터 1619년에 도르트회의(The Synod Dort)가 열려 아르미니우스를 이단으로 정죄하게 되었다. 아르미니우스가 구원을 받았든지, 구원을 못 받았든지 우리는 그것을 문제시하지 말고 가능한 한 많은 사람들에게 복음을 전해야 한다고 하는 데 대하여, 도르트회의는 그 주장을 받아들이지 않았다. 대체로 칼빈주의적 정통주의에서 선교신학이 약한 원인이 여기에 있다.

이와 같이 17세기부터 개신교 신학에 큰 영향을 준 루터교회의 정통주의와 칼빈주의적 정통주의는 성령에 대한 중요성을 인정하지 않았다. 그 이유는 그들의 성경관이 너무나 기록된 문자에 집착한 나머지 성경 안에서, 또는 성경을 통해서 사역하는 성령을 중요시할 필요를 느끼지 않았다. 모든 것은 기록된 성경과 신의 영원한 이중예정이 다 해결해 준다고 생각했던 것이다. 정통주의자들은 교조적 신학을 설교단에서 낭독하다시피 하고 인간의 죄악성을 단죄하는 설교를 했을 때, 그것을 들은 많은 신자들은 성경이 가르치는 하나님의 사랑을 교회에서, 설교에서 느끼지 못했다. 주를 위하여 이웃과 힘을 합하여 서로 위로하고 협조하고 사랑의 교제를 나누면서 신자로서의 삶을 즐긴다기보다 설교를 통하여 종교적 유죄 선고를 받을까봐 전전긍긍했다. 정통주의자들은 하나님의 사랑과 성령의 사역을 말하기보다 교리적 논쟁에 더 관심을 가졌다. 따라서 신자들은 마음에 즐거움이나 뜨거움을 느끼지 못했다.

---

3. 1648년에 발표된 웨스트민스터 신앙고백서에는(33장) 성령론이 없으나, 1903년에 미국 장로교회가 수정해서 채택한 웨스트민스터 신앙고백서에는 성령론이 첨가되어 있다(34장). 현재 한국에는 두 가지가 번역되어 사용되고 있다.

정통주의가 이렇게 된 데에는, 이미 지적한 것과 같이 그들의 성경관에 문제가 있었다. 정통주의자들은 성경을 고정된 교리 교과서로 생각했다. 따라서 17~18세기의 목회자들은 성경을 교리의 증거 자료로, 때로는 '인쇄된 진리', '율법전서' 등으로 생각했다. 그 결과 성령이 활동할 장소가 없어지고 말았다. 불규칙적이고 비정상적이고 비자연적인 사역으로서의 성령의 활동과 개입과 간섭을 정통주의는 원하지 않았다.

개혁교회 정통주의의 성경 영감론은 19세기 미국에서 더욱 강력하게 발전되었다. 찰스 하지(Charles Hodge)는 성경 영감의 초자연성을 주장하지만, 기계적 영감론을 철저히 부정한다. 영감은 하나님께서 사람의 본성에 따라 그를 사용하신 결과라고 한다.[4] 그는 영감이 성경의 일부가 아니라 모든 부분에 미쳤으며, 그 단어들에까지도 해당되며(verbal inspiratin), 따라서 성경은 무오하다(infallible)고 한다. 그는 그것을 완전영감(plenary inspiration)이라고 불렀다.

벤자민 워필드(Benjamin B. Warfield)는 보다 조직적으로 영감론 옹호에 힘썼다. 그는 완전영감(plenary inspiration)과 언어영감(verbal inspiration)을 주장하였다. 영감이란 "성령에 의해 성경의 기록자들에게 행사되어, 그들의 말이 또한 하나님의 말씀이라 하고, 따라서 완전하게 무오하다고 하게 하는 비상한 초자연적 영향(혹은 수동적으로 그 결과)이다." 영감이 기록자들의 단어 선택에 이르기까지 철저하게 작용하였다는 의미에서는 그것은 언어영감(verbal inspiration)이고, 따라서 성경은 믿을 만하며 오류가 없다는 것이다(inerrancy). 이러한 경향에서는 성령이 좀처럼 하나의 독립적 주제로 취급되지 않았다. 물론 성령은 삼위일체의 제3위요, 성경에 영감을 준 분이라는 주장이 강조되었다. 그러나 성령의 역사나 그 효과에 대한 논술은 그리스도의 인격과 사역에 뒤따르는 것으로 간단히 설명되었고, 객관적인 그리스도의 사

---

4. Charles Hodge, *Systematic Theology*(Grand Rapids : Eerdmans, 1993), p. 157.

역의 효과를 주관적으로 우리에게 적용하는 정도로 이해되었다. 그리고 교회론에서 은총의 수단들과 함께 간단히 취급되곤 하였다. 중요한 것은 역시 객관적 진리에 대한 명확한 지식이었던 것이다.

2. 경건주의시대 [5]

개신교 신학이 이와 같이 교조주의에 빠지게 되자 이에 대한 반대운동이 영국과 유럽 대륙에서 일어났다. 영국에서는 '내적 빛'(inner light)을 강조하는 퀘이커운동과 성화의 체험을 강조하는 메소디스트운동이 일어났다. 유럽 대륙에서는 경건주의운동(Pietismus)이 일어나서 루터교회 정통주의 신학의 개혁을 시도했다.

퀘이커 교도들은 청교도운동이 정치운동에 휩쓸려 들어갔을 때 신앙의 순수성을 지키기 위하여 노력했다. 그들에 의하면 신은 사람의 마음 속에 신의 빛을 받아들일 수 있는 능력을 주었다고 주장하면서, 누구든지 고요하게, 그리고 인내심을 가지고 기다리면 그 빛이 주어진다고 믿었다. 그 때 성령이 내림하게 되는데 그 성령의 사역에 접하면 사람의 몸은 떨리게 되고 진동하게 된다. 그들을 퀘이커(Quaker), 즉 '떠는 사람'이라고 부르는 이유가 여기에 있다. 그들은 기성 교회의 모든 제도를 거절하고 성령을 통한 '내적 빛'의 내림의 체험만을 주장했다.

퀘이커 교도들과는 달리 당시의 영국 성공회 안에서 교회의 개혁을 시도했던 웨슬레는 삼위일체론, 성육신론, 그리스도의 신성론, 성령론, 구원론, 성화론, 교회의 일치, 성경의 절대성 등에 관한 교리를 그대로 받아들였다. 그러나 그는 세 가지 점에서 당시의 교회가 가르친 교리에 대하여 새로운 해석을 붙이는 동시에 그것의 중요성을 강조했다. 그 세 가지란 공로에 대한 선행은총과, 구원의 확신과 신도의 완전성이었다.

---

5. 이종성, op. cit., pp. 33–35.

특히 웨슬레는 구원의 확신(assurance)이 교회의 권위와 성경의 권위나 교리에 의해서 주어지는 것이 아니라 성령이 우리에게 증거해 주고 보장해 주는 것이라고 했다. 그는 로마서 8 : 6에 의거하여 말한다. "육신의 생각은 사망이요, 영의 생각은 생명과 평안이니라." 이 말에 근거하여 그는 성령의 증거와 우리의 영의 증거를 구별한다. 그는 "성령은 내가 하나님의 아들이라는 것을 나의 영혼에 직접 증거해 준다. 뿐만 아니라 예수 그리스도가 나를 사랑했고, 나를 위하여 자신을 바치셨고, 나의 모든 죄가 씻기었고, 내가 하나님과 화목하게 되었다는 것을 증거해 준다."고 하였다. 신자들의 신앙의 질은 이러한 성령의 증거를 실제의 생활에 있어서 어느 정도로 체험하느냐에 있다. 이와 같이 웨슬레는 기성 교회의 교리를 받아들이면서 그것을 더 확실한 것으로 만들기 위하여 성령의 증거를 강조했던 것이다. 그의 성령관은 메소디스트 교회의 발전과 성장과정에 있어서 더 강조되었다.

다른 유럽 대륙에서는 경건주의운동이 "정통주의의 냉각된 교조주의적 심장에 뜨거운 열기를 불어넣기 위하여" 일어났다. 1675년에 필립 스페너가 「경건한 열망」(Pia Desideria)을 출판하면서부터 독일에서 경건주의운동이 시작되었다. 그는 종교개혁운동의 정신에서 이탈하려는 것이 아니라 다만 루터교회의 정통주의를 예리하게 비판했다. 그는 신학적 지식을 취득하기 위한 훈련보다 경건한 실천생활을 강조하면서 프랑크푸르트에서 그를 따르는 소수의 사람들을 모아(Collegia Pietatis) 교회 안의 작은 교회를 만들어 회심의 체험을 강조함으로써 구원의 체험을 심리화하고 내재화하게 되었다.

그의 뒤를 이어 프랑케(August Hermann Francke, Leipzig 대학교수)는 당시의 정통주의 신학자 카르프초프(Johann Carpzov)와의 논쟁을 계기로 라이프치히대학에서 추방당하여 할레대학으로 옮겨갔다. 그는 거기서 자선사업 기관(Franckesche Stiftungen)을 만들어 여러 가지 자선사업을 추진하는 한편, 할레대학을 독일의 교역자 양성의 최대 기관으로 만드는 동시에 선교사를 인도와 중미에 있는 서인도에까지 파송하게 되었다. 미국에 루터교회를 시작하여(1742) 크게 발전시킨 뮬렌베르크(Henry Melchior Muhlenberg)도 할레에서 파송되었다.

 이들 경건주의운동가들은 신학적으로 새로운 성령론을 발전시키지는 못했으나, 참신자는 성령의 인도에 의한 중생(重生) 체험을 가져야 한다고 강조했다. 그들은 신학적인 추구보다 실제적 신앙생활을 설교를 통해서 증진시키려고 했다. 따라서 그들은 경건에 관한 책과 찬송가를 출판하는 동시에 그리스도의 사랑을 강조했다. 때로는 위선자라는 비난도 받았으나 그들은 경건하고도 체험적인 신앙을 가지려고 노력했다. 특히 성령의 직접적인 사역을 중시했으며, 선교운동은 그리스도의 명령을 성령이 각자의 마음속에서 일어나게 함으로써 가능하다고 생각했다.

VI

오늘에 이르기까지의 성령

1. 근대신학에서의 성령

19세기는 인간의 내부에서 무엇이 가치 있는가를 발견하려고 하는 18세기의 유산을 그대로 받았다. 퀘이커 교도들이나 경건주의자들이나 심지어 합리주의자들도 한 가지 점에 있어서는 같은 경향을 띠고 있었다. 퀘이커 교도들은 내적 빛(inner light)을 강조했고, 경건주의자들은 성령의 내적 사역을 강조했고, 합리주의자들은 인간의 이성의 본유적 능력을 강조했다. 인간의 내부를 들여다보고 거기에서 어떤 초자연적 요소를 발견하려는 점에 있어서는 공통점을 가지고 있었다. 독일의 관념론은 플라톤에서 시작하여 스피노자를 거쳐 헤겔에 이르러 그 절정에 달했다. 그는 신을 절대 영으로서 결정적으로 역사 안에서, 인간 안에 존재하며, 그것이 인간의 유한한 영 안에서 자체를 실현한다고 주장했다.

그러나 19세기에 더 결정적 영향을 준 것은 칸트의 비판철학과 헤겔의 관념론이었다. 또한 이러한 사상의 저변에 자리잡고 있던 합리주의에 의해서 자연과학이 발전되었다. 동시에 역사주의가 점점 보편화되어 갔다. 이러한 분위기 속에서 다시 기독교 자체와 정통주의 신학에 대한 비판적 세력이 강화되었으며, 19세기에 들어오면서 신학은 지나간 날의 권위를 유지할 수 없게 되었다. 이러한 매우 심각한 때에 기독교라는 종교와 그 종교가 발전시킨 신학의 유가치성을 변호하는 학자가 나타났다. 그가 곧 슐라이에르마허였다.

슐라이에르마허는 1799년에 「종교론」(Reden uber die Religion)을 출판하면서 종교의 근본을 절대자에 대한 절대의존의 감성이라고 함으로써 종교를 내재화하는 경향을 보여 주었다. 1810년에 베를린대학 강의에서 그는 모든 신학적 자료가 철학과 역사적 관점에서 평가되어야 한다고 했다. 신학이라는 것이 고정된 것이 아니라 때와 장소와 환경에 따라서 변할 수 있는 것이므로, 신학은 신학하는 사람이나 교회가 직면하는 그 시대적 상황에 따라서 영위되어야 한다고 한다. 슐라이에르마허는 그리스도인의 공동체가 공통적으로 체험하는 종교적 체험에서 교의학의 내용과 방법을 발견하려고 했다. 그 공동체는 나사렛 예수에 의해서 성취된 구속에 대한 체험을 가지는 사람들에 의해서 형성된 공동체이다. 이렇게 주장함으로써 그는 개신교 정통주의의 객관주의에 대한 가장 강력한 도전자가 되었다.

그의 성령론은 많은 비판을 받고 있다. 그에 의하면 성령이란 모든 신자들이 가지고 있는 예수 그리스도에 대한 종교적 신뢰의 정신이라고 한다. 신자들을 묶어 주는 무인격적 매듭이라고 한다. 그에 의해서 성령의 인격성은 해소되어 버렸다.[1] 따라서 슐라이에르마허의 신학은 삼위일체론적 신학이 아니라 이위일체론적 신학이 되고 말았으며, 결과적으로 성령은 그리스도론의 부록이 되고 말았다.[2]

슐라이에르마허의 뒤를 이어 나타난 리츨(A. Ritschl)은 경건주의와

---

1. Holm, op. cit., p. 116.
2. Ibid.

슐라이에르마허에 대하여 반기를 들었다. 그들이 예수 그리스도의 객관적 구속 사역에 근거하지 않고 주관적인 체험과 의의에 중점을 두었다는 이유에서 반대했다. 그는 기독교를 두 가지 차원의, 두 초점을 가지고 있다고 보았다. 신의 의지에 대한 그리스도의 절대적 복종에 의한 구속과 인간 존재의 최고형으로서의 신국의 건설이다. 그는 19세기 후반에 독일의 신학계에 지대한 영향을 주어 리츨학파를 형성할 정도로 큰 신학적 체계를 세웠음에도 불구하고 그의 모든 저서에는 성령에 대한 적극적인 설명이나 논술이 없다. 그는 슐라이에르마허와는 달리 삼위일체론을 옹호하고 받아들였음에도 불구하고 성령의 인격성에 대해서는 별로 발전적인 공헌을 하지 못했다.

따라서 성령도 삼위일체신의 한 위로서 형이상학적으로 존재하는 분으로 생각한 것이 아니라 그의 사역의 구체적인 결실 안에서 찾아보려고 했다. "우리는, 사람이 성령에 의해서 어떻게 지탱되고 침투되며 충만해 가는가에 대한 질문은 단념해야 한다. 그러한 질문은 스콜라주의자들로부터 내려온 질문이지만 해결될 수 없는 질문이다. 우리가 해야 할 일은 다음과 같은 일을 통해서 성령 안에 있는 삶을 증명하는 일이다. 즉, 신자들은 신의 고마우신 은사를 안다는 것(고전 2:12)과, 신을 그들의 아버지라고 부르는 것(롬 8:15)과, 사랑과 기쁨과 겸손과 자제심을 가지고 행동한다는 것(갈 5:22)과, 그들은 무엇보다도 파당심에 반대하고 하나가 되는 정신을 마음에 간직하고 있다는 것을(고전 3:1-4) 보여 주는 일이다. 이러한 묘사에서는 성령이 부인된 것이 아니라 인정되고, 이해되고 있다."[3] 이렇게 말했음에도 불구하고 리츨신학은 성령의 사역에 중점을 두기보다 예수 그리스도가 십자가 위에서 하신 일에 대한 논리적 가치(value judgement)에 더 중점을 두었다.[4]

---

3. A. Ritschl, *The Work of the Holy Spirit*, trs., by Henri De Vries, 1900.
4. A. Ritschl, *Justification and Reconciliation*, Ⅲ, pp. 471f.

19세기에는 성령론에 괄목할 만한 진전이 없었다. 성령의 인격성을 부인하여 성령을 동질감정으로 격하시킨 슐라이에르마허, 성령을 부인하지는 않았지만 뒷전으로 취급한 리츨과 더불어 이 시대의 시대적 사상인 이성주의가 더욱 성령론의 연구와 진전을 가로막았다.[5]

2. 바르트에서 오늘에 이르기까지

19세기 신학이 슐라이에르마허와 리츨을 중심으로 한 자유주의 신학에 의해서 전적으로 지배되고 있는 것 같은 인상을 풍기고 있었으나, 다른 한편에서는 성령론에 대한 전통적 연구가 진행되고 있었다. 카이퍼(A. Kuyper, *The Work of the Holy Spirit*, 1888-1889), 오웬(John Owen, *The holy Sprit*, 1954), 토마스(W. H. Griffith Thomas, *The Holy Spirit*), 로빈슨(H. W. Robinson, *The Christian Experience of the Holy spirit*), 스위트(H. B. Swete, "Holy Ghost" in : *A Dictionary of Christian Biography*, 1982) 등이 그 대표적인 작품들이다. 그러나 이러한 책들이 하나의 운동으로 발전하지는 못했다.

이렇듯 성령론이 신학 내에서 그 정당한 위치를 확보하지 못하다가 제1차 세계대전 후에 이르러서야 비로소 하나의 전환점이 마련되는 것처럼 보였다.[6] 즉, 칼 바르트의 「로마서 강해」 제2판(1922)이 폭넓게 감동적인 반응을 얻게 됨에 따라 많은 사람이 성령을 '전혀 다른 것'으로 인식하기 시작한 것이다. 이 책에서 칼 바르트는 다음과 같이 강조해서 말한다.

---

5. John F. Walvoord, *The Holy Spirit*, 이동원 역, 「성령」(서울 : 생명의 말씀사, 1981), p. 321.
6. 조남신, "루돌프 보렌의 설교론에 대한 성령론적 분석," 「한국기독교신학논총집」 제15집(1998. 10), p. 286 재인용.

성령은 고유한 일을 행하며 자기 고유의 길을 간다. 우리가 그를 소유하는 것이 아니라, 그가 우리를 소유하는 것이다.[7]

바르트가 1929년에 엘버펠트(Elberfeld)에서 행한 "성령과 기독교 생활"[8]이라는 제목의 강연 내용을 보면, 거기에는 「교회교의학」의 기본 특징이 선취되고 있는데, 그 강연은 우리에게 새로운 맹아, "위에서 아래로"가 명시되어 있는 하나의 새로운 성령론을 약속하고 있는 것처럼 보인다. 그러나 이런 약속은 거의 이행되지 않았다. 1931년에 발간된 그의 책 「안셀름」 이래 바르트는 엄격하게 기독론 중심으로, 그리고 동시에 고전적이고도 종교개혁적으로 예수 그리스도를 '객관적 계시 현실'로, 그리고 성령을 '주관적 계시 현실'로 이해했다. 그리하여 성령론이 단지 기독론의 요소 내지는 연장으로서만 표현되었던 것이다.

「교회교의학」 제4권이 출간되던 1950년대에는 또 다른 중요한 성령론적 설계들이 만들어졌다. 이에 대해 우리는 특히 브루너, 틸리히, 그리고 반률러 등을 거명할 수 있다. 이 세 명은 모두(반률러가 가장 근본적이다.) 성령론을 기독론에 대비시켜 좀더 독자적인 구조를 부여하려고 했다. 이런 시도는 기독론과 기독론 중심적 방향 설정을 희생시키면서까지 행해질 기세였다. 독일어권에서 1960년대까지는 사실 기독론의 우위성 때문에 교회와 신학계에서 거의 성령에 관한 공식적인 언급이 없었다. 그리고 또한 특히 북아메리카와 라틴아메리카 교회 속에서 1960년대 초부터 성령이 '카리스마적 각성' 속에서 고도로 활발하게 감지되고 있었다는 사실을 독일어권에서는 아직 인식조차 하지 못하고 있었다. 그러므로 칼 바르트 자신이 「교회교의학」 13권 전집에 걸쳐서

---

7. K. Barth, Römerbrief, Zürich, 1978, 2. Aufl. S. 299.
8. K. Barth, Der Heilige Geist und das christiliche Leben, in : Zwischen den Zeiten, Beiheft 1, München. 그리고 1930 in : K. Barth and H. Narth, Zur Lehre vom Heiligen Geist(München : Kaiser, 1930), S. 39-105에 실려 있다.

볼 때 아직 성령에로까지 나가지 못했다는 사실은 결코 우연이 아니다. 그러나 그의 죽음(1968. 12. 10.) 직전 그는 유언에서 진술하기를 그가 다시 한번「교회교의학」을 설계할 수 있다면, 그 때는 성령론을 투입하고 싶고, 성령론으로부터 출발해서 설계하고 싶다고 했다. 칼 바르트의 이런 유언은 결코 우연히 나온 것은 아닐 것이다. 그런 설계는 이미 진행 중에 있었다. 성령론 중심적인 새로운 설계에 대한 시도는 이미 네덜란드의 시골 목사 오에프케 노르드만스(Oepke Noordmans, 1871-1956)에 의해 행해졌는데, 그의 성령론 중심적인 명상 시리즈인「성령의 복음」(원명은 *Gestalte en Geest*, 암스테르담, 1955)이 바로 그런 시도라고 하겠다. 이 책은 매우 혁신적인 것으로, 그 중에서 하권이 미스코테(K. H. Miskotte)의 상세한 머리말과 함께 1960년에 독일어로 번역 출판되었다.

이런 시도는 그 다음 1960년대 중반 이래 바르트와는 별도로 이미 그의 신학적 추종자들 뿐만 아니라 그의 적대자들에 의해서 적어도 문헌적으로 실현되었다. 바르트가 언급한 바 있는, 가톨릭 교리학자 뮐렌(M. Muhlen)에 의해 성령론에 대한 한 포괄적인 연구가 이미 1960년에 출판되었다. 벌코프(H. Berkhof)는 1964년(1968년 독일어로 출판된)에「성령신학」을 설계했다. 틸리케(H. Thielicke) 또한 바르트와 신학적으로 다름에도 불구하고 그의「교리학」(제1권, 1968)에서 서론을 대신하는 말로 "성령론적인 신학적 맹아"를 채택하고, "성령을 통한 새 창조"로부터 시작해서 그의「교의학」을 설계했다. 1969년 딜쉬나이더(O. A. Dilschneider)는「나는 성령을 믿는다」를 저술하고, 모이러(S. K. Meurer)는「성경의 증언 속에서 하나님의 영의 대변인직」을 저술하였으며, 쉬텔린(W. Stahlin)은「성령의 간청」을 저술했다.

1970년대 초부터 성령론에 관한 서적이나 논문들이 쏟아지기 시작했다. 1970년에 성령론의 역할에 대해 정력적으로 언급하는 자우터(G. Sauter)의 학문 이론적인 새 맹아가 뒤를 이었다. 벤츠(E. Benz)는

1970년에 「아메리카에서의 성령」과 「아메리카의 카리스마적 각성」 속에서의 성령의 단서들을 관찰했다. 또한 호런베거(W. J. Hollenweger)는 1969년과 1971년에 '오순절 교회'들에 대해 기술했는데, 그는 그 교회들 속에서 성령이 활동하는 것을 인식한다. 마찬가지로 1971년 「성령의 지평에서」라는 한 논문집이 나왔다. 동일한 해에 보렌은 그의 「설교론」을 성령론으로부터 설계한다. 1972년 하우쉴트(W. D. Hauschild)는 초기 기독교의 성령론을 탐구했다. 판넨베르크는 그의 논문 "생명의 영"에서 성령론적 기본문제를 다루고 있는데, 그의 진술들은 전적으로 다른 하나의 맹아를 보여 준다. 물론 1972년에 처음으로 영어로 출판된 이 논문은 한편으로는 틸리히의 맹아를 통해, 다른 한편으로는 떼이아르 샤르댕의 숙고들을 수용하면서 '세상 속의 영'의 문제에 완전히 새롭게 대답하기를 시도한다.

이 후에도 성령론에 관한 서적들이 늘어났다. 한편으로 데케(S. M. Daecke)는 이러한 현상을 '유행', 즉 작가들의 경향으로 추정했으며, 다른 한편으로 훌취(E. Hultsch)는 이것이 출판사가 발견한 당대의 유행 색깔이었음을 확증해 주는 것이라고 했다. 벌코프(1964), 틸리케(14968), 쉬나이더(1969) 같은 신학자들은 성령을 이미 언급한 바와 같이 꽤 고전적인 풍으로 교리와 경건의 보유자와 운반자로 간주하려고 했던 반면에, 이후 단티네(W. Dantine, 1973)나 크라우스(H. J. Krauss, 1974), 보렌(1975) 같은 신학자들은 성령을 곧잘 성경적, 예언적인 방식으로 비판과 비판력의 운반자와 보증인으로서, 그리고 활기를 돋구는 자와 영감을 주는 자로서 이해하려고 했다. 단티네는 1961년에 쓴 그의 논문을 확대하는 식으로 해서 1973년에 출간된 그의 책 「거룩한 영과 부정한 영」에서 "성령과 인간의 이성 사이에는 직접적이고도 막강한 관계가 있다."고 말했다. 그 다음으로 성령을 인간 뿐만 아니라 자연 생태계와 관련시켜서 생명신학, 영성신학, 창조신학 등의 새로운 의미를 발견하려는 시도들이 이어졌다. 특히 몰트만은 「생명의 영」(Der

Geist des Lebens)에서 그의 성령론을 총체적 성령론이라 칭하고, 성령을 인간과 교회를 넘어서 자연, 식물, 동물, 그리고 땅의 생태계 속에서 재발견하려 한다. 즉, 그의 성령론을 모든 피조세계와 더 나아가 우주에까지 확대한다.

3. 오순절운동에서의 성령[9]

성령의 망각(forgetfulness of the Spirit)을 이야기하던 시대가 지나고 성령론에 관심을 갖게 된 직접적 동기는 오순절의 성령운동에서 기인한다고 본다. 오늘의 성령운동은 직·간접적으로 오순절의 성령운동과 관계를 가지고 있다.

역사상 소위 '성령운동'들이 많이 있었고, 기적 발생에 대한 주장들이 있어 왔지만, 성령의 초자연적 능력에 대한 조직적이고 본격적인 강조는 대개 20세기 초에 일어난 것으로 보이는 오순절운동에서 나왔다고 할 수 있다. 또한 역사상 어떤 '성령운동'도 오순절운동만큼 광범위한 영향력을 발휘하고 지지를 얻지는 못했다. 이 운동의 기원에 관하여는 여러 견해들이 있지만, 대개 1900년 12월 미국 캔자스 주의 토페카(Topeka, Kansas)에 있는 작은 성경학교인 베델성서대학(Bethel Bible College)에서 일어났던 사건을 지목한다. 그 때 '성결운동'의 전도자였던 팔함(CharlessFox, Parham)과 그의 학생들은 회개, 회심, 성화, 신유, 임박한 재림 등의 주제로 성경공부를 진행하였다. 그러던 중 성령세례와 사도행전 2장의 문제에 부딪치게 되었다. 팔함은 학생들에게 성령세례의 성경적 증거에 대해 성경을 조사하도록 하였다. 그들이 성

---

9. Harold B. Smith(ed.), *Pentecostals from the Inside out*, Vinsian Synan, *In the Latten Days*, 이종성의 「성령론」, 현요한 「성령 그 다양한 얼굴」, 김광식의 「조직신학」 II을 참고함.

경을 공부한 해답은 일치하게 '방언'이라고 나왔다. 그리하여 성령세례를 받기 위해 기도하던 중 오즈만(Agnes N. Ozman) 양이 1900년 12월 31일 자정예배시 먼저 성령을 받고 중국어로 방언을 하였다고 한다. 그 후 다른 사람들도 방언을 받게 되었다는 것이다.[10] 그 후 팔함은 학교의 문을 닫고 4년 간 집회를 다니며 오순절 메시지를 전하였다.

1905년 그는 텍사스 주의 휴스턴(Houston, Texas)에 새로운 성경학원을 세웠다. 그 학생들 중 시무어(W. J. Seymour)라는 사람이 있었는데, 그는 중생과 성화를 구분하는 성결운동의 영향을 받은 흑인 전도자였다. 그는 팔함의 가르침이 옳다고 인정하였으나, 방언을 체험하지 못하고 있었다. 그는 흑인이라는 이유로 차별을 받아 창문 너머로 강의를 들을 수밖에 없었지만, 팔함의 영향을 많이 받았다. 이 학교에서 많은 이들이 방언을 하게 되었고, 언론도 기적의 발생을 인정하게 되었다. 1906년 시무어는 로스앤젤레스의 한 가정에서 집회를 시작하였다. 그는 성령세례와 그 표적인 방언에 대해 설교하였는데, 거기서 많은 사람이 방언을 하게 되었다. 그 때로부터 많은 사람들이 모여들어 아주사 거리(Azusa St.)의 한 건물로 옮겨야 했다. 여러 교파와 인종이 모여왔다. 그것은 열광적 노래, 기도, 춤, 방언, …… 등으로 이어지는 형식이 없는 집회였다. 여기서 선교회가 조직되었고, 이것은 오순절운동이 미국 전국과 세계로 확산되는 계기가 되었다.

지난 한 세기 동안 오순절운동은 급속한 성장을 이루어서, 이제 그들은 개신교 그룹들 중에 세계에서 가장 큰 그룹이 되었다. 뉴욕 유니온 신학교의 반 두젠(Henry P. Van Dusen)은 그것을 "기독교의 제3세력"이라고 불렀다.[11] 또한 뉴비긴은 예전을 중심으로 하는 로마 교회, 말

---

10. Donald W. Dayton, *Theological Roots Pentecostalism*(Peabody, Mass : Hendrickson Publishers, 1987), p. 20.
11. Henry P. Van Dusan, "The Third Force in Christendom," *Life*, June 9, 1958, pp. 113-124.

씀을 중심으로 하는 프로테스탄트 교회, 그리고 성령을 중심으로 한 교회를 기독교 가족의 3대 지류로 보아, 이 셋이 상호 보완함이 바람직하다는 긍정적인 평가를 하였다.[12]

오순절운동의 기원을 단편적으로 보면 오순절운동이 갑자기 그 때 새롭게 일어난 것으로 오해할 수 있다. 그러나 거기에는 어떤 역사적 배경과 점진적인 과정이 있었다. 도날드 데이톤(Donald W. Dayton)은 오순절주의의 신학적 발전 과정을 추적하고 분석하였다. 그에 의하면 오순절운동의 뿌리는 웨슬레의 감리교운동에서부터 미국의 부흥운동의 성결 강조를 거쳐 성령세례의 교리가 등장한 것에서 찾고 있다. 성결운동에서 성령세례는 성결의 변화를 받는 경험이었지만, 오순절운동에서는 '성결'보다는 기적을 일으키는 '능력'으로 강조점이 옮겨지게 되었다고 본다. 실상 참된 성결은 능력이라고 하는 생각이 거기에 깔려 있었다. 데이톤은 중생과 성령세례에 대한 주장 및 경험과 함께, 신유운동과 전천년설적 종말론의 발전이 결부되어 20세기 오순절운동의 사중복음이 나왔다고 본다.[13]

우리가 흔히 '오순절운동'이라고 부르지만, 그 안에도 다양한 가치가 있고 다양한 가르침이 있어서 그 정체를 파악하기가 쉽지 않다. 초기 오순절운동을 신학적으로 분석하기 어려운 것은 초기 이 운동의 지도자들이 반지성주의적 노선을 견지함으로써, 신학적인 체계화와 학문적 발전에 지장을 초래하였고, 따라서 수많은 혼란과 다양성이 야기되었기 때문이다.[14] 그러나 대체로 그들의 교리는 대개 근본주의적 신학

---

12. Leslie Newbign, *The Household of God*(London : SCM, 1953. 2nd ed. 1964), p. 30. 뉴비긴이 여기서 성령 중심의 교회를 단순히 오늘날의 오순절 교회로만 본 것은 아니지만, 그는 대체로 그것을 '오순절적'인 것으로 보았다(p. 88.).
13. Donald Dayton, op. cit., pp. 15–28.
14. 데이빗 포펠(David W. Faupel)은 이 운동을 세 가지로 분류하였다. 첫째는 웨슬레적 성화 교리의 전통을 따라 은혜의 3가지 역사, 즉 회심, 전적 성화, 방언의 표적이

에 그들 나름의 성령 교리를 추가하여 내세웠다고 볼 수 있다.[15] 그리하여 오순절 교회의 주요 교리들은 대개 다섯 가지 혹은 네 가지의 특징적 주제들을 중심으로 형성되었다. 다섯 가지 주제를 주장하는 전형적인 경우는 북미오순절연합(the Pentecostal Fellowship of North America, PFNA)이 발표한 '진리 선언'(Statement of Truth)에 나타나는데, 그 다섯 가지는 회심, 성화, 성령세례, 신유, 재림이다.[16] 또한 그 근원이 직접적으로 저 아주사 거리의 부흥에 있다고 하는 사도신앙선교회(Apostolic Faith Mission)는 칭의, 성화, 성령세례, 신유, 임박한 재림(전천년설)의 다섯 가지를 내세운다.[17]

한편 다른 오순절계 교파들에서는 보다 분명히 네 가지 주제, 즉 회심, 성령세례, 신유, 재림을 내세운다. 미국 하나님의 성회(Assemblies of God)의 신학자인 스탠리 홀튼(Stanley Horton)은 구원, 신유, 성령세례, 재림의 네 가지를 말한다.[18] 에이미 맥퍼슨(Aimee Semple

---

따르는 성령세례를 주장하는 파, 둘째는 은혜의 2가지 역사, 즉 회심과 방언이 따르는 성령세례를 주장하는 파, 셋째는 하나님은 '오직 예수' 임을 주장하는 복음적 유니테리언파(Evangelical unitarianism)이다. 셋 번째 파는 예수의 이름의 세례와 성부와 성자와 성령의 세례를 문자적으로 일치시키려고 하였는데, 그러나 이것은 대개 두 번째 파의 아류라고 볼 수 있다. David Faupel, *The American Pentecostal Movement : A Bibliographical Essay*, Occasional Bibliographic Papers of the B. L. Fisher Library no. 2(Wilmoe, Ky. : B. L. Fisher Library, Asbury Theological Seminary, 1972)m cited by Dayton, op. cit., p. 18.

15. 1948 "Statement of Truth" of the Pentecostal Fellowship of North America는 full gospel에 대한 제5조를 제외하면 그 5년 전에 발표된 National Association of Evangelicals를 그대로 받아들였다. Dayton. op. cit., pp. 17-18.
16. Ibid., pp. 19-20.
17. *A Historical Account of the Apostolic Faith, Trinitarian-Fundamental Evandelistic Organization*(Portland, Oreg. : Apostolic Faith Mission Headquarters, 1965), pp. 20-21, cited by Dayton, op. cit., pp. 20-21.
18. Horton, *Into All Truth : A Survey of the Course and Content of Divine Relation*(Springfield, Mo. : Gospel Publishing House, 1955), p. 13, cited by

Mcpherson)이 세운 국제사중복음교회(International Church of the Foursquare Gospel)도 역시 네 가지를 중요시한다.[19] 이것은 이미 19세기 말 미국의 성결교회라고 할 수 있는 Christian and Missionary Alliance를 설립한 심슨(A. B. Simpson)에게서 이미 예기된 것이기도 하다.[20] 이런 유형은 또한 이미 19세기에 토레이(R. A. Torrey), 머레이(Andrew Murray), 그리고 고든(A. J. Gordon)에게도 나타나는 것인데, 단지 그들은 성령세례에 반드시 방언이 따른다고는 보지 않았다.[21] 여기서 주목해 볼 것은 '성화'에 대한 강조가 탈락되어 있는 점이다. 그들로서는 성령세례에 대한 가르침 안에 성화와 능력의 은사들을 모두 포함시켜 생각했다고 볼 수도 있겠으나, 성화에 대한 본격적인 강조는 결국 오순절운동의 뿌리인 성결교회 쪽에 남아 있다고 보인다.

오순절운동은 1906년 이후 급속한 양적 성장을 이루어 가면서 전세계로 확산되어 나갔다. 그 가운데서 주장하는 교리와 경험의 차이, 흑백간의 갈등, 지도력의 차이 등 여러 가지 이유로 수많은 교파들이 형성되고 또 분열되었다. 이것을 흔히 고전적 오순절운동이라고 한다. 그런데 이 오순절운동의 영향력은 드디어 그들 교파의 장벽을 넘어서 전통적인 기성교회 안에까지 미치게 되었다. 그런 현상이 시작된 것은 대개 1960년대였는데, 이때 이후 전통적인 교회에 속한 사람들이 자기 교회를 떠나지 않은 채 이 운동에 가담하고, 자기들 교파 안에서 이 운동을 확산시키는 경향이 나타났다. 이것을 '신오순절운동'(Neo-

---

Dayton, op. cit., p. 21.
19. Raymond L. Cox ed., *The Four-Square Gospel*(Los Angeles : Foursquare Publications, 1969), p. 9, cited by Dayton, p. 21.
20. 그는 그리스도를 구원자, 거룩케 하시는 이, 치료자, 그리고 장차 오시는 왕이라고 하였다. A. B. Simpson, *The Four-fold Gospel*(New York : Gospel Alliance Publishing, 1925).
21. Dayton, op. cit., pp. 22, 32, n. 23.

Pentecostal) 혹은 '카리스마운동'(Charismatic Movement)이라고 한다. 그들도 성령세례 교리와 성령의 역사에 의한 여러 가지 은사, 즉 카리스마들을 추구하게 되었다. 이것은 전통적인 종교개혁교회인 루터교회, 개혁교회 뿐만 아니라 성공회와 로마 천주교회까지 포함되는 거대한 물결이 되었다. 그러던 중 1980년대에 이르러 이 운동은 약간 다른 모습으로, 보수적 복음주의자들은 그 운동에 회의적이었으나, 그들 중 일부가 이 운동의 능력을 자기들 안에 수용하기 시작한 것이다. 이들이 '오순절운동'이나 '신오순절운동'과 다른 점은 이들이 굳이 성령세례 교리나 그 표적인 방언에 집착하지 않는다는 점이다. 그들은 대개 전통적인 개신교의 교리를 따라 성령세례가 중생시에 일어나는 것이라고 생각한다. 그러나 그들은 적극적으로 성령의 능력과 은사들을 추구하였으며, 역시 오순절운동에서와 비슷한 여러 가지 현상들이 나타나게 되었다. 미국 풀러신학교(Fuller Theological Seminary)의 교수인 피터 와그너(Peter Wagner) 자신이 여기 가담하면서, 스스로의 이 운동을 "제3의 물결"이라고 명명하였다.[22]

이 운동은 또한 와그너 교수의 제자였고, 나중에 함께 같은 과목을 가르쳤던 동료인 존 윔버(John Wimber) 목사가 가담하면서, 그가 이끌었던 빈야드 기독교회(Vinyard Christian Fellowship)의 이름을 따서 "빈야드운동"이라고 불리기도 하였다. 그런데 이 운동이 성령과 그 은사들과 능력에 강조를 두는 점은 윔버의 저서들의 제목이 *Power Evangelism, Power Healing, Power Points, Power Encounter* 등으로 되어 있는 것만 보아도 쉽게 알 수 있다.

오순절운동은 성령에 대한 새로운 관심을 전세계 교회에 크게 일으켰으며, 세계 선교에 대한 열정을 뜨겁게 해 주었고, 은근히 평가 절하

---

22. C. Peter Wagner, *The Third Wave of the Holy Spirit*(Ann Arbor, Mich : Vine Books, 1988), pp. 18f.

되거나 부정되었던 초자연적인 은사들과 이적들의 존재를 다시금 교회에 일깨워 주었다. 하비 콕스(Harvey Cox) 같은 이는 예전에 서구 세계에서 종교의 퇴조와 세속화를 예언했었지만, 이제는 이 운동에서 "원초적 영성"(Primal Spirituality)의 부활을 보았다.[23]

하비 콕스는 성령운동을 세계 전체 인구의 85%를 차지하고 있는 도시 빈민들이 방언 기도를 통한 개인적 성령 체험을 중시하며 혼합종교적 형태의 예배를 드리는 기독교운동으로 해석한다. 그는 성령 체험을 두 가지 의미로 설명한다. 첫째는 인간의 원초적 영성에 근거한 세 가지 특징, 즉 방언 기도와 같은 원초적 언어, 이적과 기사에 근거한 원초적 신앙심, 그리고 임박한 하나님 나라의 현존적 미래를 바라보는 원초적 희망에 의해 실제 교회의 예배 속에서 나타난다.[24] 그러므로 성령운동은 어떤 특정 교단이나 종교의 형태로 규정될 수 없다. 그것은 현재와는 본질적으로 다른 새로운 시대를 지향하는 하나님 나라의 정서감, 또는 그리스도의 천년왕국이 목하 진행 중이라는 천년기 감각이다. 그런 감각은 세상을 포용하되 내세를 지향하는 심령의 언어, 문화적 혼돈을 신비적으로 수용하는 종교 감정, 그리고 해방 공동체에 대한 새로운 삶의 비전을 통해 대중 신비주의의 체험을 넘어 두 번째 의미의 성령 체험인 영적 체험을 필요로 한다.

영적 체험은 하비 콕스가 보기에 문화적, 언어적 틀을 초월하는 고통과 갈망의 체험으로써 해방의 정신을 낳는다. 그러나 이 해방의 정신은 성령의 임재를 통한 하나님 체험의 소산이기에 단순히 인간의 정신을 의미하는 것이 아니라 헤겔(F. Hegel)이 말하는 것과 같은 일종의 하나님 정신이다. 그것은 인간의 원초적 영성과 하나님의 성령이 하나가 되

---

23. Harvey Cox, *Fire from Heaven*, 유지황 역, 「영성, 음악, 여성」(서울 : 도서출판 동연, 1996), pp. 129ff.
24. Ibid., p. 13.

는 로마서 8:28에 나타난 "협력하여 선을 이루는" 해방의 성령이다. 그는 성령운동이 성공한 이유를 두 가지로 해석한다. 첫째, 그것은 세속화 과정 속에서 시골 고향을 떠나 도시 사회로 이주함으로써 전통 문화적 정서감에서 단절된 자들에게 기존의 제도적 종교 문화의 저변에 아직도 살아 숨쉬고 있는 고대 종교의 원형적 요소들을 되살려 주었다. 둘째, 그것은 치열한 경쟁의 도시 사회 속에서 소외되고 방황하는 자들에게 사회적 변화에 효과적으로 적응하고 대처할 수 있는 능력과 책임성을 부여했다.[25]

그러나 하비 콕스는 이러한 두 가지 이유로 인해 급격히 성장한 성령운동이 몇 가지의 심각한 문제점을 가지고 있음을 비판한다. 성령운동이 1) 인종 차별, 2) 특정 성령운동 교회의 제도화와 그 교회 지도자들의 카리스마화, 3) 근본주의와의 결합, 4) 정치 세력과의 결탁을 허용하는 지배신학(Dominion Theology)의 수용, 5) 세속적 가치만을 추구하는 물질 축복과 건강 추구 신학(Wealth-and-Health Theology)의 수용에 있다. 그는 위의 문제들이 성령운동 본래의 정신인 종말론적 긴박감과 가난하고 억압받는 자들을 위한 신앙적 사명을 상실시키고 있기에 오늘날의 성령운동에 큰 위기를 조성하고 있다고 경고한다. 오순절 성령운동은 양적 성장에 있어서 침체되어 있는 전통적인 교회들과 달리, 급속하고 광범위한 성장을 이룸으로써 기독교의 새로운 성장 가능성을 보여 주기도 하였다.[26]

그러나 또한, 초자연적인 능력과 은혜에 대한 열정적인 추구는 세상에서 개인적인 번영을 갈구하는 종교심리와 만나서 강력한 기복신앙을 형성하기도 하였고, 은사와 능력을 강조한 만큼 말씀과 윤리적인 삶,

---

25. Ibid., p. 14.
26. Vinson Synan, *In the Latter Days*, 국제신학연구원 역, 「20세기 성령운동의 현주소」(서울 : 도서출판 예인, 1995), pp. 32f.

즉 성화에 대한 면은 상당히 약화된 인상을 보인다.[27] 더구나 사회윤리나 사회참여 문제에서는 더욱 그렇다고 보인다. 또한 방언, 예언, 신유 등 기적적이고 시선을 끄는 은사들에 관심을 집중함으로써 상대적으로 그렇지 않은 다른 은사들, 예컨대 다스림, 가르침, 위로 등의 중요성은 평가절하되는 것 같다. 방언과 같은 특정한 은사를 성령세례의 표적이라고 주장함으로써 특정한 은사와 경험을 표준화하는 것은, 성령의 은사와 사역의 다양성을 무시하고, 그러한 특정 은사의 경험이 없는 사람은 성령을 받지 못했거나, 신령하지 않다고 잘못 평가하는 오류를 범하기도 한다. 또한 방언과 같은 특정 은사에 대한 집착은 대중들로 하여금 심지어 인위적인 방법에 의해서라도 그런 경험을 하고자 하는 이상한 현상을 야기하기도 하였다. 또한 초기 오순절운동의 지도자들은 다른 기성의 교파들을 백안시하고 에큐메니칼적인 협력을 멀리하였으나, 최근에는 교회들 간의 협력관계가 발전하고 있고, 일부 오순절 교회는 적극적으로 에큐메니칼운동에 가담하기도 하였다. 우리는 오순절운동의 문제점들을 의식하고 그런 문제들에 대처하면서도, '성령으로 거듭나는 것'만으로 다 설명될 수 없는 여러 가지 성령 현현의 경험과 사건들의 현존을 인정해야 하며, 또한 그들로부터 성령의 초자연적인 은사들에 대한 개방성과 믿음을 배울 필요가 있다. 우리는 오순절 성령운동이 끼친 다음과 같은 긍정적인 점은 결코 간과할 수 없다.[28]

1) 서구신학의 전통적 경향이 성령의 중요성을 무시하거나 경시하는 추세에 있는 데 대하여, 펜테코스트운동이 성령의 사역의 중요성을 강조하는 것은 매우 정당한 일이다. 예수의 승천 후 제자들은 다른 보혜

---

27. 오순절 교회 신학자인 이영훈은 오순절신학회에서 발표한 한 논문에서 오순절운동의 약점으로 영적 우월감, 개인 위주의 신앙, 탈사회적 신앙생활, 신학교육의 빈곤 등을 지적하였다. 이영훈, "오순절운동이 한국교회에 미친 영향," 세미나 논문, 1997년 11월 15일 한국오순절신학회 창립기념 논문발표회, pp. 26 - 27.
28. 이종성, op. cit., pp. 250 - 251.

사의 내림을 갈구했다. 그때 성령이 나타나서 그들이 원하던 대로 힘을 주고 용기를 넣어 주었다. 또한 그가 그들과 같이 계신다는 표적으로 그들에게 방언하는 능력과 병 고치는 힘을 주었다. 이와 같이 성령은 예수가 계시지 않는 지금에 있어 '다른 보혜사'로 우리와 함께 계시는 신의 능력이시다.

2) 1887년에 당시의 교황 리오 13세가 전 가톨릭 교도들에게 오랫동안 잊어버린 삼위일체신의 제 삼위에게 경건한 관심을 돌리라고 호소했다. 1961년 요한 23세 교황이 성령에게 더 많은 생각을 바쳐 새 펜테코스트를 기다리라고 했다. 그 외에는 개신교계에서도 성령에 대한 새로운 연구가 여기저기에서 발표되었다. 이러한 추세에 펜테코스트운동이 활발히 전개되어 신자들이 성령에 더 많은 관심을 돌리면서 더 큰 도움을 받게 된 것은 매우 다행한 일이라고 생각된다.

3) 미국교회의 제1, 2차 대각성운동은 종교적으로, 도덕적으로, 정신적으로 극도로 타락한 "신의 선민(選民)"들을 그대로 버려 두시지 않는다는 신의 섭리가 나타난 사건이라고 한다면, 그러한 신의 섭리에 대한 민감한 응답과 각성은 매우 적절한 것이었으며 미국교회와 사회가 갱생할 수 있었던 계기가 되었다고 이해된다. 1900년부터 전개된 펜테코스트운동에도 그러한 측면이 있음을 우리는 감지할 수 있다.

4) 성령은 인간이 만든 교리나 신학체계에 의해서, 가령 그것이 선한 동기에서 작성된 것이라 해도, 그러한 인간이 만든 것에 의해서 지배를 받지 않고 성령이 자유롭게 인류에 대하여 사역하실 때 그것이 이적으로 나타난다. 인본주의는 이적을 부인함으로써 성령의 사역을 부인한다. 그러나 펜테코스트운동은 이러한 성령의 자유로운 사역을 그대로 인정하고 그 사건과 사실을 그대로 받아들이는 데 그들의 신앙의 겸손이 발견된다.

5) 펜테코스트운동은 모든 기성교회에 새로운 자극과 경고와 성령이해에 대한 새로운 가능성을 보여 주었다.

신학에서의 성령

Ⅰ. 성령은 어떤 분이신가? / 295
Ⅱ. 성령과 제 관계 / 310
Ⅲ. 성령세례에 관하여 / 338
Ⅳ. 성령의 특징과 성령운동의 방향 / 354

I

성령은 어떤 분이신가?

1. 성령은 인격적 존재이시다

성부 하나님께서 한 인격이요, 주 예수 그리스도께서 한 인격이신 것처럼 동일한 의미에서 성령께서도 한 인격이라는 사실은 성경의 근본적 계시이다. 또한 성경은 성부와 성자께서 예배와 존경, 사랑과 순종을 사람들에게서 받으셔야 할 하나님이심과 같이 성령께서도 동일한 본질적 신성을 지니신 하나님이심을 나타내고 있다. 그 밖에 다른 방법으로 성령을 생각하는 것은 성령께 대한 모독과 불신앙의 죄이다.

이 성령의 인격성은 수세기에 걸쳐 부인되거나 등한히 여겨져 왔으며 20세기 그리스도인들에 의해서도 별로 이해되지 못하고 있다. 그리스도의 인격과 성령의 인격에 관한 성경적 교훈에 거부를 시도한 아리우스(Arius)는 그리스도의 영원성과 성령의 인격성을 부정했었다. 그에게 있어 성령은 단지 피조된 세계에 나타난 "하나님이 사용하시는 에너지"(exerted energy of God)에 불과한 것이었다.[1]

---

1. Richard Watson, *Theological Institutes* I, p. 630.

물론 이런 견해는 325년 니케아종교회의에서 반박되었지만, 이것은 장차 뒤따라 올 성경적 교리에 대한 변절의 예시(例示)가 되었다. 16세기의 소치니우스(Socinius)와 그의 추종자들은, 성령은 단순히 하나님께로부터 영원히 흘러나오는 세력(the eternally proceeding energy of God)이라고 주장하였다.[2] 이것이 오늘의 유니테리안주의(unitarianism)의 기초를 놓은 것이다. 이 외에도 퀘이커(Quaker) 역시 성령을 내적인 빛(inner light) 혹은 능력으로 보아 성령의 인격성을 부인하였다. 이 모든 역사적 사실과 함께 보다 먼저 성령의 인격성을 부인함은 사도행전 8:14~24에 나온 시몬이다. 시몬은 베드로와 요한이 사마리아에서 안수하므로 성령을 받은 것을 보고 돈을 드려 "가로되 이 권능을 내게도 주어 누구든지 내가 안수하는 사람은 성령을 받게 하여 주소서."(행 8:19) 하므로, 성령의 인격성을 알지 못하고 성령을 사고 파는 대상화, 사물화(It)한 것이다.

성령의 교리 변천은 여러 세기에 걸쳐 계속되었지만 정통 기독교신앙은 성경에 나타난 계시에 따라 성령은 한 인격이심을 항상 주장해 왔다. 보다 더 구체적으로 성령의 인격성을 성경을 통해 살펴보면,

1) 성령을 인격 대명사로 부르고 있다

우리가 인격체를 언급할 때에 나, 너, 그라는 단어들을 사용한다. 그런데 성경에서는 성령을 가리킬 때에 이런 인칭 대명사를 사용한다. 우리는 사도행전 13:2에서 다음과 같은 말씀을 읽는다.

---

2. Cf. William G. T. Shedd, *Dogmatic Theology* I, 328, "소치니우스파는 성령의 구별된 인격을 부인한다. 영원성(永遠性)만은 인정하는데 그 이유는, 그들은 성령을 영원하신 하나님의 영향 또는 유출(流出)로 간주하기 때문이다."

"주를 섬겨 금식할 때에 성령이 가라사대 내가 불러 시키는 일을 위하여 바나바와 사울을 (내게) 따로 세우라 하시니."

우리는 여기서 "내가"와 "내게"(원문에는 이 말이 들어 있다.)라는 단어들을 주목하게 된다. 우리는 또한 이 본문에서 성령이 말씀을 하시고, 지적이며 의도적인 지침을 주고 계심을 주목하게 된다. 성령께 대하여 사용된 인칭 대명사는 그의 인격성을 증거하기 위한 방법으로 쓰여진 것이다. 신약성경에서 성령을 가리키는 프뉴마(pneuma)라는 단어는 중성으로 흔히 중성 대명사를 취한다. 그러나 몇 가지 경우, 우리는 남성 대명사가 성령께 대하여 사용된 것을 발견할 수 있다.

"내가 아버지께로서 너희에게 보낼 보혜사 곧 아버지께로서 나오시는 진리의 성령이 오실 때에 그가 나를 증거하실 것이요"(요 15:26).

"그러하나 진리의 성령이 오시면 그가 너희를 모든 진리 가운데로 인도하시리니 그가 자의로 말하지 않고 오직 듣는 것을 말하시며 장래 일을 너희에게 알리시리라. 그가 내 영광을 나타내리니 내 것을 가지고 너희에게 알리겠음이니라"(요 16:13-14).

이처럼 그(He)라는 남성 대명사가 쓰여진 이유에 대한 유일한 설명은 그 대명사가 한 인격을 지칭하고 있는 까닭이다. 같은 이유에서 에베소서 1:13~14에는 관계 대명사가 사용되고 있다. 이런 간접적인 증거들도 성령이 성경에서 보통 하나의 인격으로 간주되고 있다는 사실을 확인한다. 찰스 하지(Charge Hodge)는 "성령은 시적이거나 황홀한 대화 속에서가 아니라 단순한 일상담화 가운데서 교훈적으로 자주 자주 인격으로 소개되고 있다."라고 한다.[3]

---

3. Charles Hodge, *Systematic Theology* I, p. 524.

2) 인격적 행동을 하심

성령의 인격성에 대한 가장 뚜렷한 증거는 그의 사역에서이다. 그의 사역의 특성은 그의 인격성을 전제하지 않고는 이루어질 수 없다.
- 성령께서 말씀하신다(계 2 : 7).
- 성령께서 인간의 연약함을 도우신다(롬 8 : 26).
- 우리를 위하여 기도하신다(롬 8 : 26).
- 우리를 가르치신다(요 14 : 26).
- 주님에 관하여 증거하신다(요 15 : 26).
- 성도를 인도하신다(요 16 : 13, 행 9 : 31).
- 주님의 사업을 도우신다(행 16 : 6 - 7).
- 세상을 책망하신다(요 16 : 8).
- 여러 가지 명령을 하신다(행 8 : 29, 13 : 2, 16 : 7).

이런 모든 행동에는 성령이 진정한 한 인격이심을 보여 준다.

3) 성령은 인격의 속성인 지·정·의를 가지고 계신다

성령의 교리에 대한 모든 면에 있어서 그의 인격성을 찾아볼 수 있지만, 특히 그의 속성에 대한 연구는 스스로 명백하게 성령의 인격성의 진리를 시사하고 있다. 인격성은 대체로 지성과 감성, 그리고 의지의 본질적인 요소들을 포함하고 있는 것으로 정의되어진다.[4] 우리는 이 모든 요소들을 성령에게서 발견할 수 있다.

지적인 것 : 성령은 지적 작용을 하고 계신다. 따라서 성령은 우리의 마음을 비추는 빛으로 하나님의 진리를 나타내고 있다. 그의 지성(知性)은 그의 모든 전능하신 사역 가운데 나타나 있다. 성경은 성령에

---

4. Lewis Sprey Chafer, *Systematic Theology* I, p. 191.

대하여 분명하게 기록하기를, "오직 하나님이 성령으로 이것을 우리에게 보이셨으니, 성령은 모든 것 곧 하나님의 깊은 것이라도 통달하시느니라. 사람의 사정을 사람의 속에 있는 영 외에는 누가 알리요? 이와 같이 하나님의 사정도 하나님의 영 외에는 아무도 알지 못하느니라."(고전 2 : 10 - 11)고 말씀하셨다. 그는 지혜의 영(우리말 개역 한글판 성경에는 지혜의 정신으로 번역되어 있음. 엡 1 : 17)이시며, 지혜와 총명의 신이요, 모략과 재능의 신이요, 지식과 여호와를 경외하는 신이시다(사 11 : 2).

의지적인 것 : 사람이 성령을 사로잡은 것이 아니라 성령이 사람을 사로잡아서 성령의 뜻대로 하는 것을 뜻한다. 성령은 의지를 가지신 분이기에 그분은 자신의 의지로 사도들의 선교계획에 간여하신다. "성령이 아시아에서 말씀을 전하지 못하게 하시거늘 …… 비두니아로 가고자 애쓰되 예수의 영이 허락지 아니하시는지라"(행 16 : 6 - 7). 성령은 예수를 믿는 각 사람에게 은사를 골고루 나누어 주시되 자신의 뜻대로 그 일을 하신다. "어떤 이에게는 능력 행함을, 어떤 이에게는 예언함을, 어떤 이에게는 영들 분별함을, 다른 이에게는 각종 방언 말함을, 어떤 이에게는 방언들 통역함을 주시나니, 이 모든 일은 같은 한 성령이 행하사 그 뜻대로 각 사람에게 나눠 주시느니라"(고전 12 : 10 - 11).

정적인 것 : 성령은 감정을 지니셨기 때문에 근심할 수 있고 "하나님의 성령을 근심하게 하지 말라"(엡 4 : 30). 탄식하며 간구할 수 있는 분이다. "성령이 말할 수 없는 탄식으로 우리를 위하여 친히 간구하시느니라"(롬 8 : 26).

성령의 인격에 대한 전반적인 표현의 말씀이 로마서 8 : 27의 "마음을 감찰하시는 이가 성령의 생각을 아시나니, 이는 성령이 하나님의 뜻대로 성도를 위하여 간구하심이니라."에서, 여기에 나타난 성령의 생각이라는 단어는 프로네마인(pronemain)인데 프로네마인은 포괄적

낱말로서 지·정·의 3가지 뜻을 가진 단어이다.

4) 성령의 인격성의 중요성

성령이 인격적 존재이어야 할 중요한 이유는 다음과 같다.

첫째, 예배 때문이다. 성령은 인격이신데 이것을 모르고 비인격적인 감화력이나 능력에 지나지 않는다고 생각한다면, 우리가 성령께 드려야 할 예배, 사랑, 믿음, 순종 등을 약탈함과 다름이 없다.

둘째, 성령의 바른 능력을 알기 위해서이다. 만일 성령을 많은 사람들이 생각하듯이 감화력이나 능력이라고 생각한다면, 어떻게 하면 성령을 붙잡아서 이용할 수 있을 것인가 하고 성령을 이용하려는 시몬의 경우처럼 될 수 있다. 반대로 성령을 성경에 나타난 대로 하나님의 영광과 주권을 가진 인격자라고 믿는다면, 어떻게 하면 성령께서 나를 붙잡아 주실 수 있을까라는 입장에 서게 될 것이다. 이렇게 될 때에 자기의 욕망과 자만심에서 벗어날 수 있다.

셋째, 인격자만이 인간의 사정을 알고 도와 줄 수 있기 때문이다. 그 분이 인격을 가지고 계시기 때문에 죄를 깨닫게 하시고, 하나님께 인도하며, 죄를 이길 힘을 주신다. 또한 성경을 영감하시며, 인간의 마음을 비추시고, 인간을 향한 하나님의 뜻이 무엇인지 알게 하신다.

우리가 이미 앞에서 살펴본 대로 성령을 단지 비인격적 감화력, 능력, 세력, 힘, 영향력 등으로만 생각하는 것은 대단히 잘못된 것이다. 우리는 성령론을 조직적으로 체계화시킨 오웬(J. Owen)의 말을 상기시킬 필요가 있다.

"이 모든 증거로 미루어 보아, 우리는 그들로 말미암아 밝혀지도록 계획된 것들에 대한 확신을 가질 수 있다. 즉, 성령은 어떤 이들이 말하는 것같이 신적 본성 안에 있는 하나의 물질이 아니며, 하나님으로부터 유출

된 단순한 선도 능력도 아니며, 우리의 성결을 위해서 활동하시는 하나님의 능력도 아니다. 그는 거룩하고 지적인 실체 또는 한 인격체이시다."[5]

2. 성령은 하나님 자신이시다

성령의 신성은 처음부터 기독교신앙의 중요한 교리였다. 주후 4세기 아리우스(Arius) 논쟁은 성령의 인격성과 신성에 대한 영원한 정통적 교리를 확정했다. 아리우스는 성령은 피조된 것이라 했다. 사실 그는 처음에는 성령의 인격성을 주장했지만 나중에는 성령의 인격성 및 신성을 부정했다. 아리우스의 견해는 인정받지 못했으며 이단자로 낙인찍혔다. 또 성령은 유한한 영(finite Spirit)으로 창조되었다고 주장하면서, 그는 모든 피조물들의 영의 우두머리(chief), 그리고 모든 천사들의 두목이라 부르면서, 그를 성신(Holy Ghost)이라 부르는 것은 그의 사역에 의한 것임을 주장한다. 이러한 견해는 마게도냐의 이단들(Macedonian heretics)의 견해인데 이들 역시 성령의 신성을 부인한다. 또 성령훼손당(Pneumatomachen) 역시 성령이 하나님의 피조된 능력 혹은 도구라 하며 성령의 신성을 부인하였다.[6]

그러나 지금까지 모든 정통적인 교회는 성령의 신성과 인격성을 주장하고 있다. 아타나시우스(Athanacius) 신조에 의하면 "만들어지지도, 창조되지도 않고 누가 그를 낳으신 것도 아니고 다만 나오신다."라고 고백하고 있다. 또한 콘스탄티노플(Constantinople) 신조에 의하면 "주이시며 생명을 주시는 성령을 믿으니, 그는 성부로부터 나오시고 성부와 성자와 함께 예배와 영광을 받으시며, 예언자를 통하여 말씀하

---

5. John Owen, *The Holy Spirit, His Gift and Power*, 이근수 역, 「개혁주의 성령론」(서울 : 여수룬, 1988), p. 60.
6. Ibid., p. 59. 마게도냐 이단들은 마호메트(Mahometans) 교리에서 나온 것이라 한다.

셨으니."라고 말하고 있다. 웨스트민스터(Westerminster) 신앙고백에도 유사하게 진술하고 있는데, "하나님 안에는 동일한 본질과 능력과 영원을 가진 삼위가 통일을 이루고 있다. 즉, 성부 하나님, 성자 하나님, 그리고 성령 하나님이다. 성부는 자존하셔서 나시거나 발생하지 않으셨고, 성자는 성부에게서 영원히 나오신 분(proceeding)이라."고 한다. 그럼에도 불구하고 성령을 피조된 인격으로 또는 비인격적인 그것(It)으로, 또는 성부, 성자보다 더 열등한 분으로 생각하곤 했다. 그러나 성경는 성령은 인격적 특징 뿐만 아니라 신성도 겸비하였음을 말한다.

1) 하나님 자신이라 칭함에서

우리는 성경에서 성령의 신성이 자주 언급되고 있음을 보게 된다. 예를 들어, 구약성경에서는 하나님에 대해서 말씀되는 내용이 하나님의 영에 대해서도 말씀되고 있다.

"하나님이 말씀하셨다."는 표현과 "성령이 말씀하셨다."는 표현은 거듭 교체되어 사용되고 있다. 성령의 활동이 하나님의 행동으로 일컬어지고 있다. 동일한 현상이 신약성경에서도 일어나고 있다. 이사야 6 : 9에서 하나님께서는 이렇게 말씀하신다. "가서 이 백성에게 이르기를." 사도 바울은 사도행전 28 : 25에서 이 본문을 인용하면서 이렇게 말한다. "성령이 선지자 이사야로 너희 조상들에게 말씀하신 것이 옳도다." 여기서 바울은 하나님의 말씀을 성령이 하신 것으로 돌리고 있다. 마찬가지로 사도 바울은 성령이 우리 안에 거하시기 때문에 신자들이 곧 하나님의 성전이라고 말하고 있다(엡 2 : 22, 고전 6 : 19, 롬 8 : 9-10을 보라.). 만일 성령이 하나님이 아니시라면, 성령이 우리 안에 거하신다는 이유만으로 어떻게 우리가 하나님의 전이라 일컬어질 수 있겠는가? 혹자는 성령이 하나님의 보내심을 받으시며, 따라서 하나님을 대표하신다고 주장함으로써 그 질문에 답변할 수 있을 것이다. 이것은 단지 하나님의 대리인 중 한 분이 하나님을 대표하는 곳에 하나님이 '존재' 하신다고 말할 수 있음을 의미할 것이다. 그러나 이러한 결론에 도달하는 것은 그 본문의 분명한 의미를 잘못 이해한 것이다. 성경 전체에 걸쳐서 성령은 하나님의 위임을 받은 대표자로 묘사될 뿐 아니라 하나님 자신과 동일시되고 있다.

우리는 사도행전 5 : 3~4에서 다음과 같은 말씀을 읽는다.

"베드로가 가로되 아나니아야 어찌하여 사단이 네 마음에 가득하여 네가 성령을 속이고 땅 값 얼마를 감추었느냐?…… 사람에게 거짓말한 것이 아니요, 하나님께로다."

여기서 우리는 다음과 같은 등식을 보게 된다 : 성령께 거짓말하는 것은 하나님 자신에게 거짓말하는 것이라는 의미이다.

그리스도와 사도들은 성령을 신적인 완전함을 소유한 존재로 되풀이해서 묘사하고 있다. 성령을 모독하는 죄는 사함을 받을 수 없는 죄이다. 성령이 하나님이 아니시라면, 그분을 모독하는 죄가 사함을 받을 수 없는 죄로 간주된다는 것은 전혀 있을 법하지 않은 일이다. 뿐만 아니라 성령을 가리켜 주(Lord)라고 부른다. "주는 영이시니 주의 영이 계신 곳에는 자유함이 있느니라.…… 주의 영으로 말미암음이니라"(고후 3 : 17-18).

여기에서 주라는 지칭은 성령을 가리킴이요, 이는 하나님 자신에게 적용되는 말이다. 성령은 하나님 자신 그것도 지배되지 않은, 지배당하지 않은 주로서의 하나님이시다.

2) 하나님의 속성에서

(1) 성령은 진지하시다.

"성령은 모든 것 곧 하나님의 깊은 것이라도 통달하시느니라"(고전 2 : 10). "누가 여호와의 신을 지도하였으며 그의 모사가 되어 가르쳤으라"(사 40 : 13).

(2) 성령은 편재하신다.
"주의 신을 떠나 어디로 가며……"(시 139 : 7). 성령은 동시에 모든 믿는 자들의 마음속에 거하신다(요 14 : 17).

(3) 성령은 전능하시다.
"힘으로 되지 아니하며 능으로 되지 아니하고 오직 나의 신으로 되느니라"(슥 4 : 6).

(4) 성령은 영원한 신성의 소유자이시다.
"하물며 영원하신 성령으로 말미암아 흠 없는 자기를 하나님께 드린 그리스도의 피가……"(히 9 : 14).

(5) 성령은 하나님과 동등하시다.
"너희는 가서 모든 족속으로 제자를 삼아 아버지와 아들과 성령의 이름으로 세례를 주고"(마 28 : 19).

3) 하나님의 사역에서

(1) 창조의 사역에서
창조의 사역을 생각할 때, 우리는 보통 그것을 성부 하나님의 활동의 견지에서만 생각하게 된다. 그러나 성경을 자세히 살펴보면, 그 사역이 신성의 세 위격 전부에게 돌려지고 있음이 계시되어 있다. 선재하신 그리스도, 즉 말씀, 로고스를 묘사하면서 요한은 이렇게 선언하고 있다.

"만물이 그로 말미암아 지은 바 되었으니 지은 것이 하나도 그가 없이는 된 것이 없느니라"(요 1 : 3).

바울은 요한의 이러한 가르침을 이렇게 되풀이하고 있다.

"만물이 그에게 창조되되 하늘과 땅에서 보이는 것들과 보이지 않는 것들과 혹은 보좌들이나 주관들이나 정사들이나 권세들이나 만물이 다 그로 말미암고 그를 위하여 창조되었고, 또한 그가 만물보다 먼저 계시고 만물이 그 안에 함께 섰느니라"(골 1 : 16 - 17). 그와 마찬가지로 성경은 창조의 사역에 성령을 포함시킨다.

"태초에 하나님이 천지를 창조하시니라. 땅이 혼돈하고 공허하며 흑암이 깊음 위에 있고 하나님의 신은 수면에 운행하시니라"(창 1 : 1 - 2).

창조에 있어서의 성령의 활동은 성경에 자주 언급되거나 암시되어 있다. 시편 기자는 이렇게 선언한다.

"주의 영을 보내어 저희를 창조하사 지면을 새롭게 하시나이다"(시 104 : 30).

욥도 이렇게 선언하고 있다.

"하나님의 신이 나를 지으셨고 전능자의 기운이 나를 살리시느니라"(욥 33 : 4).

(2) 생명의 사역에서

성령은 생명과 인간의 지성의 주관자이시다(욥 32 : 8, 35 : 11을 보라.). 또한 성령은 예수가 마리아의 태에 임신되게 한 능력의 근원이시다.

"천사가 대답하여 가로되 성령이 네게 임하시고 지극히 높으신 이의 능력이 너를 덮으시리니, 이러므로 나실 바 거룩한 자는 하나님의 아들이라 일컬으리라"(눅 1 : 35).

성령은 선지자와 제사장과 왕들에게 위로부터 임하는 능력으로 기름을 부으셨다. 신약성경에서는 성령이 그리스도를 죽음에서 부활하게 하신 능력의 근원이시다.

"예수를 죽은 자 가운데서 살리신 이의 영이 너희 안에 거하시면 그리스도 예수를 죽은 자 가운데서 살리신 이가 너희 안에 거하시는 그의 영으로 말미암아 너희 죽을 몸도 살리시리라"(롬 8 : 11).

(3) 세례의 사역에서

"모든 족속으로 제자를 삼아 아버지와 아들과 성령의 이름으로 세례를 주고."(마 28 : 19)라고 하신 이 엄숙한 명령에서 주님께서는 신앙의 완전한 빛이 현현되었다는 사실을 입증하고 계셨다는 데에는 조금도 의심의 여지가 없다. 왜냐하면 이것은 정확히 말해서 성부, 성자, 성령 안에서 아주 명백하게 자신을 나타내 보이신 한 하나님의 이름으로 세례를 받게 된다는 것을 의미하기 때문이다. 그러면 그리스도께서 아버지와 아들과 성령의 이름으로 세례를 주라고 명령하셨을 때, 이 명령은 바로 아버지와 아들과 성령을 한 신앙으로 믿어야 한다는 말씀이 아니고 무엇이겠는가? 그리고 아버지와 아들과 성령이 한 하나님이라는 사실을 명백히 증거해 주는 것이 아니고 무엇이겠는가? 그러므로 하나님은 오직 한 분뿐이시며 그 이상이 아니라는 것은 확고한 원리이기 때문에, 성령은 하나님의 본질 그 자체이시다.[7]

(4) 사도의 축도에서

"주 예수 그리스도의 은혜와 하나님의 사랑과 성령의 교통하심이 너희 무리와 함께 있을지어다"(고후 13 : 13). 우리에게 복을 주시는 세 분

---

7. R. C. Sproul, *The Mystery of the Holy Spirit*, 김진우 역, 「성령의 신비」(서울 : 생명의 말씀사, 1995), p. 29.

에 대하여 말씀하고 있다. 이 외에도 보존과 통치, 중생케 함, 그리스도인에게 주시는 영적 선물 등 이 모든 것은 성령의 사역이요 하나님의 삼위의 사역이시다.[8] 이처럼 성령을 성부와 성자와 동등한 분으로 표현하면서도 동시에 그분들과 구별되는 존재로 표현한다. 좀더 구체적으로 표현하면 제3위(the third person)로 계시면서, 그의 독특한 방식으로 표현된다. 즉, 성령은 성부와 성자로부터 나온다(proceeds). 이것은 라틴 교회의 전통인데 성경적 뒷받침을 받고 있다. 성경에 보면 성령이 성자에 의하여 보냄을 받았으며 성자의 영으로 불리고 있다. 그러므로 성령은 성부, 성자와 구별되는 한 위로서 삼위일체의 하나님이시다.

우리가 앞에서 살펴본 아타나시우스(Athanacius)의 신조에 의하면 만들어지지도, 창조되지도 않고, 누가 그를 낳으신 것도 아니고, 다만 나오신다고 한다. 여기에 나오신다는 말은 예수께서 요한복음 15 : 26에서 사용하셨다. 여기에서 나오신다는 것은 어떤 열등을 표시한 것이 아니라 다만 관계만을 의미한다. 우리는 성령이 인격이시고 하나님이 되심을 기뻐해야 한다. 만일 그가 하나님이 아니시라면, 창조의 아름다운 역

---

8. Heinrich Heppe는 성령의 인격성과 신성을 이렇게 설명하고 있다.
   cf. Reformed Dogmatics(Michigan : Baker, 1978), p. 130 이하.
  1) 인격적인 면에서
    ① 인격적 행위에서(요 14 : 16, 15 : 26)
    ② 성부, 성자와의 구별에서(요 14 : 16, 15 : 26, 16 : 13)
    ③ 성부, 성자와의 동등한 능력에서(마 28 : 19, 고후 13 : 13, 요일 5 : 7)
    ④ 성령이 보이는 모습에서 나타남에서 : 오순절 사건
    ⑤ 성령에 대한 죄를 말함에서
    ⑥ 성령이 그의 은사와 구별됨에서(고전 12 : 4)
  2) 신성에 대해서
    ① 이름에서(행 5 : 3 - 4)
    ② 속성에서 : 영원성(창 1 : 2), 전제성(시 139 : 7), 전지성과 전능성(고전 2 : 10)
    ③ 사역에서 : 창조와 보존(창 1 : 2), 기적과 은사들(고전 12 : 4)
    ④ 신적 영광 : 세례(마 28 : 19), 기도(고전 12 : 13, 계 1 : 4), 신앙고백

사와 영감의 권위, 각 사람의 타락을 극복한 중생, 또 우리 안에 계셔서 성화시키는 일은 하지 못하였을 것이다. 성령이 유한자가 아니시며, 하나님의 한 위가 되심을 모든 신자는 마땅히 감사하게 받아들여야 한다.

이처럼 성령은 삼위일체 하나님의 한 위격이다. 그는 성부 하나님, 그리고 성자 하나님과 구분되는 동시에 그들과 한몸을 이루고 있다. 그러므로 성령이 있는 곳에는 성부와 성자가 그 안에 함께 있다. 그는 먼저 성부 하나님의 현존(現存)이다. 성부 하나님은 하늘과 역사적 예수 안에만 계시지 않고 성령을 통하여 우리 안에 계신다. 성령은 성부 하나님과 동일하시다. 이와 동시에 그는 성자 하나님의 현존(現存)이다. 성자 하나님은 성령을 통하여 우리 안에 계신다. 따라서 그리스도의 영(롬 8 : 9), 하나님 아들의 영(갈 4 : 6), 예수 그리스도의 영(빌 1 : 19)이라 한다. 그러므로 성령은 하나님과 그리스도의 현존이다. 즉, 우리에게 오시는 삼위일체 하나님의 현존이시다. 성령이 계신 곳에는 삼위일체 하나님이 계신다. 구체적으로 말하면 성령의 활동은 성부와 성자의 활동이다. 이 같은 성령은 파악할 수 없이 현실적인 방법으로 피조물에게 현존하며, 그의 이 현존의 힘으로 그 자신에 대한 피조물의 관계를 실현하며, 그 자신에 대한 이 관계를 통하여 피조물에게 삶을 부여한다는 점에서도 하나님 자신이다.

그러므로 성령은 단순한 능력이나 힘, 영향력이 아니라 자신의 의지와 자유를 가진 인격적 주체로서 피조물에게 생명을 주시고 만나시는 인격적 존재일 뿐만 아니라 하나님 자신으로서 우리에게 임한다. 위의 성령의 실존을 구체화시켜 신학적으로 검토하면 다음과 같이 고찰할 수 있다.[9]

첫째, 절대성, 완전성, 영원성을 가진 비(非)피조자로서의 성령,

둘째, 다른 모든 영이 추종할 수 없는 거룩한 영으로서 어떤 생물이

---

9. 이종성, 「성령론」(서울 : 대한기독교서회, 1984), pp. 64 – 73.

나 물체의 모양으로 표현해서는 안 되는 순수한 영으로서의 성령,

  셋째, 시간을 초월한 비시간적, 초시간적 존재로서의 성령,

  넷째, 언제, 어디서나, 누구에게든지 동시에 나타날 수 있는 편재한 초공간적 존재로서의 성령,

  다섯째, 스스로 자족한 상태에 계신 존재가 아니라 사람의 체험적 대상으로서의 성령,

  여섯째, 정적 존재가 아니라 동적 존재로서 자연, 역사, 인간 속에서 변화를 가져다 주시는 역동적 존재이다.

II

성령과 제 관계

1. 성령과 그리스도

공관복음은 영 - 그리스도론과 함께 시작한다. 반면에 바울과 요한은 영 - 그리스도론을 전제하고 있으면서 그리스도론 성령론(Christological Pneumatology)을 강조한다. 우리는 먼저 영 - 그리스도론을 살펴보고자 한다. 성령은 그리스도의 생과 사역에 있어서 결정적 위치를 차지한다. 성령은 그리스도의 탄생, 생애, 그리고 승천하신 이후의 사역에 이르기까지 결정적 역할을 하신 분이다.

"예수 그리스도의 나심은 이러하니라. 그 모친 마리아가 요셉과 정혼하고 동거하기 전에 성령으로 잉태된 것이 나타났더니"(마 1 : 18).

"천사가 대답하여 가로되 성령이 네게 임하시고 지극히 높으신 이의 능력이 너를 덮으시리니, 이러므로 나실 바 거룩한 자는 하나님의 아들이라 일컬으리라"(눅 1 : 35).

이처럼 그리스도의 탄생은 성령으로 된 행위였다. 성령에 의한 잉태는 그리스도의 무죄성을 확보하기 위한 지극히 중요한 사건이었다. 왜냐하면 죄 없는 분만이 우리의 구주가 되실 수 있기 때문이다.

"우리에게 있는 대제사장은 우리 연약함을 체휼하지 아니하는 자가 아니요, 모든 일에 우리와 한결같이 시험을 받은 자로되 죄는 없으시니라"(히 4 : 15).

"이러한 대제사장은 우리에게 합당하니 거룩하고 악이 없고 더러움이 없고 죄인에게서 떠나 계시고 하늘보다 높이 되신 자라"(히 7 : 26).

그리스도의 생애는 성령이 함께한 역사였다.

"하나님이 나사렛 예수에게 성령과 능력을 기름 붓듯 하셨으매 저가 두루 다니시며 착한 일을 행하시고 마귀에게 눌린 모든 자를 고치셨으니, 이는 하나님이 함께하셨음이라"(행 10 : 38).

· 그리스도의 성장에서(눅 2 : 40)
· 그리스도의 세례받으심에서(눅 3 : 21 - 22)
· 그리스도의 사역에서(마 12 : 28)
· 그리스도의 시험받으심에서(마 4 : 1 이하)
· 그리스도의 죽으심에서(히 9 : 14)
· 그리스도의 부활에서(롬 8 : 11)

위와 같이 그리스도의 탄생과 생애의 모든 역사 가운데 성령이 함께하였음을 성경은 증거하고 있다. 이는 특히 성령의 사역을 주로 나타내고 있는 공관복음과 사도행전에 잘 드러나 있다.

그러면 그리스도론 성령론은 어떠한가?

성령의 본질과 기능을 잘 나타낸 구속사역에 있어서 성령의 역할을 가르치고 있는 요한복음은, 그리스도는 성령을 보내신 분일 뿐 아니라 그리스도의 사역을 돕는 분이라고 한다. 성령은 그리스도의 가르침을 기억(remembrance)나게 하시고 증거하신 분이며 그리스도 안에 있는 진리를 재현(represent)시킨 분이다. 그러므로 성령은 예수 그리스도의 객관적 사실을 우리 마음속에 주관화시켜 내적 체험을 가져온다. 성령은 그리스도가 우리의 주되심의 내적 이해를 가져온다. "그러므로 내가 너희에게 알게 하노니 하나님의 영으로 말하는 자는 누구든지 예수를 저주할 자라 하지 않고, 성령으로 아니하고는 누구든지 예수를 주시라 할 수 없느니라"(고전 12 : 3).

> "내가 아버지께로서 너희에게 보낼 보혜사 곧 아버지께로서 나오시는 진리의 성령이 오실 때에 그가 나를 증거하실 것이요"(요 15 : 26).

> "그러하나 진리의 성령이 오시면 그가 너희를 모든 진리 가운데로 인도하시리니, 그가 자의로 말하지 않고 오직 듣는 것을 말하시며 장래 일을 너희에게 알리시리라. 그가 내 영광을 나타내리니 내 것을 가지고 너희에게 알리겠음이니라. 무릇 아버지께 있는 것은 다 내 것이라. 그러므로 내가 말하기를 그가 내 것을 가지고 너희에게 알리리라 하였노라"(요 16 : 13 - 16).

이러한 방법으로 하나님의 영원한 성령은 그리스도의 영(롬 8 : 9), 아들의 영(갈 4 : 6), 믿음의 영(고후 4 : 13)이 되며, 이리하여 그리스도는 성령의 주체가 된다.

그가 성령을 보내며(요 16 : 7), 그가 성령을 내어 쉰다(요 20 : 22). 제자들, 또 그들과 함께 공동체가 경험한 성령은 그리스도에 의하여 형성된다. 성령은 오로지 그리스도를 가리키는 그리스도의 영이다(The Spirit, in exclusive sense, the Spirit of Christ.). 그러므로 그리스도를 떠난 어떤 성령의 역할도 생각할 수 없다.[1] 성령의 사역이란 그리스도 중심이다. 성경은 역사적 예수 그리스도의 현현과 관계 없는 성령의 역사는 알지 못한다.[2] 성령은 전적으로 그리스도의 영이다. 이는 예수 그리스도로부터 독립된 하나의 독자적 내용을 가진 계시가 아니며 그리스도, 곧 하나님의 말씀을 넘어서 그 이상의 무엇에 대하여 가르치고 깨닫게 하는 것이 아니라, 이 말씀을 통하여, 이 말씀에 대한 가르침과 깨달음이다. 따라서 성령의 역사는 언제나 그리스도에 비추어 올바른 것인지 그릇된 것인지 판단되어야 한다.[3] 성경에 나타난 성령의 특징은 그리스도의 영으로서의 성령이다.

우리는 지금까지 성령과 그리스도의 이중적 관계를 살펴보았다. 공관복음서에 의하면 성령은 자기를 담지하는 예수에 비하여 신적 우위를 가진다. 그러나 요한복음과 바울서신에 의하면 예수는 성령의 담지자(bearer of the Spirit)라기보다 성령의 파송자(sender of the Spirit)이다. 이에 관하여 몰트만(J. Moltmann)은 이렇게 대답한다.

서방교회의 전통은 공관복음서의 성령론적 그리스도론과 바울과 요한의 그리스도론 성령론 사이의 사실적으로 규정된 상호관계의 인정을 오랫동안 무시하여 왔다. 심지어 영–그리스도론의 출발점을 부인하기까지 하였다. 부활한 그리스도만이 교회와 기독교적 로마제국의 주님으로 간주되었다. 하나님의 영만이 주님의 영이요, 교회의 성직자들을 통하여, 그리고 기름부음 받은 거룩한 로마제국의 황제들을 통하여 중재된다고 생각하였다. 따라서 공관복음서에 나타난 영-그리스도론은 왜곡되었다. 그러나 동방교회의 전통은 카파도키아 신학자들 이후 성령론적 그리스도론과 그리스도론적 성령론의 상호 교호성을 강조하였

---

1. G. S. Hendry, *The Holy Spirit in Christian Theology*, p. 26.
2. Ibid., p. 29.
3. 황승룡,「신학적 성령론」(서울 : 한국장로교출판사, 1989), p. 184.

다.[4] 나사렛 예수의 역사는 시간적으로는 물론 신학적으로 하나님의 영의 활동을 전제한다. 예수의 출생으로부터 시작해서 모든 활동은 영에 의한 것이었다. 성령이 예수를 이처럼 인도한다면 성령은 그를 동반한다.[5] 성령이 그를 동반한다면 성령도 함께 고난을 당할 수밖에 없으며 예수의 고난의 동반자가 된다.

성령은 그의 쉐히나를 통하여 예수의 운명에 자기를 묶는다. 그러나 그는 예수와 동일하지 않다. 이리하여 하나님의 영은 확실하게 그리스도의 영이다. 그러므로 하나님의 영은 이제부터 그리스도의 이름과 함께 불릴 수 있다. 반면에 성경은 성령의 그리스도로부터 그리스도의 성령으로, 성령의 담지자에서 성령의 파송자로 말한다. 그런데 이 모든 것은 아버지로부터 일어난다. "내가 아버지께 구하겠으니 그가 또 다른 보혜사를 너희에게 주사"(요 14 : 16). "보혜사 곧 아버지께서 내 이름으로 보내실 성령"(요 14 : 26). "내가 아버지께로서 너희에게 보낼……"(요 15 : 26). 따라서 성령은 아버지와 함께 계신다. 그의 오심은 그리스도에 의하여 간구되며, 그는 아버지에 의하여 예수의 이름으로 보내지며, 그는 아버지로부터 오시며 예수에 의하여 파송된다. 그의 실존의 원인은 아버지시요, 그의 오심의 원인은 아들에게 있다. 그럼 더 구체적으로 이는 무엇을 뜻하는가?[6]

성령은 그리스도의 오심보다 먼저 선행한다. 그러므로 부활하신 그리스도를 통한 성령의 파송만 말하는 것은 일방적이다. 니케아·콘스탄티노플에서 필리오퀘(filioque)를 삽입한 것은, 성령은 그의 근원에서부터 아들 뒤에 오고 아들이 성령을 선행하는 것으로 된다. 그리스도론적 성령론은 삼위일체 이 구조를 통하여 성령론의 **유일한 형태로 고정된**

---

4. Jürgen Moltmann, *The Spirit of Life*, p. 59.
5. 김영봉, "예수와 성령," 「한국기독교신학논총」 제15집(1998. 10), p. 95.
6. Ibid., p. 71.

다. 이에 반하여 그리스도 자신이 그것으로부터 오며 활동하는 성령의 경험을 고려할 때, 그리고 그 속에서만 인식될 수 있다는 삼위일체 구조를 질문할 때 다음 사실을 발견하게 된다.

"성령은 아버지로부터 나와서 아들을 규정하고 아들 위에 머물며 아들을 통하여 나타난다는 것이다. 이리하여 아들과 성령의 역할이 바뀐다. 아들은 아버지로부터 나오며 성령에 의해서 규정된다. 따라서 **그리스도는 아버지와, 그리고 성령으로부터**(a patre Spiritque) 온다."[7] 여기에서 아들과 성령은 아버지로부터 동시에 나온다. 하나가 다른 하나에 앞서지 않는다. 아버지로부터 아들의 영원한 탄생에 대하여 말할 때 우리는 성령에 대해서 말한다. 아버지로부터 성령이 나오는 것을 생각할 때 우리는 아들에 대하여 말하게 된다. 여기에서 아들과 성령의 상호관계를 말하게 된다. 여기에서 아들과 성령은 병행하여 있거나, 앞뒤로 있는 것이 아니라 내적으로 결합되어 있다. 성령이 아버지로부터 나올 때 아들을 전제한다. 왜냐하면 아버지는 오직 아들과의 관계에서 아버지이기 때문이다. 아들이 아버지로부터 탄생할 때 성령이 아들의 탄생을 동반하며 아들을 통하여 자기를 나타낸다. 그러나 이것은 성령이 아들 위에만 머무를 뿐 아니라, 또한 아들의 영원한 탄생에서만 자기를 나타내고, 아버지로부터 아들의 탄생 자체가 아버지로부터 성령의 나오심에 의하여 동반될 때에만 생각될 수 있다. 따라서 아들 없는 성령, 성령 없는 아들은 생각될 수 없다.

성령론과 그리스도론의 상호관계는 기독교 신학의 근본원칙으로 생각할 수밖에 없다. 그리스도 일원론, 열광주의적 성령론이 포기되고 그리스도론, 성령론을 포함하는 삼위일체의 틀 속에서 구성되어야 한다. 그리스도 중심주의, 성령 중심주의에서 벗어나 하나님 중심주의가 보존되어야 한다. 그리스도론과 성령론을 서로 관련시키는 삼위일체 구

---

7. Ibid.

조 안에서 이것은 가능하다.[8] 아들과 성령은 한 분 아버지에게서 나오며, 아들과 성령은 서로 없이는 존재하지 않는다는 것이다. 몰트만은 그의 "생명의 영을 저술한 동기는 그의 삼위일체적 사고에서 기인한다."라고 말한다.

2. 성령과 말씀

우리가 '성령'이라는 개념을 끌어낼 때 제기되는 문제는, 그 개념이 또한 대립 명제라 할 수 있는 다른 한 개념, 즉 '말씀'과도 잘 결합되어 있는지, 그리고 어느 정도로 결합되어 있는가 하는 것이다.[9] 칼 바르트는 "성령에 대해"라는 제목으로 쓴 오순절에 관한 한 논문에서 다음과 같이 생각해 볼 만한 문장들을 기술했다. 성령은 "언어의 영, 즉 모두에 관계하고 모두에게 도달하며 모두에게 이해될 수 있게 하는 말씀의 영이다." "성령은 …… 성령이 충만해지는 자들에게 그들의 이웃이 들을 수 있도록 길을 열어 준다."[10]

개신교에서는 성령은 은혜의 수단과 깊은 관계를 가지고 있는데, 은혜의 수단(the means of grace)은 처음부터 마지막까지 말씀(the Word)이다. 이 관계는 성령의 내적 증거 속에 나타난다. 성령과 말씀에 관한 개혁교회의 주장하는 바를 살펴보는 것은 대단히 의미 있는 일이다.

말씀은 시대의 장벽을 뛰어넘어 믿는 자의 마음속에 직접 역사하는 힘이 있다. 이러한 힘이란 교회의 힘이 아니라 하나님 자신의 영인 성령의 능력이다. 이처럼 성령은 말씀 안에서 믿음의 확신을 일으키는 역할

---

8. Ibid., p. 73.
9. 조남진, "루돌프 보렌의 설교론에 대한 성령론적 분석," 「한국기독교논총」 제15집 (1998. 10), p. 326.
10. K. Barth, *Vom heiligen Geist*, in ZZ4, 1926, S. 275–279.

을 한다. 이것을 우리는 말씀의 효력이라 하는데, 이 같은 효력은 성령의 내적 증거를 통해서이다. 성령의 메시지가 파악되려면 이처럼 성령의 내적 증거(testimonium Spiritus Sancti internum)가 있어야 한다. 본래 말씀이 외쳐질 때 역사하신 동일한 성령께서 우리 마음속에 침투해 들어오셔야 성경의 말씀이 인식되고 경험된다. 예언자와 사도들의 입을 통해서 말씀하셨던 동일한 성령이 우리의 마음속 깊이 파고들어 오심으로 본래 예언자와 사도들이 선포했던 하나님의 말씀을 이해하고 수용할 수 있다.[11] 하나님의 사람들을 감동하여 말씀을 기록하게 하셨던 성령은 또한 믿음을 일으키시는 주이다. 성령은 말씀을 주시고 말씀에 대하여 우리들을 개방시키고 준비시켜 우리에게 믿음을 일으키시는 분이시다.[12] 이처럼 말씀이 효력 있게 됨은 우리의 마음속에 믿음을 일으키시는 성령의 내적 증거에 의해서이다. 물론 성령의 내적 증거는 하나님의 말씀이 성령에 의해서 기록되었다는 성경의 외적 권위를 떠나서는 이루어질 수 없다. 그러므로 성경의 외적 권위 역시 중요하다. 그러나 우리에게 말씀이 말씀되는 것은 성령의 내적 증거에 의해서이다. 성령은 기록된 하나님의 말씀이 말씀되게 하는 능력이요 힘이다.

종교개혁자들이 "오직 성경으로만"(sola Scriptura)이라 할 때에는 오직 성경을 통해서, 오직 성경과 더불어, 오직 성경에 의해서라는 뜻으로 이 말씀이 유일한 수단임을 말하였다. 그런데 루터교는 "하나님의 말씀을 통해서"라는 말을 하나님의 말씀을 가지고 우리가 일한다고 이해하지 않고, 성령이 하나님의 말씀 속에서 일한다고 이해했다. 그들이 이 말을 하는 데에는 성령이 오직 하나님의 말씀이라는 통로를 통해

---

11. John Calvin, *Institutes of the Christian Religion*(Inst라 칭함.) (Philadelphia : The Westminster Press, 1967), I, vii. 4.
12. K. Barth, *Church Dogmatics*(CD라 칭함.)(Edinburgh : T. & T. Clark, 1963), I/I, p. 182.

서 일한다는 뜻이었다. 말하자면 성령이 이 말씀에 구속받는다는 뜻이다. 이에 반하여 개혁교회는 루터교의 외적 말씀에 지나치게 치중하지 않고 성령이 하나님의 말씀과 '더불어'(cum) 역사함으로 해석하였다.[13] 개혁교회는 성령께서 이 말씀을 가지고 일함을 말한다. 그러나 반드시 이 말씀만 가지고 역사한다는 뜻은 아니다. 그러므로 하나님이 말씀을 통로로 해서만 일한다는 생각과는 다르다. 루터교는 말씀을 읽으면 성령이 우리에게 자동적으로 들어오시는 것으로 가르쳤지만, 개혁교회는 성경을 읽을 때 자동적으로 역사하는 것이 아니라 성령이 주권적으로 주인이 되셔서 성경말씀을 가지고 친히 우리에게 역사한다는 뜻이다. 따라서 우리는 성경말씀을 무시함으로 신비주의에 빠지거나 성경말씀을 지나치게 절대화시켜 율법주의나 지성주의에 빠지는 것을 경계해야 한다.[14] 더불어 우리가 성령과 말씀의 상관관계를 인식할 때 개신교 근본주의에 있어 성령을 망각한 말씀주의(Verbalism)와, 오순절운동에 있어 말씀을 망각한 성령주의(Spiritualism) 역시 경계해야 한다.[15]

이레니우스(Ireneaus)는 성령과 말씀을 아버지의 두 손, 즉 이를 통하여 세계 구원이 창출되는 손이라 하였다.

3. 성령과 교회

1) 교회의 정의

교회에 대한 정의는 그리스도께서 성령의 사역에 의해서 사람들을

---

13. 차영배, 「성령론」(서울 : 경향문화사, 1994), p. 328.
14. Ibid., p. 329.
15. Jürgen Moltmann, op. cit., p. 232.

그 자신과 연합시키며, 그들에게 참된 신앙을 주시며, 자신의 몸인 교회, 즉 신자 또는 성도공동체(Communio fidelium or Sanctorum)를 이루시는 것이라고 한다.[16] 성령의 사역을 통하여 구성된 것이 교회라는 점에서 성령이 교회의 창시자라는 것이다. 즉, 성령이 교회에 우선한다는 주장이다. 이러한 점에서 로마 가톨릭 교회관을 반대할 수밖에 없다.

로마 가톨릭은 교회가 무엇보다 우선하기 때문에 심지어 신론이나 신의 계시론, 성경보다 앞서며 모든 초자연적 은혜의 분배자로서의 교회론을 주장한다. 또한 로마 가톨릭이 주장한 교회관은 성도의 공동체로서의 교회가 아니라 신자의 어머니(Mather fidelium)로서의 가견적 교회를 주장한 것이다. 즉, 세례를 받아 동일한 신앙을 고백하며, 동일한 성례전에 참여하며, 또한 가견적 지상의 머리인 교황 아래 그들의 합법적인 목자들에 의해서 통치되는 모든 신실한 자들의 모임이라고 한다.[17] 종교개혁은 이러한 로마 가톨릭의 교회지상주의(churchlism)를 깨뜨리고 영적 유기체(Spiritual organism)로서의 교회에 주의를 집중하였다. 즉, 종교개혁은 그리스도의 구속적 사역과 성령의 새롭게 하시는 사역을 떠난 교회란 있을 수 없음을 강조하였다. 그러므로 그리스도와 성령의 논의는 논리적으로 교회론의 논의보다 선행해야 한다는 것이다.

이같이 종교개혁은 로마교회의 형식주의, 외형주의에 반대하여 교회의 참된 본질은 그리스도와 연합된 성도의 공동체에 있다는 것이다. 이와 같은 사상에서 제정된 벨직신앙고백서(Belgic Confession)는 "교회란 예수 그리스도 안에서 자신의 구원을 기대하여 그의 피로 씻음을 받고 성령에 의하여 성화되고 인침받은 참된 기독교신앙의 거룩한 공동

---

16. L. Berkhof, *Systematic Theology*(Michigan : Wm. B. Eerdmans, 1965), p. 553.
17. Ibid., p. 567.

체(holy Congregation)"라고 하였으며, 제2헬베틱신앙고백서(the Helvetic Second Confession)에서도 "교회란 세상으로부터 불려지고 모여진 신실한 자들의 모임체요, 모든 성도들, 즉 성령의 말씀에 의해서 구세주 예수 그리스도 안에서 참이신 하나님을 참으로 알고 올바르게 예배하며 섬기는 자들과, 신앙에 의해 그리스도를 통해서 값없이 주어진 선한 은혜에 참여한 자, 모든 성도들의 공동체(Communion of al Saints)"라는 것이다.

종교개혁자들과 16세기 신앙고백서에서는 성령의 역사에 의한 교회 형성을 주장했다. 교회의 존립은 성령에 의한 것이라는 주장이다. 그러므로 교회의 본질은 교회 자체에서 찾을 것이 아니라 성령에 의하여 그 본질을 찾아야 함을 말하고 있다. 교회를 존재하게 한 성령이 교회 안에 거할 때 성령의 전(엡 2 : 21 - 22)임을 말한다.

즉, 성령의 내주(the indwelling of Holy Spirit)가 교회에게 고귀한 특성을 부여하고 교회의 본뜻을 이루게 한다. 이러한 관점에서 볼 때 성령의 끈으로 연합된 신자들의 공동체인 유기체로서의 교회(Church as an organism)가 제도적인 형식과 기능 속에 존재한 제도로서 교회(Church as an institution)에 앞서며 보다 본질적이다. 완전하게 구분할 수는 없으나 신자들의 어머니로서 구원의 방편, 죄인들의 회심과 성도들의 완성을 위한 대행자인 제도와 조직체로서의 교회에 비하여 유기체로서의 교회는 카리스마적으로 존재하며 각종 은사와 재능이 현현되어 주의 사역으로 쓰임받는다. 즉, 교회란 성령에 의해서 세워진 그리스도를 주로 고백하는 신앙공동체이다.

따라서 우리는 여기에서 다음과 같은 세 가지 점을 상기해야 한다.

첫째, 교회는 본질적으로 영적이라는 것이다. 이는 무엇을 뜻하는가? 이는 교회란 외적 특징, 교직 제도, 계층적 구분, 법적 통치체제라기보다는 성령이 교회의 내적 생명의 원리라는 것이다.

성령이 교회의 내적 생명의 원리이고 교회의 생명체라 한다면, 교회가 성령을 망각하고 있다면 이것처럼 위험한 것은 없다. 그것은 교회의 본질 자체를 망각하는 것이기 때문이다. 교회는 자기 내적 생명의 원리인 성령과 보조를 맞추어야 한다(Keep in step with the Spirit.).

둘째, 교회의 주는 성령이심을 말한다. 교회의 주가 성령이시다라는 것은 성령이 교회에 우선한다는 것이다. 교회를 가장 우선시하는 교회 지상주의(Churchism)는 로마 가톨릭에서 하는 것이고, 개신교에서는 성령이 교회보다 앞서고 계심을 말한다. 어떤 신학자는 "성령보다 교회를 먼저 말하는 자는 화가 있을지어다."라고 말하는 분도 있었다. 우리는 '성령을 믿는다'(Credo in Spiritum Sanetum)라고 말하지 '교회를 믿는다'(Credo sactum ecclesim)라고는 하지 않는다.

예수님께서 우리에게 약속하신 보혜사 성령(parakletos)은 그리스도의 다른 자아(alter ego)로서 그리스도의 진정한 대리자이심을 말한다. 따라서 그리스도가 우리의 주이신 것처럼 성령께서도 우리의 주이심을 말하는 것이다. 그러므로 그리스도가 떠난 다음 그리스도가 차지하는 위치는 성령께서 차지하신 것이다(로마 가톨릭의 주장처럼 사도나 교황이 차지한 것이 아니다.). 이것이 성령과 교회의 영속적인 구별이다.

셋째, 성령은 예수 그리스도의 객관적 사실을 주관적으로 현존(presence)하게 한다. 이는 예수 그리스도의 역사적 사실, 객관적 사실을 현재 느끼게 하므로 예수 그리스도가 지금 여기에서 바로 우리와 함께 계심을 깨닫도록 한다. 우리 신앙인이 하나님의 현존하심, 그리스도의 현존하심을 어떻게 깨닫고 느끼게 되는가? 이것은 성령에 의해서이다(고전 12 : 3).

성령은 모든 시간과 공간을 뛰어넘어 그리스도의 현존함을 느끼게 하시는 것이다. 이 말씀의 뜻은 요한복음 14 : 18 이하에서 볼 수 있다. "내가 너희를 고아와 같이 버려 두지 아니하고 너희에게 오리라."

그리스도는 또 다른 자아이신 성령을 통해서 오시고 또 같이 계신 것이다. 이것을 어떤 분은 영적 임재(Spiritual presence)라 한다. 성령은 우리에게 그리스도의 현존하심을 깨닫게 하시는 영이기에 그리스도의 영이다. 성령의 가장 큰 사역은 하나님이 지금, 여기에 계심을 깨닫게 하는 것이다.

어떤 분은 성령에 관한 설명으로 5P를 말한다.

Power=변화의 능력

Performance=일을 성취하시는 분

Purity=깨끗게 하시는 분

Presentation=깨닫게 하시는 분

Presence=하나님과 그리스도를 임재하게 하신 분

어떻든 예수 그리스도는 성령을 통하여 우리에게 오고 계시며 지금 이 곳에서 현존한다. 교회의 정의를 통해서 교회의 본질과 성격에 대해 살펴보았다.

2) 성령에 대한 각 견해들

교회가 성령에 의해서 결합되고 연합되어 성도의 공동체를 이룬 유기체로서의 교회를 생각하면서 성령과 교회에 대한 몇 가지 견해를 살펴보고자 한다.

(1) 로마 가톨릭의 견해

로마 가톨릭의 견해는 공적 규정(official formula) 속에 성령은 교회의 영(the soul of the Church)이라고 명료하게 표현되어 있다.[18] 이것은 레오 13세에 의해서 선포되었고, 최근에 피우스(Pius) 12세에 의해서도 확인되었다. 이 개념은 로마 가톨릭에서 주장하는 그리스도와 교회의 관계에 관한 기본적 입장에 잘 맞는다. 로마 교회의 입장은 교회

---

18. G. S. Hendry, op. cit., p. 55.

가 그리스도의 일차적 계승자이며, 성령의 임재와 능력은 교회가 그 초자연적 역할을 수행할 수 있도록 힘을 주시기 위해서 그리스도께서 교회에 남긴 수여물(endowment)로 생각한다. 이 개념에 의하여 다음 사실을 언급할 수 있다.

첫째, 제자들을 전적으로 그리스도의 계승자로 생각한다. 그리스도가 떠날 때 미해결된 그의 소임을 제자들에게 위임하였다. 그러므로 선생, 왕, 제사장으로서 그리스도의 교황적 지위가 계속되는 것은 구세주 그분 자신의 위탁에 의해서 바로 제자들을 통하여 이루어진다. 또 이러한 목적을 위해서 그들은 권세(authority)를 부여받았으며, 이 권세는 사도들이 그리스도로부터 받아 로마 성직자들에게 준 것인바, 가르치고(munus doctrinale), 다스리고(munus regale), 희생하는(munus sacerdotale) 권세이다. 이것은 전 교회의 근본법이라고 말한다.[19] 이러한 신학적 배경에서 성령의 임재와 능력은 초자연적 역할을 수행하도록 그리스도께서 교회에 주신 것으로 교회의 소유(the pissession of the Church)로 생각한다. 이는 신약성경의 주장과는 근본적으로 다르다. 신약성경에서의 교회의 권세는 교회가 성령에 종속적으로 존재하는 권세이다. 이것은 교회의 순종의 원리이다. 왜냐하면 신약의 교회가 체험했던 성령은 주님의 권세를 상속하게 해주는 내재적 원리로서가 아니라, 살아 계신 주님 자신이 권세를 계속 행사하시게 하는 임재 형태였기 때문이다. 성령의 현존은 예수의 주되심(Lordship)의 고백에 의해서 표징되는 것이지, 교회의 관할(the magisterium of the Church)에 있는 것이 아니다.

로마 가톨릭의 입장은, 성령은 그리스도와 교회 사이의 직접적 연속성을 확립시켜 주는 데 있어서 일종의 도구적인 역할을 수행한다. 교회가 성령을 주님으로서, 즉 교회에 그리스도의 주되심을 증거하는 분으

---

19. Ibid., p. 56.

로 대면할 수 있는 여지가 로마 가톨릭의 체계 안에는 전혀 없다. 교회의 영으로서의 성령은 교회가 자신의 권위적 주장을 팽배하게 하게 된 근원이 되며, 더 나아가 주되시는 분과의 대면에서 오는 체험에 뿌리를 둔 성령의 인격성(personality of the Holy Spirit)을 상실케 한다.

로마 가톨릭에서 가장 관심을 두는 것은 언제나 성령의 효력들, 즉 그분의 내주하심에 의해서 오는 은사와 은총이다. 그러므로 성령을 주님이나 한 인격(person)으로 여기기보다는 하나의 비인격적인 원리, 즉 초자연적 공급의 근원이나 통로로 여긴다. 이러한 로마 가톨릭의 견해는 또 다른 하나의 결과에 이르게 한다. 즉, 교회 안에서 권세를 행사하는 사람과 그 행사에 복종하는 사람들의 구별이다. 이것은 결국 로마 가톨릭은 하나의 계층적 조직(hierarchical society)임을 강조한다. 로마 가톨릭은 성령의 은사나 성령의 사역이 교인들의 경우보다 월등한 감독의 교역을 통해서 보다 크게 활동하는 것으로 본다.

그러나 신약성경에서는 교회의 모든 지체들이 함께 성령에 참여함을 강조한다. 그들이 한몸이 되도록 세례받은 것은 성령의 공동의 참여에 의해서이다. 이와 같은 일치성 속에는 이 일치성을 근거로 하여 기능(function)상의 상당한 다양성(diversity)이 있다. 몸의 연합 속에서 각 개인에게 나타나는 성령의 현현은 은사의 폭넓은 다양성 가운데 나타난다. 은사의 다양성은 은사의 본질(bene esse)이다. 그런데 로마 가톨릭은 은사의 다양성에 속하는 한 직책을 택하여 그것을 교회의 존재 본질(esse)로 삼고 있다. 그래서 성직자와 평신도 사이에 근본적 간격을 만듦으로써 교회의 일치성을 파괴하고 있다. 지금까지 로마 가톨릭의 성령과 교회의 관계를 살펴볼 때 이미 앞에서 지적한 바 몇 가지 문제점이 제기된다.

첫째, 로마 가톨릭은 성령을 교회의 영이라 강조한다. 성경 어느 곳에서도 성령을 교회의 영이라 부른 곳이 없다. 성경에서는 성령을 예수의 영, 하나님의 영이라 지칭하고 있다. 이 영의 발현(proceed)은 교회가 아닌 하나님 자신이다. 그러기에 이 영은 교회가 적용하고 부여하는 능력과 권능이 아니요, 하나님 자신이다. 그러므로 성령은 오히려 교회를 총괄하시고 다스리신다. 성령의 계시가 교회 신앙의식의 근원과 규범이다. 성령과 교회의 명확한 구별이 필요하다. 이렇게 구별된 교회는 자신의 용서와 해방을 위하여 기도할 수 있다. 성령은 교회의 소속된 영이 아니라 자유하신 영으로 언제나 모든 곳에서 그의 뜻대로 활동하신다.

둘째, 성령의 역사성을 강조하는 데서 비롯된 성령의 도구적 역할(instrumental role)의 문제점이다. 성경은 성령의 역사성(the work of the Holy Spirit)만을 말하지 않고 인격적 존재(the personality of Holy Spirit)임도 말한다. 성령의 역사성만을 말할 때 성령의 인격성은 사라진다.

셋째, 성경의 견해는 교회에 속한 모든 사람들이 성령에 참여함을 강조한다. 그러나 로마 가톨릭은 사도들의 계승자인 감독들을 통하여 역사함을 강조하는 데 문제가 있다. 감독의 직책은 교회의 본질이라기보다는 성령의 은사의 다양성 속에 나타난 한 은사이다.[20] 그러므로 우리 모두는 성령의 참여자로서 그리스도의 몸인 교회의 한 지체이다. 이와 같은 문제들은 성령에 대한 로마 가톨릭의 잘못된 견해이다.

(2) 열광주의자들의 견해

성령과 교회의 바른 관계를 정립하기 위해서는 열광주의자들의 견해를 살펴보는 것도 도움이 되리라고 본다. 이들의 견해는 영숭배론(spiritualist), 열광주의, 광신주의(enthusiasm) 등의 여러 이름으로 나타난다. 이는 종교개혁시 재세례주의자(Anabaptist)들에 의해서 가장

---

20. Hans Küng, *Was ist Kirche*, 이홍근 역, 「교회란 무엇인가?」(왜관 : 분도출판사, 1978), p. 129.

극단적으로 표현되고 있다. 종교개혁시 프로테스탄트나 재세례파는 똑같이 로마 가톨릭에 반대하였지만 성령에 관한 그들의 이해는 커다란 차이가 있었다. 열광주의자들은 성령을 교회 안에 거하게 하고 교회에 자리잡게 한 로마 가톨릭에 반대하여 성령의 주권적 자유(the sovereign freedom of the Spirit)를 강조한다. 이는 성령의 임무와 역사적 그리스도의 임무 사이의 관계를 단절시킨 것이다. 그들은 성육신하신 그리스도의 사역에서 그리스도에 의해서 지불된 구속을 전유(appropriation)하기보다 개인의 직접적이며 주관적인 성령체험을 강조한다. 열광주의의 참모습은(이것은 몬타니즘[Montanism]과 요아키미즘[Joachimism]과 같은 터무니없는 형태로 공공연하게 선언되었다.) 성령의 지배(dispensation)가 예수의 역사적 계시를 폐기했다는 것이다. 그들은 예수 그리스도 또는 십자가에 죽으신 그분보다 자기 자신의 회심과 그에 따른 영적 뜨거움을 체험한다. 그래서 그들은 예수가 그리스도시며 주시라는 것을 고백하기보다는 그들이 새로 발견한 행복과 평화를 말한다.

필리오퀘(filioque)의 목적 가운데 하나는 성령의 임무와 성육하신 그리스도의 활동 사이의 지워질 수 없는 관계를 확립시키자는 것으로, 이는 그리스도와의 영속성(continuity)의 독특한 성격을 규정하려는 것이다. 이러한 관계를 단절시킴으로 열광주의는 영들을 시험해 볼 수 있는(try the Spirits) 객관적 기준을 스스로 상실해 버리며, 스스로 통제되지 않는 영성의 위험에 노출되고 만다. 이는 그리스도 안에 있는 하나님의 구원에 관한 지식보다 다양한 종교적 체험(varieties of religious experience)으로 귀결되는 경향이 있다. 열광주의자들의 견해는 성령은 수평적(horizontal)으로가 아니고 수직적(vertical)으로 온다는 것이다. 즉, 역사라는 수평적 차원의 매개체를 통해서 오지 않는다는 것이다. 또한 어떤 종류의 매개체도 존재하지 않는다. 그래서 모든 사람이 직접 성령에 접근할 수 있으며 교회, 성경 혹은 성례전이라는 매개에 의존하지 않는다. 이와 같은 열광주의자들의 견해는 오늘날과 비슷한 현상으로 많이 나타나고 있는데, 이들에게는 다음과 같은 몇 가지의 문제점이 제기된다.

첫째, 성령은 주님의 영으로서 예수 그리스도가 주되심을 깨닫게 하여 주되심의 내적 이해를 가져온다. 성령과 그리스도와의 관계를 연속성(continuity)의 관점에서 보아야 한다. 그리스도를 떠난 영의 어떤 작용도 생각할 수 없으며, 성령은 전적으로 그리스도의 영이다. 이와 같은 관계를 상실한 열광주의자들의 견해는 용납되지 않는다. 성령의 활동이란 그리스도 중심이고 또 신약성경에서 역사적 예수의 현현과 관계없는 성령의 역사는 찾아볼 수 없다.

둘째, 성령의 역사적 차원이나 매체를 상실함으로 진정한 성령운동과 일반적 현상으로 나타난 종교체험과의 구별을 상실케 한다. 즉, 종교체험이 지나치게 주관화되어 객관적 기준을 상실하게 된다는 것이다. 이것이 일반 종교현상에서 나타난 종교체험과 성령의 역사와의 구별에 혼란을 야기시킨다.

셋째, 성령에 관한 이해를 개인적 관계에 국한시킴으로 성령을 통하여 나타난 도덕성, 인격성, 역사성, 윤리성을 상실하게 되고 더 나아가 이러한 열광주의운동은 반역사적, 반사회적, 반지성적 경향에 이르게 된다.[21]

(3) 개신교회의 견해

여기에서 개신교라 하였지만 이는 넓은 의미에서 말한 것이고 주로 개혁교회의 견해이다.

로마 가톨릭에 대한 개신교의 근본적 반대는 로마 가톨릭교회가 복음과 교회의 가르침 사이의 구별을 없이 하여 복음을 파괴하였다는 점

---

21. 유동식 외 4인, 「한국교회 성령운동의 현상과 구조」(서울 : 대화출판사, 1981), p. 24.

이다. 그 결과 복음은 교회에 의하여 선포된 것과 전적으로 동일시되며, 복음이 교회에 선포되어질 수 있는 여지는 존재하지 않는다. 그러므로 교회의 믿고 가르침은 여전히 존재하지만 교회가 처음부터 의존하며 살아가는 말씀의 선포(kerygma)가 없다. 로마 교회에서 주장하는 교회에 대한 그리스도의 위임은 필요하지 않다. 왜냐하면 그리스도가 이룩하신 일은 완전하시기 때문이다. 그분이 성취하신 것은 한 번으로(once for all) 충분하다. 그것은 단지 사람에게 전달되기만 하면 된다. 이것이 사도들에게 부과된 책임이다. 그들은 그리스도의 계승자로 임명받은 것이 아니라 그분에 대한 증인으로서 임명받은 것뿐이다. 그들의 사명은 그분의 사역 중 드러난 것을 회상(recalling, 고전 11 : 24)하고, 선포(proclaiming, 고전 2 : 4)하고, 전달(transmitting, 고전 15 : 3)하고, 증거(testifyong, 고전 1 : 6)함으로 그리스도께 향하게 하는 것이다. 그러므로 사도의 임무가 그리스도 임무의 연속이라는 것은 잘못이며, 그들의 위치는 종속적이며 도구적인 것으로 존재한다. 이것은 고린도 후서 4 : 5에 잘 나타나 있다.

그러나 로마 교회의 해석은 그리스도와 열두 제자 사이에 존재했던 구별을 하나의 동일성으로 변화시킴으로써 성령의 오심에 대한 요한복음 속의 그리스도의 가르침을 배제했다. 그리스도는 제자들에게 그가 떠난 후에 그의 위치를 제자들이 차지할 것이 아니라 성령(Parekletos)에 의해서 취해질 것을 약속했다. 성령에 대해서는 그리스도가 제자들과 더불어 육체로 계실 동안 유지했던 구별된 관계와 동일한 관계를 유지하게 했다. 그리스도는 성령만이 그리스도의 진정한 대리자(true vicar of Christ)이며, 그리스도의 또 다른 자아(alter ego)이며, 그리스도 자신이 그러했던 것처럼 동일한 주님이라는 것을 교회에 알려지게 했다.

프로테스탄트 교리를 구별지어 주는 것은 성령의 주되심과 성령과 교회의 관계 속에 존재하는 영속적인 구별성이다. 그러므로 프로테스탄트는 성령이 주로서 그리스도를 증거한 것을 말한다. 그러나 로마 가톨릭교회는 성령이 예수가 주시라는 것을 증거하기보다는 내주하신 성령이 교회를 증거한다. 프로테스탄트의 견해는 성령은 교회에 내주하시지만 이것은 교회가 지닌 특권과 힘을 느끼게 하기 위해서가 아니라, 교회로 하여금 살아 계시고 존귀하신 주님을 주목하도록 하기 위해서, 또한 교회에 그분의 은혜를 드러내기 위해서이다. 로마 가톨릭교회가 성령을 교회의 영이라 하여 그리스도와 교회의 구별을 흐리게 함에 대하여, 개신교회는 성령을 그리스도의 영이라 하여 그리스도 자신과 동일하게 남아 계시면서 구속주와 주님으로서 그의 교회에 임재함을 주장한다.

프로테스탄트는 로마 가톨릭 뿐만 아니라 열광주의자들의 견해에도 반대한다. 그들이 성령의 독립적 주권성만을 강조함으로 은혜의 수단을 통한 성령의 역사를 부정한 점이다. 이렇게 될 때에 이미 앞에서 언급한 바대로 성령의 역사성은 없어질 뿐만 아니라 일반 종교현상과 구별될 수 없기 때문이다. 특히 예수 그리스도가 없는 성령운동이 된다. 그러므로 지금까지 살펴본 프로테스탄트의 견해는 참과 오류가 섞여 있는 로마 가톨릭교회나 열광주의자들의 견해와는 다르다. 역사적으로 연속적인 제도 속에서 성령의 흐름을 파악하려는 로마 가톨릭의 시도를 반대한다는 입장에서는 열광주의자들과 같지만, 모든 역사적 은혜의 수단을 부정하는 열광주의를 비판하는 점에서는 로마 가톨릭과 같다. 프로테스탄트의 사상은 역사적 연속성에 관한 로마 가톨릭교회의 주장에서 한 가닥 진리를 인정하며, 성령의 주권적 독립성에 관한 열광주의자들의 주장에서도 한 가닥 진리를 인정한다. 성령은 성령의 역사의 매체인 말씀, 성례전, 기도를 통해서 역사하신다. 그러므로 제도로서의 교회의 역할이 대단히 중요하다고 본다. 그러나 성령은 또 자유하신 영으로 이 모든 매체나 도구를 넘어서 역사할 수 있는 자유의 영이라는 점도 인식하고 있다. 제도로서의 교회의 목적은 자기 자신이 아니라 그리스도를 나타내는 것이며, 자유의 영이신 성령의 목적은 인류 전체를 통해 성령공동체를 이루는 것이다. 이런 점들이 로마 가톨릭과 열광주의자와 구별되는 개신교회의 견해이다.

3) 성령과 교회

앞에서 고찰한 교회의 정의와 성령에 대한 몇 가지 견해들을 통해서 성령과 교회의 관계를 종합적으로 정리하고자 한다.

첫째, 성령은 주로서 예수 그리스도의 지상적-역사적 실존 형식인 교회를 세운다. 모든 사람이 교회에 들어오려면 성령으로 거듭나야 한다. 또 교회에 소속된 사람들은 예수 그리스도를 주로서 고백한 사람들로 이는 성령의 역사에 의함을 말한다. 성령은 예수 그리스도의 성육시 육체의 몸을 형성한 것같이 예수의 신비적인 몸인 교회도 형성한다.[22]

둘째, 성령은 깨우치는 능력(awakening power)으로서 예수 그리스도의 몸의 지상적-역사적 존재 형식인 교회, 달리 말하면 하나의 거룩하고 보편적인 사도적 교회를 계속적으로 새롭게 하신다. 성령은 교회를 세우실 뿐만 아니라 존재한 교회를 새롭게 하시는 영이시다. 우리가 성령을 창조적 영이라 할 때 이것은 새 것을 창조한다는 미래적 차원에서 뿐만 아니라 존재하는 것을 새롭게 한다는 뜻에서도 말하고 있다. 교회갱신의 주체, 개혁교회(Reformed Church)의 주체도 성령의 역사에 의한 것이다. 성령은 깨우치는 능력을 통해서 교회의 본래적 목적과 사명에 이르게 한다. 성령은 예수 그리스도의 영으로서 교회로 하여금 그리스도를 증거케 하며 그리스도의 객관적 사실을 주관적으로 깨닫게 하시는 분이시다.

셋째, 성령은 교회의 유기체(organism)를 이루게 한다. 우리는 교회

---

22. K. Barth, *CD.*, Ⅳ/1, p. 643.

를 이루고 있는 한 지체들이다. 이 지체들은 한몸을 이루는데, 지체들을 통한 몸의 형성은 성령을 통해서이다. 지체들의 결합은 인위적인 노력이나 조직이나 제도에 의해서 이루어지는 것이 아니고, 지체와 지체 사이를 결합시켜 주는 성령에 의해서이다. 이는 성령의 교제(koinonia)에 의해서인 바 성령의 교제, 교통은 하나님과 지체인 성도 서로간의 교통함과 교제함을 말한다. 성령의 교제란 성령 안에서의 참여를 뜻하는데,[23] 이는 개인들 사이에서 상호 공동의 이익과 공동목표에 참여하는 것을 뜻한다.[24] 이것은 사도행전의 역사에서 찾아볼 수 있다. 성령에 동참한 사람들은 성령에 동참한 사람들이 속해 있는 공동체에 동시에 참여한다. 성령이 이루는 역사는 매우 구체적이고 현실적인 역사로서, 십자가에 못박히셨다가 다시 사신 그리스도의 몸에 우리를 이식시킴으로 우리로 하여금 그리스도의 몸이 되게 하신 연합 역사이다. 이 연합 역사는 우리 모두를 유기체인 공동체에 이르게 한다. 이와 같은 유기체는 생명의 결합인 바 한 지점에 정체하며 머무는 것이 아니라 생명의 특징인 자라나는 역사가 이루어진다.

"그에게서 온 몸이 각 마디를 통하여 도움을 입음으로 연락하고 상합하여 각 지체의 분량대로 역사하여 그 몸을 자라게 하며……."에서 볼 수 있다. 성령은 각 지체로 하여금 그리스도의 몸을 이루게 하고 이 몸은 역사 속에서 더욱더 자라게 하신다.

넷째, 성령은 교회를 인도하시고 가르치는 진리의 영이다. 예수께서는 떠나시게 될 때 보혜사 성령을 약속하셨다. 보혜사 성령의 특징은 진리의 영이시다. "그가 너희에게 모든 것을 가르치시고"(요 14 : 26),

---

23. Hendrikus Berkhof, *The Doctrine of the Holy Spirit*(M. E. Bratcher, 1964), p. 57.
24. Ibid., p. 58.

"진리의 성령이 오시면 그가 너희를 모든 진리 가운데로 인도하시리니……."(요 16 : 13)라는 말씀이다. 교회는 언제나 진리의 영이신 성령을 통해서 인도함과 가르침을 받아야 한다. 지상의 교회란 성경에서 보듯이 또 역사에서 보듯이 오류를 범할 수 있는 가능성이 있는 불완전한 것이다. 그러므로 진리의 영이 교회에 거하여 현존할 때 그리스도의 몸인 교회는 진리의 충만함에 이르게 된다.[25] 교회는 그 자체 속에 스스로 진리성도 성성로 소유하지 못한다. 단지 성령의 인도하시고 가르치시고 이끄심에 의해서 진리에 이르게 된다. 그러므로 교회는 진리의 영이신 성령에게 가르침을 받아야 한다. 성령은 교회로 하여금 완전하고도 전체적인 진리에 이르게 하여 오늘의 교회 뿐만 아니라 내일을 향한 미래 교회의 방향도 제시할 것이다.

다섯째, 성령은 교회에 은사를 주심으로 몸된 교회를 완전하게 한다. 성령의 은사란 하나님의 은혜의 구체화로 성령의 현존의 능력(the power of Holy Spirits presence)을 나타낸다. 이는 세상에서, 역사 속에서 교회의 사명을 수행하기 위해서이다. 지금까지 성령에 대한 이해가 주로 의미에 관한 것이었다면, 은사로서의 성령은 힘, 또는 능력으로서의 성령이다. 성령은 교회로 하여금 교회의 사명을 세상 속에서 이루기 위하여 힘과 능력을 은사를 통해서 베풀어 주신다. 교회로 하여금 능력으로 준비케 하여 교회에 맡겨진 사명을 성취케 하신다. 각 사람에게 성령이 나타나 주신 것은 모든 사람의 유익을 위한 것이다(고전 12 : 7). 성령의 은사는 다양한 형태로 교회에 나타나는데 이는 봉사케 함으로 그리스도의 몸을 완전케 하기 위해서이다. 은사에 대하여는 다음에서 좀더 자세하게 다루게 될 것이다.

그리스도, 성령, 교회와의 관계는 그리스도교에 있어서 필연적인 관

---

25. H. Barclay Swete, *The Holy Spirit in the New Testament*, 권호덕 역, 「신약 속의 성령」(서울 : 은성출판사, 1986), p. 334.

계를 형성하고 있으며, 이는 상호관계 속에 있다. 성령은 그리스도의 객관적 사실을 주관적으로 받아들여 교회를 세우심으로 교회의 주로서 계신다. 그러므로 성령에 의하지 않고는 교회에 관하여 생각할 수 없고, 또 교회의 본뜻도 성취시킬 수 없다.[26] 성령을 믿는다는 것(credo in Spiritum sanctum)과, 교회를 믿는다는 것(credo sanctum ecclesiam)은 다른 것이다.[27] 교회는 성령의 임재를 "오소서."(Veni)라고 기도해야 할 것이고, "성령이시여, 머무소서."(mane sancte Spiritus)라고 기도해야 할 것이다.[28] 성령은 창조의 영(Spiritus creator)으로서 그리스도 안에서 시작한 하나님의 새로운 창조를 교회에서, 세계 속에서, 역사 속에서 수행할 것이다. 무엇보다도 교회는 성령께 귀를 기울이는 교회가 되어야 한다.

4. 성령과 구원

본 장에서 논하게 될 성령과 구원은 성령과 성도와의 관계를 말한다. 앞에서 논한 성령과 교회의 공동체적인 의미를 가지고 있다면, 본 장에서 논하는 내용은 개체적 의미를 가지고 있다. 구원의 문제는 대단히 복합적이고 중요한 문제이기 때문에 쉽게 논할 수는 없다. 단지 여기에서는 성령과의 관계에서 간단히 살펴보고자 한다.

구약과 신약성경에 따르면 성령은 하나님 자신으로서, 그의 주된 사역은 인간의 구속에 있다. 성령은 피조물에게 나타나셔서 피조물과 관계를 맺으시며 이 관계를 통하여 피조물을 회복시키신다. 피조물 안에 임재하여 피조물의 생명이 되시고 그 생명을 유지하고 지탱하게 하시

---

26. 심일섭, "성령이해의 혼란 속에 있는 교회," 「기독교사상」 제300호(1983. 6), p. 49.
27. Hans Küng, op. cit., p. 132.
28. Ibid., p. 138.

는 하나님이 바로 하나님의 영이신 성령이시다. 따라서 하나님의 영은 우리 자신보다 더 깊이 우리 안에 있다. 그는 우리가 그를 버리지 않고는 그에게 대칭할 수 없는 우리의 서 있는 지점(Standpunkt)이다. 그는 우리가 경험을 가지는 넓은 영역이다. 그는 우리에게서 멀기 때문이 아니라 우리에게 너무 가깝기 때문에, 우리는 그에 대하여 성찰할 때 그것은 언제나 너무 이르든지 아니면 너무 늦다. '성령 안에' 있는, '성령으로 말미암은' 삶도 이와 비슷하다. 우리는 그리스도를 인식하며 하나님의 나라를 기다린다. 그러나 우리가 '그 속에서' 인식하고 기다리는 성령을 우리는 보지 못한다. 그는 직접적으로 우리 안에 있고 우리는 그 안에 있기 때문이다. 그럼에도 불구하고 신학적 성찰은 경험되는 성령의 활동들로부터 성령으로 추론할 수 있으며 성령에 대한 표상들을 발전시킬 수 있다. 이 경험들이 '태어남'이나 '새로-태어남'으로 파악될 때, 성령은 초기 기독교, 다시 말하여 시리아 지역에 널리 유포되어 있었으나 남성 중심의 로마제국에서 사라져 버린 한 특이한 상, 곧 '어머니의 상'을 나타낸다. 신자들이 성령으로 말미암아 새로 '태어난다면', 성령은 하나님 자녀들의 '어머니'이며, 따라서 이 어머니는 '여성 성령'(Geistin)이라 불릴 수 있다. 성령이 '위로자'(Paraklet)라면, 그는 '어머니가 위로하는' 것처럼 위로한다. 이러한 점에서 여성 성령은 신자들의 위로자이다. 이것은 언어적으로 볼 때 히브리적인 '야웨의 루아하'의 면모와 일치한다.[29]

생명의 어머니로서의 성령의 상(The Sprit as the Mother of Life)에 대하여 살펴보면 아우구스트 헤르만 프랑케(August Hermann Francke)는 그의 "자연과 은혜에 대한 논문"에서 '성령의 어머니 직분'을 자세히 다루었다. 친젠도르프 백작(Graf Zinzendorf)은 이 인식을 일종의 계시로 생각하였으며, 1741년 펜실바니아 베들레헴에 세운

---

29. Jürgen Moltmann, op. cit., p. 158.

형제들의 공동체 창립예배에서 '성령의 어머니 직분'을 공식적으로 선포하였다. 1744년 이 인식은 이 공동체의 교리로 채택되었다.[30] 이리하여 친젠도르프는 가족의 상으로 표상되는 하나님의 삼위일체를 땅 위에 있는 형제공동체의 본래적 모습으로 삼았다 : "우리 주 예수 그리스도의 아버지가 우리의 참 '아버지' 요, 그리스도의 영은 우리의 참 '어머니'이다. 살아 계신 하나님의 아들은 …… 우리의 참 '형제'이다." "아버지는 우리를 오직 사랑하며, 어머니는 우리를 오직 세상을 통하여 인도하며, 우리의 형제되신 아들은 우리의 영혼을 그 자신의 영혼으로, 우리의 몸을 그 자신의 몸으로 사랑할 수밖에 없다. 우리는 그의 육의 육이요 그의 다리이기 때문이다." '파울 게르하르트' (Paul Gerhard) 도 성령의 인도를 이와 비슷하게 묘사한다 : "그는 어머니의 손으로 자기의 무리를 언제나 인도한다……."

다시 '태어남' 혹은 새로 '태어남'의 은유는 아이를 낳는 신성을 연상케 한다. 여기서 하나님은 '해방하는 주'로 경험되지 않고 '삶의 원천'으로 경험된다. 따라서 아이를 낳다, 양육하다, 보호하다, 위로하다, 사랑의 공명과 연민은 하나님의 자녀들에 대한 성령의 관계를 묘사하는 표현들이라 말할 수 있다. 이들은 위험으로 가득하고 무서워해야 할 거리를 나타내기보다 서로간의 친밀성을 나타낸다. 하나님의 자녀의 탄생은 생명의 어머니이신 성령의 역사에 의해서 이루어진다.

인간의 다시 태어남은 성령의 역사인데, 이는 인간의 가능성에 근거한 것이 아니라 오직 하나님의 현실이며 하나님의 가능성에 근거한다. 이것이 바로 하나님의 선행적 은총(gratia praeparans)이다. 이 같은 하나님의 선행적 은총에 의하여 우리는 구원의 자리에 이르게 된다. 웨스트민스터 신앙고백에 의하면 인간 구원의 시작인 유효한 부르심에 관하여 다음과 같이 시작하고 있다.[31]

---

30. Ibid., p. 159에서 재인용함.

"하나님께서는 생명에 이르도록 예정하신 모든 사람들을, 그리고 그들만을 자신이 정하시고 적당하다고 생각하는 때에 효과적으로 부르시되 그의 말씀과 성령으로 하시며, 그들이 태어나면서부터 처해 있는 죄와 사망의 상태에서 불러내어 예수 그리스도로 말미암은 은혜와 구원에로 인도하신다. 또한 그들의 마음을 영적으로, 그리고 구원에 관하여 깨우쳐서 하나님의 일들을 이해하게 하시며, 그들의 돌같이 굳은 마음을 제하시고 그들에게 살같이 부드러운 마음을 주시며, 그들의 의지를 새롭게 하시며, 그의 전능하신 능력으로 그들이 선한 것을 결심하게 하시며, 그리고 효과적으로 그들을 예수 그리스도에게로 이끄신다. 그렇지만 그의 은혜로 말미암아 기꺼이 나오게 되어 있으므로 그들은 가장 자유롭게 나오는 것이다"(제10장 1).

"이 유효한 부르심은 하나님의 값없고 특별한 은혜로만 되어지는 것이며 결코 사람 안에 있는 어떤 것을 미리 하나님이 보시고 하는 것이 아니다. 그 점에서 인간은 전적으로 수동적이다. 성령으로 말미암아 소생하고 새롭게 된 후에는 이 부르심에 응답할 수 있게 되며, 또한 이 부르심 가운데서 제공되며 전달된 은혜를 받아들일 수 있게 된다"(제10장 2).

인간 구원의 시작인 유효한 부르심의 주체는 성령이심을 말하고 있다. 성령의 주권적 사역이 인간을 구원의 자리에 있게 하는데 인간 구원에 대한 성령의 주권적 사역의 성격은,

첫째, 선행적(predenient)으로 구원과 관계되는 인간의 모든 영적 활동에 앞서고,

둘째, 단독적(monergistic)으로 성령의 능력에 의해서만 성취되고,

셋째, 인간이 관찰하거나 말로 표현할 수 없는 신비적이고,

넷째, 성령이 원하시는 때와 장소에서 일어난 주권적인 것이며,

다섯째, 반드시 성령이 원하시는 결과가 나타나는 유효한 것이다.

---

31. Abraham Kuyper, *The Work of Holy Spirit*(Grand Rapids : Wm. B. Eerdmans, 1979), p. 293.

여기에서부터 비롯되어 인간 구원이 시작되는데, 구원의 과정은 다음과 같은 일곱 단계로 말할 수 있다.
① 구원을 복음에 의하여 값없이 제공하는 부르심.
② 택함 받은 자들을 심령으로 새로운 존재가 되게 하는 하나님의 창조적 행위인 중생.
③ 복음에 대한 회개와 신앙으로 응답하는 그 새로운 심령의 활동인 회개.
④ 하나님께서 그의 택한 자들을 의롭다고 선언하시는 회개와 신앙에 대한 하나님의 법정적 선포인 칭의.
⑤ 하나님께서 그들에게 하나님의 자녀의 권리와 특권을 인정해 주는 행위와 양자됨.
⑥ 택함 받은 자들이 신앙으로 인내하여 하나님의 뜻에 점점 더 일치해 갈 수 있도록 하는 성령의 사역인 성화.
⑦ 몸이 부활할 때 신자가 몸과 영혼이 다 그리스도 안에서 영원토록 완전해지는 영화 등이다.
이 모든 구원의 과정은 성령에 의해서 시작된 인간 구원의 역사가 개인 성도의 어떤 관계 속에서 성취되고 있는가를 보여 준다. 이 같은 인간 구원의 역사 외에도 성경은,
· 성도를 가르치신다(요 14 : 26).
· 성도를 인도하신다(롬 8 : 14).
· 성도를 위로하신다(요 14 : 16 - 18).
· 연약함을 도우신다(롬 8 : 26).
· 우리가 하나님의 자녀임을 증거하신다(롬 8 : 15 - 16).
성령은 인간의 구원 뿐만 아니라 신자의 구체적인 삶 속에서 역사하심을 볼 수 있다. 성령의 역사 없이는 인간 구원은 이루어질 수 없고 또한 신자로서 신자다운 삶을 살 수도 없다. 성령은 우리 구원의 하나님이시며, 또한 우리의 힘이요 능력이며 희망이 되신다.

성령세례에 관하여

성령세례의 문제는 오늘날 크게 혼란을 야기한 문제이다. 기독교회를 휩쓴 운동 중에서 가장 눈에 띄는 운동 중 하나가 은사운동(the Charismatic Movement)이다. 20세기 초반에 일어난 로스앤젤레스의 아주사 거리 선교(Azusa Street Mission)에서의 방언의 폭발부터 오순절주의(the Pentecostal)와 하나님의 성회(Assemblies of God churches)의 성장, 그리고 로마 가톨릭교회와 1960년대의 개신교 주류 교회들에 이르기까지, 은사주의의 부흥은 그 신봉자들 사이에 열정적인 헌신의 불꽃을 일으키고 깊은 신학적 논의를 불러일으켰다. 은사주의자들이 현대교회에 끼친 영향력을 무시할 수 있는 교회 역사가는 아무도 없다. 우리는 여기에서 은사주의, 즉 신오순절주의 신학의 핵심인 성령세례에 대하여 살펴보고, 그리고 이에 관하여 성경적으로, 신학적으로 검토하고자 한다.

먼저 우리는 성령세례를 주장한 오순절운동에 대하여 살펴보고자 한다. 이 운동의 발단은 기존 교회의 부흥운동보다 더 나은 무엇을 사모하는 가운데 시작된 것인데, 이 성령운동은 1893년부터 이미 미국에서 그 조짐을 보이기 시작했으며 인간이 정한 교리와 문화적, 인종적 차별을 거부하는 신앙공동체를 지향했다.[1] 그러나 이 운동이 본격적으로 시작된 것은 로스앤젤레스(Los Angeles)에서이다. 1906년 4월 9일, 캘리포니아 주 로스앤젤레스 노스 보니브래 애비뉴(North Bonnie Bare Avenue) 214번지 목조 단층집에서 작은 무리를 지어 기도하고 있던 비천한 직업의 흑인들에게 하늘로부터 성령이 임하였다. 그들의 인도자는 정규 교육을 받지 않고 스스로 독학을 한 순회 설교가 윌리엄 조셉 시무어(William Joseph Seymour)였다. 당시 그는 집회에 참석한 사람들에게 만일 그들이 진정으로 사모하는 마음을 가지고 기도하면 하나님이 그들에게 성령의 불길을 보내시리라고 여러 주 동안 강조해 오고 있었다. 사도행전에 나타난 기적 같은 사건처럼, 제2의 성령 강림 사건이 혀 모양의 불길, 방언, 신유, 그 밖의 놀라운 표적들과 함께 재현되었다. 많은 사람들은 그것을 비웃거나 믿으려 하지 않았다. 루이지애나에서 휴스턴을 거쳐 그 곳에 온 시무어는 이단적으로 성경을 가르친다는 이유 때문에 격분한 어느 목사로부터 교회에서 쫓겨나 다른 교회로의 접근마저 금지된 사람이었다. 그러나 그와 그의 작은 무리는 부엌과 같은 음습한 장소에서 끊임없이 만났으며, 자신들이 믿는 기독교가 공허한 성례와 따분한 교리, 강퍅한 인종 차별의 죄악에 의해 왜곡되었다고 하나님께 갱신, 정화시켜 주실 것을 간구했다.

마침내 성령의 불길이 임했을 때, 감격의 외침과 기쁨의 춤바람이 주변 이웃들에게 퍼져 나갔다. 말씀이 전파되기 시작했고, 밤마다 그 작은 집은 말씀을 듣기 위해 모여든 많은 사람들로 안과 밖이 가득했다. 흑인뿐 아니라 백인들도 모여들기 시작했고 멕시코인들의 모습도 보였다. 너무 많은 사람이 모여 장소가 협소해지자 시무어와 그의 동료들은 얼마 전까지 창고와 마구간으로 쓰였던 아주사 거리근처의 사용되지

---

1. Harvey Cox, *Fire from Heaven*, 유지황 역, 「영성·음악·여성」(서울 : 동연, 1996), p. 69.

않은 채 버려진 한 작은 교회의 건물을 임대했다. 그 곳을 깨끗이 청소한 후 그들은 1906년 4월 14일부터 매일 집회를 갖기 시작했다. 아주사 거리 부흥회는 3년 동안 하루도 빠짐없이 계속되었다. 그들은 삶의 모든 영역에서 새로운 성령의 강림의 표적과 징조를 보았다. 이 같은 성령의 불길은 빈민굴로부터 시작해 산속의 오두막, 세인트루이스, 뉴욕, 그리고 바다 건너 유럽, 아시아, 아프리카, 남미에 이르기까지 계속해서 번져 나갔다. 2000년대를 초미에 둔 오늘날에도 그 불길은 아직 꺼지지 않고 있다.[2]

1. 성령세례의 교리

성령세례에 대한 신오순절주의적(Neo-Pentecostal) 견해를 요약하기 전에, 우리는 우선 오순절주의적(Pentecostal)이라는 어근에 신(Neo)이라는 접두사를 사용하게 된 역사적인 이론적 근거를 주목해야 한다.

신오순절주의는 고전적인 오순절 신학에 대한 가르침에 중요한 수정(修正)을 언급하고 있다. '신'(Neo) 또는 '새'(New) 오순절주의는 일반적인 오순절 교회에 자리잡고 있는 것보다 훨씬 더 넓은 기반을 가지고 있다. 최초의 오순절주의 교파에서는 성령세례가 소위 성결운동(Holiness movement)에 필수적이었던 성화의 개념에 연결되어 있었다.[3]

성결이(중생에 뒤이어) 즉시 일어나며, 완전하거나 부분적인 완전을 산출하는 은혜의 두 번째 역사로서의 성화개념을 강조하였다. 부분적

---

2. Ibid., p. 83.
3. R. C. Sproul, *The Mystery of the Holy Spirit*, 김진우 역, 「성령의 신비」(서울 : 생명의 말씀사, 1995), p. 132.

인 완전주의(partial perfectionism)라는 말이 이상하게 들릴지 모르지만, 그것은 중요한 특징들을 포함하고 있다. 사실상 부분적인 완전주의는 부분적인 불완전주의를 함축하고 있다. 엄격히 말해서, 완전한 것은 어떤 흠이나 결점이나 그 밖의 형태의 불완전함을 허락하지 않는다. 일부 완전주의자들은 은혜의 두 번째 사역이 완전하고, 순수하게, 철저한 성화를 달성했다고 주장하였다. 그리하여 그들은 완전히 죄에서 자유로워졌다는 것이다.

요한 웨슬리는 완전주의에 대한 그의 설명에서 이런 정도에까지는 이르지 않고, 완전주의를 완전한 사랑의 영적인 능력을 받는 것으로 제한시켰다. 그 밖의 성결의 옹호자들은 '두 번째 축복'을 '고의적인 죄'에 승리하는 삶을 사는 데 엄격히 제한시켰다. 즉, 한 사람이 일단 성화에서 이르는 성령세례를 받으면, 그는 여전히 죄를 짓지만 절대로 고의적인 죄를 짓지 않는다고 한다. 성화된 사람 안에 남아 있는 모든 죄는 우발적인 죄이거나 모르고 짓는 죄이다. 성령세례가 성화시키기 때문에 그가 고의적인 죄로부터 자유롭다는 것이다.

일부 교회들이 여전히 그러한 완전주의적인 교리를 가르치고 있지만, 완전의 개념은 전체적으로든 부분적으로든 기독교 주류에 끼여들지 못했다. 이러한 신학에 나타나는 경향은 하나님의 율법의 엄격한 요구들을 감소시키거나, 영적 성취에 대한 개인의 인식을 부풀리거나 둘 중 하나이다. 자기가 죄 없이 살고 있다는 확신에 머물고 있는 사람은 하나님의 율법을 면밀히 검사하기를 피하거나 자신의 행위를 면밀하고도 정직하게 검사하기를 피한다.

가장 위대한 성도들의 삶에 있어서 여전히 죄가 계속되었다는 증거가 너무나 강하기 때문에, 완전주의의 형태들이 수정되고, 제한되고, 어느 정도까지 부분적인 완전주의로 제한되는 경향을 보이는 것이 사실상 불가피한 일이다. 물론 그러한 부분적인 완전주의는 불완전주의를 다르게 표현한 용어에 불과하다.

신오순절주의는 도덕적 완전주의로 성령세례를 설명하지 않는다. 신오순절주의가 성령세례에 대하여 강조하는 것은 능력을 받거나 사역을 위한 은사를 받는다는 개념이다. 신오순절주의운동이 사실상 모든 기독교 종파에 영향을 주었기 때문에, 그 신학은 다양한 교회들의 신학을 형성하였다. 이처럼 오순절주의가 너무나 많은 전통들에 영향을 끼쳤기 때문에, 그 운동으로부터 하나로 통일된 신오순절주의 신학이 나타나지 않았다. 이것은 일반적인 용어를 사용하여 그 운동의 전반적인 추세들을 지적할 수밖에 없게 만든다. 신오순절주의 신학의 기본적인 추세는 성령세례를 신자의 삶과 섬김을 위한 능력을 부여받는 성령의 특별한 사역으로 본다는 것이다. 신자는 성령세례를 통해서 사역을 위한 은사를 부여받는다. 이러한 성령의 사역은 중생의 사역과 구별된다. 종종 사람들은 성령에 '의해서'(by), 또는 성령 '의'(of, 중생시에 일어나는) 세례를 받는 것과 성령 '안에서'(in), 또는 성령 '으로'(with) 세례받는 것(대개 중생 후에 이어서 일어나는)을 구분한다. 이러한 구조에서는 모든 그리스도인들이 '성령'에 의해서 세례를 받지만, 모든 그리스도인이 성령 '안에서' 또는 성령 '으로' 세례를 받지는 않는다.

이처럼 신오순절주의를 주장하는 오순절 교파(대표적으로 하나님의 성회[the Assembly of God]와 그와 같은 단체들)에서는 '성령세례'에 대하여 고유한 뜻을 가지고 있다.[4] 즉, 그들은 두 개의 성화교리를 주장하고 있는데 회개의 체험과 성령세례의 체험을 두 단계로 구별하여 말한다. 즉, 중생과 성령체험이 다른 것으로 생각하여 동일한 것으로 생각하지 않는다. 그들은 주장하기를 중생을 체험한 성도들이 성령세례를 받지 못한 경우가 있다는 것이다.[5] 그들이 주장하는 바는 중생과 성령

---

4. L. J. Suenes, *Une Nouvelle Pentecote*, 김마리로사 역, 「성령은 나의 희망」(왜관 : 분도출판사, 1974), p. 307.
5. 조용기, 「성령론」(서울 : 순복음중앙교회 여선교회, 1997), p. 36.

세례는 우리 성도들이 체험한 확연히 다른 두 가지 체험이라고 한다.[6] 중생이란 그리스도의 몸에 접붙임을 받고 주님의 생명을 받아들이는 체험이요, 성령세례는 성령을 그리스도께서 성도들에게 충만히 채우시는 체험인데 가장 구체적이고 보편적으로 나타난 현상은 방언이라는 것이다. 그러므로 그들은 성령세례의 결과로 나타난 방언을 하기 위해서 모든 노력을 다한다. 이 점에 대해서 신오순절주의자들 사이에 폭넓은 의견차이가 있다고 하더라도 방언을 성령세례의 최초의 증거로 보는 것이 보편적 추세이다.

2. 성령세례를 주장하는 배경

1) 성령세례란?

오순절 교회에서는 "요한은 물로 세례를 베풀었으나 너희는 몇 날이 못 되어 성령으로 세례를 받으리라 하셨느니라."(행 1 : 5)에 근거하여 성령세례를 주장한다. 물론 이 구절 이 외에도 그들이 주장하는 성경은 사도행전 8 : 14~17, 10 : 44~46, 19 : 6 등이 있다. 그러나 가장 중요시 여기는 성경은 사도행전 1 : 5이다. 성령세례를 주장하는 사람들은 성령세례란 본인이 받았는지 받지 않았는지 분명히 알 수 있는 경험인데, 이는 사도행전 19 : 2에 잘 나타나 있다고 본다.

"가로되 너희가 믿을 때에 성령을 받았느냐? 가로되 아니라, 우리는 성령이 있음도 듣지 못하였노라."

그들은 이미 앞에서 언급한 바대로 성령세례란 성령의 거듭나게 하시는 역사와는 전혀 다른 것으로, 거듭나게 하시는 역사에 덧붙여 주는 것으로 본다. 다시 말하면, 성령으로 거듭난다는 것과 성령세례를 받는

---

6. Ibid., p. 140.

다는 것을 전혀 다른 것으로 본다.[7] 이에 관하여서는 언급해 온 사도행전 1 : 5 말씀 중에, "너희는 몇 날이 못 되어 성령으로 세례를 받으리라."는 말씀이 있는데 그 때까지 제자들은 성령세례를 받지 못한 상태였다는 것이다. 그러나 이런 말씀을 듣던 제자들은 이미 거듭나 있었다는 것이다. "너희는 내가 일러준 말로 이미 깨끗하였으니"(요 15 : 3). 여기에서 깨끗함이란 거듭남을 뜻하는데, 따라서 예수 그리스도의 제자들은 거듭나 있었지만 성령세례는 받지 못한 상태였다는 것이다. 이처럼 성령으로 세례를 받는다는 것과 거듭난다는 것은 확실히 다른 것으로, 이는 거듭난 것보다 한층 앞선 것이다. 그러므로 사람이 거듭났지만 아직 성령세례를 받지 못하는 수가 있음은 분명하다는 것이다.

성령세례를 받지 못한 자는 마땅히 가져야 할 것을 완전히 다 가지고 있지 못한 것이다. 그러나 분명한 것은 예수를 믿는 사람은 누구에게나 성령이 역사하고 있으며, 심령에 성령이 내재하심은 확실하다. 여기의 차이점은 성령이 내재하심을 잘 의식하지도 못할 만큼 계신 것과 성령의 충만한 것, 즉 성령세례를 받은 것과는 다른 것이다.[8] 그러므로 다음과 같이 말할 수 있다고 한다. 거듭난 사람은 누구든지 성령을 모시고 있다. 그러나 거듭난 사람이라 하여 성경이 말한 대로 누구나 성령세례나 아버지의 약속한 것을 받는 것은 아니다. 성령세례는 주님을 증거하는 일과 주님의 사업에 봉사하는 일에 깊은 관계를 가지고 있다. 성령세례의 중요한 목적은 신자로 하여금 주님의 사업을 준비하게 하고 그 일에 적합하게 하기 위해서이다. 성령세례는 개인의 행복과 안녕을 위하여 있지 않다.

---

7. R. A. Torry, *The Holy Spirit*, 심재원 역, 「성령론」(서울 : 대한기독교서회, 1987), p. 134.
8. Ibid., p. 136.

2) 성령세례의 필요성

성령세례의 필요성은 여러 가지로 말할 수 있지만 한마디로 요약하면 능력을 얻기 위해서이다.

"오직 성령이 너희에게 임하시면 너희가 권능을 받고 예루살렘과 온 유대와 사마리아와 땅 끝까지 이르러 내 증인이 되리라 하시니라"(행 1:8).

누구든지 성령세례를 받으면 권능과 능력을 얻게 되는데, 그러나 이 권능이란 하나님의 부르심을 감당하기 위한 권능이다.

"볼지어다, 내가 내 아버지의 약속하신 것을 너희에게 보내리니 너희는 위로부터 능력을 입히울 때까지 이 성에 유하라 하시니라"(눅 24:49).

이 같은 성령세례는 온 교회사를 통해서 어느 시대를 막론하고 하나님의 모든 자녀에게 베푸시는 것이다(행 2:38-39). 따라서 성령세례는 예수 그리스도를 믿는 모든 사람들의 유업이다. 이 유업은 하나님께서 약속하셨고, 하나님께서 준비하신 것이며, 십자가에 달리시고 부활하시어 승천하신 구세주로 말미암아 얻게 된 신자의 유업이므로 이 유업을 소홀히 한다면 큰 잘못이다. 그러므로 모든 신자는 그리스도의 유업인 성령세례를 받아야 한다. 특별히 이 유업은 하나님의 사역을 감당해야 될 주님의 종들에게는 절대 불가결한 요소이다. 우리는 성령의 뜨거운 역사 속에서만 주님의 사업을 완성할 수 있다고 한다.

오순절주의는 오순절에 교회에 일어난 일을 강조하는 과정에서 그 이름이 파생되었다. 초기 교회의 삶에 나타난 성령의 활동에 대한 기록은 현대 은사주의운동의 축을 이루고 있다. 오순절주의자들은 사도행전에 명시되어 있는 영적 능력과 생명을 되찾기를 간절히 바라고 있다. 이 같은 오순절 교회가 성령세례를 주장함으로 많은 문제점을 제기하고 있다.

3. 제기되는 신학적 문제들

그리스도인의 두 가지 별개의 체험을 주장하게 되고, 또한 성령세례의 보편적 은사로 방언을 주장하게 될 때에 많은 신학적 문제들이 제기된다.[9] 무엇보다 그리스도인들을 두 수준, 즉 하나는 성령세례를 체험하고 다른 하나는 체험하지 못한 그리스도인들로 나눌 수 있는가? 이 문제는 교회사의 기록에 의해서 더 복잡해진다. 일부 그리스도인들이 교회사 전체에 걸쳐서 방언과 중생 이후에 일어나는 성령세례의 증거가 꾸준히 이어져 왔음을 증명하려고 최대한 노력하지만, 교회사의 압도적인 증언은 성령세례의 증거로서의 방언이 중단되었다는 것이다.

교회사는 위대한 성도들 - 아타나시우스(Athanasius), 어거스틴(Augustine), 안셈(Anselm), 마틴 루터(Martin Luther), 존 칼빈(John Cavin), 조나단 에드워즈(Jonathan Edwards), 찰스 스펄전(Charles H. Spurgeon) 등 - 의 삶이 성령 안에서 또는 성령에 의해서 세례를 받았음을 지적해 주는 방언을 했던 사실을 나타내지 않았음을 지적해 주는 것처럼 보인다.[10]

교회사에 있어서 방언이 여기저기에서 일어나기는 했지만, 방언은 종종 2세기의 몬타누스주의(Montanism)와 19세기의 어빙파운동

---

9. 조용기, 「성령론」(서울 : 성광인쇄사, 1965), pp. 131 - 176. 조용기 목사의 견해에 의하면, 성령세례는 중생과 구별되는 것으로 성령의 강하게 역사하는 능력을 성령세례라 하며, 중생은 새롭게 하는 것으로 본다. 또한 성령세례는 외적으로 분명히 나타나는데 주로 방언으로 나타난다.
10. 위대한 성도들이 방언의 문제를 무시한 것은 분명 아니었다. 루터와 칼빈은 방언을 선교사의 설교와 연결시켰던 것처럼 보이기는 하지만, 그 은사에 대해서 호의적으로 말했다. 웨슬레도 방언에 대해서 호의적으로 말했다. 그러나 이러한 정력적인 믿음의 사람들이 직접 방언을 했다는 증거는 존재하지 않는다. cf. R. C. Sproul. op. cit., p. 139.

(Irvingite movement)과 같은 이단운동과 연결되어 있었다.

만일 방언이 성령세례의 외적 증거라면, 그리고 성령세례가 신자들의 삶에 중생 이후에 일어나는 결정적이고도 표준적인 성령의 사역이라면, 교회사의 대다수의 신자들이 그리스도인의 삶에 없어서는 안 될 이러한 차원을 획득하는 데 실패해 온 이유가 무엇인가? 최초의 오순절은 오늘날에 이르기까지 기독교사의 지나온 세대 동안 사실상 '실패작'이었는가?

혹자는 종말론적인 설명을 제시함으로써 이 질문에 답변해 왔다. 그 설명에 의하면 1세기의 현상의 성령은 '이른 비'(Former Rains)를 지적해 준 반면에, 오늘날의 성령의 부으심 또는 오순절의 부흥의 성령은 '늦은 비'(Latter Rains)와 그리스도의 재림이 가까워졌음을 지적해 주고 있다('비'의 이미지는 욜 2:23에서 온 것이다.). 그러나 그 이론은 사도행전의 기록 의도가 모든 세대의 그리스도인의 표준적인 체험을 전달하는 것이라는 이론을 무효로 만들고 있다.

방언의 역사적인 중단에 대한 또 다른 설명은 과거의 신자들이 성령 충만을 얻기 위한 영성 추구에 있어서 충분할 정도로 열심을 내지 않았다는 주장이다. 이것은 가능성 있는 설명이다. 하지만 과거의 일부 성도들의 깊은 영적 열심에 비추어 볼 때 그 가능성은 희박한 것 같다. 하나님의 중심적인 삶의 모델이 되고 있는 독실한 그리스도인들이 있었으며 지금도 있지만, 그들 중 다수가 방언을 하지 않았다.

사도행전은 회심과 성령세례 사이에 시간적 간격이 있고 또 방언이 성령세례의 외적 표현이라는 신오순절주의의 가르침을 말하고 있지 않다. 신오순절주의는 사도행전의 가르침을 왜곡하고 있다. 오순절에 모든 사람이 성령의 충만함을 입었다. 오순절은 유대적인 사건이었다. 그 사건은 예루살렘에서 일어났다. 오순절은 그 자체가 유대인의 절기였다. 오순절에 참여한 사람들은 다음과 같은 사람들이었다. "그 때에 경건한 유대인이 천하 각국으로부터 와서 예루살렘에 우거하더니"(행

2 : 5). 그 유대인들은 오순절을 지키기 위해서 예루살렘에 온 사람들이었다.

오순절에 일어난 사건에서 주목해야 할 중요한 사실은 "저희가 다 성령의 충만함을 받았다."(행 2 : 4)는 것이다. 여기에는 일부 유대인 신자들이 성령을 받지 못했다는 증거가 없다. 그리고 일부만이 은사를 받고, 반면에 다른 일부는 은사를 얻지 못했다는 증거도 없다. 모든 유대인 신자들이 오순절에 성령의 부으심을 체험했다.[11]

방언이 성령세례의 필수적 증거라는 주장은 어떠한가? 사도행전의 본문을 볼 때에 방언의 은사가 성령의 외적 표식이었음을 찾아볼 수 있다. 그러나 방언이 성령은사의 표준적 척도라고는 할 수 없다.

바울이 고린도 전서에서 고린도 교회의 문제를 논의하는 중에 증거했듯이 교회의 삶에 방언이 계속되었다고 하더라도 고린도 전서가 기록된 시기에 이르러서는 방언이 은사의 수여(授與)를 보여 주는 필수적인 표식으로 간주되지 않고 있었음에 틀림없다.

바울은 고린도 전서에서 방언이 하나님의 선물이며, 따라서 유익하지만 교회 내에서 지나치게 높은 은사의 위치를 차지해서는 안 된다는 사실을 자세히 밝히고 있다. 바울은 자신의 견해를 이런 식으로 밝히고 있다.[12]

> "내가 너희 모든 사람보다 방언을 더 말하므로 하나님께 감사하노라. 그러나 교회에서 네가 남을 가르치기 위하여 깨달은 마음으로 다섯 마디 말을 하는 것이 일만 마디 방언으로 말하는 것보다 나으니라"(고전 14 : 18 – 19).

바울은 다른 곳에서 다음과 같은 질문을 제기하고 있다. "다 방언을

---

11. Ibid., p. 147.
12. Ibid., p. 151.

말하는 자겠느냐?"(고전 12 : 30) 여기서는 아무런 답변도 명백히 주어지지 않고 있다. 그러나 그 답변에 대해서는 아무런 의심의 여지가 없다. 바울의 질문은 해석의 여지를 남기지 않는다. 이러한 형태의 질문에는 한 가지 답변이 있을 뿐이다. 즉, 그 답변은 그렇지 않다는 것이다. 고린도 교회에서는 성령의 은사들이 매우 분명하게 성행하고 있었다. 그러나 바울은 다시 한번 성령께서 자신의 백성들에게 다양한 은사를 주신다는 사실을 자세히 밝히고 있다.

> "은사는 여러 가지나 성령은 같고, 직임은 여러 가지나 주는 같으며, 또 역사는 여러 가지나 모든 것을 모든 사람 가운데서 역사하시는 하나님은 같으니, 각 사람에게 성령의 나타남을 주심은 유익하게 하려 하심이라. 어떤 이에게는 성령으로 말미암아 지혜의 말씀을, 어떤 이에게는 같은 성령을 따라 지식의 말씀을, 다른 이에게는 같은 성령으로 믿음을, 어떤 이에게는 한 성령으로 병 고치는 은사를, 어떤 이에게는 능력 행함을, 어떤 이에게는 예언함을, 어떤 이에게는 영들 분별함을, 다른 이에게는 각종 방언 말함을, 어떤 이에게는 방언들 통역함을 주시나니 이 모든 일은 같은 한 성령이 행하사 그 뜻대로 각 사람에게 나눠 주시느니라"(고전 12 : 4-11).

성령께서는 주권적으로 자신의 교회에게 은사를 주신다. 교회는 은사를 받은 지체들로 이루어진 몸이다. 그 지체들은 통일성과 다양성의 구조 내에서 그 기능을 수행한다. 우리는 어떤 직분이나 은사를 성령의 현시(顯示)를 드러내는 배타적인 표식의 차원에까지 높여서는 안 된다. 성령세례시에 주어진다는 방언은 모든 은사를 대표한 척도도, 표준도 아니다.

4. 성경의 교훈

성령은 세례와 깊은 관계를 가지고 있는 것이 사실이다. 이 때의 세례는 자의적 결단에 의해서 행해졌다. 세례란 그리스도인이라는 증거와 신앙고백, 또한 교회의 사귐에 자발적으로 참여하는 것과 관련된 행동이었다. 그리스도의 말씀을 들은 사람이 그 말씀대로 결단하고 살고자 세례를 받았다. 성경을 보면, 성령이 이미 임하셨기에 세례를 금할 수 없었다는 경우도 있고(행 10 : 47), 또 세례의 결과로 성령이 임하셨다는 내용도 있다(행 19 : 5-6). 결국 세례는 성령이 임하는 순간이었다.

사람이 그리스도를 섬기고자 하는 순간에 성령은 임하셨다. 성경본문을 살펴보면 성령세례라 하지 않고 성령으로 세례를 받는다고 한다. 그러므로 엄밀하게 말하면 성령세례라는 말은 없다. 더구나 세례 요한이 예수를 가리켜 성령으로 세례를 베푸는 분이라 할 때에 그것은 특별한 행위(물세례)나, 특별한 체험을 말하는 것이 아니다. 예수님이 하시는 일(직능) 전체를 가리켜 하는 말이다.[13] 예수의 메시야 직능은 파견하시는 분이라는 뜻이다. 물세례를 통해서 성령을 주시는 분이라는 말 역시 예수 그리스도의 직능에 대한 상징이다. 그러기에 누가는 물세례와 관련하여 성령으로 세례를 받는 것을 정당화시켜 주고 있다. 그러므로 성령세례는 그리스도인 모두에게 보편적인 것으로 임한다. 구원과 세례는 공존한다. 성령의 세례에 대한 일반적 오해 중에 하나는 그것이 몇몇 그리스도인들만이 누릴 수 있는 특별한 사역이라는 견해이다. 그러나 성경은 모든 그리스도인이 구원받는 순간에 성령의 세례를 받는다고 분명히 언급하고 있다. 그러므로 구원과 세례는 공존하며 성령의 이러한 역사가 없이는 구원받을 수 없다. 여기에 대해 고린도 전서 12 : 13은 이렇게 분명히 언급하고 있다.

"우리가 유대인이나 헬라인이나 종이나 자유자나 다 한 성령으로 세례를 받아 한몸이 되었고, 또 다 한 성령을 마시게 하셨느니라."

---

13. L. J. Suenes, op. cit., p. 309.

모든 그리스도인은 성령으로 세례를 받았다. 본 구절에 의하면, 모든 그리스도인이 성령으로 세례를 받았고 그리스도인의 몸의 지체가 되었다는 것을 확신할 수 있다.[14] 이 구절은 믿음에서 떠나 당파와 온갖 범죄를 자행한 교회에 사도 바울이 보낸 편지 가운데 있는 것임을 주목해야 한다. 그러나 그 가운데서 구원받은 모든 성도들은 성령으로 세례를 받았다고 말한다. 성령의 이 사역은 죄책으로부터 자유한 사람들에 대한 것이 아니며, 또한 성도들이 도달해야 할 목표나 수준을 주장한 것도 아니다. 그러므로 모든 믿는 자 속에서 성령의 이 보편적 사역은 행해지고 있는 것이다.

또 성경에 보면 오직 한 번의 세례만 있다고 한다. 이것은 에베소서 4:5에서 확실히 증거되고 있다. "주도 하나이요, 믿음도 하나이요, 세례도 하나이요." 이 구절에 대한 여러 가지 해석이 있는데 한 가지 분명한 사실은 모든 그리스도인의 보편적 소유를 말하고 있다. 즉, 모든 그리스도인이 같은 주를 모시고 있으며, 같은 믿음, 혹은 본질적 교리를 갖고 있으며, 모든 신자가 같은 세례를 받았다. 이 구절의 특징은 물세례에 대한 언급이 아니다. 사실 세례의식은 여러 가지 해석이 있고, 또 여러 형태로 시행되고 있다. 어떤 사람은 세례의식을 전혀 시행하지 않는 경우도 있다. 성령의 세례는 어떤 상징이 아닌 실제적인 역사이다. 이 구절을 통해서 성령의 세례는 모든 그리스도인들에게 보편적으로 해당되는 것임을 확인할 수 있다. 성령의 세례에 관계된 모든 구절들은 이 견해와 조화를 이루고 있다.

---

14. 성령으로 세례받는다는 말은 신약성경에 일곱 번 나온다. 그 중 여섯 번은 "나는 물로 세례를 주지만 그분은 성령으로 세례를 줄 것이다."라는 인용문이다. 이 말은 오순절에 성취된 약속이다. 일곱 번째 언급은(고전 12:13) 우리 모두가 성령으로 세례를 받았으며 성령을 마시게 되었다는 것, 즉 모든 그리스도인들은 성령으로 세례받았음을 뜻한다. cf. John Stott, *Authentic christianity*, 정옥배 역, 「진정한 기독교」(서울 : IVP, 1997), p. 100.

그러므로 그리스도인은 성령의 세례를 받으려고 애쓰고 노력해서는 안 된다. 또 결코 우리의 노력으로 되는 것도 아니다. 성령의 세례는 우리가 중생하는 순간 자연적으로 받게 되는 것이다. 성경에서 성령의 세례는 구원받은 후에 받는다고 결코 말하지 않는다. 그것은 동시적 사건이다. 우리는 성령의 세례 없이는 결코 구원을 받을 수 없다. 이 모든 진리를 깊이 연구하여 고찰한 결과 우리는 이러한 결론을 내릴 수 있다. 즉, 성령의 세례는 모든 중생한 그리스도인에게 보편적으로 주시는 하나님의 역사라는 결론이다.

"우리가 유대인이나 헬라인이나 종이나 자유자나 다 한 성령으로 세례를 받아 한몸이 되었고, 또 다 한 성령을 마시게 하셨느니라."(고전 12:13)는 말씀을 데일 브루너(Dale Bruner)는 이렇게 주석하고 있다.

> 만일 이 구절이 그리스도 안에서 받는 세례를 넘어서, 일부 그리스도인들만이 받는 이차적으로, 결과로서 일어나는, 그리고 독립된 성령세례를 언급하는 것으로 해석된다면, 그것은 본문의 "다 …… 다 ……"라는 단어뿐 아니라 고린도 교회의 배경 내에서 그 본문이 기록된 목적을 곡해하게 된다.…… 바울은 고린도 전서 12:13에서 일부 그리스도인들만이 받는 보편적인 세례를 가르치고 있는 것이 아니라, 성령을 통해서 모든 사람에게 주어지는 은혜로운 기독교적 세례를 가르치고 있다.[15]

우리는 성경의 가르침에 따라 이 두 가지 체험을 굳이 구분지으려 하지 않는다. 사도행전은 성령으로 세례받는다고 말하지만 우리의 전통에 의하면, 세례란 모든 기독교인들의 삶을 통해 발생하는 성령의 새롭게 하시고 변화시키는 역사를 계속 경험케 하는 첫걸음이라고 생각된다. 사도행전에서 이런 체험은 우열이 있는 기독교인이 아니라 그리스

---

15. Frederick Dale Bruner, *A Theology of the Holy Spirit*(Grand Rapids : Eerdmans, 1970), p. 292.

도 안에서 형제 자매인 공동체로 세례받는 것이다.[16] 또한 방언의 은사만을 모든 은사의 표준과 척도로 보지도 않는다.

---

16. 황승룡, 「개혁교회와 성령」, p. 72.

Ⅳ

성령의 특징과 성령운동의 방향

1. 성령의 특징[1]

1) 성경의 강조점

사도 요한은 성령에 대하여 아주 깊이 생각했다. 그는 다음과 같은 성령의 내용에 대해서 강조한다. 성령은 사도의 증거하는 말 속에서 우리에게 예수를 보게 한다는 것이다. 즉, 영은 우리로 하여금 예수를 새로운 눈으로 보고 발견하게 하며, 하나님은 이러한 방법을 통해서 우리에게 오고자 하신다는 것이다.

바울의 경우를 보면 요한과 같은 입장에서 보고 있는데, 성령의 근본적인 활동은 우리의 눈과 마음이 예수에게 열리게 한다는 것이다. 바울에게 있어서 예수는 십자가에 달린 분으로 나타나는데, 영은 십자가에 달리신 그리스도의 몸에 속하게 하고, 또 각자가 다른 사람들을 필요로

---

1. E. Schweitzer, *Heiliger Geist*, 김균진 역, 「성령」(서울 : 대한기독교서회, 1978), pp. 212 - 227.

하고 아무도 그가 모든 것을 가졌다고 생각하거나 또 자기의 은사가 다른 이의 은사보다 뛰어나다고 생각할 수 없게 한다. 그러므로 영은 공동체를 형성하고 사귐을 이룬다. 왜냐하면 영은 인간으로 하여금 자기 자신을 모든 것의 중심과 기준으로 보지 않도록 한다. 예수가 부활한 자라는 것은 우리가 아직 예수가 계신 곳, 즉 하늘에 살고 있지 않음을 의미한다. 그러기에 이 세계의 어려운 현실적 문제가 함께 고난을 당할 수 있음을 보여 준다. 그러나 하나님은 언젠가는 우리의 인간성과 정의와 서로를 위한 삶이 완전하도록 하실 것이다. 이 때에 모든 단편적인 것들은 의미를 얻게 될 것이다. 그러므로 바울에게 있어서 성령은 사귐과 자유와 희망을 주시는 분이다.

누가의 경우를 보면, 요한과 바울만큼 신학적 고찰은 하지 않았다. 그는 영을 믿음을 주시는 분이라기보다는 이미 믿는 자에게 특별한 일을 할 수 있는 힘, 무엇보다 하나님의 말씀을 예언자적으로 선포할 수 있는 힘을 주시는 분으로 이해했다. 그래서 선교하지 않은 교회는 영이 함께하는 교회가 아니며 이 은사를 얻기 위해서 계속 간구해야 함을 다른 사람보다 강조했다. 여기에서 영은 아무도 생각하지 않았던 이방인들에게 임하셨으며 그들에게 능력으로 역사하였다. 신약성경 안에서 볼 때에 영의 강조점은 가지각색이다. 상황에 따라서 이것을 강조할 때도 있고 저것을 강조할 때도 있음이 사실이다.

2) 성령의 특징

(1) 예수와의 일치성

성령은 무엇을 의미하는가? 우리는 다음과 같이 아주 간단하게 대답할 수 있다. "성령은 우리로 하여금 예수께 대하여 열려지게 한다." 공동체는 먼저 예수 안에서 성령을 보았다. 그리고 부활하신 자로서 공동체에게 성령을 주신 것은 예수였음을 강조하였다. 끝으로 바울과 특히 요한은 성령의 결정적인 행위는 예수가 우리에게 살아 있도록 하는 것이라고 인식하였다. 예수의 삶과 죽음의 방법이야말로 그를 회복시키고 하나님과 다시 화해시킬 수 있음을 사람이 파악하기 시작할 때 성령은 활동하게 된다. "하나님이 자기를 사랑하는 자들을 위하여 예비하신 모든 것은 눈으로 보지 못하고 귀로도 듣지 못하고 사람의 마음으로도 생각지 못하였도다 함과 같으니라. 오직 하나님이 성령으로 이것을 우리에게 보이셨으니……"(고전 2:9-10). "우리는 십자가에 못박힌 그리스도를 전하니 …… 오직 부르심을 입은 자들에게는 유대인이나 헬라인이나 그리스도는 하나님의 능력이요 하나님의 지혜니라"(고전 1:23-24). 성령은 예수 그리스도를 보게 하시고 기억나게 하시며 증거하시는 그리스도의 영으로서의 성령이다.

(2) 지배될 수 없는 하나님

예수는 성령에 대해서 이야기하지 않았다. 그러나 그의 삶과 죽음의 긴장감 속에서 한 가지 일을 기다렸다. 즉, 그의 선포와 삶과 죽음을 통하여 성령의 기적이 일어나고 하나님과 인간이 다시 화해되는 것을 기다리셨다. 이러한 예수를 통하여 세상 안에 계시는 하나님의 현재, 바로 성령으로부터 사는 것을 배우게 된다. 이러한 배움을 통해서 하나님이 우리에게 성령을 통하여 무엇을 주시고자 하는가를 깨닫게 될 것이며, 우리가 계획하고 기대하였던 것에 상응하지 않을 때도 있게 된다. 성령은 그가 원하시는 곳에 불며, 그가 어디로부터 와서 어디로 가는지 아는 사람은 아무도 없다(요 3:8). 성령은 지배할 수 없는 주이시며, 하나님이시다. 따라서 성령의 존재 양태는 지배될 수 없는 주님(Lord)으로서의 성령이시다.

(3) 자유

성령은 우리가 지금까지 경험하고 들어보지 못한 자유를 주신다. 성령은 여러 가지 상황에서 우리에게 자유를 주신다. 그러나 바울과 요한의 경우에서와 같이 보다 더 중요한 것은 '육체로부터의 자유'이다. 육체적인 욕심과 도덕적 완전성으로부터, 또 율법으로부터 자유를 주시므로 우리의 생명을 하나님의 선물로 인식하게 된다. "주는 영이시니 주의 영이 계신 곳에는 자유함이 있느니라"(고후 3:17). 또한 성령은 우리에게 죄와 죽음으로부터 자유를 주시는 살리는 영으로서의 성령이시다(롬 8:1-11).

(4) 공동체

자유는 한 가지 한계가 있는데 성령은 사람을 그리스도의 몸에 속하게 하며, 이 몸에 속한 모든 다른 사람들과 함께 어울리게 한다. 이러한 내적인 연결성을 통해서 다른 모든 사람과 함께 살며 다른 사람을 위해 사는 것이다(고전 12:12-27). 이러한 자유의 한계를 정하는 이가 성령이시다.

새 시대의 성령의 두드러지는 특징은 성령이 모든 사람에게 경험되며, 한두 사람만이 아니라 모든 사람을 통해 역사하신다는 것이다(예: 행 2:17-18, 롬 8:9, 고전 11:7, 11, 히 6:4, 요일 20:20). 갖가지 사람들의 집단을 한몸이 되게 한다고 바울이 가르치는 바가 바로 이 공동참여(코이노니아, κοινουια)이다(고전 12:13, 고후 13:14, 엡 4:3 이하, 빌 2:1). 그리고 그 몸의 지체인 각 사람이, 성령이 말과 행동으로 표현되도록 할 때 그 몸은 그리스도의 장성함으로 자라나게 된다(고전 12:12-26, 엡 4:3-16). 바울이 성령의 은사들을 완전하게, 그리고 아낌없이 표현하라고 격려하고(롬 12:3-8, 고후 12:1-11, 27-31, 엡 5:18 이하, 살전 5:19 이하, 엡 4:30 참조), 또한 공동체를 이루기 위하여 성령의 선물로 주신 은사도 우열이 있는 것이 아니라 모두가 똑같이 중요하다고 한다. 성령의 권위를 주장하는 모든 말과 행동을 그리스도의 척도와 그리스도가 구현하신 사랑으로 시험해 보라고 공동체에게 역설하는(고전 2 : 12 - 16, 13장, 14 : 29, 살전 5 : 19 - 22, 요일 4 : 1 - 3 참조) 이유가 바로 이것이다.[2] 이와 같이 성령은 우리 안에 있는 여러 간격을 극복하신다.

(5) 인도하심

세례 요한은 불과 영을 가지고 이미 도끼가 그 뿌리에 놓여 있는 이스라엘에게 오실 미래의 심판자를 기다렸다. 제자들은 이것을 예수께서 그들에게 주신 성령과 관련시켰다. 이 때에 그들은 예수께서 모든 가치를 전도시키면서 심판자로 그들 위에 오시고자 하심을 이해하게 되었다. 십자가에 달리신 그분을 통해서 마음을 열리게 하며 새로운 사실들을 보게 한 것이다. 요한은 영의 과제를 다음과 같이 설명한다. 즉, 영은 세계를 올바르게 생각하도록 할 것이며, 무엇이 죄인지, 무엇이 심판인지를 완전히 새롭게 보여 준다는 것이다(요 16 : 8 - 11).

성령은 모든 것을 새롭게 열리게 하시며 꿰뚫어 보신다. 그러므로 성령이 역사하실 때에 사람은 감동받게 된다. 사람은 성령이 새로운 것을 그에게 보여 주도록, 그리고 너무 오랫동안 견지해 온 견해들을 다시금 수정하도록 준비되어 있어야 한다. 이 때에 그는 하나님께서 그에게 주시고자 하는 것이 무엇이며, 하나님께서 그에게 무엇을 기대하시는가를 들을 수 있다. 이러한 성령의 인도하심과 깨달음은 여러 가지 상이한 방법으로 주신다. 빌립은 그가 한 특정한 곳으로 가야 함을 알고 있고, 바울은 그에게 내린 병을 그의 계획들을 변경시키기 위한 하나님의 교시로 체험한다(행 8 : 26, 29, 16 : 6). 요한복음 16 : 13에 의하면 영은 미래를 보여 줄 것이다. 그리하여 사람들은 오늘과 내일뿐 아니라 다음 세대에도 정말 중요한 것이 무엇인가를 듣게 된다. 디모데 전서 4 : 1에

---

2. N. Hillyer, ed., *New Bible Dictionary*, 나용화 · 김의원 역, 「새성경사전」(서울 : 기독교문서선교회, 1987), p. 1236.

의하면 영은 우리로 하여금 우리 자신의 환상에 붙들려 있도록 버려 두지 않는 위험을 정확하게 알고 있다. 이와 비슷한 것을 요한 1서 4 : 1~6에서도 말한다. "진리의 영이 …… 너희와 함께 거하심이요 또 너희 속에 계시겠음이라"(요 14 : 17).

(6) 하나님의 현재와 그의 미래에 대한 개방성

'성령과 말씀의 결합성'은 이미 구약성경에 나타나 있지만 신약성경에 비로소 명백하게 나타난다. 성령은 말씀이 과거의 단순한 반복이 되지 않게 한다. 그는 오늘날 인간의 고통을 보게 하며, 그리하여 과거의 말씀이 오늘날 무슨 새로운 것을 말하고자 하는가를 묻게 한다. 성령은 말씀을 새롭게 예기치 않는 방법으로 생동케 하며 미래를 향하여 나아가게 하는 창조적인 힘을 주신다.

이에 반하여 말씀은 하나님의 의지와 우리 인간의 한계를 상기시켜 줌으로 위험하고 잘못된 진리에 빠지지 않도록 명확성을 성령에게 주신다. 또 신약성경에 보면 기도와 성령이 깊은 관계가 있음을 볼 수 있는데, 기도란 하나님에 대한 자기 개방을 뜻한다. 그러므로 성령은 기도할 때에 역사하신다. 성령이 역사할 때 우리는 미래에 대해 하나님을 신뢰하고, 하나님께서 우리가 하는 일을 도우시고 우리가 단지 부분적으로 할 수 있는 것을 완성하신다는 것을 알게 될 것이다. 성령은 우리도 아브라함과 같이 주어진 현재(現在)를 떠나서 '희망하는 것'을 배우도록 가르친다. 왜냐하면 그는 하나님께서 모든 수수께끼를 해결하실 그 미래를 우리에게 가르쳐 주기 때문이다.

그러므로 공동체의 특별한 사명은 다음에 있다고 생각된다. 즉, 일면으로 각 개인에 대한, 특히 약하고 모욕을 받은 자에 대한 하나님의 사랑을 계속 상기시켜 주고 이 사랑으로부터 인간에게 불가능한 일을 경험하는 것이다. 다른 일면으로 어떤 절대화된 보수적 혹은 진보적 프로그램도 바로 이러한 개인들과 약한 자들이 멸망하도록 하는 전체주의

자가 되지 않도록 비판적으로 감시하는 일이다. 이러한 목적을 향한 기복적 장치에 있어서의 통일성과 이 목적이 이르는 구체적인 방법의 다양성이 바로 공동체 안에 필연적으로 존재한다. 신약성경에 의하면 성령은 종말의 완성을 가져다 주는 자가 아니라, 오히려 그는 이 세상의 제한된 시간 내에 있어서 하나님의 현재를 말한다.

한편, 어떤 이들은 성령 사역이 근본적으로 미래에 속한 것으로서 현재의 성령 활동은 예비적이라고 제안한다. 그럼, 이 가설에 비추어 성령과 미래의 관계를 잠시 고찰해 보자.[3] 이 견해는 '첫 열매', '시작', '먼저 나신 자'(고전 15 : 20, 23, 골 1 : 18)라는 서술과 성령이 보증(ἀρραβων)으로 기술된 것과(고후 1 : 22, 5 : 5, 엡 1 : 4), 그리고 하나님의 나라와 성령이 연관된 사실에서(롬 14 : 17, 참조. 고전 4 : 20) 시사된 미래에 대한 강조에 기반된 것이다. 만일 이 같은 서술들이 절정의 때까지는 발생될 수 없는 보다 충만한 체험들을 암시한다고 본다면 이것이 '종말론적 성령'에 대한 보다 선명한 지침이라고 간주될 수 있을까? 만약 종말론적 성령(The eschatological Spirit)이라는 표현이 현재 신자 속에서 활동하는 성령이 이미 그들 안에서 시작한 사역을 완성시킬 동일한 성령이라는 의미라면 반대할 것이 없다. 그러나 '종말론적 성령'이라는 말이 성령의 주된 활동은 종말까지 연기된다는 시사라면 그것은 성령 사역에 대한 분명한 이해를 가져다 주지 못한다. 성령의 현재적 활동에 대한 언급들은 미래적 사역의 말씀들보다 월등히 많은 것이 사실이다. 그래서, 이 미래에 대한 언급들을 오히려 현재적인 성령의 사역에 비추어 보는 것이 더 논리적일 듯하다.

바울은 확실히 성령이 이미 시작한 사역을 반드시 완수할 것이라고

---

3. 참조. J. D. G. Dunn, *Jesus and the Spirit*, p. 67. 그는 예수님을 종말론적 성령에 의해 부음을 받은 자로 말한다. 그리고 종말론과 성령에 대한 바울의 견해를 논의한 것도 참조하라(Ibid., pp. 308ff.).

굳게 확신하였다. 더구나, 성령의 현재적 사역은 완성의 절정에 비추어 보지 않고서는 제대로 평가될 수 없다.[4] 신약의 성령 교리를 이해하는 데 있어서 미래의 소망이 지니는 중요성은, 그것이 하나님의 백성들을 둘러싼 현재의 악한 환경에도 불구하고 성령의 현재적 사역을 좌초시킬 수 없다는 보증이 된다는 것이다. 어떤 면에서 미래와 희망은 그리스도인 공동체의 새 생활 속에서 이미 실현되기 시작했다고 확언할 수 있다. 성령은 지금, 여기에서 선수금(argeld)으로서 종말의 완성을 가르치고 있다. 그러기에 바울은 로마서 8:14~28에서 성령의 사역에 대해, 하나님께서 모든 것을 완성하실 때에 존재할 바에 대한 일종의 '첫 선물'이라고 하였다.

이제 다시 우리는 처음에 예수에 대하여 말한 내용으로 다시 돌아간다. 하나님의 성령을 이해하고자 시도한 구약성경의 이스라엘의 모든 역사가 예수 안에서 약동하고 있다. 이것이 이제 성취되었다. 예수의 모든 삶과 또한 무엇보다도 그의 죽음은 그가 결코 자신의 힘으로 '지배할 수 없는' 하나님과 계속하며 함께 있음을 뜻한다. 이것이 그 사회에서 세리들과 창부들에게 행복을 가져다 준, 지금까지 들어 보지 못한 자유를 그에게 준다. 이것이 예수와 그들 사이에 놓여 있던 한계를 지양시키고 성찬을 통하여 아주 정확하게 된 식탁의 '사귐'을 형성하였다. 이것은 하나님의 '인도하심'으로 증명되었으며, 이 인도는 모든 인간적인 기대와 계획에 반하여 그를 십자가에 이르게 하였다. 십자가에서 그는 아무것도 배제할 필요는 없었으며, 오히려 "어찌하여 당신은 나를 버리십니까?" 하고 부를 수 있었다. 그러나 또한 그는 "나의 하나님, 나의 하나님" 하고 기도하면서 하나님을 버리지 않았다. 지상의 활

---

4. 신약에는 '지금'(now)과 '아직'(not yet) 사이에 긴장이 존재한다. 이것은 결코 부정될 수 없다. 이 긴장을 조금이라도 경감시키면 신약의 입장이 왜곡된다. 그렇지만 하나님의 성령이 예시하는 것은 현재와 미래 사이의 본질적인 통일이다.

동에 있어서 그는 장차 올 하나님의 나라에 대하여 많은 비유로써 희망도 없는 것처럼 보이는 그 때에 자기를 하나님께, 하나님의 손에 맡겼다. 그러므로 그는 미래에 그를 죽은 자들 가운데서 일으키시고 성령께서 그의 나라에로 부르실 그를 모든 사람의 주로 삼으신 이에게 속해 있다는 것을 경험한 것이다.

2. 성령운동의 방향

성령은 교회를 세우신 분이다. 그러므로 그리스도의 교회는 그 자신 또는 그의 능력과 임무를 교회의 주이신 성령이 장악하는 역사 속에서만 깨닫게 된다. 여기에서 교회는 그 자신이 무엇이라는 것 뿐만 아니라 그 자신이 어디에 속해 있는가를 경험한다. 그 때문에 교회는 성령의 현존과 능력 안에 존재하며 성장한다. 성령은 그리스도 교회를 새롭게 하고 인도하며 본래의 목적에 도달하게 한다. 그러므로 성령이 계시지 않는 교회란 존재할 수 없다. 따라서 교회의 주되신 성령 안에 존속하게 되고 그의 사역을 감당하게 된다. 이처럼 성령과 교회의 관계는 필연적 관계이다. 그럼에도 불구하고 교회는 성령을 경시하거나 또는 잘못된 성령운동으로 오류를 범하고 있는 것을 볼 수 있다. 그럼, 교회가 교회의 주되신 성령과의 관계 속에서 추구해야 될 성령운동의 방향은 무엇인가?

첫째는, 성령은 교회의 주님이시다. 성령은 교회를 세우신 주님이시다. 그러므로 교회를 세우신 성령의 인도하심을 받고 성령의 말씀하심을 들어야 한다. 이것은 이미 앞에서 언급한 내용이다. 요한 계시록 2~3장에 나온 일곱 교회에 되풀이되는 말씀은 "귀 있는 자들은 성령이 교회들에게 하시는 말씀을 들을지어다." 하는 말씀임을 알 수 있다. 교회는 주되신 성령의 말씀을 듣는 교회, 이 교회만이 교회의 바른 사명, 능력, 맡겨진 위임된 사항을 감당할 수 있다. 그러므로 교회는 성령이 교회보다 앞선 교회의 주님이심을 고백해야 한다. 이것이 교회가 지향해야 할 첫 번째 성령운동의 방향이다.

둘째는, 성령은 인격적 존재이다. 성경은 성령에 대해서 항상 그분(He)이라고 말하고 있다. 여기에 그분이라는 말은 인격적 존재라는 뜻이다. 또한 성경은 성령을 그분이라고 할 뿐 아니라 인격적 존재가 하는 지, 정, 의의 활동을 하고 계신 분으로 말한다.

"오직 하나님이 성령으로 이것을 우리에게 보이셨으니 성령은 모든 것 곧 하나님의 깊은 것이라도 통달하시느니라"(고전 2:10).

"하나님의 성령을 근심하게 하지 말라"(엡 4:30). "성령을 소멸치 말며"(살전 5:19).

"이 모든 일은 같은 한 성령이 행하사 그 뜻대로 각 사람에게 나눠 주시느니라"(고전 12:11).

이처럼 성령은 인격적 존재로서 그분일 뿐만 아니라 인격적 행동을 하시는 분이다. 성령이 인격적 존재요, 인격적 행동을 하신다는 것은 우리 자신이 인격적 존재가 되는 것을 바라고 계심을 뜻한다. 그러므로 성령을 단순히 능력, 힘, 영향력으로 보는 것은 잘못이다. 이 이전에 성령은 우리에게 변화를 가져다 주시는 분이다. 이것을 우리는 중생(regeneration), 거듭남(rebirth), 다시 태어남(born again)이라고 말하고 더 나아가 여기에서 성화의 삶이 이루어진다. 우리는 성령에 대해서 언급할 때 무엇보다 먼저 거듭남과 성화에 대해서 말해야 한다. 성령은 우리를 새롭게 하시는 분이요, 또한 문자 그대로 거룩한 영(Holy Spirit)이신 성화의 영이시다. 우리 교회의 성령운동의 일반적 양상은 이 같은 변화와 성화를 동반하기보다는 사도행전의 시몬처럼(행 8:14-24) 현상적인 것에 매여 있다. 우리는 무엇보다 성령께서는 변화시키는 분이요, 거룩한 삶을 살기 원하는 분임을 깨달아야 한다. 새롭게 하시는 성령은 개인적 차원은 물론이요, 사회, 역사까지 새롭게 하시는, 치료하시는 영이시다. 이 점도 우리는 대단히 유의해야 할 것이다. 그러므로 우리 교회의 성령운동은 인격적 존재이신 성령을 본받아 인격적 변화운동, 즉 삶의 변화운동에 힘써야 한다. 셋째, 성령은 은혜의 수단(성경, 설교, 기도, 성례전, 가르침, 교회 등)을 통해서 역사하신다. 성령에 대한 각 교회들의 고백을 보면 로마 가톨릭교회는 성령을 교회의 영이라 하여 교회에 소속된 영이라 한다. 이 같은 로마 가톨릭교회의 성령 이해는 앞에서 언급한 주(Lord)되신 성령을 알지 못한다. 반면에 열광주의자(Enthusiasmist)나 영숭배자(Spiritualist), 좀더 구체적으로, 역사적으로 말하면 몬타누스파(Montanus), 재세례파(Anabaptist) 들은 성령의 직접적 체험을 강조한다. 즉, 로마 가톨릭교회가 성령을 교회라는 수평적 차원에서 이해한다면, 열광주의자들은 성령을 수직적 차원에서 이해한다. 성령은 직접적으로 역사하신다는 것이다. 이것이 교회의 보편적인 성령운동 현상이다. 물론 주이신 성령께서는 경우에 따라서 수직적으로, 직접적으로 역사하신 것도 사실이다. 그러나 성경은 우리에게 성령이 은혜의 수단을 통하여 역사하심을 강조한다.

그럼, 은혜의 수단 없는 성령운동 현상은 어떤 결과를 가져오는가? 은혜의 수단 없는 성령운동은 성령과의 수직적 관계만을 중요시하여 주관적 체험을 지나치게 강조하므로 ① 객관적 기준이 없고, ② 일반 종교 현상과 성령운동 현상을 구별할 수 없게 하고, ③ 예수 그리스도 없는 성령운동에 빠지고 만다. 여기에서 우리 교회가 두려워한 혼란과 무질서가 야기된다. 그러므로 우리는 로마 가톨릭교회의 수평적 차원을 넘어서 말씀, 기도, 성례전, 설교, 가르침, 교회를 통해서 역사하심을 받아들이고 이런 기본적 관점에서 성령운동을 해야 할 것이다.

넷째, 성령의 은사를 인정하되 은사의 다양성과 은사의 원리를 분명히 깨달아야 한다. 우리는 성경에 나온 은사를 받아들이고 인정해야 한다. 이 은사는 우리 성도들 개인 뿐만 아니라 교회에도 대단히 중요하다. 그러므로 은사의 발견은 교회의 재발견이라 할 만큼 중요하다. 은사를 모르는 교회나 개인은 성령의 능력을 알 수도 없고 깨닫지도 못한다. 그러나 이 은사가 시대적 양상에 따라서 한두 가지만 강조되어서는 안 될 것이다. 즉, 방언, 신유, 귀신 쫓아내는 것 등 어떤 특별한 은사만이 강조되어서는 안 된다는 것이다. 이미 언급한 바대로 은사의 다양성을 인정해야 한다. 또한 이 은사에는 원리가 있음을 알아야 한다. 이 원리란 세 가지로 말할 수 있는데 ① 자기 은사를 발견하게 하고, ② 주어진 은사를 이웃과 교회를 위하여 사용하도록 하고, ③ 주님께 순종하게 하는 것이다. 즉, 이 은사에는 과제(Aufgabe)가 있음을 깨닫고 은사를 바르게 사용하도록 해야 한다는 뜻이다. 우리 교회, 특히 장로교회는 성경에 나타난 성령의 은사를 그대로 받아들이지 못한 경우가 많았다. 오히려 잘못된 성령운동을 보고 너무 조심하고 두려워하여 은사에 제한을 가한 것이 사실이다. 이는 성경에 나온 은사를 제한한 것이다. 이제 우리는 성령의 은사운동을 제한할 것이 아니라 올바르게 깨닫고 바르게 지도해야 한다. 이것이 우리 교회를 활력 있게 하고 더 나아가 생명력 있는 교회가 되게 하는 원동력이다.

다섯째, 성령은 새 세계를 이루어 공동체를 형성한다. 지금까지 교회의 성령운동은 두 가지 방향에서 이루어졌다. 하나는 인격성 없는 성령운동으로 오로지 물리적 현상에 치우친 힘과 능력 중심의 성령운동과, 다른 하나는 개인에 국한시켜 개인의 변화, 즉 개인 회개만을 재촉한 성령운동이었다. 이 두 가지 운동이 다 잘못된 것은 아니었지만 근본적이고도 보다 더 큰 영역을 상실한 것이다. 성령은 개인 뿐만 아니라 새로운 공동체를 형성한다. 성령은 새로운 세계를 이룩하신 분이요, 또한 새 세계의 보증자(arrabon)이시다. 성령이 임재하신 후에 나타난 사도행전 2장에서 4장까지의 초대교회의 역사를 볼 때 어떤 공동체가 형성되었는가? 뿐만 아니라 성령은 아직 이루어지지 않은 새 세계의 기업의 보증으로(엡 1 : 14) 오신 약속의 성령이시다. 성령은 진리, 사랑, 정의, 자유를 이루시는 생명의 영으로서 모든 세계를 성령의 세계, 즉 새로운 공동체의 세계로 인도하신다. 이처럼 성령은 개인 변화에만 국한시키지 않고 새 역사, 새 세계, 새 공동체를 형성한다. 우리는 성령의 역사하심을 너무 편협하게 이해해서는 안 된다. 성령은 새 세계를 이루는 영이시요, 또한 미래의 세계를 완성하시는 영이시다.

지금까지 교회가 성령과의 관계 속에서 걸어온 자취와 또 나아갈 방향에 관해서 상고해 보았다. 바라기는 교회가 성령의 바른 이해를 통해서 더욱 생명력이 넘치는 교회가 됨과 동시에 하나님의 거룩한 뜻을 성취하길 바라는 마음이다. 성령, 그분은 교회를 세우신 교회의 주이시다. 그러므로 성령이 계시지 않는 교회는 존속할 수 없다. 따라서 모든 교회와 개인은 성령께 순종하고 성령의 말씀을 따라야 한다.

성령의 강림은 공평과 정의가 땅 위에 충만케 하기 위함이다.[5] 성령의 활동은 정의의 수립과 불가분의 관계에 있다.

성령은 평화의 영이시다. 성령이 계신 곳에는 평화가 수립된다. 성령은 민족과 계급 사이의 분쟁을 없애고, 미움과 갈등을 없애고 평화를 수립하시는 영이시다.

성령은 사랑의 영이시다. 성령의 궁극적 목표는 사랑의 실천이다. 성령의 이 사랑이 우리 모두를 하나로 만드신다.

성령은 진리의 영이시다. 성령은 우리로 하여금 진리를 깨닫게 하시고 그 참된 진리가 예수 그리스도이심을 증거한다.

성령은 창조세계를 보존하고 새롭게 하시는 영이시다. 성경에 의하면 모든 살아 있는 것은 하나님의 영을 통해서 생명을 얻고 생명이 유지됨을 말한다. 성령은 창조세계의 근원이다.

---

5. 김명용, "장로교 성령운동의 방향," 「새롭게 하시는 성령과 한국교회」(서울 : 한울, 1996), p. 106.

성령은 하나님의 나라를 이루신다. 하나님의 나라는 하나님과 인간, 인간과 자연, 인간과 인간, 하나님과 모든 피조세계 사이의 화해가 이루어져 있는 참된 평화의 세계이다. 성령은 신음하는 인간세계와 전체 피조세계를 구원해서 하나님의 평화(saloom)의 세계를 만드시는 영이시다.[6]

---

6. Ibid., p. 111.

오시옵소서!
창조주 성령이시여

Ⅰ. 인간의 책임 / 371
Ⅱ. 오시옵소서! 창조주 성령이시여 / 380

I

인간의 책임

하나님의 영이시며 인격적인 성령께서 우리와 항상 같이 계시기 위해서는 우리 인간이 해야 될 몇 가지 책임이 있다.

1. 성령을 소멸하지 말아야 한다

"성령을 소멸치 말며"(살전 5 : 19). 이 말씀은 새번역성경에서는 "성령의 불을 끄지 말고"로 되어 있다. 여기의 소멸(quenching)이라는 말은 마태복음 12 : 20과 같이 꺼져 가는 심지를 끄지 아니한다거나, 히브리서 11 : 34에서 믿음의 조상들이 불의의 세력을 멸하였다고 말한 물리적 의미로 자주 사용하고 있다.[1] 그러나 본 의미는 '억누르다', '질식시키다'의 뜻으로 사용된다. 완전한 의미에서 신자가 성령을 소멸하기란 불가능하다. 성령께서 모든 신자들에게 임재하심은 확실하기 때문이다. 그러므로 여기의 소멸이란 저항하거나 거역하는 것을 뜻한

---

1. John F. Walvoord, *The Holy Spirit*, 이동원 역, 「성령」(서울 : 생명의 말씀사, 1981), p. 257.

다고 본다. 즉, 우리가 봉사나 증거에 대한 소명에 응답하지 아니할 때, 또 하나님께서 열어 주신 기회의 문에 들어가지 아니할 때, 영적인 것보다는 세상에 더 큰 관심을 가질 때, 하나님 중심보다는 인간을 중심으로 생각하여 봉사나 섬김보다 자기의 이익을 먼저 생각할 때에 성령의 불은 꺼지고 만다. 특히 하나님의 뜻에 순종하지 아니할 때에 성령의 불은 꺼지고 만다. 그러므로 하나님께서 우리에게 주신 성령의 은사를 잘 감당하고, 하나님께서 우리에게 주신 임무를 잘 감당해야 한다. 또한 하나님의 뜻에 절대적으로 순종해야 한다. 이런 이유 때문에 그리스도인들은 계속적으로 하나님께 순종하도록 권면받은 것이다.

"그러므로 너희는 죄로 너희 죽을 몸에 왕노릇하지 못하게 하여 몸의 사욕을 순종치 말고, 또한 너희 지체를 불의의 병기로 죄에게 드리지 말고 오직 너희 자신을 죽은 자 가운데서 다시 산 자같이 하나님께 드리며 너희 지체를 의의 병기로 하나님께 드리라"(롬 6 : 12 - 13).

성령을 소멸하지 않기 위해서는 무엇보다 순종하는 생활이 중요하다. 이 같은 순종의 최고 모범은 예수 그리스도에게서 찾아볼 수 있다. 빌립보서 2 : 5~11의 본문은 우리 주님의 영광과 승리를 계시할 뿐만 아니라 십자가의 겸비에 이르는 그의 순복을 보여 준다. 그리스도의 마음을 지닌 하나님의 자녀는 그리스도께서 그의 생애를 통하여 하나님의 뜻에 복종하신 것처럼, 그의 모든 생애는 모든 국면에서 하나님의 뜻에 완전히 복종하는 사람이다. 그러므로 성령 충만을 위해서 우리 주님께 복종하는 것은 절대적으로 필요하다.

성령을 소멸하는 것은 또한 성령의 인도와 밀접하게 관련되어 있다. 신자가 성령의 인도하심을 따르기를 거절할 때에 성령이 소멸한다. 인간은 스스로 자기 삶을 인도하는 것이 아니라 하나님의 인도하심에 의존하도록 피조되었다. 성령께서는 바울이 아시아와 비두니아에서 복음 전하는 것을 금했다가 후일 그의 발걸음을 이 지역으로 인도하여 복음 사역을 감당하게 하셨다(행 16 : 6 - 7, 19 : 10). 우리는 우리의 뜻으로 헤아리고 깨닫지 못한다고 하더라도 성령의 인도하심에 맡기고 따르는 것이 무엇보다 중요하다. 성령은 그의 인도하심에 따르는 자에게 항상 충만하게 함께하신다. 성령의 인도하심을 따르기를 거절하고 성령의 뜻에 저항하는 것은 성령을 소멸하는 것이다.[2]

2. 성령을 근심하게 하지 말아야 한다

"하나님의 성령을 근심하게 하지 말라. 그 안에서 너희가 구속의 날까지 인치심을 받았느니라"(엡 4 : 30).

성경은 우리에게 하나님의 영이신 성령은 거룩하시며 인격적 존재이심을 증거하고 있다. 이 거룩하신 성령께서 우리 안에 내주하실 때 우리는 하나님의 전이 되는 것이다. 이런 상태에서 어떤 형태로든 죄가 개입하면 성령은 근심하게 된다. 그러므로 "하나님의 성령을 근심하게 하지 말라. 그 안에서 너희가 구속의 날까지 인치심을 받았느니라."는 말씀은 성령의 거룩하심에 상반되는 어떤 일이나 행동을 용납하지 말라는 뜻이다. 성령을 근심하게 하는 유일한 요인은 죄이다. 거룩하신 하나님께서는 우리의 성별된 생활을 요구하신다.

> "너희가 순종하는 자식처럼 이전 알지 못할 때에 좇던 너희 사욕을 본 삼지 말고 오직 너희를 부르신 거룩한 자처럼 너희도 모든 행실에 거룩한 자가 되라. 기록하였으되 내가 거룩하니 너희도 거룩할지어다 하셨느니라"(벧전 1 : 14 – 16).

> "하나님의 뜻은 이것이니 너희의 거룩함이라. 곧 음란을 버리고"(살전 4 : 3).

---

2. Ibid., p. 261.

"주의 사랑하는 형제들아, 우리가 항상 너희를 위하여 마땅히 하나님께 감사할 것은 하나님이 처음부터 너희를 택하사 성령의 거룩하게 하심과 진리를 믿음으로 구원을 얻게 하심이니"(살후 2 : 13).

바울은 성령을 근심하게 하지 말라는 말씀 속에서 피해야 될 여러 죄들을 열거하였다. 여기서 나오는 죄의 목록은 성령을 근심하게 하는 모든 죄를 완전히 다 말한 것은 아니다. 그러나 여기에서 우리에게 보여준 이들 실제적인 본보기는 우리들의 주의를 환기시키는 것으로 이해해야 할 것이다. 다음의 죄들이 성령을 근심하게 한다 :

거짓말(엡 4 : 25)
분내는 일(엡 4 : 26)
도적질(엡 4 : 28)

더러운 말은 부정직하고, 부정하고, 어리석고, 부적당하고, 희롱하는 말을 하는 것이다(엡 4 : 29, 5 : 3 - 4). 그리고 악독, 노함, 분냄, 떠드는 것, 훼방(엡 4 : 31), 인자하지 않은 것, 용서하지 않은 것, 사랑하지 않은 것(엡 4 : 32, 5 : 2), 음행, 더러운 것, 탐욕(엡 5 : 3), 어두움의 일에 참여하여 은밀히 행하는 모든 악(엡 5 : 11 - 12), 술 취함(엡 5 : 18) 등의 죄를 말한다. 성령은 성결의 영(거룩한 영, 롬 1 : 4)이다. 모든 부정한 것과 모든 추악한 것과 어떤 죄악에 물드는 것이라도 성령을 근심하게 한다. 죄악은 우리의 하나님과의 온전한 교제를 방해한다. 그럼 우리가 성령을 근심하게 하면 그 결과는 무엇인가?

하나님께서는 우리의 자유를 존중히 여겨 주시는데 우리가 하나님의 뜻에 순종하기보다 오히려 죄를 범할 때에는 죄를 범하자마자 우리 심령 속에서의 성령의 활동을 멈추고 우리와의 교제를 중지하신다. 그 때부터 성령의 능력의 역사가 더 이상 우리에게 나타나지 않으며, 우리는 시험하는 자 앞에서 무력해져 패배의 생활을 하게 된다.[3] 성령께서 근심하는 동안은 인간 구원을 위한 어떤 일도 하지 않을 것이다.

구약성경 중 특별히 여호수아와 사사기는 이 점에 대하여 많은 교훈을 내포하고 있다. 예를 들면, 아간의 숨은 죄 때문에(수 7 : 1, 20 - 21) 여호와께서 이스라엘에게 말씀하시는 것을 중지하시고 승리하지 못하게 하였다. 여호와께서 여호수아에게 "그 바친 것을 너희 중에서 멸하지 아니하면 내가 다시는 너희와 함께 있지 아니하리라.…… 이스라엘아, 너희 중에 바친 물건이 있나니 네가 그 바친 물건을 너희 중에서 제하기 전에는 너의 대적을 당치 못하리라"(수 7 : 12 - 13). 하나님께서 그의 거처로 정하신 장막은 아직 백성들 사이에 있었지만 그들을 위하여 역사하지 않았던 것이다.

오늘날도 이와 같이 성령이 근심하게 되면 성령이 우리 육신의 성전 안에 거하시지만 더 이상 자신을 계시하시고 역사하지 않으시는 것이다. 이렇게 되면 우리의 기도는 더 이상 한계를 넘지 못하고 우리의 심령은 메마르고 기쁨이 없어지게 된다. 우리가 성령을 근심하게 하면 능력과 영적인 교제를 상실할 뿐만 아니라 성령의 열매로서의 희락인(갈 5 : 22) 기쁨도 상실하게 되는 것이다. 죄가 한 번 우리 속에 들어오면 성령은 우리에게 그의 즐거움을 주지 않는다. 우리가 한 번 잘못을 저지를 때에 슬픔이 우리를 엄습하고 우리 마음을 깊은 수렁에 빠뜨리게 하는 것은 보통 있는 체험이 아니겠는가? 그것은 성령 자신의 슬픔인 것이다. 여기에 왜 그렇게 많은 그리스도인들이 기쁨과 매력을 상실하는가의 이유가 있는 것이다. 우리가 이 슬픔의 원인을 제거해야 하며 예수 그리스도 안에서 우리에게 거저 주신 완전한 기쁨을 맛보고 이 기쁨을 널리 퍼지게 해야 할 것이다.

성령이 근심하실 때 무엇을 해야 하는가? 먼저 우리의 죄를 고백해야 한다. 사도 요한은 "만일 우리가 우리 죄를 자백하면 저는 미쁘시고

---

3. Rene Pache, *The Person and Work of the Holy Spirit*, 정학봉 역, 「성령의 인격과 사역」(서울 : 요단출판사, 1980), p. 138.

의로우사 우리 죄를 사하시며 모든 불의에서 우리를 깨끗케 하실 것이요."(요일 1 : 9)라고 하였다. 사죄함을 받는 데 죄를 고백하는 것을 대신할 수 있는 것은 아무것도 없다. 우리의 죄를 고백하는 것 이외에 우리에게 하늘로부터 내려오는 평화를 회복할 수 없는 것이다. 하나님께서는 우리가 우리의 과오를 위하여 하나님의 용서를 빌기를 원하시는데, 그 과오들을 고백하지 않고 남겨 두고 있는 이상 우리의 교만은 부서지지 않고 그대로 남아 있을 것이다. 잠언에 "자기의 죄를 숨기는 자는 형통치 못하나 죄를 자복하고 버리는 자는 불쌍히 여김을 받으리라."(잠 28 : 13)고 하였다. 죄를 고백함에 있어서 "주님 내가 죄를 범했다면 그 죄를 용서해 주옵소서."라고 말하는 것은 충분한 말이 되지 못한다. 우리는 하나님 앞에 부복하여야 하며, 성령께서 우리에게 깨닫게 하신 모든 죄들을 낱낱이 그 이름을 개별적으로 말하면서 고백하여야 한다. 우리의 죄를 고백함으로 우리는 하나님과의 관계가 온전히 회복된다.[4]

거룩한 영이신 성령은 그의 거룩을 우리의 것이 되게 하여 우리를 거룩하게 하고, 거룩한 삶을 살므로 거룩한 삶의 결실을 얻게 한다. 하나님의 영과 함께하는 삶에 성별된 생활은 신자의 필연적 삶이다. 거룩하신 영이신 성령은 그의 자녀들이 죄를 범할 때 근심하신다.

3. 성령을 좇아 행하여야 한다

"성령을 좇아 행하라. 그리하면 육체의 욕심을 이루지 아니하리라"(갈 5 : 16). "성령을 좇아 행하라."는 말씀 속에는 우리 안에 내주하시는 성령의 능력과 임재에 의하여 행하라는 명령의 말씀이다. 헬라어 원어 성경에는 단순하게 직설적으로 '프뉴마티'(Pneumati)와 '페리파테이테'(Peripateite)라 하고 있다. 프뉴마티는 흠정역에서 여격으로 번역

---

4. Ibid., p. 142.

되어 '성령 안에서'(in the Spirit)라고 되어 있지만 실제로는 '성령에 의하여'(by the Spirit)로 번역되어야 할 것이다.[5]

이 뜻은 명확하다. 그리스도인들이 육체의 욕심에 따라 살기 원하지 않는다면 성령의 능력에 따라서 살아야 한다는 뜻이다. 성령으로 행하라는 것은 계속적 경험을 뜻하는데 페리파테이테(Peripateite)는 현재 시제로서 성령으로 행하기를 계속한다는 뜻이다. 성령을 따라 그리스도인이 살아야 함은 그리스도인에게 요구되는 높은 수준의 영적 생활을 볼 때 아주 명백하다. 이전 세대에 성령이 자유롭게 모두에게 허락되지 않았던 성도들과는 달리 오늘날 그리스도인들은 성령으로 지배받은 삶에 대한 책임이 있음을 알 수 있다. 우리는 그리스도께서 우리를 사랑하신 것처럼 서로 사랑하도록 명령을 받고 있으며(요 13 : 34, 15 : 12), 또한 우리는 모든 사람에 대하여 오래 참고 선을 행할 것을 명령받고 있다(살전 5 : 14 - 15). 또 우리는 항상 기뻐하고 쉬지 말고 기도하며 범사에 감사해야 한다(살전 5 : 16 - 18). 이런 일들은 인간의 능력이나 힘으로 행할 수 없다. 오로지 성령에 의해서만 가능하다. 그러므로 우리는 성령을 좇아 행하여야 한다. 우리 그리스도인들이 영적으로 승리하기 위해서는 전적으로 성령에 의지해야만 한다. 성령은 하나님으로서, 주로서 우리에게 오시고 임하시지만, 주이신 성령과 함께한 우리 역시 우리의 책임이 있음을 망각해서는 안 될 것이다.

"너희가 이같이 어리석으냐? 성령으로 시작하였다가 이제는 육체로 마치겠느냐?"(갈 3 : 3)

"술 취하지 말라. 이는 방탕한 것이니 오직 성령의 충만을 받으라"(엡 5 : 18).

---

5. John F. Walvoord, op. cit., p. 266.

성령만이 육으로부터 우리 인간을 구할 수 있다.

"육체의 소욕은 성령을 거스리고 성령의 소욕은 육체를 거스리나니, 이 둘이 서로 대적하므로 너희의 원하는 것을 하지 못하게 하려 함이니라" (갈 5 : 17).

로마서 7 : 15~27, 8 : 2에서도 육신이 연약하여 할 수 없는 것을 성령은 하실 수 있음을 말하고 있다. 성령만이 삶의 위대한 능력으로 육신을 극복하여 승리할 수 있음을 말한다. 성경은 인간에게 죄의 잠재된 원천이 그대로 있기에 성령 안에서 행하기를 그치자마자 육신의 욕망과 소욕으로 돌아가게 됨을 가르친다. 그러나 성령을 쫓아 행할 때만 육체의 욕심을 이루지 아니한다. 우리 인간에게는 죄를 지을 수 있는 가능성이, 잠재력이 항상 남아 있기에 성령의 역동적인 능력이 없이는 육에 빠질 수밖에 없다.

"나를 떠나서는 너희가 아무것도 할 수 없음이라."(요 15 : 5)고 하셨다. 우리 안에 남아 있는 죄 때문에 우리는 매 순간마다 성령의 정복하시는 반작용이 필요하다. 성경은 우리 인간의 육신은 연약하기 때문에 승리하기 위해서는 모든 신자가 성령을 의지해야 함을 말씀하고 있다. 우리 안에 있는 죄적 성품, 또 사단의 세력과 어둠의 권세, 그리고 세상의 부패 등은 성령의 함께하심을 절대적으로 필요로 하게 한다. 우리를 대적하는 세력들과의 싸움에서 승리하기 위해서는 성령을 쫓아 행하는 외에 다른 방도가 없다.

"육신을 쫓는 자는 육신의 일을, 영을 쫓는 자는 영의 일을 생각하나니 육신의 생각은 사망이요, 영의 생각은 생명과 평안이니라. 육신의 생각은 하나님과 원수가 되나니 …… 육신에 있는 자들은 하나님을 기쁘시게 할 수 없느니라"(롬 8 : 5 - 8).

"너희가 육신대로 살면 반드시 죽을 것이로되 영으로써 몸의 행실을 죽이면 살리니"(롬 8 : 13).

우리가 육신을 따라 살면 우리는 죽을 수밖에 없다. 그러나 성령을 따라 살면 생명과 평안이 있다. 우리는 무엇보다 항상 성령을 따라 살아야만 한다. 우리는 믿음의 도리를 굳게 지켜 성령으로 시작된 역사가 우리 안에서 끝까지 성령으로 마치도록 굳게 서야 할 것이다.

II

오시옵소서! 창조주 성령이시여

이제 21세기를 바라보는 우리는 어느 시대에도 경험하지 못했던 새로운 기회에 봉착하게 되었다. 생태계의 파괴, 산업화, 세속화, 사회적 갈등, 불신, 교회 자체의 문제 등……. 예수님께서 십자가에 달리셨다가 부활하신 때의 교회의 총인원수는 불과 120명이었다(행 1 : 15). 그들 중에는 부자나, 영향력 있는 사람, 권력가, 지식인들이 없었다. 그들은 가난하고 평범하며 단순한 사람들이었다. 이런 적은 무리의 사람들에게 놀라운 과업이 맡겨졌다. "너희가 권능을 받고 예루살렘과 온 유대와 사마리아와 땅 끝까지 이르러 내 증인이 되리라"(행 1 : 8). "너희는 가서 모든 족속으로 제자를 삼아 아버지와 아들과 성령의 이름으로 세례를 주고."(마 28 : 19)라는 말씀이었다. 그러나 그들은 이 과업을 시작하기 전에 성령을 기다리라는 말씀을 들었고, 그 후 이들은 성령의 충만함을 받았다. 성령이 충만한 이들을 통하여 30년 안에 복음의 메시지는 로마와 그 너머까지 전파되었으며 교인수는 10만 명을 헤아리게 되었다(그 당시의 세계인구는 약 2억 5천만 정도였다.). 이 놀라운 일들이 성령의 능력을 통해서 이루어졌다는 것을 신약성경은 가르쳐 주고 있다. 오늘날 커다란 도전에 직면해 있는 교회도 그와 같은 능력이 필요하다. 그러므로 오늘날 살아 있는, 생명력 있는 교회, 능력 있는 교회가 되고 교회의 바른 사명, 임무를 실천하기 위해서는 성령이 충만한 교회가 되어야 한다. 그러기 위해서는 무엇보다도 먼저 "성령이 교회에 하신 말씀을 교회는 잘 들어야 한다." 즉, 요한 계시록 2 : 7의 "귀 있는 자는 성령이 교회들에게 하시는 말씀을 들을지어다."라는 말씀이다. 성령의 말씀을 청종한 가운데 교회는 교회로서 바른 사명, 임무를 행할 수 있고 능력 있는 교회가 될 수 있다.

교회는 성령의 말씀을 들어야 한다. 이런 교회만이 바른 교회의 사명을 감당할 수 있을 것이다. 교회의 근본은 숫자, 외모, 외형에 있는 것이 아니라 성령이 충만한가 그렇지 않은가에 있다.

교회는 교회의 주이신 성령께서 교회를 인도하시고, 가르치시고, 깨우치실 때에 이 땅 위의 영광스러운 교회로, 거룩하고 흠 없는 교회로 영원히 남아 있을 것이다. 우리는 외적인 것에 우리의 마음을 쏟지 말고 근본을 볼 수 있는 영적인 혜안(慧眼)이 오늘의 교회에 있기를 바란다. 따라서 하나님의 교회와 우리 자신들은 성령의 현존 속에 있어야 한다. 그래야만 우리에게 주어진 사명, 교회에 주어진 사명을 완수할 수 있다. 교회와 우리 신앙인들이 성령을 망각한 것만큼 신앙에서 위험한 것은 없다. 이제 우리는 21세기를 맞이할 교회와 우리 자신들을 위하여 초대교회의 교인처럼 간절한 마음으로 기도해야 할 것이다. 뿐만 아니라 인간됨을 상실한 우리의 삶과 생태계의 위험 중에서 모든 생명의 영으로 생명의 영이신 성령의 임재를 기도해야 한다. 이 때에 개인, 교회, 세계, 우주의 문제가 해결될 것이다. 21세기는 영의 시대이다. 우리는 영의 시대에 다음과 같이 기도해야 한다.

"오시옵소서! 창조주 성령이시여, 그리고 성령이여 머물러 주시옵소서."(veni creator Spiritus, mane sancte Spiritus.)라는 기도이다.

veni creator Spiritus

veni creator Spiritus,
mentes tuorum visita,
imple superna gratia,
quae tu creasti, pectora.
Qui diceris Paraclitus,
donum Dei altissimi,
fons vivus, ignis, caritas
et spiritalis unctio.
Tu septiformis munere,
dextrae Dei tu digitus,
tu rite promissum Patris
sermone ditans guttura.
Accende lumen sesnibus,
infunde amorem cordibus,
infirma nostri corporis
virtute firmans perpeti.
Hostem repellas longius,
pacemque dones protinus,
ductore sic te praevio
vitemus omne noxium.
Per te sciamus da Patrem
noscamus atque Filium,
te utriusque Spiritum
credamus omni tempore
V Emitte Spiritum tuum,
et creabuntur.
R Et renovabis faciem terrae.

– Hymn for the Feast of Pentecost by Rabanus Maurus.

오시옵소서! 창조주 성령이시여

삶을 창조하는 성령이여 오시옵소서.
당신의 능력으로 우리를 채우소서.
당신의 창조자의 말씀이 우리를 있게 하였습니다.
이제 우리에게 하나님의 숨을 불어넣으소서.
마음을 인도하는 위로자여 오시옵소서.
아버지가 선사하는 조력자 당신이여,
당신으로부터 생명과 빛과 정열이 샘솟습니다.
당신은 우리 연약한 자들에게 힘과 용기를 줍니다.
하나님의 전능하심이 당신을 파송합니다.
불과 강한 바람의 포효 속에서
당신은 우리의 침묵을 지키는 입을 엽니다.
그리고 세상에서 진리를 가르쳐 줍니다.
감각들과 정서를 태우소서.
사랑이 우리의 마음을 불타게 하며
우리의 연약한 살과 피가
당신의 능력 안에서 선을 행하게 하소서.
악의 세력을 멀리 추방하소서.
당신의 평화를 언제나 선사하소서.
바른 길을 떠나지 않도록 우리를 지키소서.
파멸이 우리를 해치지 않도록 하소서.
우리가 신실한 마음으로 아버지를 보게 하시며,
그의 형상이신 아들을 깨닫게 하소서.
우리를 충만케 하며 우리에게 하나님의 생명을
가져오는 성령을 신뢰케 하소서.
V 당신의 영을 보내소서. 그러면 모든 것이
새롭게 창조됩니다.
R 그리고 당신은 땅의 표면을 쇄신할 것입니다.

성령에 관한 성경적, 개혁주의적 견해[1]

1. 들어가는 말

〔1〕 이 보고서가 작성된 배경은 무엇인가?

애틀랜타 노회 내의 몇몇 교회에서 성령운동에 몰두하게 된 교인들과 지도자들이 생기게 되자, 이런 교회에서는 종종 충돌이 발생하여 화평과 일치 속에서 일하려는 노력들이 헛되게 되고 분열까지 발생하게 되었다. 이런 문제에 당면한 교회의 지도자들이 이렇게 제기된 신학적, 실천적인 문제들을 해결하기 위해 필요한 자료들을 찾으려 했으나 찾을 길이 없었을 뿐만 아니라, 다른 교회들도 이와 같은 논쟁에 휘말리게 되면서 노회에 도움을 청하게 되었다. 애틀랜타 노회는 이 문제를 다룰 임시 협의회의 임명안을 인준했다.

---

1. 이 보고서가 작성된 배경은 들어가는 말〔1〕에 잘 나타나 있으므로 더 언급할 필요는 없다. 그런데 이 보고서는 우리에게 성령운동에 관한 성경적, 개혁주의적인 좋은 지침을 주어 부록으로 실었다.

[2] 이 보고서의 목적은 무엇인가?

이 보고서는 성령에 관한 체험과 가르침 때문에 발생할 수 있는 문제에 말려든 당회, 지도자와 교인을 위한 신학적이면서도 실천적인 지침을 마련하고자 한다.

2. 성령에 관한 성경과 개혁주의적 견해

1) 성 령

[3] 성령은 어떤 분인가?

성령은 세상과 교회, 그리고 기독교인 개개인의 삶 속에서 활력을 주고 새롭게 하며 변화시키시는 분으로서 창조주 아버지 하나님과 화목자이시며 구세주이신 성자 하나님의 영이시다. 성령은 아버지 하나님과 그의 아들이 하시는 것에 덧붙이거나 혹은 그와 전혀 다른 일을 하시는 세 번째 하나님이 아니라 바로 지금 창조적이고 구속의 역사를 이루시는 삼위 중 실천적인 하나님으로서 아버지 하나님과 그의 아들을 항상 증거한다(요 15 : 26, 16 : 13 - 14).

[4] 성령은 어떤 일을 하시는가?

가. 성령은 인간 삶의 모든 면에서 활력을 주고 새롭게 하시며 변화시키는 하나님의 임재이며 역사이시다.

① 성령은 모든 인류의 육체적인 삶 속에서 창조적이고 회복시키는 근원이 되신다(창 2 : 7, 시 104 : 30, 욥 33 : 4, 눅 4 : 18 - 19, 고전 12 : 9).

② 성령은 마음을 밝히시며 인간으로 하여금 하나님을 알고 하나님의 진리를 깨닫게 하신다(요 14 : 17, 26, 16 : 12 - 13, 고전 2 : 10 - 13).

③ 성령은 사랑과 화평과 희락과 하나님의 임재를 경험케 하며, 믿음과 소망과 사랑이 넘치게 하신다(롬 15 : 13, 갈 5 : 22 - 23).

④ 성령은 사람들이 뜻을 새롭게 해서 하나님께 순종하고 하나님과 모든 인간들을 섬기게 하신다(롬 12 : 1-2, 빌 2 : 1-12, 갈 5 : 16-25).

⑤ 성령은 교인을 부르셔서 교회를 계속 유지시키시며 일치와 사랑 안에서 함께 사는 일치된 사회를 창조하신다. 교회는 하나님을 섬기면서 세상에 이바지하는 이중 임무를 위해 능력을 부여받았다(행 1 : 8, 고전 12 : 4, 14 : 12, 엡 2 : 11-12, 4 : 11-16).

⑥ 성령은 가난한 자와 억압받는 자들에게 정치적, 경제적 정의를 부여하기 위해 세상에서 역사하고 계신다(사 11 : 10, 42 : 1-9, 61 : 1, 눅 4 : 18-19). 성령은 "모든 인간을 위한 공익을 위해" 세속적인 질서를 통해서도 역시 역사하신다(칼빈, 「기독교 강요」 Ⅱ. 2, 15, 16).

나. 성령이 역사하시는 방법은 다른 어떤 것을 희생시켜 가면서 강조되어서는 안 된다. 성령의 역사에 관한 전체적인 성경의 가르침을 눈여겨보면,

① 반지적이거나 온전히 지적인 기독교는 있을 수 없고,

② 온전히 감정적인 기독교나 감정이 결여된 기독교도 있을 수 없으며,

③ 율법주의적 기독교나 개인적인 많은 축복과 은혜는 주지만 기독교인이 개인과 사회, 정치관계를 떠나서 생활하도록 요구하는 기독교도 없고,

④ 기독교공동체 속에서 성령의 임재를 희생해 가면서 개인적인 신앙 경험 속에서의 임재를 강조하거나, 기독교인의 개인적인 경험을 희생해 가면서 설교, 가르침, 성찬, 그리고 교회의 목회만을 강조할 수도 없으며,

⑤ 세속적인 세상에서도 성령이 역사하신다는 것을 기쁘고 고맙게 받아들이지 않고, 기독교공동체와 기독교인 개개인의 삶 속에서만 성령이 역사하신다는 이기적이고 자기 중심적인 점을 강조하거나, 성령이 어느 곳에서나 자유롭게 역사하신다는 점을 들어, 성령은 예수 그리

스도 속에 계시는 하나님을 교회와 기독교인 개개인 속에서 알려지게 하시며, 인식되게 하시며, 자유롭게 섬김을 받게 하신다는 사실을 잊을 만큼 너무 세상적으로만 강조되어서도 안 된다.

2) 성령 충만

〔5〕 성령 충만이란 무슨 뜻인가?

성경에서 성령 충만이란 부여받은 임무를 행하고 그것을 할 수 있는 능력을 부여받는다는 뜻이다. 그런 의미는 자기를 희생하면서 순종하시는 예수님의 생애에서 특별히 찾아볼 수 있는데, 그분은 성령이 충만한 최초의, 최상의 모범이 되셨으며 하나님의 나라를 선포하시고 실현시키기 위해 오셨다. 사도행전 1:8에서 부활하신 그리스도께서는 "땅 끝까지 이르러" 그의 증인이 되라고 명령하시면서 성령을 그의 제자들에게 약속하셨다. 성경을 보면 많은 부분에서 성령이 우리로 하여금 할 수 있도록 하시는 일들에 관해서 언급하고 있다. 성령 충만이란 ① 개인적인 삶, 교회, 그리고 세상에서 하나님을 찬양하고 순종하며 섬기는 믿음과 소망과 사랑을 부여받는 것이고, ② 모든 기독교인을 사랑하고 돌보는 것이며, ③ 세상에서 하나님의 구원하시는 정의와 사랑의 도구가 되는 것이다. 성령이 임하는 사람들은(자신의 구원을 포함해서) 많은 개인적인 축복과 은혜를 받지만 신약성경 속에서 이것들은 결코 본래의 목적이 아니다. 성령의 능력은 그리스도 제자직의 임무를 수행하게 한다. 예수님과 신약성경 저자들은 성령 충만이 매우 값비싼 것이라고 주의시키고 있다. 성령이 능력 있게 임재한다고 반드시 개인적인 위안, 안심, 그리고 성공을 얻게 되는 것은 아니고 예수 그리스도와 그의 나라를 위해 자기를 부인하고 자기의 십자가를 지며 역경과 핍박조차도 기꺼이 이겨내는 능력을 갖게 된다.

〔6〕 언제, 그리고 어떻게 성령 충만하게 되는가?

하나님이 원하시면 언제, 어디서나, 그리고 어떤 방법으로든지 성령은 자유스럽게 역사하신다. 신약성경과 개혁주의 전통에 따르면, 성령은 특별히 교회에 약속되었다. 교회가 예수 그리스도를 선포하고 기꺼이 따르며, 성경에 있는 하나님의 말씀에서 나오는 설교와 가르침을 충실히 듣고, 세례와 성만찬에서 있었던 하나님의 은총의 약속을 바라며, 사람들을 인도하며 기독교공동체 내에서 친교와 세상에서의 임무를 함께할 때에 성령은 기대될 것이다. 예수님은 성령을 그의 모든 제자들에게 약속하셨고(요 14 : 15 - 27, 16 : 7 - 14, 행 1 : 1 - 14), "그들이 한곳에 모였더니" 성령이 오순절에 임하셨다. 사도행전을 보면 성령이 임하시는 것은 사람들이 교회가 복음을 전파하는 것을 듣고서 받아들이는 것과 또 기독교공동체에의 입문식인 세례와도 관련이 있다. 사도행전에서 성령은 가끔 세례 전에 임하시기도 하고(행 19장), 때로는 세례와 동시에, 때로는 세례 후에 임하시기도 하지만(행 8장) 항상 세례와 관계가 있다. 바울은 성령이 자기 자신의 교화(edification)와 축복만을 위해 주신 것이 아니라, 교회를 세우시기 위한 직임과 '공익'을 위해서도 기독교인 각자에게 임하신다고 계속해서 강조한다(고전 12 : 7 - 13, 14 : 13, 엡 4 : 11 - 16).

성령 충만이란 기독교인에게 일단 성령이 임하시므로 하나님을 마음대로 할 수 있는 한때의 체험이 아니다. 성령의 임재는 우리가 항상 계속해서 새롭게 받아야 할 살아 계신 하나님의 인격적인 임재이다. 초대 교회의 기도의 서두는 "오시옵소서, 성령이여!"였는데, 이는 기독교인들이 단 한 번만 드리는 기도가 아니고 일생을 통해 드리는 기도였다. 성만찬에서의 성찬은 봉사를 위해 위안과 힘과 능력을 새롭게 하는 것이 우리에게 항상 필요하다는 사실을 강조하는 것인데, 성령이 살아 계신 그리스도로 하여금 항상 우리에게 임하게 하실 때에 그런 봉사가 있게 된다.

〔7〕 모든 기독교인은 '성령 충만' 한가?

"성령이 모든 믿는 자에게 살아 계시고 다양한 방법으로 성령 충만하게 할 수도 있다"(문제 50번을 보라.). 기독교인이라는 정의는 성령에 의해서 하나님의 은총과 명령에 신앙과 순종으로 응답하는 사람이다. 기독교인은 때때로 믿음이 약해지기도 하고 불순종하기도 하지만 믿음 없음과 불순종을 극복하는 데 도움을 얻기 위해 그들의 삶 속에서 성령의 임재에 의지하게 된다. 기독교인이 되는 것은 완전하게 되는 것이 아니고 성령의 능력으로 "그리스도의 장성한 분량"이 충만한 데 이르는 것이다(엡 4 : 13 - 웨스트민스터 신앙고백의 12 : - 20 : 에서 기독교인이 된다는 것이 무엇을 의미하는 것인지의 설명과 성령의 역사에 관한 장 속에서 반복, 강조하는 것을 참조하라.).

〔8〕 성령으로 세례받는 것과 성령 충만한 것과는 어떤 차이점이 있는가?

장로교의 개혁주의 전통은 사도 바울의 가르침에 따라 이 두 가지 체험을 굳이 구분지으려 하지 않는다. 사도행전은 성령으로 세례받는다고 말하지만, 우리의 전통에 의하면 세례란 모든 기독교인들의 삶을 통해 발생하는 성령의 새롭게 하시고 변화시키는 역사를 계속 경험케 하는 첫걸음이라고 생각된다. 사도행전에서 이런 체험은 우열이 있는 기독인이 아니라 그리스도 안에서 형제 자매인 공동체로 세례받는 것이다.

2) 성령의 은사

〔9〕 성령의 열매와 성령의 은사의 차이는 무엇인가?

갈라디아서 5 : 22~23에서 언급된 성령의 열매(사랑, 희락, 화평, 오래 참음, 자비, 양선, 충성, 온유, 그리고 절제)는 모든 기독교인들의 삶 속에서 성령이 이루시는 것들이다. 성령의 은사는 각각의 기독교인에게 특별히 주어지는 능력과 의무로서 신약성경에는 이런 은사가 여섯 곳에 적혀 있는데 그 외에 다른 신령한 은사도 있다.

〔10〕 성령의 은사나 신령한 은사는 무엇인가?

신약의 여섯 곳에서 언급된 성령의 은사 덕목은 다음과 같다. 첫째로 지혜의 말씀, 지식의 말씀, 믿음, 병 고침, 능력 행함, 예언, 영들의 분별력, 각종 방언(고전 12 : 8 - 10)이고, 둘째로 사도, 선지자, 교사, 능력 있는 자, 병 고치는 자, 다스리는 자, 각종 방언하는 일(고전 12 : 28)이며, 셋째로 방언, 계시, 지식, 예언, 가르치는 일(고전 14 : 6)이다. 넷째로 예언, 섬기는 일, 가르치는 일, 권위하는 일, 성실함, 부지런함, 긍휼을 베푸는 일이고, 다섯째는 사도, 선지자, 복음 전하는 자, 목사, 교사이며, 마지막으로 예언과 섬김(벧전 4 : 10 - 11)이다.

이 덕목들은 각기 다르기도 하고 중복되기도 하지만 그것이 전부는 아니다. 또 어떤 은사는 교회의 직무와 관련이 있지만 어떤 것들은 성령께서 하나님을 섬기는 데 사용되도록 선천적으로 주신 특별한 재능도 있다.

〔11〕 성령 충만한 기독교인이 되기 위해 반드시 필요한 특별한 은사가 있는가?

아니다. 바울은 기독교인들은 각각 다른 은사를 가지며, 다만 중요한 것은 각자가 특별한 은사에 충실히 실천하는 일이라고 말한다(롬 12 : 6 - 8). 그는 우리에게 각기 다른 은사를 갖게 되는 사람들을 질투하지 말고, 다른 사람들이 갖지 못하는 은사를 자기가 갖게 되었다고 자랑하지 말며, 다양한 은사를 모든 기독교인이 다같이 기뻐해야 한다고 했다. 예를 들면 모든 기독교인들이 교회를 기쁨으로 서로 돕고 각자의 은사를 보완하는 풍요롭고 완전한 공동체로 만들려는 노력 같은 것이다(고전 12장).

〔12〕 은사는 서로간에 우열이 있는가?

신약성경에 나타난 은사간에는 어떤 계급도 없다. 사도행전에서 누가는 방언하는 것을 강조하지만(행 2 : 1-13, 10 : 44-48, 19 : 6) 성령이 임한다고 해서 반드시 방언을 해야 한다는 것은 아니라고 했다(행 8 : 14-17). 고린도 전서에서 바울은 방언을 인정하지만 예언의 은사(구약 예언자들처럼 하나님이 세상에서 말씀하시고 행하시는 것을 해석할 수 있는 능력)가 더 중요하다고 주장한다(고전 14장). 아마 누가와 바울간의 차이점이라고는 누가는 초대교회 당시 성령이 임하시는 것에 대해 열광적으로 응답하는 것으로 이야기했고, 바울은 방언하는 자들이 자기들이 우월하거나 자기들만이 진짜 기독교인이라고 생각해서 이미 성립된 교회의 일치, 화평, 그리고 질서를 혼란시키고 있던 그 후의 상황에서 이야기했던 점이다.

사도행전에서조차 방언하는 것이 가장 중요한 은사라고 말하지 않는다. 바울은 방언에 통역이 뒤따르지 못할 경우 방언 위에 예언을 들 수 있지만 어떤 특별한 은사도 가장 중요하다고 생각하지 않았으며, 다양한 은사를 우열순서로 나열하지도 않았다. 고린도 전서 13장에서 바울은 방언, 예언, 지식, 믿음, 그리고 어떠한 구제보다도 사랑을 더 중요하게 여기고 있다.

〔13〕 신령한 은사의 목적은 무엇인가?

바울에 의하면 그것을 받은 자들이 자신만을 위해 즐기거나 다른 기독교인보다 우월성을 나타내기 위해서 받는 것이 아니라, 세상에서 교회와 그 사역을 위해 주어진다고 했다. "각 사람에게 성령의 나타남을 주심은 유익하게 하려 하심이라"(고전 12 : 7). 예언이(통역이 없는) 방언보다 더 나은데 "방언을 말하는 자는 자기의 덕을 세우고 예언하는 자는 교회의 덕을 세우기"(고전 14 : 4) 때문이다. "너희도 신령한 것을 사모하는 자인즉 교회의 덕 세우기를 위하여 풍성하기를 구하라"(고전 14 : 12). 은사는 "성도를 온전케 하며 봉사의 일을 하게 하며 그리스도의 몸을 세우려 하심"(엡 4 : 12)이기 때문이다.

방언이 대단히 강조되는 사도행전에서조차 사도행전의 주목적은 교회의 성장과 선교라고 말하고 있다. 성령이 임하시는 것을 설명할 때마다, 제자들이 예루살렘(행 2장)과 사마리아(행 8 : 17)와 땅 끝까지 합하여 가이사랴(행 10 : 44-48)와 에베소(행 19 : 6)에까지 그의 증인이 될 수 있도록 성령을 약속한 부활 후 예수님의 약속을 실현시키는 새로운 모습을 매번 보여 준다. 신약 중 성령의 책인 사도행전은 세상에서 교회의 임무를 실현하는 모습을 보여 주는 위대한 사명의 책이다.

〔14〕 **성령의 은사는 획득되어질 수 있는가?**

그럴 수는 없다. 결코 획득될 수는 없다. 은사란 선물로서 교회의 사명이 충족되는 것을 보증하기 위해 하나님의 뜻대로 각 사람에게 나눠 주시는 것이다(고전 12 : 11).

〔15〕 **신앙생활에는 반드시 성령의 은사를 받아야 하는가?**

신앙 자체는 성령이 가능케 하는 것이므로 우리가 스스로 갖게 되는 능력도 아니고, 우리가 원하는 것을 성령으로 하여금 우리를 위해 이루어 주게 하는 수단도 아니다. 신앙은 그것을 통해 하나님이 우리에게 주신 능력과 임무를 인정하고 받아들일 수 있도록 성령이 역사하시는 수단이다.

〔16〕 **기독교인은 특별한, 신령한 은사를 구해야 하는가?**

하나님은 성령이 선택하신 모든 기독교인에게 신령한 은사를 주신다. 모든 기독교인은 하나님이 각자에게 주신 모든 은사를 찾아야 되며, 주신 은사가 세상에서 하나님의 사랑과 정의에 증인이 되고 교회를 위해 신실하게 쓰여지기를 기도해야 한다.

특별한 은사를 원하여 그것을 위해 기도할 수도 있으나(예를 들면 설교, 가르치는 일, 병 고치는 일, 다스리는 일, 방언, 혹은 긍휼을 베푸는 은사들) 하나님이 주신 특별한 은사에 먼저 감사해야 하고 원하는 은사를 주시지 않더라도 불평해서는 안 된다. 모든 이들은 기독교인 각자와 교회가 그리스도의 제자로서의 임무를 완수하기 위해 필요한 것이 무엇인지를 하나님이 가장 잘 안다는 사실을 확신할 수 있어야 한다. 고린도 전서 12:31에서 바울은 "더욱 큰 은사를 사모하라." 하고서 곧장 이 은사나 저 은사를 말하지 말고 사랑을 말하라고 했다.

〔17〕 신령한 은사나 성령의 임재가 하나님께로부터인지의 여부를 우리는 어떻게 알 수 있는가?

이 질문에 답할 수 있는 몇 가지의 기준이 이미 언급된 질문에 대한 답에서 찾아볼 수 있다. 성령의 은사나 임재는 다음의 경우에 분명히 하나님이 주신 것으로 적절히 사용되어진다.

① 은사가 그리스도의 제자로서의 값비싼 임무를 성취하기 위해 주어진다는 조건하에서 쓰여질 때, 뿐만 아니라 하나님의 은총 아래 주어진 은혜와 축복을 자기를 위해서만 사용되어지지 않을 때.

② 전체 기독교공동체를 교화하고 세우기 위해 쓰여질 때, 그리고 기독교인 개개인의 개인적인 필요와 욕구를 만족시키기 위해 사용되지 않을 때.

③ 교회 내에서 다른 기독교인들을 서로 사랑하고 돕기 위해 쓰여질 뿐만 아니라 교회를 우열이 있는 교인으로 분리하기 위해 쓰여지지 않을 때.

④ 다양한 하나님의 은사를 인정하면서 쓰여질 때 뿐만 아니라 진정한 기독교인들은 모두 똑같은 은사를 받아야 한다는 주장하에서 쓰여

지지 않을 때.

⑤ 예수 그리스도와 그분의 위대성을 나타내기 위해서 쓰여지지 않을 때.

⑥ 세상에서 인간의 모든 면, 즉 정치, 사회, 경제와 각 개인의 모든 면에서 하나님 나라의 정의와 사랑을 위해 쓰여질 때, 또는 각기 그리스도인의 행복과 구원 혹은 교회 자체만을 위해 쓰여지지 않을 때.

3. 현대에 있어서의 성령은사운동

1) 성령은사운동과 개혁주의 신학

〔18〕 성령은사운동이란 무엇인가?

신교든 구교든 간에 오늘날 모든 종파에 널리 알려진 성령은사운동(Charismatic Movement)은 믿는 자의 삶 속에서 성령의 임재와 능력을 강조한다. 카리스마틱(charismatic)이라는 말은 희랍어로 은사(gifts)라는 말의 복수(charismata)에 해당되는데, 이 운동은 성령의 은사에 대해 큰 관심을 두고 있는 것으로 특징지어질 수 있다.

성령은사운동은 다른 말로 전 교회사를 통해 존재해 오고 있으면서, 특히 지난 약 25년 사이에 중요한 운동으로 변하고 있다. 1900년대 이후 이 운동은 오순절주의(Pentecostalism)로 불렸고 현대 성령운동은 때때로 신오순절주의(Neo-Pentecostalism)로 불리지만, 이 운동에 열심인 많은 사람들이 이런 명칭을 인정하려 들지 않는다. 역사상의 오순절주의는 기독교로 개종(중생 혹은 기독교인이 되는 것)하는 것과 성령을 받는 일을 별개의 일로 여기면서 후자가 더 상위의 체험이라고 주장한다. 이 후자의 체험은 그것 없이는 하나님을 섬길 수 없다고 믿기 때문에 더욱 열심히 구해지는 것이다. 역사상의 오순절주의에 반해 성령은사운동주의자들은 성령이 모든 믿는 자에게 계신다는 사실을 때때로 인정한다.

역사상의 오순절주의는 하나님의 교회(Church of God), 하나님의 성회(Assembly of God), 오순절 신성교회(Pentecostal Holiness Church) 등으로 알려진 중요한 그룹 속에서 보여지지만, 성령운동은 주요 종파 속에서 이미 생존해 오고 있다. 이 운동을 신봉하는 사람들은 각기 신학 중 오순절이 중요 위치를 차지하는 유사 교회집단, 즉 Full Gospel Business Men's Fellowship이나 Woman's Aglow Fellowship 등이 참여한다.

〔19〕 개혁주의와 장로교 신학이란 무엇인가?

개혁주의 신학은 16세기 칼빈과 그 후계자의 가르침에 그 기원을 두고 있는데 그 중 어떤 이들은 자신을 개혁주의자라고 했고, 또 다른 이들은 스스로 장로교인이라고 불렀다. 이 신학은 다양한 개혁주의와 장로교회의 고백과 교회의 보편적인 신조와 함께 성경 전체를 하나님의 말씀으로 해석하는데 그 기초를 두고 있다. 특히 개혁주의 신학은 창조주이시며 구세주인 하나님이 세상에서의 모든 인간사를 다스린다는(개인적, 사회적, 그리고 정치적) 하나님의 주권과 인간이 타락해서 구세주가 필요하다는 것, 그리스도를 믿음으로써 용서함과 영생을 값없이 선물로 받는다는 것, 그리스도를 나타내고 그리스도의 제자로서 살 수 있는 힘을 주시기 위해서 믿는 자의 모든 삶 속에 성령이 임재한다는 사실, 주로서, 구세주로서 그리스도를 믿는 계약 백성으로서의 교회, 역사에서 하나님의 확실한 최후의 승리를 강조한다.

개혁주의 전통은 교회의 신조 고백과 교리문답에 충실하기 위해 목회자와 관리자들을 요구한다. 그러나 이러한 교회신앙 진술이 신앙의 최후 목표가 되지는 못한다. 이유는 예수 그리스도가 주님이시고, 성경이 그리스도께서 위임하신 것을 인도하는 최상의 지식의 근원이기 때문이다. 그러므로 교회가 성령에 의해 인도받을 때 항상 재음미되고 수정될 수 있게 항상 열려져 있어야 한다. 개혁주의란 곧 '항상 개혁하고 있는 중'이라는 말이기 때문이다.

〔20〕 성령은사운동이 성령에 관한 한 개혁주의 신학과 일치하고 있는가?

성령은사운동은 개혁주의 신학과 다음과 같은 점에서 일치하고 있다.

① 모든 기독교인은 성령의 이끄심을 통해서만 그리스도께 다가설 수 있다.

② 모든 기독교인은 기독교인들이 삶 속에서 힘을 얻기 위해 성령의 임재와 능력에 의존해야 한다.

③ 모든 기독교인은 언행에서 하나님의 사랑에 증인이 되기 위해 세상에 보내졌다.

성령은사운동은 개혁주의와 비교해 볼 때 다음과 같은 면에서 성경의 가르침과 일치하지 않는다.

① 성령은사운동은 교회의 고백과 신조의 지도를 소홀히 하거나 무시한다.

② 성령은사운동은 하나님께서 (사회, 정치와 개인의) 삶 전체를 요구한다는 사실을 무시한다.

③ 성령은사운동은 더욱더 개인적이거나 배타적인 기독교 편을 들어 하나님의 백성들이 보다 더 큰 공동체를 이루는 것을 무시한다.

④ 성령은사운동은 각기 다른 기독교인들 속에서 성령이 임하고 역사하신다는 것을 무시한다.

⑤ 교회의 가르침, 설교와 성찬을 무시한다.

⑥ 성경 전체를 통해 기독교의 신앙과 삶이 수정될 수 없다는 점에서 더욱 그러하다.

2) 세례

〔21〕 성령은사운동에서 '세례'라고 부르는 체험이란 무엇을 말하는가?(여기에서 말하는 세례란 성령세례를 말함 : 역자주)

신약성경에서 '세례'란 교회에서 성령이 인도하시는 삶으로 입문하는 것으로 기독교인이 된다는 것과 같은 말로 쓰이지만(고전 12 : 12-13), 성령은사운동에서 이 말은 그리스도인이 되기 위해 반드시 더불어 일어나는 성령의 임재와 능력을 특별히 체험한다는 말이다. 성령운동에서 '세례'라는 말은 그리스도인이 가질 수 있는 충만한 체험 중 하나인 성령 충만이라는 말로 쓰인다(6번 질문을 참조하라.).

〔22〕 자기 자신이나 타인의 삶 속에서 성령의 임재를 어떻게 인정하는가?

성령의 임재는 갈라디아서 5 : 22~23에서 언급된 성령의 열매(사랑, 희락, 화평, 오래 참음, 자비, 양선, 충성, 온유, 절제)를 그리스도인들이 그들의 삶 속에서 드러낼 때 성령의 임재는 인정받을 수 있다(17번 질문을 참조하라.).

〔23〕 어떤 체험, 믿음 혹은 업적을 통해 믿는 자가 그 우월성을 인정받을 수 있는가?

사상과 행위에서 그리스도에 가장 가까운 위대한 성자들은 자기들이 아직도 하나님의 은총이 필요한 죄인이며, 하나님께서 그리스도인에게 원하시는 바대로 되기 위해 갈 길이 멀다고 가장 먼저 응답한 사람들이 있다.

3) 하나님의 인도하심

〔24〕 하나님은 어떻게 그의 백성을 인도하는가?

장로교인은 하나님의 인도하심이 다음과 같은 네 가지 면에서 나타난다고 믿는다.

① 예수 그리스도 : 하나님의 인도하심이 예수 그리스도 속에서 나타나는데, 예수님은 구주로서 그리스도인의 주이시며 모범이시다. 하나님의 뜻은 사랑하고 불쌍히 여기며 섬기고 아버지 하나님께 충실하게 순종하는 예수님의 삶 속에서 분명히 나타난다. 모든 믿는 자에게 하나님의 부르심은 바로 "와서 나를 따르라."이다.

② 성경 : 그리스도 안의 하나님의 뜻은 성경을 기도하는 마음으로 읽고 성경의 의미에 대하여 성령의 비춤을 구하고 현대적인 상황에 성경을 적용하는 사람에게 나타난다.

③ 교회 : 하나님의 인도하심은 과거와 현재의 교회에서 다른 기독교인들에 의해 성경을 해석하고 적용하던 중에도 나타난다. 그러나 교회는 성경에서 살아 계신 하나님의 뜻을 분별하지 못할 수도 있다. 그러므로 그리스도는 교회에 계셔서 성령에 의해 교회를 인도하실 것이라고 약속했다. 하나님이 성경을 통해 기독교인들이 말하고 행하도록 인도할 것에 관하여 하나님의 백성들의 과거와 현재의 일치를 무엇보다도 신뢰할 때에 성경을 개인적인 편견이나 소원으로 곡해하는 일을 쉽게 피할 수 있을 뿐만 아니라 성령의 인도하심도 더 쉽게 이해할 수 있을 것이다.

④ 환경과 사건 : 하나님의 섭리에 의해 기독교인의 결정과 행동을 요구하는 개인적, 정치·사회적 환경과 사건이 발생한 때와, 기독교인들이 이러한 사건과 상황에서 당면한 문제들과 도전에 대한 해결의 도구로서 부르셨다는 것을 인식할 때, 하나님의 인도하심을 깨달을 수 있다.

〔25〕 **하나님께서는 독특한 정보로 각기 개인에게 직접 이야기하시는가?**

성경에 의하면 때때로 개인들은 하나님과 직접 교제를 나누면서 독특한 정보를 얻었다. 이러한 형태의 계시는 오늘날도 그 가능성을 배제할 수는 없다. 그러나 이런 형태로는 성경 속에 나타나 있는 하나님의 백성들을 위한 규범이 나타나지 않기 때문에 현대 그리스도인들은 일상생활 속에서 그것은 규범이 되리라고 기대해서는 안 된다.

우리는 성경에서 하나님의 목소리를 들을 것을 기대해야만 한다. 때때로 각자가 기도할 때 하나님께서 그들에게 말씀하실 수도 있지만 분명한 말이 전해지지 않을 때 기독교인들은 기꺼이 그들의 최상의 판단 기준에서 행동해야 한다. 그리스도는 인간의 마음에 역사하시는 주님이시기 때문에 때때로 하나님이 주신 우리의 상식은 성령이 우리 각자에게 말씀하시는 가장 분명한 방법일 수도 있다.

기독교인들은 서로를 위해 기도하고 "짐을 서로 져야"(갈 6 : 2) 하지만 하나님이 다른 사람들에게 말씀하고 계신 것을 자기가 안다고 생각해서는 안 될 뿐만 아니라, "하나님께서 당신이 ……와 같이 해야 한다고 나에게 말씀하셨어요."라고 주장하면서 신령한 충고를 할 권한이 있다고 생각해서도 안 된다.

특히 각자의 삶 속에서 큰 위기에 빠져 있을 때 그리스도인은 하나님이 하시는 일과 그 일을 하시는 이유를 자기가 안다고 생각해서는 안 된다. 고통에 직면하였을 때 견딜 힘을 달라고 간구하면서 하나님의 뜻을 알 수 없다고 고백했던 수많은 위대한 성도들과 같은 태도를 취해야 한다.

[26] 하나님의 인도하심이라고 주장할 수 있는 근거를 어떻게 알 수 있는가?

기독교인들이 은총 아래서 믿음으로 살기 때문에 인도하심을 항상 알 수 있는 것만은 아니다. 믿는 자들이 자기들이 알고 있다고 매우 확신할 때조차도 잘못될 수 있다. 우리 주님이 성경을 통해 증거되고 교회를 통해 알려지기 때문에 어떤 경우든 하나님의 뜻을 우리 인간에게 나타낸 예수 그리스도 안에서의 하나님의 뜻과는 결코 상반되지 않는다(24번 질문과 믿음의 선언[A Declaration of Faith]의 제6장 세 번째 절을 참조하라.).

4) 방언의 은사

[27] 방언이란 무엇인가?

방언이란 통상적으로 'glossais' (혀)와 'lalon' (말하기)을 해석한 말로 때때로 'glossolalia'로 음역된다. 사도행전 2장에 따르면 유대인의 오순절 때와 예수님이 십자가에 못박히셨던 유월절 후 50일, 그리고 예수님이 승천하신 후 10일 동안에 예수님의 제자들 사이에서 이런 현상이 나타났다.

사도행전 2장에서 누가는 이런 경험이 어떤 것인지 두 가지의 다른 경향을 설명하고 있다. 한편으로는 방언하는 사람은 모르지만 로마제국의 각 지방에서 예루살렘을 방문한 사람들에 의해 자기 고향 언어라고 인정받은 조리 있는 언어를 제자들이 말하고 있다고 했다. 또 한편으로는 제자들이 "새 술에 취한"(행 2:13) 것처럼 일관성 없는 말을 하는 것으로 이야기하고 있다.

사도행전과 고린도 전서에 나타난 다른 언급들을 보면 두 번째 의미를 나타내고 있는데, 하나님의 임재를 과도하게 느낀 나머지 큰 감동에 쫓겨서 말을 하는 것 같다. 바울은 하나님의 영을 인식했다는 사실을 표현하는 것으로 그 자체를 인정하면서도 방언으로 말미암아 발생할 수 있을 분열의 결과에 대해 언급하면서(고전 14:26-33), 방언은 누군가에게 통역케 할 필요가 있다고 적고 있다.

방언은 말하는 사람에게 특별한 의미는 없을지 모르지만 말하는 사람에게 그의 삶 속에 하나님이 함께하신다는 사실을 정확히 나타내 주는 표징이며 '하나님의 큰 일'을 말하고자 하는 욕구이다(행 2:11, 10:46).

〔28〕 하나님은 오늘날도 방언의 은사를 주시는가?

어떤 그리스도인은 방언의 은사가 "하나님이 자기의 뜻을 나타내는 방법이지만 이제는 사라져 버린 옛날 방법"에 속한다고 믿지만(웨스트민스터 신앙고백 1 : 1과 8 : 3을 보라.) 이 보고서 작성자들은 이 은사가 오늘날도 주어진다고 믿는다.

〔29〕 충만한 믿음을 가진 모든 그리스도인에게 이 방언의 은사는 가능한가?

그렇지 않다. 다른 신령한 은사처럼 방언의 은사는 하나님이 주시기로 작정한 사람에게만 가능하다.

〔30〕 모든 기독교인이 이 은사를 구해야만 하는가?

모든 기독교인은 하나님의 영을 통해 삶을 새롭게 살아가도록 끊임없이 열린 마음을 지녀야 하지만, 모든 기독교인들이 이 특별한 방법으로만 신앙을 새롭게 하려고 할 필요는 없다.

〔31〕 방언이 성령이 아닌 다른 근원에서 생길 수 있는가?

황홀경에서 말하는 현상은 다른 종교에서 찾아볼 수 있기 때문에 기독교인의 독점물만은 아니다. 감정적 체험으로서의 방언은 반드시 하나님의 성령에 의해서만 생기는 것은 아니다.

5) 병 고치는 은사

〔32〕 병 고치는 신령한 은사란 무엇인가?

병 고침은 병에서 나아 온전한 건강상태로 회복되는 것을 말한다. 병 고침이란,

① 신체적, 정신적 혹은 정치적 문제를 다루는 데 특별한 기술과 훈

련을 받은 사람을 통해
　② 약이나 보철처럼 구체적으로 알 수 있는 사물의 형태로
　③ 직접 하나님의 역사로 이루어질 수 있다. 이런 병 고침이 언제나 또는 어떤 방법으로 일어나든지 그것은 하나님으로부터 받은 은사이다.

〔33〕 **병 고치는 은사가 언제나 마음대로 베풀 수 있도록 사람들에게 주어지는가?**
　아니다. 병 고침은 항상 하나님의 뜻에 달려 있다. 하나님께서 그를 통해 병 고침을 효과적으로 사용하시므로 그 은사를 언제나 마음대로 사용할 수 없다.

〔34〕 **병과 고통은 죄로 말미암은 것인가?**
　구약성경의 많은 부분에서 계속되는 입장을 보면 사람이 하나님께 순종하고 선을 행하면 그는 번성하고, 만일 하나님께 불순종하고 악을 행하면 벌을 받았다. 이런 생각은 어느 정도 진실도 있지만 완전하지 않다. 욥기를 통해 이런 교훈을 쉽게 비판할 수 있는데, 욥은 자기에게 떨어진 무서운 재앙을 받을 만한 일을 한 적이 없다는 것을 알았기 때문이다. 제자들이 어떤 이가 태어나면서부터 소경된 것이 누구 탓이냐고 물었을 때 예수께서는 소경 자신이나 그의 부모 탓이 아니라 "그에게서 하나님의 하시는 일을 나타내고자 하심이니라."(요 9 : 3)고 말씀하셨다. 병이나 고통이 항상 죄 때문이라고 할 수 없지만 주어진 상황에서 하나님은 하나님의 은총을 나타내실지도 모른다.
　그러나 인간은 그 몸과 마음과 영혼이 서로 밀접하게 연관되어 치유를 받았기 때문에 죄와 그로 말미암은 죄책감은 각자의 생리학적 기능에 영향을 미칠 수도 있다. 우리가 병들었든 건강하든 간에 우리 모두는 우리 죄에 대한 하나님의 용서가 필요한 죄인이다.

〔35〕 병 고침과 믿음은 어떤 관계를 갖고 있는가?

　병 고침 같은 것은 우리의 믿음 때문이 아니라 하나님의 은총 때문이다. 예수님의 병 고침의 역사에 대한 마가의 설명에 의하면, 병 고침에는 믿음이 중요하다고 했지만(막 2 : 5, 5 : 34, 9 : 23 - 24, 10 : 52, 그리고 믿음이 없어 예수님의 권능이 제한을 받은 6 : 5 - 6 등을 보라.) 다른 구절에서는 예수께서 믿음을 언급하지도 않고서 병을 고치신다(눅 13 : 10 - 13). 어떤 곳에서는 믿음이 병 고침 후에 생기기도 했고(행 8 : 6 - 7), 때로는 믿음이 있는 곳에서조차 하나님은 병을 고치시지 않았는데 그 대표적인 예로 바울의 육체의 가시가 그의 끊임없는 기도 후에도 사라지지 않았다(고후 12 : 7).

　불치의 병이나 장애를 가진 사람은 자신이 그렇게 된 것이 자기에게 그런 일이 생기지 않도록 할 수 있으신 하나님에 대한 자신의 믿음이 부족했기 때문이라고 느낄 때 비극적일 뿐만 아니라 죄스럽게도 된다. 이 세상에서 생길 수 있는 가장 중요하고 의미 깊은 고침은 하나님과 다른 사람들과 자신이 화해하는 것이다.

〔36〕 병 고침과 기도와는 어떤 관계가 있는가?

　병 고침과 기도와의 관계는 병 고침과 믿음과의 관계와 같은 것인데, 하나님은 모든 생명의 근원이시기 때문에 우리의 믿음이나 기도를 통해서 또는 믿음과 기도와 상관없이 역사하신다. 한편 신약성경을 보면 예수께서는 병 고침을 받은 자나 그들을 대신한 다른 사람의 요청과 상관없이 병을 고치시기도 했고(막 1 : 29 - 31, 3 : 1 - 5, 눅 7 : 11 - 25), 다른 한편 생명을 주시는 일, 그리고 병 고치시는 일이 요청에 의해 일어난 적도 있었다(막 1 : 40, 42, 5 : 23 - 34, 마 9 : 27 - 31). 하나님께서 생명을 주시고 병 고치는 일을 하시기 위해 우리의 기도가 필요하지는 않지만 우리들에게 기도할 것을 요청하시면서 우리의 기도가 영향이 있는 것이라고 약속하신다. 야고보서 5 : 15에 "믿음의 기도는 병든 자를 구원하리니 ······."라고 했다.

우리들은 이런 말들을 통해 기도가 병 고침의 근원이나 원인은 아니지만(하나님의 은총만이 근원이 될 수 있다.) 병 고치는 도구나 수단은 될 수 있음을 알 수 있다. 예수 그리스도를 믿는 자는 기도에 대한 믿음은 있다. 그들은 기도 자체가 병 고치는 능력이 있다고 믿지는 않지만 기도하는 대상인 하나님의 병 고치시는 능력을 믿기 때문이다. 병 고침은 우리의 기도 때문이 아니라 우리의 기도를 들어 주신다고 약속하신 하나님의 은총으로 이루어진다.

기독교인이라면 하나님께서 그들의 기도를 들으시고 믿지 않을 때라도 그들에게 그것이 정말 필요하다면, 허락해 주신다는 사실을 알고 있기 때문에(고후 12 : 1-10) 예수님의 모범을 따라 "내 원대로 마옵시고 아버지의 원대로 되기를 원하나이다."(눅 22 : 42)를 덧붙여 가면서 자신이나 남을 위해 그들이 원하는 바를 열심히 하나님께 기도한다.

6) 귀신을 쫓아내는 것

[37] 귀신을 쫓아내는 것이란 무엇인가?

Exorcism이란 특별한 방법에 의해 악령이나 귀신을 쫓아내는 것을 말한다. 1세기에 어떤 사람들은 귀신이나 부정한 영(벙어리와 귀머거리)에 의해서 사로잡혔다고 하는데, 예를 들면 우리들이 경련, 간질, 정신병이라고 부르는 것들이 생긴 것은 밖으로부터 사람에게 붙은 적대적인 힘 때문이었다는 것이다. 가버나움 회당에 있던 사람(막 5 : 1-3), 간질병 소년(막 9 : 14-27) 등이 예수님으로부터 병 고침을 받았는데 그들 속에 귀신이 거하고 있었다. 예수님이 그들을 향해 권위 있게 말하자 사로잡혀 있었던 사람들은 바로 나음을 받았다. 마귀에게 사로잡힘에 관한 문제를 다루면서 두 가지 극단적인 의견을 피해야 하는데, 그 하나가 마귀의 신성을 인정함으로써 유일신론을 양보하면서 하나님의 범주에 귀신을 놓고서 그 지위를 인정하는 것이고, 다른 하나는 귀신의 존재를 부정하는 것이다. 모든 기독교인들이 귀신의 존재를 믿지만 모든 기독교인들이 귀신의 인격화는 믿지 않는다(예 : 악령, 귀신 등).

〔38〕마귀와 악령은 어떤 병의 근원이 되는가?

성령운동의 어떤 회원들은 이 사역에 참여하고 있는데 병 고침의 사역은 신체적, 정서적, 영혼에 생기는 대부분의 병이 악령이 내재함으로 생긴다고 생각하고 있다. 병을 악령의 결과라고 생각하기도 하고 또는 탐욕, 미움, 질투와 두려움 같은 것이 악 때문에 생긴다고 생각하는 기독교인들도 있지만 병이 생기는 또 다른 요인으로는 육체의 연약함과 한계성, 병균, 그리고 하나님께서 인간들에게 자기 스스로를 돌보고 또한 남들을 돌보도록 하신 일을 소홀히 하여 병을 얻는 것 등이다.

하나님은 우리에게 병을 치료할 많은 방책을 허락하셨다. 의학적 치료, 건강관리, 곤궁에 처한 다른 사람을 위한 공정하고 정성어린 돌봄과 기도 등이다.

7) 안수

〔39〕성령운동에서 강조되는 안수의 중요성은 무엇인가?

다른 사람의 머리 위에 안수(laying on of hands)하는 것은 은사나 축복을 전해 주는 것으로 오래 전부터 전해져 오고 있다. 신약성경에서 축복(마 19 : 15), 병 고침(막 1 : 41), 신령한 은사를 받음(딤전 4 : 14), 그리고 교회에서 특별한 임무를 받을 때(행 13 : 3, 6 : 6)에 각각 안수를 했다.

안수란 개혁주의 전통에서도 특히 목회자의 안수식에서 귀중히 여기는 풍습인데, 이 관습을 통해 저절로 은총이 주어지는 것은 아니지만 하나님이 하나님의 은총을 안수를 통하여 주실 수는 있다. 이는 또한 하나님을 섬기는 기쁨에 대한 공통된 책임과 공동체의 유대를 나타낸다.

8) 성령은사운동의 공헌과 위엄

〔40〕 성령은사운동이 교회에 공헌한 바는 무엇인가?

성령은사운동에 참여한 자들이 새로운 헌신, 복음주의적 열정을 보이고 예배에 충실하며 그리스도에 대해 헌신하면서 시간과 재능과 재산을 상당할 정도로 바친다. 장로교인들은 때때로 차분하고 알맞게 매우 지적이고 냉정하다고 생각해 오고 있기 때문에, 이런 열정을 통해 교회의 예배와 일에 새로운 열심을 가져올 수 있었다.

성령은사운동은 이 운동이 존재한 지역 형편에 맞게 실질적이고 현저한 초교파주의의 역할을 다하면서 종파간의 유대와 의식도 상관치 않으며 삶 속에 성령의 임재만을 강조하면서 나머지 다른 차이점은 무시할 수 있는 것같이 보였기 때문이다.

여러 지역에서 이러한 참신한 헌신으로 말미암아 보다 나은 기독교적 봉사가 생기게 되었다.

〔41〕 성령은사운동이 강한 지역의 교회 내에서는 어떤 위험이 있는가?

① 첫 번째 위험으로는 이런 고차원적인 기독교의 체험에 아직도 이르지 못한 신도와 비교할 때 그 경지에 이르렀다고 생각하는 사람들은 세례(여기에서 말하는 세례란 성령세례를 말함 : 역자주)를 받았기 때문에 자기들이 우월하다고 생각함으로써 발생하는 분열을 들 수 있는데, 이런 위험과 함께 모든 사람들에게 그들이 이렇게 고차원적인 체험이 필요하다고 확신시키려는 노력도 들 수 있다.

② 두 번째 위험으로는 대중 앞에서 방언을 함으로써 예절과 질서가 문란하게 되거나 그것을 잃어버릴 수도 있고 성령운동이 당회의 감독 밖에서 계속되므로 회중에게 당회나 목사의 권위를 약화시킬 수 있으

며, 비개혁주의 그룹이나 교사로부터 중요한 성경과 신학적 교훈을 받아, 성령은사운동에 참여한 사람에게 영향을 미칠 수 있으므로 교회의 일치와 화평이 무시당할 수 있다는 점이다.

③ 세 번째 위험으로 의학적인 도움이 더 이상 필요치 않고 믿음으로 치료하는 방법만이 있을 뿐이라고 조장될 수 있다. 치료를 보장받은 사람들이 그런 충만한 믿음을 가진 자들에게 때때로 물품을 바치기도 한다. 자신이 살면서 개인적인 잘못 때문에 병들거나 고통받는다고 단순하게 설명하는 위험은 이미 언급했다.

④ 네 번째 위험으로는 몇몇 성령은사 운동자들이 하나님과의 관계에 대해 자기가 더 잘 이해하고 있다는 근거하에 모든 영적인 일들의 '이유'에 관해 자신이 다 알고 있다고 주장하는 점이다.

⑤ 다섯 번째 예로는 때로는 너무 일방적이어서 잘못되어 있을지도 모르는 새로운 체험을 너무 열심히 선전하는 점이다.

⑥ 성경을 너무 문자적으로 한쪽 면만으로 해석하는 점도 있다.

⑦ 지식을 희생하면서 감정과 체험을 너무 강조한다.

⑧ 성령은사운동에 참여하지 않는 사람들이 교회에 나타난 성령은사운동의 어떤 표적에 대해 정보부족과 과잉반응으로 말미암아 더 심각한 위험이 생긴다.

4. 교회생활

〔42〕 목사와 당회는 성령운동에 어떻게 대처해야 하는가?

장로교회는 개혁주의 교회라는 사실을 기억함으로 보다 넓은 마음과 신실한 마음을 가지고 성령운동에 대처해 나갈 필요가 있다. 아무리 납득할 수 없는 성령의 어떤 특이한 현상에도 열린 마음을 가져야 한다. 성령운동을 하는 사람들에게 성경의 바른 이해를 통해 성령께서 말씀하시고 행하시는 뜻을 그들의 수준에서 깨닫도록 납득시켜야 한다.

〔43〕 성령운동은 모두 같은가?

아니다. 어떤 자들은 역사상 장로교회와 양립할 수 없는 오순절식 신학을 옹호하지만, 반면에 어떤 사람들은 신학적으로는 장로교인이면서도 풍성한 영적 체험을 통해 풍요롭게 사는 사람들도 있다.

목사와 당회는 그들이 다루어야 할 집단이 어떤 형태인지에 대해 관심을 두어야 한다(17, 19, 20번 질문을 참조하라.).

〔44〕 교회학교 반에서나 교회에서 주선한 연구반에서 비개혁주의면서 오순절식 교리를 가르치려 하는 교인들을 당회는 간섭해야 하는가?

장로교회는 개혁주의 신학이 기독교적 믿음으로서 가치가 있다고 믿고 있고, 교회 내에서 배우는 모든 것들이 장로교 교리와 의식과 일관성이 있어야 한다고 당회는 사랑을 가지고서 분명히 말할 필요가 있다. 만일 당회의 권면에도 불구하고 비개혁주의 가르침과 의식을 고집하면 당회는 교인들에게 당회로서는 그런 가르침이나 의식을 인정하지 않을 것이라고 명백히 해야 하며, 만일 필요하다면 적절한 징계 조치를 취해야 한다.

〔45〕 공적인 예배 중에 방언을 하거나 다른 특별한 은사를 행하는 것은 적절한가?

장로교의 전통과 일치시키면서 교회의 화평과 일치를 위해서 이런 특별한 은사는 교회의 중요한 예배시에는 행해져서는 안 된다. 당회는 이런 은사를 행할 만한 적절한 때와 장소를 마련할 수도 있다.

〔46〕 당회는 성령운동을 하는 자들에 대해 어떤 충고를 할 수 있는가?

당회는 그들이 강조하는 성경구절도 중요하지만 그런 구절이 전체적인 복음이 아니므로 전체적인 기독교의 가르침에 비추어 해석되어야 한다는 점을 인식시킬 필요가 있다.

당회는 자기들과 일치하지 않거나 이해하려 들지 않는 자들에게 인내와 사랑과 이해를 가지고 임하겠다고 말함과 동시에 다른 이들에게 같은 체험이나 같은 믿음을 가져야 한다고 고집해서는 안 된다고 말해야 한다.

〔47〕 교리로는 장로교인이면서 새로운 체험으로 풍요로움을 느끼는 성령운동자들의 행위를 비판하거나 불평하는 교인들에게 당회는 어떤 충고를 할 수 있는가?

당회는 그런 교인들에게 성령운동이 근거를 이루는 성경구절이 있다는 사실을 인식시켜 줄 필요가 있으며, 그런 교인들에게 성령운동에 대해 인내와 사랑과 이해를 베풀어야 한다고 말해야 하고, 특히 성령운동자들이 갖는 것과 똑같은 체험이나 믿음을 가질 필요는 없다고 확신시켜 주어야 한다.

〔48〕 당회는 교회 내에서 병 고치는 능력을 가진 교인들을 어떻게 다룰 것인가?

교회는 모든 종류의 병을 고치도록 기도하는 사역에 항상 동참해야 하고, 당회는 병 고침을 위해 특별 예배를 준비할 수도 있지만, 과장된 요구와 허망된 기대는 피하는 등 매우 조심스럽게 행해져야 한다.

야고보서 5 : 13~16에 보면 장로들은 병 고침을 위해 기도에 동참할 것과 교인들은 그런 기도를 하는 그들을 돌보라고 권면하고 있기 때문에, 장로들은 역시 과장된 요구나 허망된 기대를 피하면서 원하는 자들에게 기도시간이나 공중 예배시간에 병 고침을 위한 기도를 할 수도 있다.

무엇보다도 하나님의 영이 절대적이기 때문에 우리의 소원을 들어줄 수도 있고 허락하지 않을 수도 있다는 사실을 기억해야 한다.

〔49〕 당회는 특별한 은사를 가져야 한다고 주장하는 교인을 어떻게 지도해야 하는가?

특별한 은사를 주장하는 이들은 그들이 잘못에 빠져 죄를 범할 수가 있고, 그들의 은사를 실천함에 있어 겸손함이 필요하며, 다른 교인들도 교회가 필요로 하는 다른 은사를 갖게 된다는 사실을 인식시킬 필요가 있다. 그들은 그 은사들이 중요하지만 그들이 실천하는 태도가 매우 중요하다는 사실을 인식하고서 그리스도의 마음을 품으려고 항상 노력할 필요가 있다. 이는 그리스도께서 그의 제자들 사이에 가장 뛰어난 표적으로 사랑을 들었기 때문이다(요 13 : 35). (17번 질문을 보라.)

〔50〕 만일 교인들이 생각하기에 교회지도층(목사 또는 당회)이 교회를 성령운동으로 지향하게 하고 있다고 생각하면 어떻게 해야 하는가?

만일 교인이 생각하기에 교회지도층이 오순절적이거나 비개혁주의 교리를 가르치거나 기독교적 삶의 원칙으로 특별한 체험에 관심을 쏟는다고 생각하면 다음과 같은 일을 해야 한다.

① 당회와 함께 모임을 가져서 그 문제에 관해 지도자들이 명백히 밝혀 줄 것을 요청하되,

② 만일 그것이 만족스럽지 않으면 노회지도자들과 연락해서 충고와 도움을 얻으라.

〔51〕 성령운동자들과 비성령운동자들이 교회 내에서 충돌이 생길 때 교회의 일치와 화평을 얻기 위해 어떤 일반적인 지침이 있겠는가?

중요한 실질적인 지침은 성령에 관한 교회연구 중에서도 pp. 45-49, 85-87, 123-127을 보라. 이 책은 미국, 캐나다, 스코틀랜드 내에 있는 장로교가 개혁주의 교회의 총회 또는 노회로부터 성령의 인격과 역사에 관한 보고서를 집대성한 것이다(이 책의 내용은 여기에 소개하지 못함 : 역자주).

저자 황승룡

- 조선대학교
- 장로회신학대학교 신학대학원(M. Div.)
- 장로회신학대학교 대학원(Th. M.)
- 미국 프린스턴신학교
- 미국 콜롬비아신학교
- 4개 신학대학 공동신학박사(Th. D.)
- 장로회신학대학교 신학대학원 강사
- 호남신학대학교 교수
- 현재 호남신학대학교 총장

■ 저서 및 역서
- 기독교 신학과 성령
  (George S. Hendry)
- 성령론(Hendrikus Berkhof)
- 개혁교회와 성령
- 기독교 신학(Hodgson & King)
- 폴 틸리히의 그리스도론

※ 한국장로교출판사에서
- 신학적 성령론(1989)
- 개혁교회와 신학(1989)
- 치유하는 하나님(1991)
- 조직신학(상)(1992)
- 조직신학(하)(1993)
- 교리교육지침서(평신도용, 1993)
- 교리교육지침서(지도자용, 1994)
- 신학이란 무엇인가?(1997)
- 성령론(1999)
- 민주정신과 교회(한들, 1997)
- 21세기 신앙과 신학(근간)
- 그리스도론(2001)

성 령 론

값 15,000원

초판인쇄 · 1999년 3월 1일
2쇄발행 · 2003년 10월 10일

지은이 · 황 승 룡
펴낸이 · 박 노 원
발행소 · 한국장로교출판사
주소 · 110-470 / 서울 종로구 연지동 135
전화 · (02)741-4381~2 / (F)741-7886
홈페이지 · www.pckbook.com / E-mail : center@pckbook.com
영업부 · (031)944-4340 / 팩스 (031)944-2623
등록 · No. 1-84 (1951. 8. 3.)

ISBN 89-398-0126-1   Printed in Korea